广东图书馆学会
广东省立中山图书馆　　　　　联合发布
中山大学国家文化遗产与文化发展研究院

广东省公共图书馆事业发展蓝皮书

2018-2022

王惠君　张　靖｜主　编

U0330515

中山大學出版社
SUN YAT-SEN UNIVERSITY PRESS

· 广州 ·

图书在版编目（CIP）数据

广东省公共图书馆事业发展蓝皮书·2018—2022/王惠君，张靖主编．—广州：中山大学出版社，2023.11

ISBN 978 - 7 - 306 - 07941 - 1

Ⅰ.①广… Ⅱ.①王… ②张… Ⅲ.①图书馆事业—研究报告—广东—2018—2022 Ⅳ.①G259.276.5

中国国家版本馆 CIP 数据核字（2023）第 215830 号

出 版 人：王天琪
策划编辑：葛　洪
责任编辑：葛　洪
封面设计：林绵华
责任校对：陈晓华
责任技编：靳晓虹
出版发行：中山大学出版社
电　　话：编辑部 020 - 84110283，84113349，84111997，84110779，84110776
　　　　　发行部 020 - 84111998，84111981，84111160
地　　址：广州市新港西路 135 号
邮　　编：510275　传　　真：020 - 84036565
网　　址：http://www.zsup.com.cn　E-mail：zdcbs@ mail.sysu.edu.cn
印 刷 者：佛山市浩文彩色印刷有限公司
规　　格：787mm×1092mm　1/16　24.5 印张　450 千字
版次印次：2023 年 11 月第 1 版　2023 年 11 月第 1 次印刷
定　　价：108.00 元

编 委 会

主 编

王惠君　张 靖

执行主编

陈卫东

编 委

王冰冰　廖嘉琦　尚 洁　陈心雨
陆思晓　陈 杰　肖 渊　史江蓉
陈润好　何杰锋　伍舜璎　张丹侨

摘　　要

　　2018—2022 年，在文化强国与文化强省建设战略、公共文化服务高质量发展、《中华人民共和国公共图书馆法》实施和新冠疫情防控等背景下，广东省公共图书馆事业抓住了新的机遇、接受了新的挑战，取得了新的成绩。本报告以广东省第七次全国县级以上公共图书馆评估定级数据、广东图书馆学会公共图书馆建设数据为基础，分总报告、区域篇、专题篇和附录四大板块，全面反映广东省公共图书馆事业发展状况。总报告从发展背景、整体发展状况、高质量发展做法与成效、"以人为中心的图书馆"建设等方面呈现了近五年广东省公共图书馆事业发展的整体情况。五年来，服务体系建设覆盖城乡、设施建设提档升级、经费保障均衡有力、文献信息资源持续优化、专业人才队伍不断壮大、服务效能显著提升，广东省公共图书馆事业实现了品质发展、均衡发展、开放发展和融合发展，"以人为中心"的事业发展理念得到了深入贯彻。区域篇从服务效能、业务建设和保障条件等方面总结珠三角地区、沿海经济带东西两翼地区以及北部生态发展区的公共图书馆事业发展现状、区域特色和创新亮点。专题篇围绕粤港澳大湾区建设、全民阅读、古籍保护、乡村文化振兴、文旅融合、疫情防控、图书馆法、"十四五"规划、社会力量参与、科技赋能、基层建设、中国特色社会主义先行示范区建设 12 个话题，从不同的角度生动地展示广东省公共图书馆事业发展的典型案例、问题经验和发展方向。

　　关键词：公共图书馆事业；公共文化服务体系；广东省；蓝皮书

[**Abstract**] From 2018 to 2022, in the context of the strategy of building a strong cultural country and province, the high-quality development of public cultural services, the implementation of the *Public Library Law of the People's Republic of China*, and the prevention and control of COVID-19, the public librarianship in Guangdong Province seizes new opportunities, accepts new challenges, and achieves new successes. Based on the data of the seventh national assessment and grading of public libraries above county level in Guangdong Province and the data of public library construction of the Guangdong Library Association, this report is divided into four sections, namely, general report, regional section, thematic section and appendix, to comprehensively reflect the development of public librarianship in Guangdong Province. The general report presents the overall situation of the development in terms of the background of development, the overall development situation, the practice and effectiveness of high-quality development, and the construction of "people-centered libraries". Over the past five years, the service system construction has covered both urban and rural areas, the facilities construction has been upgraded, the financial guarantee has been balanced and powerful, the literature and information resources have been continuously optimized, the professional staff team has been growing, the service efficiency has been significantly improved, and the public librarianship in Guangdong Province has achieved quality development, balanced development, open development and integrated development, and the theory of "people-centered" has been deeply implemented. The regional section summarizes the current situation, regional characteristics and innovative highlights of the development of public libraries in the Pearl River Delta region, the East & West Wings of the Coastal Economic Belt and the Northern Ecological Development Zone in terms of service effectiveness, operational construction and security conditions. The thematic section focuses on 12 topics, including the construction of the Guangdong-Hong Kong-Macao Greater Bay Area, national reading, ancient book preservation, cultural revitalization of villages, integration of culture and tourism, prevention and control of COVID-19, library law, the 14th Five-Year Plan, participation of social forces, empowerment of science and technology, grassroots construction, and construction of the Pilot Demonstration Zone of Socialism with Chinese Characteristics, which vividly displays typical cases, problems and experiences, and the direction of the development of the Guangdong Province's public libraries from different perspectives.

[**Keywords**] Public Librarianship; Public Cultural Services System; Guangdong Province; Blue Book

序　言

　　党的十九大以来，为"坚定文化自信，推动社会主义文化繁荣兴盛"，以习近平同志为核心的党中央作出了一系列推进文化强国建设的重大战略部署，有力地推动了中国特色社会主义文化的发展和繁荣。虽然历经了2020—2022年三年"抗疫"行动，但广东公共图书馆人依然秉承图书馆人的专业精神，在广东省各级党委、政府领导下，以习近平新时代中国特色社会主义思想为引领，坚持以人民为中心的发展立场，立足新时代，直面新任务，克时艰，守阵地，奋发有为，积极贯彻落实党的"十九大"精神，认真履行公共文化服务体系建设主体责任，创新性创造性地推进了广东省公共图书馆事业的转型发展，使广东省公共图书馆事业在2018—2022年间取得了可喜的成绩。

　　第一，各级政府重视公共图书馆事业，有力保障对公共图书馆的经费投入。2018—2022年，全省各级公共图书馆获得财政拨款总额共计约114.37亿元。各年度财政拨款总额呈持续上升趋势，2018—2022年的财政拨款总额分别为20.33亿元、22.46亿元、23.4亿元、23.67亿元、24.08亿元。2022年较2018年同比增长18.45%。

　　第二，广东省高度重视公共图书馆设施建设，全省实现省、市、县（区）、乡镇（街道）、村（社区）五级公共图书馆设施网络全覆盖。截至2022年底，全省共有150个县级以上公共图书馆免费向公众开放并提供服务。全省每万人公共图书馆建筑面积达248.36平方米，较2017年提升32%。五年内，已建成或在建的新馆有广东省立中山图书馆主题馆、中山市图书馆、南沙区图书馆、花都区图书馆、白云区图书馆、恩平市图书馆、新兴县图书馆、深圳二馆、清远市图书馆、兴宁市图书馆。

　　第三，在文献馆藏量方面，截至2022年12月，全省县级以上公共图书馆普通文献总藏量为13,608.347万册/件，电子文献总藏量为13,495.87万册，全省人均普通文献馆藏量为1.07册，其中珠三角核心区人均普通文献馆藏量为2.63册。普通文献馆藏量持续上升，2022年较2018年同比提升45.41%。

　　第四，在服务效能方面，2018—2022年，广东省县级以上公共图书馆流通人次累计达43,581.25万。截至2022年底，广东省县级以上公共图书馆文献外借册次累计达 39,508.99 万。2018 年以来，广东省各级公共图书馆积极举办线上、线下读者服务活动，截至 2022 年底，共举办读者服务活动 249,035 场次，参与读者达 25,495.41 万人次。

纵观这五年，广东省图书馆事业发展有创新、有探索、有成效，出现了一些新的做法、新的经验、新的模式、新的业态，为全国公共文化建设和图书馆事业发展提供了广东模式和广东经验，总体可以归纳为以下几个方面。

一、注重制度建设，确保广东公共图书馆事业持续稳步发展

《中华人民共和国公共图书馆法》（以下简称《公共图书馆法》）颁布和实施以来，广东省不断深入推进图书馆法治化进程。

坚持立法先行，积极促进和完善公共图书馆事业地方立法。2019 年深圳市修订了《深圳经济特区公共图书馆条例》；2020 年广州市修订了《广州市公共图书馆条例》；2021 年 5 月 1 日佛山市颁布实施的《佛山市公共图书馆管理办法》，是《公共图书馆法》实施后第一部市级层面的公共图书馆立法。在全民阅读立法方面，广东省始终走在全国前列，《广东省全民阅读促进条例》于 2019 年 6 月 1 日颁布实施，《深圳经济特区全民阅读促进条例》也于 2019 年完成修订，这些无疑为广东全民阅读促进工作提供了法制保障。

2018 年以来，广东省各地区相继出台一系列规范性文件，深化了公共图书馆体制机制改革。2018 年广州市出台《关于全面推进我市公共图书馆总分馆制建设的实施意见》；2019 年出台的《广州市公共图书馆与社会力量合建分馆工作指引》，明确了市、区两级公共图书馆与社会力量合作建设分馆的工作机制；2020 年深圳市制定的《公共图书馆统一服务业务统计数据规范》，确立了图书馆服务业务统计数据标准，为提升图书馆综合管理水平提供了依据。珠三角地区图书馆非常重视地区图书馆事业发展规划制订，先后出台了《广州市"图书馆之城"建设"十四五"规划（2021—2025）》《深圳市"图书馆之城"建设规划（2021—2025）》《佛山市联合图书馆体系"十四五"发展规划》，为各地公共图书馆体系未来五年的建设发展指明了方向。政策法规、发展规划和评估定级三者协同发力，从根本上驱动了广东公共图书馆事业的稳步发展。

二、加强体系化建设，促进广东公共图书馆事业均衡发展

2018 年 10 月，习近平总书记在广东考察时明确指出，"城乡区域发展不

平衡是广东高质量发展的最大短板"。由广东粤东西北地区与珠三角地区经济发展不平衡所导致的公共文化服务发展的不平衡与不充分问题，同样反映在全省图书馆事业上，要实现全省图书馆事业高质量发展，必须解决好区域间图书馆事业发展的不平衡、不充分问题。为此，广东省积极推进县域总分馆建设，推进公共文化服务均等化。目前，县域总分馆建设总馆117个，分馆2,761个，服务点8,369个。旨在推进公共图书馆体系一体化建设的广东省公共图书馆联盟，自2020年成立以来，在文献信息服务、全民阅读推广、资源共建共治共享、业务开发与服务创新、学术研究、新技术应用等领域展开了广泛的交流与合作。

为加快推进公共图书馆的城乡一体化建设，广东省现已建成"省域＋市域＋县域"的多平台、多层次、多元化的全域公共图书馆服务体系。在市域图书馆服务体系方面，广州和深圳"图书馆之城"、佛山联合图书馆体系、东莞图书馆总分馆集群管理体系等公共图书馆服务体系已覆盖城乡。河源市把推进公共图书馆城乡一体化建设列为市政府2020年十件民生实事之一强力推动，现已完成数字资源共享平台建设并新建"源·悦"书屋自助图书馆14座，极大地提升了现代公共文化服务效能，有效完善了城乡公共文化服务体系。

三、积极参与文化扶贫工作，为全面建成小康社会做出应有贡献

全面建成小康社会是党的"十八大"提出的第一个百年奋斗目标，原文化部于2017年发布的《"十三五"时期文化扶贫工作实施方案》提出，发挥文化在脱贫攻坚工作中"扶志""扶智"作用，推动贫困地区文化建设快速发展，全面提升贫困地区文化建设水平，确保贫困地区与全国同步进入全面小康社会。为此，广东省各级图书馆积极投身到文化扶贫工作中，利用对口扶贫、帮扶解困、驻村蹲点等工作，把理念带下去，把资源送下去，通过合作办馆、共建资源、服务联动，广东省各级图书馆充分发挥公共文化服务主体作用，极大地推动了"扶志""扶智"工作。

十余年来，广东省立中山图书馆为积极承担社会责任所组织的"'书香暖山区'援建爱心阅览室文化志愿服务"项目，立足文化精准扶贫，不仅针对留守儿童，为乡村学校援建了"爱心阅览室"，而且多措并举地开展了多项阅读推广活动，让书香溢满山区，以实际行动响应了乡村振兴战略。到目前为止，"书香暖山区"项目已援建"爱心阅览室"114间，遍及全省20市（区）36县（镇），输送图书30余万册，惠及学生和村民10万余人。由广东省立中

山图书馆牵头的在广东偏远落后地区建设县级分馆项目，其基本理念是通过"物流配送"与"流动服务"结合的方式将图书等资源输送至各分馆，以扶持粤东西北地区公共文化基础设施建设，有效推动发达区域公共文化服务资源向欠发达区域流动，促进广东公共文化均衡发展。至 2022 年底，已建成省内流动图书馆分馆 96 个。各加盟分馆复制流动理念，自建分馆 1,230 个和流动服务点 4,055 个。

四、服务国家发展战略，在人文湾区建设中发挥积极作用

建设粤港澳大湾区，是习近平总书记亲自谋划、亲自部署、亲自推动的国家重大战略。自《粤港澳大湾区发展规划纲要》实施以来，建设人文湾区一直是广东公共图书馆系统为之奋斗的重要目标。2019 年 11 月，由广州图书馆联合广东省立中山图书馆、深圳图书馆等 12 家公共图书馆共同发起的粤港澳大湾区公共图书馆联盟成立。作为区域性图书馆的协作机制，粤港澳大湾区公共图书馆联盟成立的基本目的是，持续推进粤港澳大湾区在历史文献整理与保护、全民阅读、图书馆事业发展等领域的交流合作，推动岭南历史文化研究，弘扬中华优秀传统文化。

近年来，围绕人文湾区建设目标，广东省各级图书馆持续开展了粤港澳"4·23 共读半小时"阅读活动、"世界阅读日"粤港澳创作比赛、"'品读湾区'9＋2 城市悦读之旅"活动。其中，自 2020 年开展"'品读湾区'9＋2 城市悦读之旅"活动以来，500 多万人次参与了"图书馆高质量发展前沿对话""湾区城市阅读马拉松""走读大湾区 体验新生活"等系列高质量、创新性阅读推广活动，有效增进了粤港澳大湾区城市间的文化交流。广东省立中山图书馆与香港、澳门地区开展的古籍文献整理出版、专题文献展览等活动，也为人文湾区建设贡献了独特力量。

五、勇于服务创新，积极探索文化惠民新路子

不忘初心，牢记使命，是广东公共图书馆人勇立潮头，敢于创新，开拓进取，探索文化惠民新路子的思想源泉。

广东省立中山图书馆牵头启动了"粤读通"服务体系建设，即将电子证照对接到市级和部分县（区）级公共图书馆，实现数据共享、统一认证，为群众提供一体化集成式平台服务，实现全省域"一张网，一个码"，持续推进省域公共图书馆服务体系的资源共享。目前全省各级图书馆共有 41.8 万用户

开通和申领了"粤读通"电子证照，推动了省内图书馆服务一体化创新探索。

佛山市图书馆于 2021 年上线基于区块链技术的"易本书"家藏图书共享平台，打造了拥有线上线下完整生态链的全民阅读创新品牌，成为国内首个实现家藏图书与公共图书馆馆藏同平台流通的公益性项目，该项目荣获 2023 年 IFLA 国际营销奖第三名。截至 2023 年 3 月底，市民上传家藏书 5.35 万册，平台使用量 21.57 万人次，图书流通订单 1.73 万单，平台受到市民的充分认可，助推了佛山"全民阅读之城"建设。

六、强化技术赋能，实现从数字服务向智慧服务转型

国内图情界将人工智能技术看作是"未来十年图书馆颠覆性技术"，并且许多图书馆也开始探索应用人脸识别、自然语言处理、大数据、机器人等技术开展服务。为把握好"智慧社会"建设发展趋势，赢得图书馆事业在新时代更加广阔的发展空间，在"十四五"期间，国家图书馆研究提出了"全国智慧图书馆体系"建设工作思路，希望通过在全国层面上统筹谋划，依托现代技术，实现在空间、资源、服务、管理等全面智慧化升级。广东省图书馆界积极落实国家文化数字化发展战略，在数字服务基础上，利用新技术，搭建新平台，加快推进智慧图书馆建设。

广东在公共文化服务领域积极发挥科技强省的先行示范作用，广东省立中山图书馆的"《华商报》报纸数字化展示平台"和"图书采分编智能作业系统——采编图灵"、佛山市图书馆的"易本书"家藏图书共享平台、深圳图书馆的"方志里的深圳"小程序以及广州市南沙区图书馆的"地磁导航"，在 2022 年 12 月入选国家图书馆联合全国 22 家公共图书馆推出的"智慧图书馆建设成果案例展示"活动。深圳盐田区图书馆主导制定《公共图书馆智慧技术应用与服务要求》和《无人值守智慧书房设计及服务规范》两项深圳市地方标准，成为该领域全国首创。2021 年，广东省共有 12 家公共图书馆 15 个项目参与全国智慧图书馆体系建设工作，其中基础数字资源项目 9 个，知识资源细颗粒度建设和标签标引项目 6 个，建设数量超 41 万条。

七、鼓励社会力量合作，促进广东公共图书馆事业融合发展

激发文化建设的活力，必须鼓励和调动社会力量参与文化建设的积极性，创新社会力量参与公共文化服务方式，提高公共文化服务供给能力，形成全社

会共同关心文化建设的良好格局。这不仅是图书馆事业发展到今天的必然要求，而且更是构建政府、社会、市场多元共建、持续发展格局，更好满足群众多元性、个性化文化需求的当然路径。

2018年以来，广东省各级公共图书馆广泛开展社会合作，在社会力量参与公共图书馆运营管理、合作开展活动、共建阅读空间、文化志愿服务等方面成效尤为显著，逐步探索形成了一批新经验、新做法，成为具有鲜明区域特征的广东经验。截至2022年底，广东省各级公共图书馆社会合作项目共2,255个，合作方式多样，取得了良好的社会效果。为积极推动公共图书馆事业与旅游业的融合发展，加速释放文旅融合内在潜力，广东省各级公共图书馆以嵌入方式在旅游景区、酒店民宿和交通集散地等设立图书馆分馆或服务点，丰富了游客的旅游文化体验。以省域文旅融合为主题的"粤书吧"、深圳盐田以海洋为特色的系列书房、佛山南海"读书驿站"、中山"香山书房"、韶关"风度书房"、河源源城"槎城书吧"、东莞"城市阅读驿站"等，已成为深受当地群众喜爱的新型公共文化空间。截至2022年底，全省共建成新型阅读空间2,000多家，扩大了基层公共文化服务范畴，丰富了基层公共文化服务内容，完善了基层公共文化服务体系。

在过去的五年中，虽然广东公共图书馆服务设施网络不断完善，文献资源日益丰富，服务理念不断创新，服务手段不断增加，服务能力显著提升，队伍素质稳步提高，社会效益明显增强，广东公共图书馆事业呈现出蓬勃发展、整体推进的良好发展局面，但也还存在着一些问题，比如公共图书馆事业发展水平不平衡、不充分，仍不能满足人民群众日益增长的精神文化需求，与构建覆盖城乡的现代公共图书馆服务体系、全面提高人民群众文化素质、实现公共文化服务均等化等要求还不完全相适应。

党的"二十大"提出，必须坚持中国特色社会主义文化发展道路，增强文化自信，围绕举旗帜、聚民心、育新人、兴文化、展形象为主题，建设中国特色社会主义文化强国，发展面向现代化、面向世界、面向未来的，民族的科学的大众的社会主义文化，激发全民族文化创新创造活力，增强实现中华民族伟大复兴的精神力量，这无疑为我们推进新时代图书馆事业高质量发展提供了根本遵循。在新的起点上继续推动文化繁荣、建设文化强国、建设中华民族现代文明，是我们新的文化使命。作为知识宝库，图书馆是公共文化服务主阵地，它不仅肩负着传播文化的社会职责，而且担负着传承人类优秀文化的历史使命，在建设中华民族现代文明、推动构建人类文明新形态过程中发挥着不可替代的重要作用，是培育文化自信的重要场所和实现公共文化服务均等化的基本途径。当前，我国社会正处于创新驱动、转型发展的历史机遇期，公共图书馆事业作为公共文化服务的重要供给者,也面临着数字化转型和人民群众文化需求变革的深刻挑战。因此,我们必须坚持以人民为中心的发展立场,把握机遇,守正创新,迎接挑战,以高质量发展为主题,以供给侧结构性改革为主线,继续做好全民阅读服务,从根本上提升图书馆在知识服务、智库支撑、智慧启迪、创新支持等方面发挥独特的服务价值,全面促进广东公共图书馆事业新一轮的大发展、大繁荣。

王惠君

目　录

图目录

表目录

广东省公共图书馆事业发展报告（2018—2022）

Five-year Report on the Development of Public Libraries in Guangdong Province：2018—2022

张　靖　廖嘉琦　尚　洁　陈卫东*

[摘　要] 2018—2022 年，在文化强国与文化强省建设战略、公共文化服务高质量发展、《公共图书馆法》出台和新冠疫情防控等背景下，广东省公共图书馆事业迎接了新的机遇与挑战，持续保持稳中有进的发展态势。第七次全国县级以上公共图书馆评估定级工作于 2022 年 5—12 月顺利开展。报告以广东省第七次全国县级以上公共图书馆评估定级数据、广东图书馆学会公共图书馆建设数据为基础，从发展背景、整体发展状况、推进高质量发展的做法与成效、"以人为中心的图书馆"建设等方面呈现了 2018—2022 年广东省公共图书馆事业发展的整体情况。广东省公共图书馆服务体系建设覆盖城乡、设施建设提档升级、经费保障均衡有力、文献信息资源持续优化、专业人才队伍不断壮大、服务效能显著提升，有力推动了公共图书馆事业的品质发展、均衡发展、开放发展和融合发展，认真贯彻落实了"以人为中心"的发展理念。

[关键词] 公共图书馆；事业发展；高质量发展；以人为中心；广东省

[**Abstract**] From 2018 to 2022，amid the strategies to build a strong cultural nation and province，the high-quality development of public cultural services，the promulgation of the "Public Library Law"，and the challenges posed by the COVID-19 pandemic，the public library sector in Guangdong Province has embraced new opportunities and challenges，maintaining a steady and pro-

---

* 张靖，历史学博士，中山大学教授、博士生导师，zhangj87@ mail. sysu. edu. cn；廖嘉琦，中山大学信息管理学院，博士研究生；尚洁，中山大学信息管理学院，博士研究生；陈卫东，研究馆员，广东省立中山图书馆辅导部主任、广东图书馆学会秘书长。

gressive development trend. The seventh round of national evaluations and rankings for public libraries at or above the county level was successfully conducted from May to December 2022. Report on the *Five-year Report on the Development of Public Libraries in Guangdong Province*：2013 – 2017, Based on the Evaluation and Grading Data of the Seventh National Assessment of County-level and Above Public Libraries in Guangdong Province and the Construction Data of Guangdong Library Association's Public Library. The report presents the overall situation of the development of public libraries in Guangdong Province from 2018 to 2022, focusing on the development background, overall development status, practices and achievements in high-quality development, and the construction of "people-centered libraries". The construction of the public library service system in Guangdong Province has achieved comprehensive coverage in both urban and rural areas. The upgrading of facilities has led to a significant improvement. Adequate funding ensures balanced and robust financial support. The continuous optimization of documentary and information resources has been observed. The professional talent pool is constantly growing, and service efficiency has shown significant enhancements. These efforts have effectively promoted the quality development, balanced development, open development, and integrated development of the public library industry, all while adhering to the "people-centered" concept.

［**Keywords**］Public Library；Career Development；High-Quality Development；People-Centered；Guangdong Province

2017 年，在第六次全国县级以上公共图书馆评估定级工作的基础上，广东图书馆学会、广东省立中山图书馆、中山大学国家文化遗产与文化发展研究院联合发布《广东公共图书馆事业发展报告（2013—2017）》[1]，在全国首次以蓝皮书的形式全面呈现了省域范围内公共图书馆事业的发展现状。五年过后，第七次全国县级以上公共图书馆评估定级工作顺利完成，新一版蓝皮书编撰工作也再次启动。本报告以广东省第七次全国县级以上公共图书馆评估定级数据、广东图书馆学会公共图书馆建设数据为基础，从发展背景、整体发展状况、推进高质量发展的做法与成效、"以人为中心的图书馆"建设等方面呈现了 2018—2022 年广东省公共图书馆事业发展的整体情况。数据共涉及 150 个县级以上公共图书馆，其中包括 5 个省级/副省级公共图书馆①（以下简称"省级馆"）、22 个地市级公共图书馆（以下简称"地市级馆"）和 123 个县级公共图书馆（以下简称"县级馆"），涵盖广东省 100% 的县级以上公共图书馆。所属区域②和地市分布情况见表 1－1。

表 1－1　广东省县级以上公共图书馆分布

（单位：个）

序号	所属区域	所属地市	省级馆	副省级馆	地市级馆③	县级馆	地市合计
1	珠三角核心区	广州	1	2	—	11	14
2		深圳	—	2	1	9	12
3		东莞	—	—	1	—	1
4		中山	—	—	1	—	1
5		珠海	—	—	1	3	4
6		佛山	—	—	1	5	6
7		江门	—	—	1	7	8
8		肇庆	—	—	1	8	9
9		惠州	—	—	1	5	6
10	北部生态发展区	清远	—	—	2	8	10
11		韶关	—	—	1	10	11
12		河源	—	—	1	6	7
13		梅州	—	—	1	9	10
14		云浮	—	—	1	5	6

---

　　① 在后文相关的数据统计中，"省级馆""副省级馆""副省级少儿馆"均纳入省级馆统计范围。

　　② 2019 年 7 月，广东省委和省政府印发《关于构建"一核一带一区"区域发展新格局　促进全省区域协调发展的意见》，意见提出"以功能区战略定位为引领，加快构建形成由珠三角核心区、沿海经济带、北部生态发展区构成的'一核一带一区'区域发展新格局"。珠三角核心区包括广州、深圳、珠海、佛山、惠州、东莞、中山、江门、肇庆 9 市。沿海经济带东翼以汕头市为中心，包括汕头、汕尾、揭阳、潮州 4 市；西翼以湛江市为中心，包括湛江、茂名、阳江 3 市。北部生态发展区包括韶关、梅州、清远、河源、云浮 5 市。

　　③ 在后文相关的数据统计中，"地市级馆""地市级少儿馆"均纳入地市级馆统计范围。

续表 1-1

序号	所属区域	所属地市	省级馆	副省级馆	地市级馆	县级馆	地市合计
15	沿海经济带	汕头	—	—	1	7	8
16		揭阳	—	—	1	5	6
17		潮州	—	—	1	3	4
18		汕尾	—	—	1	4	5
19		湛江	—	—	2	9	11
20		茂名	—	—	1	5	6
21		阳江	—	—	1	4	5
合计			1	4	22	123	150

一、发展背景

（一）文化强国与文化强省建设战略下的文化发展框架

党的"十九大"以来，以习近平同志为核心的党中央把文化建设摆在党和国家事业发展全局的重要位置，作出了系列重大决策部署。党的"十九大"报告强调"坚定文化自信，推动社会主义文化繁荣兴盛"。党的"二十大"报告强调"推进文化自信自强，铸就社会主义文化新辉煌"。《中华人民共和国国民经济和社会发展第十四个五年规划和 2035 年远景目标纲要》提出"发展社会主义先进文化，提升国家文化软实力"，明确到 2035 年我国建成文化强国的远景目标。

广东省以习近平新时代中国特色社会主义思想为指导，深入学习贯彻习近平总书记关于文化和旅游工作的重要论述和对广东重要指示精神，持续高水平推进文化强省建设。党的"十九大"以来，广东省将文化强省建设纳入"1+1+9"①工作部署，推动各项文化工作取得新进展新成效，强调要聚力实施

---

① 2018 年，广东省委十二届四次全会部署了"1+1+9"重点任务。第一个"1"是指以推进党的建设新的伟大工程为政治保证；第二个"1"是指以全面深化改革开放为发展主动力。"9"是指 9 个方面重点工作。其中在第七方面布置了"以深入推进精神文明建设为重点，加快建设文化强省"的重点工作。

"六大工程"①，按照"精品立省、改革引领、服务提质、融合增效"工作思路，奋力开创文化强省建设新局面，努力塑造与经济实力相匹配的文化优势，在推进文化自信自强中展现广东担当、广东作为。[2,3]

（二）公共文化服务高质量发展的语境

"推动公共文化服务高质量发展，是进一步深化文化体制改革，发展社会主义先进文化的重要任务，也是让人民享有更加充实、更为丰富、更高质量的精神文化生活，保障人民群众基本文化权益，满足对美好生活新期待的必然要求。"2021年，文化和旅游部、国家发展和改革委员会、财政部出台《关于推动公共文化服务高质量发展的意见》，将品质发展、均衡发展、开放发展、融合发展作为"十四五"时期公共文化服务高质量发展的原则导向。[4]

广东省以中央政策规划为指引，完善制度建设、加强组织领导，着力推动公共文化服务高质量发展。2021年，广东省人民政府办公厅印发《广东省公共服务"十四五"规划》，"高品质""多元化""个性化"成为政策话语对公共文化服务的新要求[5]。同年，广东省文化和旅游厅修订《广东省公共文化服务体系高质量发展指引（2021年度）》《广东省公共文化服务实施标准（2021—2025）》，具体部署高质量发展，落实标准化建设。② 此外，广东省文化和旅游厅印发《广东省公共数字文化建设三年计划（2021—2023）》，以完善公共数字文化服务共建共享。与此同时，为进一步推动乡村文化治理，广东省文化和旅游厅印发《关于推进县级文化馆图书馆总分馆制建设的实施方案》《广东省县级文化馆图书馆总分馆制建设验收指导标准》等规范性文件，拓展基层公共文化网络，以文化发展助力乡村振兴。

（三）新时代的公共图书馆事业

《中华人民共和国公共图书馆法》（以下简称《公共图书馆法》）自2018年1月1日起施行，该法明确了公共图书馆的发展方向、基本目标和重点任务，为我国日益壮大的公共图书馆事业提供了基本遵循。党的"十九大"后中国特色社会主义跨入新时代，《公共图书馆法》的出台呼应了新时代社会主要矛盾转化的历史要求，体现了公共图书馆在新时代满足人民日益增长的美好

---

① "六大工程"分别是实施习近平新时代中国特色社会主义思想传播工程、主旋律弘扬工程、文明质量提升工程、高品质文化供给工程、岭南文化"双创"工程、对外传播工程。

② 《广东省公共文化服务体系高质量发展指引（2021年度）》《广东省公共文化服务实施标准（2021—2025）》（未公开）。

生活需要的重要作用，历史性地成为了我国历经百余年的公共图书馆事业跨入新时代的标志。[6]

以习近平同志为核心的党中央对文化事业、图书馆事业高度重视，肯定了图书馆事业在中国特色社会主义文化建设大局中发挥的独特作用。[7]在国家图书馆建馆110周年之际，习近平总书记给国家图书馆8位老专家回信，首次就图书馆事业专门作出重要论述。总书记指出"图书馆是国家文化发展水平的重要标志，是滋养民族心灵、培育文化自信的重要场所"[8]。

在我国文化事业进入高质量发展阶段的关键时期，2022年5月，文化和旅游部办公厅印发《关于开展第七次全国县级以上公共图书馆评估定级工作的通知》，要求发挥以评促建、以评促管、以评促效能提升的作用，促进我国公共图书馆事业高质量发展。第七次评估采取了新的内容与指标，呈现出依法评估、目标性评估、导向性评估和智慧化评估等新的特征，在推动公共图书馆治理能力现代化、推动公共图书馆进入新阶段、推动公共图书馆社会作用提升、推动公共图书馆转型升级等方面具有重大意义。[9]

（四）新冠疫情防控

2019年12月底，新冠疫情突发，广东省各级图书馆成立疫情防控领导小组，严格落实防控措施。图书馆系统组织工作人员深入基层，主动承担疫情防控各项工作，坚守防疫一线，展现了图书馆人的服务精神。以医学类图书馆为主导，图书馆系统借助资源优势，发挥智库作用，科普防疫知识，彰显了图书馆的社会价值。为保障疫情期间群众享受公共文化服务的权利，广东省各级公共图书馆积极转变思路，以"闭馆不闭服务"为宗旨，坚持"防疫"和"服务"两手抓，创新线上服务方式，满足用户信息资源和文化需求。常态化防控阶段，广东省各级公共图书馆严格执行"预约、限流、错峰"的防控要求，逐步恢复对外开放，努力减轻疫情对图书馆服务的影响，为群众提供高质量的公共文化服务。

二、整体发展状况

广东省公共图书馆迎接高质量发展阶段新的机遇与挑战，保持稳中有进的发展态势，从体系建设、设施建设、经费保障、文献信息资源建设、人才队伍建设和服务效能等方面高质量推动公共图书馆事业的可持续发展。

（一）体系建设

广东省持续统筹推进公共图书馆服务体系建设。原有的以"深圳模式"

"广州模式""东莞模式"和"佛山模式"为代表的"岭南模式"发展成熟。政策方面，广东省文化和旅游厅于 2018 年前后印发《关于推进县级文化馆图书馆总分馆制建设的实施方案》《广东省县级文化馆图书馆总分馆制建设验收指导标准》等文件，推动建立"标识统一化、设施标准化、资源共享化、管理信息化、服务体系化"的总分馆制。2022 年，为完善粤东西北地区县级图书馆总分馆体系建设，广东省文化和旅游厅在省级财政中安排"推进粤东西北地区总分馆制建设"专项资金 900 万元，推动粤东西北地区扩大总分馆制建设覆盖面。

如表 1-2 所示，截至 2022 年底，全省县级以上公共图书馆已建成分馆2,761 个、服务点 8,369 个。

表 1-2 广东省各区域县级以上公共图书馆总分馆建设情况（2022 年）

区域	总分馆建设	
	分馆数量（个）	服务点数量（个）
珠三角核心区	1,674	4,927
沿海经济带	560	1,867
北部生态发展区	527	1,575
合计	2,761	8,369

在《公共图书馆法》要求的县域总分馆体系外，广东省还因地制宜持续推进省域和市域公共图书馆服务体系建设。全省目前共建成县域图书馆总分馆体系 117 个。有 89 个县（区）纳入总分馆体系的乡镇（街道），数量占本区域乡镇（街道）总数比例为 100%。作为广东文化事业发展中的重大工程，广东流动图书馆项目自 2003 年实施以来，致力于缩小广东省公共图书馆事业的城乡差异和地区差异，极大促进了广东公共图书馆体系的城乡一体化建设和乡村文化振兴，充分贯彻了中央全面建设社会主义现代化强国[10]、实施乡村振兴战略[11]，以及完善公共文化服务体系的政策[12]。截至 2022 年底，广东省内共建有 96 个流动图书馆分馆，其中粤北地区 41 个、粤东地区 21 个、粤西地区 20 个、珠江三角洲地区 14 个。市域体系方面，深圳"图书馆之城"、广州"图书馆之城"、佛山联合图书馆体系、东莞图书馆总分馆集群管理体系继续引领全省乃至全国的公共图书馆服务体系建设，梅州市公共图书馆联盟和中心馆—总分馆体系建设工作也顺利启动，目前已实现全市 9 家县级公共图书馆纸质图书的通借通还。

（二）设施建设

广东省重视公共图书馆设施建设，全省实现省、市、县（区）、乡镇（街道）、村（社区）五级公共图书馆设施网络全覆盖。截至 2022 年底，全省共计有 150 个县级以上公共图书馆免费向公众开放并提供服务。全省总馆以及分馆建筑总面积共 315.42 万平方米，较 2017 年提升 48.3%。全省每万人建筑面积达 248.36 平方米，较 2017 年提升 32%。珠三角核心区每万人建筑面积为 265.99 平方米，北部生态发展区每万人建筑面积为 306.98 平方米，沿海经济带每万人建筑面积为 180.18 平方米。

表 1-3 展示了 2022 年广东省各区域县级以上公共图书馆建筑面积情况。

表 1-3　广东省各区域县级以上公共图书馆建筑面积情况（2022 年）

区域	省级馆		地市级馆		县级馆	
	总馆面积（万平方米）	总馆以及分馆总面积（万平方米）	总馆面积（万平方米）	总馆以及分馆总面积（万平方米）	总馆面积（万平方米）	总馆以及分馆总面积（万平方米）
珠三角核心区	26.51	31.97	28.68	51.52	60.40	124.76
沿海经济带	—	—	14.13	16.84	16.80	41.74
北部生态发展区	—	—	9.14	10.46	17.23	38.37
合计	26.51	31.97	51.95	78.82	94.43	204.87

各级政府启动了多个公共图书馆新建工程，公共图书馆设施持续优化升级。2018 年初，广东省文化和旅游厅正式启动公共文化基础设施攻坚做强工程，推进县级以上公共图书馆的全覆盖和达标升级工作。表 1-4 展示了 2018—2022 年广东省各地县级以上公共图书馆新馆建成开放情况。

表 1-4　广东省公共图书馆新馆建成开放情况一览表（2018—2022 年）

序号	地市	级别	开馆时间	馆名	建筑面积（万平方米）
1	广州	地市级馆	2020 年 12 月	广州市南沙区图书馆	2.58
2	广州	地市级馆	2021 年 9 月	广州市白云区图书馆	1.00
3	广州	地市级馆	2021 年 12 月	广州市花都区图书馆	0.86

续表 1-4

序号	地市	级别	开馆时间	馆名	建筑面积（万平方米）
4	深圳	地市级馆	2019 年 3 月	深圳市坪山区图书馆	1.54
5	深圳	地市级馆	2021 年 2 月	深圳市光明区图书馆	3.55
6	佛山	县级馆	2021 年 12 月	佛山市三水区图书馆	1.31
7	珠海	县级馆	2019 年 10 月	珠海市金湾区图书馆	2.80
8	中山	地市级馆	2019 年 11 月	中山纪念图书馆	7.21
9	惠州	地市级馆	2022 年 5 月	惠州市惠城区图书馆	0.45
10	江门	县级馆	2018 年 11 月	江门市江海区图书馆	0.60
11	江门	县级馆	2022 年 1 月	恩平市图书馆	0.82
12	韶关	县级馆	2019 年 10 月	南雄市图书馆	1.26
13	韶关	县级馆	2019 年 12 月	韶关市武江区图书馆	0.32
14	韶关	县级馆	2022 年 12 月	仁化县图书馆	0.64
15	云浮	县级馆	2022 年 7 月	云浮市新兴县图书馆	1.42
16	潮州	地市级馆	2018 年 6 月	潮州市图书馆	2.80
17	湛江	县级馆	2021 年 7 月	湛江市坡头区图书馆	0.70
18	湛江	县级馆	2021 年 12 月	湛江市麻章区图书馆	0.64
19	湛江	县级馆	2022 年 9 月	湛江市赤坎区图书馆	0.66

此外，还有一批公共图书馆新馆处于工程建设阶段。深圳第二图书馆于 2019 年动工建设，将于 2023 年内建成。清远市图书馆新馆工程于 2018 年动工建设，已于 2023 年 3 月通过竣工验收。梅州市兴宁市图书馆新馆工程于 2018 年开工，现已进入内部装修阶段。广东省立中山图书馆、阳江市图书馆完成升级改造工程，改造后馆舍面积显著提升。

（三）经费保障

各级政府重视公共图书馆事业，有力保证对图书馆的经费投入。2018—2022 年，全省各级公共图书馆共获得财政拨款总额约 114.37 亿元。年度财政拨款总额呈持续上升趋势，2018—2022 年的财政拨款总额分别为 20.33 亿元、22.46 亿元、23.4 亿元、23.67 亿元、24.08 亿元。2022 年较 2018 年同比增长 18.44%。

广东省积极响应公共文化服务高质量发展"统筹建设，均衡发展"的要求，重视基层公共图书馆的建设。图1-1显示了2018—2022年广东省各级公共图书馆获得财政拨款总额的变化趋势。2018—2022年，县级馆获得的财政拨款大幅上升，2022年较2018年同比增幅为35.44%。地市级馆获得的财政拨款总额呈总体上升趋势，2022年较2018年同比增幅为18.48%。省级馆获得的财政拨款稳中有升，2022年较2018年同比增幅为2.49%。

图1-1　广东省县级以上公共图书馆获得财政拨款情况（2018—2022年）（单位：万元）

广东省大力推动区域平衡发展，不断提升对粤东西北地区公共图书馆的统筹建设。2018—2022年广东省不同地区县级以上公共图书馆财政拨款情况如表1-5所示。2022年较2018年，北部生态发展区公共图书馆财政拨款总额同比增幅达53.42%，粤东、粤西沿海经济带公共图书馆财政拨款总额同比增幅为27%。

表1-5　广东省各区域县级以上公共图书馆财政拨款总额（2018—2022年）（单位：万元）

区域	2018	2019	2020	2021	2022
珠三角核心区	174,293.38	195,739.34	197,358.87	206,519.30	200,387.41
沿海经济带	15,283.62	13,342.25	16,136.80	16,417.26	19,413.20
北部生态发展区	13,733.61	15,560.44	20,528.42	13,784.28	21,064.40

2018—2022年，两个副省级城市——深圳市县级以上公共图书馆获得财政拨款总额共362,171.55万元，广州市为357,689万元。在地市级城市中，获得财政拨款总额排名前五的城市分别为佛山市（82,019.13万元）、东莞市

（40,962.65 万元）、江门市（34,293.61 万元）、珠海市（27,743.79 万元）、中山市（26,862.35 万元）。

文献购置费方面，2018—2022 年全省文献购置费总额约为 16.68 亿元。5 年全省的文献购置费总额保持平稳，分别为 30,667.46 万元、37,205.48 万元、34,061.48 万元、34,635.60 万元和 30,255.82 万元。具体情况如表 1－6 所示。

表 1－6　广东省县级以上公共图书馆文献购置费（2018—2022 年）（单位：万元）

年份	省级馆	地市级馆	县级馆
2018	10,440.80	9,187.51	11,039.15
2019	13,640.90	9,405.00	14,159.58
2020	12,288.80	9,330.92	12,441.76
2021	10,638.06	9,567.45	14,430.08
2022	11,770.30	8,662.50	9,823.02
合计	58,778.86	46,153.38	61,893.60

图 1－2 显示了 2018—2022 年广东省各区域县级以上公共图书馆文献购置费总额情况。总体而言，珠三角地区县级以上公共图书馆文献购置费总额高于沿海经济带和北部生态发展区。沿海经济带和北部生态发展区县级以上公共图书馆的文献购置费总额总体呈波动上升趋势。

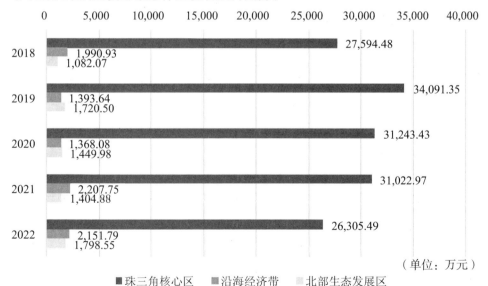

（单位：万元）

■珠三角核心区　■沿海经济带　□北部生态发展区

图 1－2　广东省各区域县级以上公共图书馆文献购置费情况（2018—2022 年）

（四）文献信息资源建设

广东省公共图书馆新增文献藏量保持平稳。2018—2022 年全省新增普通文献藏量总额分别为 830.48 万册、863.29 万册、1,015.27 万册、1,127.71 万册和 857.67 万册。5 年间全省县级以上公共图书馆年新增普通文献藏量情况如表 1−7 所示。

表 1−7　广东省县级以上公共图书馆新增普通文献藏量（2018—2022 年）（单位：万册）

年份	省级馆	地市级馆	县级馆
2018	218.38	164.48	447.62
2019	183.57	167.57	512.15
2020	199.20	139.89	676.18
2021	156.72	182.00	788.99
2022	178.38	149.87	529.42
合计	936.27	803.81	2,954.36

2018—2022 年全省各区域县级以上公共图书馆新增普通文献藏量情况如图 1−3 所示。全省各区域新增普通文献藏量都呈先增后降趋势，沿海经济带和北部生态发展区的新增普通文献藏量在近三年较前两年显著提升。

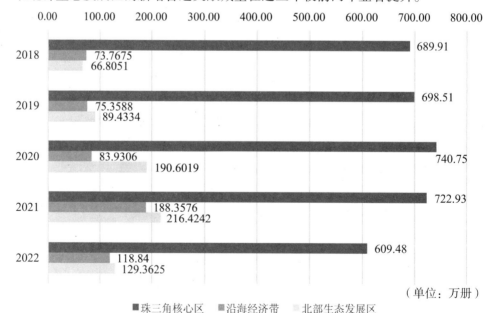

（单位：万册）

■珠三角核心区　■沿海经济带　□北部生态发展区

图 1−3　广东省各区域县级以上公共图书馆新增普通文献藏量情况

（2018—2022 年）

在文献馆藏量方面，截至 2022 年 12 月，全省县级以上公共图书馆普通文献总藏量为 13,608.347 万册/件，电子文献总藏量为 13,495.87 万册，全省人均普通文献馆藏量为 1.07 册，其中珠三角核心区人均普通文献馆藏量为 2.63 册。副省级城市广州市和深圳市的公共图书馆普通文献总藏量分别为 4,250.37 万册和 2,722.87 万册。广州图书馆、广东省立中山图书馆的普通文献馆藏量超 900 万册/件。在全省地级市当中，公共图书馆普通文献总藏量前五名的城市分别为佛山市（1,112.82 万册）、江门市（464 万册）、湛江市（417.28 万册）、肇庆市（368.38 万册）和中山市（367.65 万册）。

图 1-4 反映了 2018—2022 年广东省全省县级以上公共图书馆普通文献馆藏量的变化趋势。普通文献馆藏量呈持续上升，2022 年较 2018 年同比提升 45.41%，全省普通文献馆藏量 5 年增长超 30% 的县级以上公共图书馆共有 64 家。

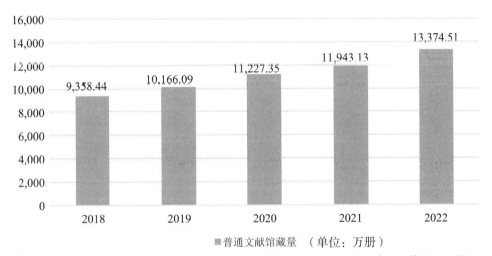

图 1-4　广东省县级以上公共图书馆普通文献馆藏量（2018—2022 年）（单位：万册）

（五）人才队伍建设

近年来，广东省各级公共图书馆持续推动人才队伍建设，工作人员数量持续增长，职称和学历水平不断提升。2018—2022 年广东省县级以上公共图书馆人才队伍建设情况变化趋势如图 1-5 所示，截至 2022 年底，广东省县级以上公共图书馆工作人员共 6,185 人，中级以上职称工作人员 2,065 人，占比 33.39%；大学本科及以上学历工作人员 3,492 人，占比 56.46%。如表 1-8 所示，2018—2022 年，广东省各级公共图书馆工作人员数量、中级以上职称工作人员数量、大学本科以上学历工作人员数量均呈增长趋势。如表 1-9 所示，2018—2022 年，广东省各区域公共图书馆工作人员数量、中级以上职称工作人员数量、大学本科以上学历工作人员数量整体情况向好，基本逐年递增。

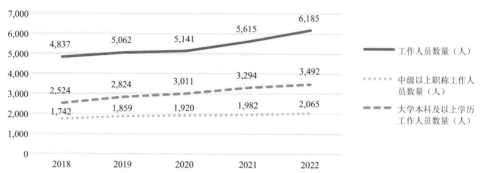

图 1-5　广东省县级以上公共图书馆人才队伍建设情况变化趋势（2018—2022 年）

表 1-8　广东省各级公共图书馆人才队伍建设情况（2018—2022 年）（单位：人）

年份	工作人员数量					中级以上职称工作人员数量					大学本科及以上学历工作人员数量				
	2018	2019	2020	2021	2022	2018	2019	2020	2021	2022	2018	2019	2020	2021	2022
省级馆	1,143	1,129	1,086	1,200	1,429	553	598	612	628	652	809	894	886	949	953
地市级馆	1,050	975	1,034	1,106	1,383	548	571	599	603	640	709	718	720	773	823
县级馆	2,644	2,958	3,021	3,309	3,373	641	690	709	751	773	1,006	1,212	1,405	1,572	1,716
总计	4,837	5,062	5,141	5,615	6,185	1,742	1,859	1,920	1,982	2,065	2,524	2,824	3,011	3,294	3,492

表 1-9　广东省各区域公共图书馆人才队伍建设情况（2018—2022 年）（单位：人）

区域	工作人员数量					中级以上职称工作人员数量					大学本科及以上学历工作人员数量				
	2018	2019	2020	2021	2022	2018	2019	2020	2021	2022	2018	2019	2020	2021	2022
珠三角核心区	3,656	3,872	3,914	4,206	4,600	1,328	1,431	1,492	1,523	1,583	2,154	2,378	2,539	2,724	2,823
沿海经济带	624	578	601	678	843	259	262	268	281	285	208	238	237	277	340
北部生态发展区	557	612	626	731	742	155	166	160	178	197	162	208	235	293	329
总计	4,837	5,062	5,141	5,615	6,185	1,742	1,859	1,920	1,982	2,065	2,524	2,824	3,011	3,294	3,492

2018 年以来，广东省各级公共图书馆高标准引进专业人才，高水平开展在职培养，高规格推进继续教育。调研结果显示[13]，广东省县级以上公共图书馆人员招聘的基本要求包括具备图书馆学、情报学、计算机、信息管理等对口专业背景或其他能够服务于图书馆事业发展的专业背景，本科以上受教育水平，有些技术性岗位专门面向硕士及以上学历专业人才进行招聘。这些准入门槛的设置保证了新进人员的专业素质和工作能力。专业化、系统化、主题化、长期化、广泛化的继续教育是保障馆员资质、提升馆员专业性的有效路径[14]。近年来，广东省各级公共图书馆持续加强工作人员在职培训和继续教育，聘请专家学者为图书馆工作人员授课，提升专业理论水平，加强实践工作与理论的互促共进。2018 年，深圳少年儿童图书馆举办"首届广东省少儿阅读推广人培训班"，梅州市剑英图书馆、清远市图书馆、江门市图书馆举办"2018 年广东省公共文化数字培训班"，肇庆市图书馆举办"第九期全国县级图书馆馆长培训班"，佛山市南海区图书馆举办"2018 年广东公共图书馆业务培训班"。2019 年，潮州市图书馆、深圳市光明区图书馆举办"2019 年广东公共图书馆业务培训班"，深圳市盐田区图书馆举办"第二期广东省少儿阅读推广人培训班"。2020 年，肇庆市端州区图书馆举办"图书馆'十四五'规划专题研讨会暨 2020 年广东公共图书馆业务培训班"，深圳少年儿童图书馆举办"第三期广东省少儿阅读推广人培训班"。2021 年，茂名市图书馆举办"2021 年茂名地区图书馆业务知识培训班"，肇庆市图书馆举办"2021 年肇庆地区图书馆业务知识培训班"，广州市南沙区图书馆举办"2021 年全省公共图书馆馆长培训班"。广州市文化广电旅游局于 2018、2019、2020、2023 年举办"广州市公共图书馆高级人才研修班"，邀请中山大学图书馆学团队等学界专家及广东省立中山图书馆馆长、东莞图书馆馆长等业界精英为广州市公共图书馆系统骨干人员授课。与此同时，公共图书馆与高校人才培养单位密切合作。例如，由中山大学图书馆学团队和广州图书馆共同编写的《公共图书馆工作人员入职培训教材》于 2022 年 5 月正式出版，为公共图书馆工作人员入职教育和继续教育提供了适用资料。

（六）服务效能

2018 年以来，广东省贯彻中央规划指导，落实地方标准要求，在高质量发展目标框架下，进一步提升公共图书馆服务效能。

2018—2022 年，广东省县级以上公共图书馆流通人次累计达 43,581.25 万人次，年总流通人次变化趋势如图 1 - 6 所示。受疫情影响，流通人次在 2020 年有所下降，2021 年起逐步回升。2018—2022 年广东省各级公共图书馆年总流通人次如表 1－10 所示，各区域公共图书馆年总流通人次如表 1－11 所示，2021 年起均已呈现回升态势。

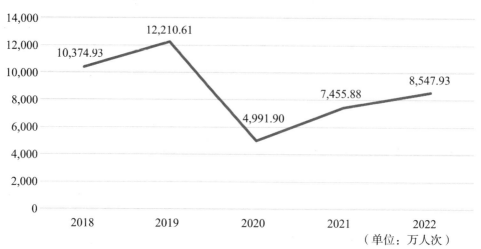

图 1－6　广东省县级以上公共图书馆年总流通人次变化趋势
（2018—2022 年）

表 1－10　广东省各级公共图书馆年总流通人次（2018—2022 年）（单位：万人次）

级别	2018	2019	2020	2021	2022
省级馆	2,152.33	2,205.50	648.50	926	1,040.59
地市级馆	2,279.82	2,801.18	1,337.68	1,851.03	2,305.74
县级馆	5,942.78	7,203.93	3,005.72	4,678.85	5,201.60
总计	10,374.93	12,210.61	4,991.90	7,455.88	8,547.93

表 1－11　广东省各区域公共图书馆年总流通人次（2018—2022 年）（单位：万人次）

区域	2018	2019	2020	2021	2022
珠三角核心区	8,077.59	9,569.49	3,755.74	5,859.12	6,227.54
沿海经济带	1,073.57	1,164.37	618.99	694.16	1,026.15
北部生态发展区	1,223.78	1,476.75	617.17	902.65	1,294.25
总计	10,374.93	12,210.61	4,991.90	7,455.88	8,547.93

　　截至 2022 年，广东省县级以上公共图书馆文献外借册次累计达 39,508.99 万，年文献外借册次变化趋势如图 1－7 所示，受疫情影响，文献外借册次在 2020 年有所下降，2021 年起已逐步回升并持续增长。如表 1－12 和表 1－13 所示，2022 年广东省各级公共图书馆和各区域公共图书馆年文献外借册次均

已回升，并超过 2018 年水平。

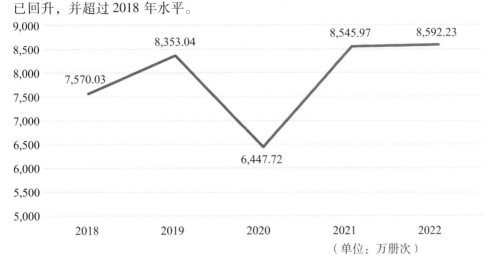

（单位：万册次）

图 1-7　广东省县级以上公共图书馆年文献外借册次变化趋势
（2018—2022 年）

表 1-12　广东省各级公共图书馆年文献外借册次（2018—2022 年）（单位：万册次）

级别	2018	2019	2020	2021	2022
省级馆	2,544.40	2,664.33	2,216.14	2,924.70	2,482.06
地市级馆	1,345.35	1,593.41	1,351.73	1,651.46	1941.96
县级馆	3,680.28	4,095.30	2,879.85	3,969.81	4,168.21
总计	7,570.03	8,353.04	6,447.72	8,545.97	8,592.23

表 1-13　广东省各区域公共图书馆年文献外借册次（2018—2022 年）（单位：万册次）

区域	2018	2019	2020	2021	2022
珠三角核心区	6,436.42	7,173.63	5,604.97	7,458.70	7,030.68
沿海经济带	509.74	539.43	436.04	513.07	741.26
北部生态发展区	623.86	639.98	406.71	574.20	820.29
总计	7,570.03	8,353.04	6,447.72	8,545.97	8,592.23

　　2018 年以来，广东省各级公共图书馆积极举办线上、线下读者活动，截至 2022 年底，共举办读者活动 249,035 场次，读者参加达 25,495.41 万人次。2021 年和 2022 年，广东省各区域、各级公共图书馆积极举办线上读者活动，累计达 40,664 场次，读者线上参与次数共 12,371.04 万人次。图 1-8 呈现了 2018—2022年广东省县级以上公共图书馆读者活动举办场次和读者参与人次变化

趋势。受疫情影响，2020 年读者活动举办场次有所减少，2021 年和 2022 年，线上活动的举办保障了读者活动场次的稳步增长。2018—2022 年，读者活动参与人次逐年递增。如表 1－14 所示，广东省各级公共图书馆和各区域公共图书馆读者活动举办场次已于 2021 年逐步回升。如表 1－15 所示，2018—2022 年，广东省各级公共图书馆和各区域公共图书馆读者活动参与人次稳步增长。

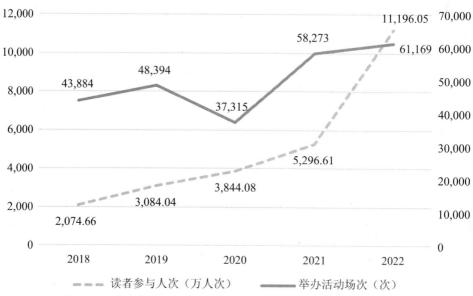

图 1－8　广东省县级以上公共图书馆读者活动举办场次和读者参与人次变化趋势（2018—2022 年）

表 1－14　广东省各级公共图书馆读者活动举办和读者参与情况（2018—2022 年）

年份		省级馆		市级馆		县级馆	
		举办活动场次（次）	读者参与人次（万人次）	举办活动场次（次）	读者参与人次（万人次）	举办活动场次（次）	读者参与人次（万人次）
2018		10,547	579.95	9,295	799.52	24,042	695.19
2019		11,469	808.88	7,273	333.95	29,652	1,941.21
2020		6,338	1,794.27	7,342	572.28	23,635	1,477.53
2021	线上	3,132	1,717.84	4,058	956.83	9,309	612.70
	线下	7,204	632.55	8,163	396.68	26,407	980.01
2022	线上	4,648	5,389.90	5,145	1,768.16	14,372	1,925.61
	线下	5,280	820.98	8,198	444.14	23,526	847.26
总计		48,618	11,744.37	49,474	5,271.56	150,943	8,479.51

表1－15　广东省各区域公共图书馆读者活动举办和读者参与情况（2018—2022年）

年份		珠三角核心区		沿海经济带		北部生态发展区	
		组织活动场次（次）	读者参与人次（万人次）	组织活动场次（次）	读者参与人次（万人次）	组织活动场次（次）	读者参与人次（万人次）
2018		35,246	1,319.71	2,916	238.98	5,722	515.96
2019		39,466	1,691.63	3,330	833.29	5,598	559.12
2020		29,460	3,300.92	2,632	361.18	5,223	181.98
2021	线上	10,813	2,977.44	2,080	115.56	3,606	194.36
	线下	34,359	1,827.51	2,488	181.87	4,927	188.29
2022	线上	18,364	7,341.65	2,278	1,165.99	3,523	576.04
	线下	29,751	1,479.78	2,394	235.24	4,859	208.91
总计		197,459	19,938.64	18,118	3,132.11	33,458	2,424.66

2018—2022年，广东省县级以上公共图书馆持续推动服务品牌建设，图书馆服务品牌数量增长趋势如图1－9所示。截至2022年底，广东省县级以上公共图书馆共建设服务品牌1,245个。如表1－16所示，2018年以来，广东省各级公共图书馆服务品牌数量稳步增长；如表1－17所示，广东省各区域公共图书馆服务品牌数量逐年递增。

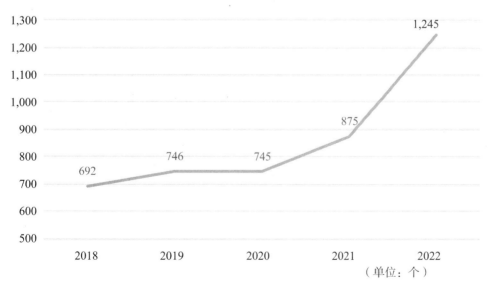

（单位：个）

图1－9　广东省县级以上公共图书馆服务品牌建设数量变化趋势

（2018—2022年）

表 1-16　广东省各级公共图书馆服务品牌建设情况（2018—2022 年）　（单位：个）

级别	2018	2019	2020	2021	2022
省级馆	161	167	174	195	181
地市级馆	140	155	152	197	293
县级馆	391	424	419	483	771
总计	692	746	745	875	1,245

表 1-17　广东省各区域公共图书馆服务品牌建设情况（2018—2022 年）（单位：个）

区域	2018	2019	2020	2021	2022
珠三角核心区	519	545	557	651	832
沿海经济带	93	101	88	114	187
北部生态发展区	80	100	100	110	226
总计	692	746	745	875	1,245

（七）纵横比较

对比上一个 5 年（2013—2017），广东省公共图书馆事业发展成效显著，诸多核心指标增幅明显（如表 1-18 所示）。其中，"读者活动举办总场次"增幅达 227.40%，"读者活动参与总人次"增幅达 503.10%，是所有指标中增幅最明显的。疫情防控期间，各级别、各区域公共图书馆以"线上＋线下"方式创新开展读者活动，受到民众的广泛欢迎和高度肯定。"员工数量""普通文献馆藏量""建筑面积"等指标也有不同程度的增长，表明广东省公共图书馆事业发展持续重视人才队伍建设、文献资源建设和馆舍建设。对比 2021 年广东省与全国公共图书馆事业发展情况，广东省所有核心指标均大幅领先全国平均水平，"总流通人次"排名第三，其余核心指标均居全国首位。①

---

①　截至本文付印，2022 年全国公共图书馆事业发展数据暂未公布，故选取 2021 年数据进行横向对比。

表1-18 广东省公共图书馆服务核心指标横向、纵向对比

核心指标	2017年广东	2022年广东	广东2022年较2017年增幅	2021年广东	2021年全国平均水平①	2021年广东排名
工作人员数量（人）	4,450	6,185	39.00%	5,615	1,912.9	1
普通文献馆藏量（万册）	8,708.3	13,374.5	53.60%	11,943.1	4,070.3	1
财政拨款总额（万元）	168,918.8	240,865	42.60%	236,720.8	54,799.2	1
年文献外借数量（万册次）	6,850.6	8,592.2	25.40%	8,546	1,894.5	1
读者活动举办总场次（次）	18,681	61,169	227.40%	58,273	6,534.5	1
读者活动参与总人次（万人次）	1,825.1	11,007.6	503.10%	5,485	383.6	1
总流通人次（万人次）	9,147.1	8,547.9	-6.50%	7,873.9	2,406.9	3
建筑面积（万平方米）	134	172.8	28.96%	163.3	61.7	1

三、高质量发展的做法和成效

2021年3月，文化和旅游部、国家发展和改革委员会、财政部联合印发《关于推动公共文化服务高质量发展的意见》，部署了推动公共文化服务品质发展的方向和任务，提出四项主要原则，包括"坚持正确导向，推动品质发展""坚持统筹建设，推动均衡发展""坚持深化改革，推动开放发展"和"坚持共建共享，推动融合发展"。广东省牢牢把握高质量发展的精神，抓好落实高质量发展的各项要求，推出高质量发展的创新做法，取得积极成效。

---

① 2021年全国公共图书馆核心指标数据源于国家图书馆研究院《2021年中国公共图书馆事业发展基础数据概览》。

（一）坚持正确导向，推动品质发展

在品质发展方面，广东省各级公共图书馆不断强化政治引领，推进公共图书馆法治化建设，以全民阅读品牌打造书香城市与书香镇街，推动公共图书馆功能转型升级，建设区域创新文献支持中心。

广东省紧紧围绕习近平总书记赋予广东在全面建设社会主义现代化国家新征程中走在全国前列、创造新的辉煌的使命任务和党的"二十大"对文化和旅游工作的新部署，坚定文化自信，全力推动公共图书馆事业发展。各图书馆始终坚持把政治建设摆在首位，持续强化政治理论学习，以党建引领思想建设，以多种形式开展党史学习教育。在党的"二十大"召开前后，各馆持续通过馆区布置、展览讲座、图书推荐、现场活动等多种方式进行线上线下宣传，以党建引领图书馆业务工作高质量发展。各图书馆以召开座谈会、组织专题学习等形式深入学习习近平总书记给国图老专家回信精神，在工作中贯彻落实坚持正确政治方向、发挥公共服务职能、弘扬优秀传统文化、推进改革创新、推动全民阅读五个方面的要求，推动全省公共图书馆事业再上新台阶。

《公共图书馆法》颁布和实施以来，广东省不断深入推进图书馆法治化进程。各图书馆积极宣贯《公共图书馆法》，将《公共图书馆法》的要求落实到各级各类战略规划和规章制度以及图书馆的各项工作中。广东坚持立法先行，积极促进和完善公共图书馆地方立法。《深圳经济特区公共图书馆条例》于2019年修正，《广州市公共图书馆条例》于2020年修正。《佛山市公共图书馆管理办法》经2021年2月10日第十五届佛山市人民政府第83次常务会议审议通过，自2021年5月1日起施行，是佛山市文化领域第一部行政规章，也是《公共图书馆法》实施后第一部市级层面的公共图书馆立法。在全民阅读立法方面，《广东省全民阅读促进条例》于2019年3月28日由广东省第十三届人民代表大会常务委员会第十一次会议通过，自2019年6月1日起施行，为广东全民阅读促进工作提供了法制保障。《深圳经济特区全民阅读促进条例》于2019年修正，与时俱进地发挥立法对全民阅读的促进作用。

在"书香中国"全民阅读品牌的倡导推动下，广东各地市持续开展"书香岭南"全民阅读系列活动，将"书香城市"作为文化兴城的重要抓手，大力推进全民阅读工作，形成书香系列品牌。《2021年度"书香中国"全民阅读品牌传播影响力大数据研究报告》显示，深圳读书月和"书香岭南"两个全民阅读品牌传播影响力在全国分别排名第二和第四。[15] 东莞以书香镇街为理念核心建成了纵向、横向、特色、融合的公共图书馆服务体系。2022年8月，中国图书馆学会第十四届全民阅读论坛于东莞举行，同时举办了2022年东莞

第十八届读书节暨南国书香节东莞分会场系列活动。中山纪念图书馆联合各镇街图书馆开展各类读者活动，"中山读书月"获评 2022—2023 年全民阅读优秀项目。

广东省积极响应文化和旅游部《"十四五"公共文化服务体系建设规划》中"推动公共图书馆功能转型升级"的要求，以广东省立中山图书馆为"广东总书库"建设区域创新文献支持中心，以及区域性知识、信息和学习中心，提升广东经济社会发展和粤港澳大湾区建设的文献信息资源保障水平。各地市图书馆不断推进广东各地地方文献、孙中山文献和港澳台文献资源建设，全面提升全域文献信息资源保障能力。

（二）坚持统筹建设，推动均衡发展

在均衡发展方面，广东省各级政府着力加强城乡公共文化服务体系、公共图书馆服务体系一体化建设，促进区域协调发展，健全人民文化权益保障制度，推动基本公共文化服务均等化。[16]配合"人文湾区"发展要求，打造粤港澳大湾区公共图书馆联盟。

广东省加快推进公共图书城乡一体化建设，现已形成"省域＋市域＋县域"的多平台、多层次、多元化的全域性公共图书馆服务体系。广东省立中山图书馆牵头启动了"粤读通"服务体系建设，将电子证照对接到市级和部分县（区）级公共图书馆，为读者提供一体化集成式平台服务，持续推动省域公共图书馆服务体系的资源共享。目前全省各级图书馆共有 41.8 万用户开通和申领"粤读通"电子证照。截至 2022 年底，广东省共有 18 个地市实现了市域内图书馆集群自动化系统的互联互通，打通了所在市域内各图书馆之间文献资源的共享渠道。在市域图书馆服务体系方面，广州和深圳"图书馆之城"、佛山联合图书馆体系、东莞图书馆总分馆集群管理体系等公共图书馆服务体系建设覆盖城乡，并出台了《广州市"图书馆之城"建设"十四五"规划（2021—2025）》《深圳市"图书馆之城"建设规划（2021—2025）》《佛山市联合图书馆体系"十四五"发展规划》，为各地公共图书馆体系建设未来五年的发展指明了方向。各地县（区）级图书馆则在既有县域总分馆服务体系基础上，持续开展新型阅读空间建设，积极围绕当地服务特色，结合读者实际需求，串联社会多方资源，为读者提供多元化服务。

广东省公共图书馆的区域协调发展程度得到显著提升。广东流动图书馆项目依托省域服务体系，由广东省立中山图书馆牵头在广东偏远落后地区建设县级分馆，通过"物流配送"与"流动服务"相结合，将图书等资源输送至各分馆。经过两期建设，截至 2022 年底，已建成省内流动图书馆分馆 96 个，各

加盟分馆复制流动理念，自建分馆 1,230 个和流动服务点 4,055 个，有力推动了发达区域公共文化服务资源向欠发达地区流动。为扶持推动全省尤其是粤东粤西粤北地区加快建设公共文化基础设施，广东实施公共文化基础设施攻坚做强工程，并将其列入广东"补齐人均公共文化财政支出短板"任务清单。广东省文化和旅游厅通过资金扶持、调研督导、建立台账等方式，推进全省县级以上未建、未达标的公共图书馆建设进度，填补公共文化基础设施空白点，促进公共文化服务均衡发展。截至 2022 年底，沿海经济带和北部生态发展区（粤东西北地区）15 地市共建有县级以上公共图书馆 89 个，数量较 2017 年增长 11%。较 2018 年的第六次全国县级以上公共图书馆评估定级，广东省被评定为一级图书馆的数量由 69 个提升为 93 个，二级图书馆数量由 18 个提升为 36 个，三级图书馆数量由 39 个降低为 12 个。惠州市惠城区图书馆、恩平市图书馆、韶关市武江区图书馆、湛江市麻章区图书馆、首次获评等级。

建设粤港澳大湾区是我国重要的区域发展战略。配合《粤港澳大湾区发展规划纲要》建设"人文湾区"的要求，2019 年 11 月，粤港澳大湾区公共图书馆联盟成立。该联盟由广州图书馆联合广东省立中山图书馆、深圳图书馆等12 家公共图书馆和文献机构共同发起，作为区域性图书馆协作机制，其目的是持续推进粤港澳大湾区历史文献、全民阅读、图书馆发展等领域交流合作，弘扬中华优秀传统文化，支持岭南历史文化研究。自 2020 年开始，由中山市文化广电旅游局、粤港澳大湾区公共图书馆联盟共同主办，中山纪念图书馆和粤港澳大湾区的 12 家公共图书馆共同承办的"'品读湾区'9 + 2 城市悦读之旅"活动连续开展，500 多万人次参与了"图书馆高质量发展前沿对话""湾区城市阅读马拉松""走读大湾区　体验新生活"等一系列高质量、创新性的阅读推广活动，有效增进了粤港澳大湾区城市间的文化交流。2020 年广东省公共图书馆联盟成立，该联盟旨在推进广东省公共图书馆区域一体化建设，在文献信息服务、全民阅读推广、资源共建共享、业务与服务创新、学术研究、新技术应用等领域进行交流合作。

（三）深化改革，推动开放发展

在开放发展方面，广东省各级公共图书馆深化体制机制改革，完善总分馆制建设，提升综合管理水平。在图书馆运营管理的不同层面引入社会力量，与社会力量合作共建阅读空间，开展常态化、多样化的文化志愿服务活动。

由行政管理体制向依法治理转变是公共图书馆事业发展和体制机制改革的核心内容[17]。2018 年以来，广东省各地区相继出台一系列规范文件，深化公共图书馆体制机制改革。2018 年，广州市出台的《关于全面推进我市公共图书馆总分馆制建设的实施意见》，进一步建立健全了公共图书馆总分馆制的建设保障机制、绩效考核与信息公开制度[18]。2019 年，广州市出台的《广州市公共图书馆与社会力量合建分馆工作指引》，明确了市、区两级公共图书馆与社会力量合作建设分馆的工作机制[19]。2020 年，深圳市出台的《公共图书馆统一服务业务统计数据规范》，制定了业务统计数据标准，为提升图书馆综合管理水平奠定了制度基础[20]。

2018 年以来，广东省各级公共图书馆广泛开展社会合作，逐步探索并形成了一批新经验新做法，在社会力量参与公共图书馆运营管理、社会力量与公共图书馆合作开展活动、社会力量与公共图书馆共建阅读空间、文化志愿服务等方面成效尤为显著。广东多地公共图书馆已在运营管理的不同层面引入社会力量，截至 2022 年底，广东省各级公共图书馆社会合作项目共 2,255 个，合作方式多样，取得了良好的社会效果。广州市南沙区图书馆实施社会化运营管理模式，以保障流通采编、阅读推广、服务体系、参考咨询、技术保障等图书馆核心业务发展。深圳龙华图书馆亦采取图书馆整体业务外包的方式运营管理图书馆。由佛山市图书馆倡议组建的佛山阅读联盟，有阅读合作伙伴超 30 个，超过 2,000 名市民以个人身份直接参与联盟服务和活动的策划与组织。近年来，广东省公共图书馆与社会力量合作共建的阅读空间已形成多个品牌并具有良好成效，如广东省"粤书吧"、东莞"城市阅读驿站"、广州"花城市民文化空间"、珠海"格创书房"、佛山南海"读书驿站"、深圳盐田"智慧书房"等。广东各级公共图书馆以志愿者队伍及项目为主导，开展常态化、多样化的文化志愿服务活动。截至 2022 年底，广东省各级图书馆志愿者服务队伍共 280支，志愿者达 20.49 万人，成立了广州图书馆"专家志愿者咨询服务"、广东省立中山图书馆"口述影像"、惠州市仲恺高新区图书馆"故事妈妈"志愿服务队等专业志愿服务项目。

2022 年 8 月 15—17 日，中山大学国家文化遗产与文化发展研究院、信息管理学院，协同广州文化遗产与文化发展研究基地、广州市黄埔区文化广电旅游局共同主办"国家文化遗产与文化发展学术研讨会·2022"。会议围绕"公共文化服务高质量发展的社会参与"这一新时期文化体制改革和公共文化服务体系建设的实践焦点和学术热点，进行了包括理论理念、制度设计、国际经验、本土实践在内的多角度多层次多形式的深入而充分的讨论。[21]

（四）坚持共建共享，推动融合发展

在融合发展方面，广东省各级公共图书馆在把握各自特点和规律的基础上，促进公共文化服务与旅游、文化产业等融合发展，促进公共图书馆与其他公共文化服务机构融合发展，建立协同共进的文化发展格局。

广东省积极推动公共图书馆事业与旅游融合发展，加速释放文旅融合内在潜力。广东省各级公共图书馆以嵌入方式在旅游景区、酒店民宿和交通集散地等旅游经营单位设立当地图书馆分馆或服务点，丰富游客的旅游文化体验，以省域文旅融合主题"粤书吧"、深圳盐田"海书房"、佛山南海"读书驿站"、中山"香山书房"、韶关"风度书房"、河源源城"槎城书吧"、东莞"城市阅读驿站"等各地不同形态的阅读空间为代表。广东省各级公共图书馆充分利用馆内丰富的文献信息资源和馆舍空间资源，设计研学旅游线路和志愿活动，满足大众不断增长的文化需求。广东省立中山图书馆以"学党史、传精神、跟党走"为主题，开展青少年研学文化志愿活动。

广东省积极推动公共图书馆事业与文化产业融合发展，繁荣发展文化事业和文化产业[22]。2018年以来，广东省各级公共图书馆积极推进开展文化产业园区公共文化服务，截至2022年底，已陆续在广州、深圳、佛山、惠州、中山等地的十余家文化产业园区建设图书馆分馆、阅读空间和自助图书馆等公共文化服务设施。主要服务园区职工和周边群众，为园区企业量身配置文献资源，由园区企业自主选择文化活动配送内容，拓展平台功能，组织企业家沙龙、创新创业项目路演等活动。在此基础上，文化产业园区分馆注重主题服务和特色发展。广州市黄埔区人才小镇分馆以分众化服务为宗旨，主要服务未成年人，图书资源以少儿读物、绘本、益智科普类为主，活动多以青少年健康成长和阅读指导为主题。深圳市罗湖区C33创新产业园悠·图书馆以设计、创意类文献和活动为重点，突出交流功能，为推动罗湖工艺文化产业蓬勃发展提供智力支持。

广东省积极推动公共图书馆与其他公共文化服务机构融合发展，完善基层公共文化服务网络。2018年以来，广东省各级公共图书馆与文化馆、美术馆等公共文化服务机构密切合作，共同建设基层公共文化服务设施、配送文化资源和活动，充分发挥基层公共文化服务设施效能。2018年，佛山市公共文化设施联盟搭建联盟宣传矩阵架构，进行跨系统宣传联动，实现了公共文化设施信息在全市范围内的全覆盖以及供需信息的有效对接，成为全市文化品牌活动的重要宣传平台。2021年，佛山市图书馆与佛山市青少年文化宫以"面向未来　赋能成长"为总体目标，以"资源共建共享、体系互搭互嵌"为总体思路，形成了"馆中有宫，宫中有馆"的馆宫双体系合作服务矩阵，以拓展服务的广度和深度。2022年7月，深圳图书馆与关山月美术馆合作建设美术分馆，为普通读者、美术爱好者提供优质的美术读物和资讯服务，为美术专业研究人员提供专业文献服务[23]。同年 8 月，广州市黄埔区图书馆、文化馆香雪山分馆正式启用，依托图书馆和文化馆资源，为群众提供高质量的阅读推广和艺术普及服务，提升全民文化素养和审美水平，激发全民文化创造力[24]。

四、以人为中心的图书馆

文化和旅游部《"十四五"公共文化服务体系建设规划》明确提出要建设"以人为中心"的图书馆，积极推进公共图书馆功能转型升级。广东省各级公共图书馆秉持"以人为中心"理念，为读者提供"最暖陪伴"，打造"最美空间"，运用"最炫科技"，展现"最佳形象"。

（一）最暖陪伴

2020 年，东莞湖北籍农民工吴桂春受疫情影响失去工作。离开东莞前，他来到东莞图书馆退读者证，并在留言簿写下"……想起这些年的生活，最好的地方就是图书馆了，虽万般不舍，然生活所迫，余生永不忘你，东莞图书馆……"这段留言文字在网络中迅速"走红"。十二年来，吴桂春与书结缘，在打工的日子里与书为伴。东莞图书馆的借还书系统中显示，几乎每个节假日和下班休息时间，都有他阅览的记录。[25]吴桂春与图书馆依依惜别的故事背后反映了东莞图书馆在业务落实、活动开展、空间打造等方面始终坚持均等化服务，展现了图书馆"以人为中心"的责任使命与担当。

2022 年 9 月，深圳图书馆读者任梦因要回老家照顾母亲将暂别深圳，在馆员的帮助下将急需归还的 56 本外借图书顺利送回，深圳图书馆还为她举行了一场特别的"还书仪式"。2007 年到深圳工作以来，任梦在深圳各个图书馆共借阅图书近 2000 册。她谈到"我看着深圳图书馆的藏书规模不断扩大，从最初每个人只能借 2 本，到现在每个人可以借 20 本，我们在阅读中共同成长""深圳这座图书馆之城，能满足我所有的阅读需求"。任梦的工作翻译需要大量的阅读积累和丰富的文献参考，深圳"图书馆之城"的建设、深圳图书馆的"新书直通车"、龙岗区图书馆的"书易借·新书直借"、罗湖区图书馆的"悦借"、福田区图书馆的"选书帮"、南山区图书馆的"南图 E 借"和宝安区图书馆的"书视借"等线上平台及特色服务为诸如任梦这类人的工作和阅读提供了诸多便利。[26]

疫情防控期间，公共图书馆暖心助力"抗疫"。2020 年 2 月，广东省立中山图书馆在省内图书馆发起"齐心战'疫'，有你有我"活动，倡议省内图书馆录制"加油"视频，视频中一颗"爱心"上写满了广东省内 146 家公共图书馆的名字，广东地区客家话、潮汕话、粤语等方言版的"武汉加油"温暖人心。[27]广州市海珠区图书馆、增城区图书馆、湛江市霞山区图书馆、河源市源城区图书馆等为滞留在当地的湖北籍旅客、定点酒店隔离旅客送上图书，通过阅读安抚旅客心理，做好社会公众心理维稳工作。2022年11月，广东省立中山图书馆充分发挥文献资源优势，为广州方舱医院的群众送去精心挑选的近4,000册图书，积极开展"阅读零距离"服务，用阅读筑起康复的桥梁，为方舱患者舒缓情绪。[28]

无数的动人故事在图书馆发生，图书馆对读者的暖心陪伴深入人心。

（二）最美空间

2018年以来，广东省积极落实"创新拓展城乡公共文化空间。立足城乡特点，打造有特色、有品位的公共文化空间"[4]的要求，出台了《关于推动公共文化服务高质量发展的实施意见》《广东省公共文化服务实施标准（2021—2025)》，将创新拓展城乡公共文化空间列为广东省推动公共文化高质量发展的重要任务，打造以"粤书吧"为代表的新型公共文化空间品牌。截至2022年底，全省共建成新型阅读空间2000多家。2022年，广东省文化和旅游厅组织开展了"2022年广东省最美新型公共文化空间案例"征集活动，经各地推荐、专家遴选，20个文化空间入选，如表1-19所示，其中16个为图书馆分馆（"粤书吧"）[29]。

表1-19　获评"2022年广东省最美新型公共文化空间"的图书馆

序号	区域	地市	最美新型公共文化空间	开始运营时间
1	珠三角核心区	广东省	广东省立中山图书馆柏园粤书吧	2022年
2		广州市	海珠区图书馆侨建分馆（御溪书斋）	2021年
3		深圳市	罗湖区悠·图书馆（东晓街道/IBC珠宝图书馆）	2021年
4			盐田区图书馆海书房——灯塔图书馆	2018年
5		佛山市	顺德区渔人码头图书房	2022年
6			南海区读书驿站（粤书吧）	2019年
7		中山市	石岐格子空间香山书房	2022年
8			西区荔景苑民俗·曲艺文化馆/荔景苑香山书房	2022年
9		珠海市	斗门区旧街粤书吧（善雅书房·时趣馆）	2021年
10		江门市	新会区崖门京梅村公共文化空间（粤书吧）	2022年
11		惠州市	惠东县一滴水图书馆	2022年

续表1-19

序号	区域	地市	最美新型公共文化空间	开始运营时间
12	沿海经济带	汕头市	龙湖区妈屿粤书吧（妈屿蓝合胜书店）	2022年
13	北部生态发展区	清远市	清城区北江生活馆	2022年
14			英德市连江口野渡谷民宿粤书吧	2021年
15		河源市	源城区河源市图书馆保利生态城分馆	2022年
16		梅州市	大埔县禾肚里稻田民宿粤书吧	2021年

（三）最炫科技

《中华人民共和国国民经济和社会发展第十四个五年规划和2035年远景目标纲要》明确提出了建设智慧图书馆，推进公共图书馆等公共文化场馆数字化发展目标。广东积极推进公共文化服务与前沿科技相融合，探索各种科技形态的公共图书馆的建设。

广东在公共文化服务领域积极发挥科技强省的先行示范作用，在2022年12月成功送5项典型智慧图书馆项目入选国家图书馆联合全国22家公共图书馆推出的"智慧图书馆建设成果案例展示"活动，包括广东省立中山图书馆的"《华商报》报纸数字化展示平台"和"图书采分编智能作业系统——采编图灵"、佛山市图书馆的"易本书"家藏图书共享平台、深圳图书馆的"方志里的深圳"小程序以及广州市南沙区图书馆的"地磁导航"。其中，《华商报》报纸数字化展示平台和"方志里的深圳"小程序面向特定读者，利用知识图谱技术为读者提供可视化的报刊及地方志阅读体验；"地磁导航"面向入馆读者，利用地磁定位技术提供精度在1米以内的馆内自助导航定位服务；"采编图灵"是面向图书馆采编业务，创新地将人工智能技术、工业自动化技术等应用到图书采分编工作流程的自动化系统；"易本书"家藏图书共享平台面向全社会，利用区块链技术打造了家藏图书流通平台。[30]

智慧图书馆体系建设是国家文化数字化战略的重要举措。广东省智慧图书馆体系建设项目在2021年度全国智慧图书馆体系建设项目验收结果中获得全国第一的排名，获评"优秀"等级。2021年，广东省共有12家公共图书馆的15个项目参与全国智慧图书馆体系建设工作，其中基础数字资源项目9个，知识资源细颗粒度建设和标签标引项目6个，建设数量超41万条。[31]

图书馆积极把握科技优势，利用智慧技术赋能公共文化服务，完善智慧图书馆建设标准与规范。广州南沙区图书馆推出了结合人工智能技术的"六大创新技术应用成果"，包括基于人脸数据库为支撑的刷脸办证借还业务、AR眼镜个性化服务模式、资源导航系统、机器人自助分拣系统、石墨烯材料电子纸应用、"阿贝转借通"手机扫码转借和个人藏书共享流通应用，其中资源导航系统和AR眼镜个性化服务模式两项为全国业内首创。[32]深圳盐田区图书馆主导制定《公共图书馆智慧技术应用与服务要求》和《无人值守智慧书房设计及服务规范》两项深圳市地方标准，成为该领域全国首创。[33]盐田区图书馆打造的智慧书房将智慧化引入书房的建设、服务、运营、管理之中，实现无人值守、智慧感知、个性化导读、远程教育服务、垂直统一管理等功能，为读者提供就近、便利、一体化、人性化的服务，实现科技与"人的智慧"有机合一。

（四）最佳形象

地标是一个城市的象征，是城市在人们心目中的形象。城市地标的特征可概括为科学合理的地理位置、优越的形象和卓越的业态规划[34]。图书馆已发展成为以"知识"为主体，通过多业态合作，满足公众多元需求的文化综合体[35]，越来越多的图书馆成为城市地标。近年来，广东省各地区着力打造交通便利、形态优美的高质量公共图书馆，推动图书馆发挥城市地标功能，助力文化强省建设。

在中国国家图书馆建馆110周年"图书馆·与时代同行"国际学术研讨会上，程焕文教授呼吁"中国图书馆学研究应突破'相对独立的闭环发展系统'"[36]。以中国图书馆界的最佳实践与创新理念申请国际奖项，在坚定"文化自信"、讲好"中国故事"、展现"中国创造"和提供"最佳实践示范"等方面具有重要意义。[37]

2018年以来，广东省各级公共图书馆在国际奖项中收获颇丰。2018年广州图书馆"新年诗会"入围"IFLA国际营销奖"前十，佛山市图书馆"佛山图书馆的环保实践"获评"IFLA绿色图书馆奖"第一名；2020年，佛山市图书馆"邻里图书馆"获评"IFLA国际营销奖"第一名，广州图书馆"环球旅行"获评"ALA国际创新奖"（奖项不分排名）；2021年，深圳市坪山区图书馆"坪山图书馆的绿色努力"入围"IFLA绿色图书馆奖"决选名单[38]。国际获奖展现了广东省公共图书馆事业高质量发展的创新实践成果，在世界图书馆界讲述"中国故事"，为国际图书馆事业发展贡献"中国方案"和"中国创造"，进一步提升中华文化影响力，深入中外文化交流和文明对话，塑造可信、可爱、可敬的中国形象[39]。

广东省图书馆学界和业界专家在国际图联（IFLA）任职居全国前列。在国际图联的 2021—2023 年任期中，管理委员会下属的四大咨询委员会均有来自中山大学国家文化遗产与文化发展研究院的委员：程焕文教授任文化遗产咨询委员会委员、张靖教授任信息获取与表达自由咨询委员会委员、王蕾研究馆员任版权及其他法律事务咨询委员会委员、肖鹏副教授任标准咨询委员会委员。此外，张靖教授任中小学图书馆专业组常务委员，唐琼教授任信息素养专业组常务委员，周旖副教授任保存与保护专业组常务委员。广州图书馆专题服务部张江顺主任任多元文化服务专业组常务委员，詹田副主任任大都市图书馆专业组常务委员。国际图联中的中国声音日渐有力。

五、结语

在 2018—2022 年这不平凡的 5 年里，广东省公共图书馆事业稳中求进，公共图书馆服务体系建设覆盖城乡、设施建设提档升级、经费保障均衡有力、文献信息资源持续优化、专业人才队伍不断壮大、服务效能显著提升；积极响应高质量发展要求，有力推动公共图书馆事业的品质发展、均衡发展、开放发展和融合发展；认真贯彻"以人为中心"的理念，在读者服务、空间营造、科技应用和形象展示方面取得骄人成绩。

参考文献

［1］刘洪辉，张靖. 广东公共图书馆事业发展报告（2013—2017）［M］. 北京：社会科学文献出版社，2018.

［2］广东省人民政府. 扎实推进文化强省建设大会在广州召开 聚力实施"六大工程"奋力开创文化强省建设新局面［EB/OL］.（2022 - 02 - 12）［2023 - 05 - 19］. http：//www. gd. gov. cn/gdywdt/gdyw/content/post_3813719. html.

［3］南方日报. 推进文化自信自强 以党的二十大精神引领广东文化强省建设［EB/OL］.（2022 - 12 - 05）［2023 - 06 - 18］. https：//theory. southcn. com/node_4274ee5d35/cea2f803f5. shtml.

［4］文化和旅游部 国家发展改革委 财政部关于推动公共文化服务高质量发展的意见.［EB/OL］.（2021 - 04 - 01）［2023 - 05 - 05］, https：//www. mct. gov. cn/whzx/bnsj/ggwhs/202104/t20210401_923473. htm.

［5］广东省人民政府办公厅关于印发广东省公共服务"十四五"规划的通知［EB/OL］.（2021 - 11 - 24）［2023 - 05 - 05］ http：//www. gd. gov. cn/zwgk/wjk/qbwj/yfb/content/post_3670787. html.

［6］李国新.新时代公共图书馆事业发展的新航标［J］.图书馆杂志，2017，
36（11）：4－5.

［7］饶权.栉风沐雨百又十载　凝心聚力共谱新篇——国家图书馆建馆110周
年感怀［J］.国家图书馆学刊，2019，28（6）：3－9.

［8］新华社.习近平给国家图书馆老专家回信［EB/OL］.（2019－09－09）
［2023－05－09］.http：//www.gov.cn/xinwen/2019－09/09/content_
5428594.htm.

［9］柯平，潘雨亭，张海梅.机遇与挑战：第七次公共图书馆评估的环境与意
义［J］.图书馆杂志，2023，42（3）：9－15.

［10］中华人民共和国中央人民政府.中共中央　国务院印发《乡村振兴战略
规划（2018—2022年）》［EB/OL］.［2023－01－20］.http：//www.
gov.cn/zhengce/2018－09/26/content_5325534.htm.

［11］全国人民代表大会.中华人民共和国乡村振兴促进法［EB/OL］.［2023－01－
20］.http：//www.npc.gov.cn/npc/c30834/202104/8777a961929c4757935
ed2826ba967fd.shtml.

［12］中华人民共和国中央人民政府.文化和旅游部关于印发《“十四五”公共
文化服务体系建设规划》的通知［EB/OL］.［2023－01－18］.http：//
www.gov.cn/zhengce/zhengceku/2021－06/23/content_5620456.htm.

［13］张靖，方家忠，等.广州市公共图书馆服务体系建设之人力资源保障机制
研究［B］.2017：56.

［14］张靖，谭丽琼，李思雨，等.现代公共图书馆服务体系人力资源保障研究
（二）：路径探索［J］.图书馆论坛，2019（2）：48－57＋101.

［15］全民阅读媒体联盟.2021年度“书香中国”全民阅读品牌传播影响力大
数据研究报告［EB/OL］.（2022－07－01）［2023－05－25］.https：//mp.
weixin.qq.com/s?_biz＝MzA3MTQ2ODUyNA＝＝&mid＝2650963954&idx＝
2&sn＝833d3ef3f2ebeb9e21233ab45a60b35e&chksm＝84dbcb71b3ac42670
fddb22eb08e41134c0177026fd38764c9 969 0d681e17b5647faf020f716&scen
e＝27.

［16］中国政府网.文化和旅游部　发展改革委　财政部　关于推动公共文化
服务高质量发展的意见［EB/OL］.（2021－03－08）［2023－06－06］.
https：//www.gov.cn/gongbao/content/2021/content_5602033.htm.

［17］金武刚.跨界VS越界：新时代公共图书馆社会化发展定位、边界与突
破？［J］.图书馆杂志，2019（5）：5－12.

［18］关于全面推进我市公共图书馆总分馆制建设的实施意见.［EB/OL］.

（2018 – 11 – 13）［2023 – 06 – 07］. https：//www. gz. gov. cn/zfjgzy/gzswhg
dlyjyswhgdxwcbj/zdlyxxgk/ggwh/content/mpost_2992029. html.

［19］ 广州市公共图书馆与社会力量合建分馆工作指引［EB/OL］.（2019 – 04 –
19）［2023 – 06 – 07］. https：//www. gzlib. org. cn/policiesRegulations/169768.
jhtml.

［20］ 公共图书馆统一服务业务统计数据规范.［EB/OL］.（2020 – 09 – 15）
［2023 – 06 – 07］. https://std. samr. gov. cn/db/search/stdDBDetailed ?id =
AF91FDA9F7B23F91E05397BE0A0AF738.

［21］ 张靖，廖嘉琦. 社会力量参与公共文化服务高质量发展的中国智慧——
国家文化遗产与文化发展学术研讨会（2022）综述［J］. 图书情报知识.
2022，39（5）：12 – 19 + 30.

［22］ 习近平：高举中国特色社会主义伟大旗帜　为全面建设社会主义现代化
国家而团结奋斗——在中国共产党第二十次全国代表大会上的报告.
［EB/OL］.（2022 – 10 – 25）［2023 – 05 – 30］. http：//www. gov. cn/
zhuanti/zggcddescqgdbdh/sybgqw. htm.

［23］ 潇湘晨报. 深圳图书馆美术分馆向公众开放［EB/OL］.（2020 – 07 – 07）
［2023 – 06 – 07］. https：//baijiahao. baidu. com/s? id = 17376671094059
28257&wfr = spider&for = pc.

［24］ 人民融媒体. 黄埔区文化馆香雪山特色分馆、图书馆香雪山服务点启用
［EB/OL］.（2022 – 08 – 22）［2023 – 06 – 07］. https：//baijiahao. baidu. com/
s?id=1741826367285250814&wfr = spider&for = pc.

［25］ 人民日报. 温暖结局！东莞图书馆留言大叔重新办回读者证［EB/OL］.
（2020 – 06 – 27）［2023 – 06 – 01］. https：//baijiahao. baidu. com/s？id
= 1670635777945585086&wfr = spider&for = pc.

［26］ 深圳晚报. 图书馆为何为她举行特别"还书仪式"？［EB/OL］.（2022 –
09 – 20）［2023 – 06 – 06］. https：//www. szlib. org. cn/article/view/id –
36603. html.

［27］ 南方都市报. 暖心！广东 146 家图书馆，用方言"声援"湖北［EB/
OL］.（2020 – 02 – 19）［2023 – 06 – 06］. https：//www. sohu. com/a/
374258199_161795.

［28］ 南方都市报. 书香进方舱，中图近 4000 册书籍助患者提高"心理免疫
力"［EB/OL］.（2022 – 12 – 07）［2023 – 06 – 06］. http：//news. sohu.
com/a/614651415_161795.

［29］ 20 个空间入选 2022 年广东省最美新型公共文化空间案例.［EB/OL］.

（2022 – 11 – 24）［2023 – 06 – 07］. https：//whly. gd. gov. cn/news_newt-pxw/content/post_4051865. html.

［30］广东省立中山图书馆. 广东省积极开展智慧图书馆建设成果案例展示活动［EB/OL］.（2022 – 12 – 08）［2023 – 06 – 06］. https：//www. zslib. com. cn/TempletPage/Detail. aspx？dbid = 2&id = 4011.

［31］广东省立中山图书馆. 广东在全国智慧图书馆体系建设项目验收工作中排名第一［EB/OL］.（2023 – 04 – 12）［2023 – 06 – 06］. https：//www. zslib. com. cn/TempletPage_Detail/Detail_NewsReport_4080. html.

［32］南方日报. AI 赋能服务，南沙新图书馆正式开馆试运行［EB/OL］.（2020 – 12 – 02）［2023 – 06 – 06］. https：//static. nfapp. southcn. com/content/202012/02/c4378630. html.

［33］深圳市盐田区人民政府. 深圳唯一、全国首创！盐田区智慧图书馆项目获"国字号"荣誉［EB/OL］.（2021 – 08 – 17）［2023 – 06 – 06］. http：//www. yantian. gov. cn/cn/service/qykb1/fwdt/content/post_9064355. html.

［34］王小兰. 城市地标［M］. 北京：中国人民大学出版社，2007.

［35］王惠君. 面向未来　创新发展——公共图书馆事业高质量发展思考［J］. 图书馆论坛，2021（2）：32 – 40.

［36］程焕文，刘佳亲. 国际视野下的中国图书馆学术思想发展［J］. 中国图书馆学报，2019，45（5）：33 – 41.

［37］徐益波，杨丽娟. 申报国际奖项：中国图书馆国际形象的重要展示路径［J］. 图书与情报，2021（2）：126 – 132.

［38］李龙渊，张广钦. 图书馆"中国创造"的国际影响——对我国图书馆国际获奖的分析［J］. 图书馆论坛，2021（12）：22 – 28.

［39］中共中央办公厅　国务院办公厅印发《"十四五"文化发展规划》［EB/OL］.（2022 – 08 – 16）［2023 – 06 – 10］. https：//www. gov. cn/zhengce/2022 – 08/16/content_5705612. htm.

B. 2

广东省 2018—2022 年公共图书馆事业发展
十大关键词

Ten Keywords of Public Library Development in
Guangdong Province from 2018 to 2022

关键词的选取

根据《广东省公共图书馆事业发展蓝皮书（2018—2022）》编撰的安排，编委会委托主编张靖教授邀请中山大学程焕文教授、广东省立中山图书馆王惠君馆长、广州图书馆方家忠馆长和深圳图书馆张岩馆长于 2023 年 4 月下旬分别推荐"广东省 2018—2022 年公共图书馆事业发展十大关键词"。在四位专家推荐的基础上，编委会统筹，确定"十四五"规划、高质量发展、三年战"疫"、智慧图书馆、全民阅读推广、城乡一体公共图书馆服务体系、社会力量参与、粤读通、新型文化空间、岭南模式为广东省 2018—2022 年公共图书馆事业发展十大关键词。

关键词一：公共图书馆"十四五"规划

图书馆战略规划是正确分析组织内外环境、确立发展目标以及相应战略措施的过程与结果。① 图书馆战略规划不仅是因应我国社会环境发展的要求，使图书馆在文化大发展大繁荣背景下在公共文化服务体系中获得战略地位并起到新的作用的政策举措，而且是因应信息技术环境发展的要求，使图书馆面对机遇与挑战，寻求应变与发展的基本方略。同时，战略规划对于提升图书馆管理、实现图书馆业务全面可持续发展、促进图书馆转型具有重要意义。② 《中

---

① 柯平，赵益民，陈昊琳. 图书馆战略规划研究［M］. 北京：社会科学文献出版社，2014：26.

② 柯平，赵益民，陈昊琳. 图书馆战略规划研究［M］. 北京：社会科学文献出版社，2014：5－7.

华人民共和国国民经济和社会发展第十四个五年规划和2035年远景目标纲要》中明确指出，"'十四五'时期是我国全面建成小康社会、实现第一个百年奋斗目标之后，乘势而上开启全面建设社会主义现代化国家新征程、向第二个百年奋斗目标进军的第一个五年"①。"十四五"时期正是落实推进公共图书馆功能转型升级的关键阶段，广东省各级公共图书馆积极响应国家与广东省的文化事业发展战略部署，推进"十四五"规划的编制与实施。目前，本书编委会共收到广东省各级公共图书馆"十四五"战略规划文本61份，包括省级图书馆文本1份，副省级图书馆文本3份，地市级图书馆文本18份，县级图书馆文本39份，各馆通过战略规划明确其在"十四五"阶段的发展定位。此外，广州市、深圳市、佛山市还制定了面向区域公共图书馆事业发展的"十四五"规划，规划编制从面向单馆拓展到面向整个区域范围内的公共图书馆服务体系发展转型趋势明显。

（词条撰写：陆思晓）

关键词二：公共图书馆高质量发展

2017年10月，习近平总书记在党的"十九大"报告中明确提出"我国经济已由高速增长阶段转向高质量发展阶段"②。2020年10月，党的十九届五中全会指出，"我国已转向高质量发展阶段"③。党的"二十大"报告明确提出"加快构建新发展格局，着力推动高质量发展"，强调"高质量发展是全面建设社会主义现代化国家的首要任务"④。伴随着我国进入新发展阶段，高质量发展成为公共文化服务体系建设的主旋律。2021年3月，文化和旅游部、国家发展和改革委员会、财政部联合印发《关于推动公共文化服务高质量发展的意见》，提出"正确导向，品质发展""统筹建设，均衡发展""深化改革，

---

① 中华人民共和国中央人民政府.中华人民共和国国民经济和社会发展第十四个五年规划和2035年远景目标纲要［EB/OL］.（2021－03－13）［2023－07－22］.https：//www.gov.cn/xinwen/2021－03/13/content_5592681.htm.

② 习近平：决胜全面建成小康社会　夺取新时代中国特色社会主义伟大胜利——在中国共产党第十九次全国代表大会上的报告［EB/OL］.（2017－10－27）［2023－05－30］.https：//www.gov.cn/zhuanti/2017－10/27/content_5234876.htm.

③ 新华社.中国共产党第十九届中央委员会第五次全体会议公报［EB/OL］.（2020－10－29）［2023－05－30］.https：//www.gov.cn/xinwen/2020－10/29/content_5555877.htm.

④ 习近平：高举中国特色社会主义伟大旗帜　为全面建设社会主义现代化国家而团结奋斗——在中国共产党第二十次全国代表大会上的报告［EB/OL］.（2022－10－25）［2023－05－30］.https：//www.gov.cn/xinwen/2022－10/25/content_5721685.htm.

开放发展""共建共享，融合发展"的四大原则，并在公共文化服务标准化、公共文化服务网络、城乡公共文化空间、公共文化服务提质增效、公共文化服务数字化和社会化方面提出了具体要求，深入推动公共文化服务高质量发展。广东省牢牢把握高质量发展的精神，抓好落实高质量发展的各项要求，推出高质量发展的创新做法。在品质发展方面，各级公共图书馆通过深入学习"二十大"精神、学习总书记给国图老专家回信精神，不断强化政治引领；通过积极宣贯《公共图书馆法》和推进地方立法，推进公共图书馆法治化建设；持续开展"书香岭南"全民阅读系列活动，以全民阅读品牌打造书香城市与书香镇街；推动公共图书馆功能转型升级，建设区域创新文献支持中心。在均衡发展方面，各级政府着力加强城乡公共文化服务体系、公共图书馆服务体系一体化建设，促进区域协调发展，推动基本公共文化服务均等化；配合"人文湾区"发展要求，打造粤港澳大湾区公共图书馆联盟。在开放发展方面，各级公共图书馆深化体制机制改革，完善总分馆制建设；在图书馆运营管理的不同层面引入社会力量，与社会力量合作共建阅读空间，开展常态多样的文化志愿服务活动。在融合发展方面，各级公共图书馆根据自身特点，促进公共文化服务与旅游、文化产业等融合发展，促进图书馆与其他公共文化服务机构融合发展，建立协同共进的文化发展格局。

（词条撰写：廖嘉琦）

关键词三：公共图书馆三年战"疫"

2019年12月底，湖北省武汉市监测发现不明原因肺炎病例，中国第一时间报告疫情，迅速采取行动，开展病因学和流行病学调查，阻断疫情蔓延。[①] 2020年1月底，全国31个省（自治区、直辖市）相继发布重大突发公共卫生事件一级响应[②]，打响了全民抗疫阻击战。党中央高度重视、迅速行动，提出"坚定信心、同舟共济、科学防治、精准施策"的总要求，举全国之力实施规模空前的生命大救援，各地区各部门履职尽责，社会各方面全力支持，中国在

---

① 抗击新冠肺炎疫情的中国行动［EB/OL］.（2020-06-07）［2023-05-10］. https：//www.gov.cn/zhengce/2020-06/07/content_5517737.htm.

② 全国31省区市全部解除一级响应　回顾101天时间线［EB/OL］.（2020-05-01）［2023-06-23］. https：//www.thepaper.cn/newsDetail_forward_7231201.

全球率先控制住疫情、率先复工复产、率先恢复经济社会发展。[1][3]①经过三年战"疫"，疫情防控从突发应急围堵、常态化防控探索、全方位综合防控等阶段进入因时因势优化疫情防控新阶段。②[4][5]③2023 年 5 月，世界卫生组织（WHO）宣布新冠疫情不再构成"国际关注的突发公共卫生事件"④。中国战"疫"取得重大胜利，我国经济社会发展迈入"后疫情时代"。在战"疫"背景下，广东省各公共图书馆主动作为，在坚守阵地的基础上创新服务：扎稳全省场馆疫情防控战线，大力推动科学防疫知识宣传、持续优化资源结构和服务模式、进行线上主题作品征集，在全社会大力弘扬伟大抗疫精神、发挥图书馆信息中心作用，保存"战疫记忆"。在主动担当、服务社会中实现自身价值：助力武汉图书馆界同仁抵抗疫情、集体参与基层联防联控、用书香和阅读丰富群众精神生活。"后疫情时代"，公共图书馆更应当聚力"转型"、增强"韧性"，建设"以人为中心"的图书馆，用有温度的服务辐射城市社区。

（词条撰写：王冰冰）

关键词四：智慧图书馆

智慧图书馆是智慧城市和智慧社会的有机组成部分，是现代图书馆转型发展的新形态。《中华人民共和国国民经济和社会发展第十四个五年规划和 2035 年远景目标纲要》在第十六章"加快数字社会建设步伐"中提出积极发展智慧图书馆。⑤ 文化和旅游部《"十四五"文化和旅游发展规划》提出"统筹推进智慧图书馆""建设和运行智慧图书馆管理系统，在全国各级图书馆及其基

---

① 新华述评：人民至上　生命至上——从精准处理疫情防控与经济发展的辩证关系看中国之道［EB/OL］.（2021 – 09 – 29）［2023 – 06 – 23］. https：//www. gov. cn/xinwen/2021 – 09/29/content_5640155. htm.

② 我国疫情防控进入全方位综合防控"科学精准、动态清零"阶段［EB/OL］.（2022 – 04 – 30）［2023 – 06 – 23］. https：//news. cctv. com/2022/04/30/ARTlk54RM3GA3xXcwFgRxgci220430. shtml.

③ 我国新冠疫情防控进入新阶段　因时因势优化完善防控政策［EB/OL］.（2022 – 12 – 27）［2023 – 06 – 23］. https：//www. gov. cn/xinwen/2022 – 12/27/content_5733854. htm.

④ 世界卫生组织（WHO）宣布新冠疫情不再构成"国际关注的突发公共卫生事件"［EB/OL］.（2023 – 05 – 05）［2023 – 05 – 10］. http：//world. people. com. cn/n1/2023/0505/c1002 – 32679617. html.

⑤ 新华社. 中华人民共和国国民经济和社会发展第十四个五年规划和 2035 年远景目标纲要（2021 – 03 – 13）［2023 – 05 – 29］. https：//www. gov. cn/xinwen/2021 – 03/13/content_5592681. htm.

层服务网点普遍建立实体智慧服务空间"①。文化和旅游部《"十四五"公共文化服务体系建设规划》提出"十四五"末"智慧图书馆体系建设取得明显进展"的目标以及实施"全国智慧图书馆体系建设项目"②。在广东省实施创新驱动发展战略和建设科技创新强省的背景下，各级公共图书馆积极把握智慧图书馆转型发展机遇，积极推进公共文化服务与前沿科技相融合，完善智慧图书馆建设标准与规范、创新打造图书馆智慧应用场景、探索各种科技形态公共图书馆的建设、加强智慧图书馆体系建设，在公共文化服务领域积极发挥科技强省的先行示范作用。

（词条撰写：廖嘉琦）

关键词五：公共图书馆全民阅读推广

推进书香社会建设、倡导和推广全民阅读已成为重要的国家文化发展战略。在2023年4月召开的第二届全民阅读大会上，李书磊指出阅读是"最基本的文化建设"，要"加快构建覆盖城乡的全民阅读推广服务体系，提供处处可读、时时可读、人人可读的文化条件，推动读书习惯的养成"③。2017年6月起实施的《全民阅读促进条例》以专门法规的形式规定应"遵循公益性、基本性、均等性、便利性的原则，培养公民阅读习惯，提高公民阅读能力，提升公民阅读质量"。"全民阅读"被连续写入我国《政府工作报告》已有十年，从2014年"倡导全民阅读"到2017年"大力推进全民阅读"，再到2023年"深入推进全民阅读"，我国对全民阅读推广任务的部署不断升级。《中华人民共和国公共图书馆法》明确规定，公共图书馆应"将推动、引导、服务全民阅读作为重要任务""通过开展阅读指导、读书交流、演讲诵读、图书互换共享等活动，推广全民阅读"④。广东省各级公共图书馆的全民阅读推广服务在

---

① 文化和旅游部.文化和旅游部关于印发《"十四五"文化和旅游发展规划》的通知［EB/OL］.（2021–04–29）［2023–05–20］.https：//zwgk.mct.gov.cn/zfxxgkml/ghjh/202106/t20210602_924956.html.

② 文化和旅游部.文化和旅游部关于印发《"十四五"公共文化服务体系建设规划》的通知［EB/OL］.（2021–06–10）［2023–05–30］.https：//www.gov.cn/zhengce/zhengceku/2021–06/23/content_5620456.htm.

③ 人民网.第二届全民阅读大会在杭州举办［EB/OL］.（2023–04–24）［2023–07–24］.http：//sc.people.com.cn/n2/2023/0424/c345459–40389272.html.

④ 全国人民代表大会.中华人民共和国公共图书馆法［EB/OL］.（2018–11–05）［2023–05–29］.http：//www.npc.gov.cn/npc/c12435/201811/3885276ceafc4ed788695e8c45c55dcc.shtml.

制度保障、组织带动、活动开展、示范引领等方面取得了突出成果。在制度保障方面，2019 年广东省首次为"全民阅读"立法，颁布实施《广东省全民阅读促进条例》，各市亦先后发布和实施符合自身公共图书馆事业实际情况的法规条例或管理办法。在组织带动方面，各级各地阅读推广委员会充分利用行业平台引领和助推全省图书馆阅读推广工作发展。在活动开展方面，形成了多个具有南粤特色的高品质阅读推广品牌活动。在示范引领方面，广东省公共图书馆在全民阅读领域屡获国内外各级各类荣誉。

（词条撰写：廖嘉琦）

关键词六：城乡一体公共图书馆服务体系

城乡一体公共图书馆服务体系意味着公共图书馆服务标准化制度化水平明显提升，公共图书馆服务设施网络更加均衡完善，公共图书馆服务内容更优质，公共图书馆区域、城乡均衡协调发展，人民满意度和幸福感显著提高。

过去 5 年，广东省持续统筹推进城乡一体公共图书馆服务体系建设，构建了纵涉"省域＋市域＋县域"，覆盖"城市＋乡村"的"实体＋虚拟"的多层次、多元化、多平台的全域性公共图书馆服务体系。一方面，不断完善政策与管理机制，省文化和旅游厅先后印发系列政策文件，推动县级图书馆与乡镇（街道）综合文化站、村级综合性文化服务中心的互联互通，延伸公共文化服务触角，推动建立"标识统一化、设施标准化、资源共享化、管理信息化、服务体系化"的总分馆制。另一方面，广东省总分馆体系建设日益成熟，省域图书馆服务体系项目建设不断完善，在市域公共图书馆服务方面，深圳、广州、佛山、东莞、梅州等多市建设有特色图书馆总分馆体系，县域图书馆总分馆体系共 117 个，有 89 个县（区）纳入总分馆体系的乡镇（街道），数量占本区域乡镇（街道）总数比例为 100%。

（词条撰写：陈心雨）

关键词七：社会力量参与公共图书馆建设

社会力量是指除政府机关和下属文化事业单位以外的个人和组织，包括个人、企业和非营利组织。[①] 推动社会力量参与公共文化服务，是健全公共文化服务体系、进一步落实深化文化事业领域改革和提高我国文化软实力的重要途

---

① 邓银花. 社会力量参与图书馆建设的缘由、模式和激励［J］. 图书馆杂志，2014，33（2）：14－19.

径和举措。近年来，党和政府不断推动社会力量参与公共图书馆事业建设。《中华人民共和国公共图书馆法》① 从法律层面鼓励社会力量参与公共图书馆事业。文化和旅游部《"十四五"公共文化服务体系建设规划》② 提出"十四五"末的目标之一是"公共文化服务供给方式更加多元""政府、市场、社会共同参与公共文化服务体系建设的格局更加健全"。在广东省委、省政府的高度重视下，在广东省文化和旅游厅的大力支持下，社会力量参与广东省公共图书馆事业的广度、深度不断提升，社会力量参与高度活跃，呈现常态化、多元化、多业态发展态势。为推动社会力量参与公共图书馆事业，广东省陆续出台相关政策加强制度保障。各地社会力量参与实践成果丰硕，主要参与方式有法人治理、共建阅读空间、参与运营管理、活动合作、志愿服务、捐赠。社会力量参与成效显著，表现在带动可持续发展、充分激发队伍活力、有效培育服务品牌、提升公共图书馆服务效能和服务均等化等方面，留下了加强制度引领、广泛参与公共图书馆业务、多元参与主体协同共建的重要经验。

（词条撰写：王冰冰）

关键词八：粤读通

"粤读通"工程是广东省立中山图书馆在"十四五"期间促进图书馆行业开放融合发展、推动省内图书馆服务一体化建设的创新尝试。由广东省立中山图书馆牵头建设，联合省内21家省市各级公共图书馆读者信息互联、互通、互认，实现省域"一张网，一个码"，为读者提供了全省范围内公共图书馆"一证通"便利，是广东省文化和旅游厅面向公众推出的首个针对个人应用服务的电子证照。截至2022年底，已有累计用户41.8万开通并领取了"粤读通"电子证照。除了依托"粤省事"平台，广东省立中山图书馆还独立开发了"粤读通"专用小程序和动态"粤读通码"，为读者提供安全、便捷的借阅服务。读者在"粤读通"微信小程序的"资源"板块，或登录"广东省粤读通数字资源服务平台"，即可查询并免费使用省内公共图书馆全平台数字资源，还可将电子图书、电子期刊、学术资源、音视频资源等传送到身边的计算机设备，实现随时随地在线阅读。项目获评"2022年广东文化和旅游领域数

---

① 中华人民共和国公共图书馆法［EB/OL］.（2017-11-04）［2023-05-19］.http：//www.npc.gov.cn/npc/c30834/201711/86402870d45a4b2388e6b5a86a187bb8.shtml.
② 中华人民共和国文化和旅游部.文化和旅游部关于印发《"十四五"公共文化服务体系建设规划》的通知［EB/OL］.（2021-06-10）［2023-06-05］.https：//zwgk.mct.gov.cn/zfxxgkml/ggfw/202106/t20210623_925879.html.

字化应用十大典型案例"。①

（词条撰写：廖嘉琦）

关键词九：新型文化空间

公共空间作为除居住、工作场所外的"第三空间"，对于社群交流与城市发展有着重要意义。② 在现代信息技术对图书馆造成颠覆性影响的背景下，正是作为公共文化空间的图书馆所彰显的价值性，才使图书馆不但没有被取代，反而成为当今社会不可或缺的组成部分。③ 文化和旅游部《"十四五"文化和旅游发展规划》提出"创新打造一批'小而美'的城市书房、文化驿站、文化礼堂、文化广场等城乡新型公共文化空间"④。"十三五"以来，广东省积极推进全省公共文化设施网络的完善，建立起覆盖城乡、贴近群众、便捷高效的公共文化服务体系。在服务体系的建设过程中，各地积极创新公共文化服务内容和方式，探索出一系列新型公共文化空间建设项目，成为服务体系的突出亮点。这些新型公共文化空间是以公共阅读服务为中心，兼顾活动、展示、休闲等多元功能的公共文化综合体，作为公共图书馆服务延伸的触角，具备公共性、公益性、便利性、开放性等基本属性，以舒适环境、智能服务、多元活动丰富着读者的体验及感受，贴近群众，便利生活，推动公共文化服务高质量发展。

（词条撰写：伍宇凡）

关键词十：岭南模式

岭南模式是指广东省及其各地市自主探索创立的公共图书馆总分馆体系发展模式，通过构建完整的政策制度、标准规范，保障财政投入、资源投入和人

---

① 广东省立中山图书馆."粤读通"入选2022年文旅领域数字化应用十大典型案例[EB/OL]．(2022－08－16)［2023－05－29］．https：//www. zslib. com. cn/TempletPage/Detail. aspx? dbid＝2&id＝3911.

② 付婷，周旖.公共文化空间品牌建设研究——以广东省"粤书吧"为例［J］．图书馆论坛，2021，41（11）：136－145.

③ 肖希明.图书馆作为公共文化空间的价值［J］．图书馆论坛，2011，31（6）：62－67.

④ 文化和旅游部.文化和旅游部关于印发《"十四五"文化和旅游发展规划》的通知［EB/OL]．(2021－04－29)［2023－05－20］．https：//zwgk. mct. gov. cn/zfxxgkml/ghjh/202106/t20210602_924956. html.

才队伍建设，统一完善服务运行机制等，实现公共图书馆的整体发展。主要包括广东省的"流动图书馆"模式、广州的"图书馆之城"模式、深圳的"图书馆之城"模式、佛山的"联合图书馆"模式、东莞的"图书馆之城"模式。① 过去5年里，这些模式不断适应新的发展需要，逐渐完善和发展成熟，并形成整体合力辐射整个岭南地区，带动岭南公共图书馆体系建设的发展模式。广东省"流动图书馆"模式打通县、乡镇、村公共图书馆服务体系；广州"图书馆之城"模式下公共图书馆服务效能约为全国平均水平的2.5—5倍，专业化服务能力持续提升；深圳"图书馆之城""中心馆＋区级总分馆"建设模式基本形成，率先在全国探索人财物垂直管理的紧密型总分馆制建设形态；佛山"联合图书馆"探索形成普惠性、均等化的服务模式，从基本保障型服务升级到阅读享受型；东莞"图书馆之城"模式形成总馆、分馆、服务站等三级网络、多种形态的合理布局，助推"书香东莞"建设。

（词条撰写：陈心雨）

---

① 程焕文.岭南模式：崛起的广东公共图书馆事业［J］.中国图书馆学报，2007，
（3）：15－25.

B. 3

珠三角地区公共图书馆事业发展（2018—2022）

Five-year Report on the Development of Public Libraries in the Pearl River Delta Region：2018—2022

史江蓉*

［摘　要］本报告以广东省第七次全国县级以上公共图书馆评估定级数据、广东图书馆学会公共图书馆建设数据为基础，从体系建设、设施建设、经费保障、馆藏建设、服务提供与人才队伍情况等方面对珠三角地区公共图书馆事业发展现状进行梳理，并从服务效能、业务建设与保障条件三方面对2018—2022年珠三角地区公共图书馆事业发展建设数据进行整理，客观呈现珠三角地区公共图书馆事业进展，并在此基础上，总结了该区域公共图书馆发展特色与成功经验。报告内容涵盖了珠三角地区广州、深圳、珠海、佛山、惠州、东莞、中山、江门、肇庆9市61个县级以上公共图书馆，同时也涉及到东莞市和中山市两地的部分街镇图书馆。珠三角地区公共图书馆事业保持稳中有进的发展态势，各项指标均位于广东省前列。

［关键词］珠三角地区；公共图书馆；服务效能；业务建设；建设保障

［**Abstract**］The report sorts out the development of public libraries in the Pearl River Delta Region such as facility construction, funding guarantee, library collection construction, library service, system construction, and librarian team. It also sorts out the data on the development and construction of public libraries in the Pearl River Delta Region from 2018 to 2022 from three aspects：service efficiency, professional ability, and guarantee conditions, presenting the development and summarizing innovative experience of public libraries in

---

* 史江蓉，广东省立中山图书馆学术研究部（《图书馆论坛》编辑部）副主任，副研究馆员，硕士研究生，sjr@ zslib. com. cn。

this region.

[**Keywords**] the Pearl River Delta Region；Public Libraries；Service Efficiency；Professional Ability；Guarantee Conditions

珠三角地区是我国经济发展的重要区域，是广东改革开放的前沿阵地。1994 年 10 月 8 日，中共广东省委在七届三次全会上提出建设珠江三角洲经济区，这是珠江三角洲概念被首次正式提出。"珠三角"最初由广州、深圳、佛山、珠海、东莞、中山、惠州 7 个城市及惠州、清远、肇庆三市的一部分组成，也就是通常所说的"广东珠三角"。随后，珠三角范围调整扩大为由珠江沿岸的广州、深圳、佛山、珠海、东莞、中山、惠州、江门、肇庆 9 个地级市组成的区域，下辖 33 个市辖区、5 个县级市、7 个县、320 个镇、267 个街道、2 个民族乡，土地总面积 5.47 万平方千米。[1] 2019 年，广东省委省政府印发《关于构建"一核一带一区"区域发展新格局 促进全省区域协调发展的意见》[2]，提出构建形成由珠三角地区、沿海经济带、北部生态发展区构成的"一核一带一区"区域发展新格局的意见，其中的"一核"即珠三角地区，包括广州、深圳、珠海、佛山、惠州、东莞、中山、江门、肇庆 9 市，是引领全省发展的核心区和主引擎。截至 2020 年 12 月，珠三角地区人口为 7,801.43万人，占全省人口的 61.91%。[3] 珠三角地区社会经济繁荣和发展，各级政府不断加大对公共文化事业的投入，在现代公共文化服务体系建设、公共图书馆事业发展取得突出成果的基础上，珠三角地区公共图书馆事业保持稳中有进的发展态势，公共图书馆事业发展各项指标均位于广东省前列。

本章以广东省第七次全国县级以上公共图书馆评估定级数据、广东图书馆学会公共图书馆建设数据为基础，从发展现状、发展态势、区域特色与创新亮点三个方面呈现 2018—2022 年珠三角地区公共图书馆事业发展的整体情况。数据共涉及珠三角地区 61 个县级以上公共图书馆，其中包括 1 个省级公共图书馆和 4 个副省级公共图书馆（以下简称"省级馆"）、8 个地市级公共图书馆（以下简称"地市级馆"）、48 个县（区）级公共图书馆（以下简称"县级馆"），地域分布详见表 3-1，涵盖了全省 40.67% 的县级以上公共图书馆。珠三角地区共有 60 个县级以上公共图书馆参加了广东省第七次全国县级以上公共图书馆评估定级，覆盖率 98.36%，其中深圳市的深圳大学城图书馆（所属"地市级馆"）未参加。同时，珠三角地区东莞市和中山市分别有 18 个和 4 个服务人口超过 30 万以上的街镇图书馆参评，本章内容论述也涉及到两地的部分街镇图书馆。

表3－1　珠三角地区各地县级以上公共图书馆分布表　　（数量：个）

序号	所属地市	省级馆	副省级馆	地市级馆	县级馆	地市合计
1	广州	1	2	0	11	14
2	深圳	0	2	1	9	12
3	佛山	0	0	1	5	6
4	珠海	0	0	1	3	4
5	东莞	0	0	1	0	1
6	中山	0	0	1	0	1
7	惠州	0	0	1	5	6
8	江门	0	0	1	7	8
9	肇庆	0	0	1	8	9
	珠三角	1	4	8	48	61

一、发展现状

珠三角地区公共图书馆事业发展水平总体上处于全省前列，主要体现在体系建设、设施建设、经费保障、馆藏建设、服务效能和人才队伍等六个方面。

（一）体系建设情况

珠三角地区经济基础好、城镇化水平高、城镇数量较多，公共图书馆服务体系建设已相对完善，形成了一定规模的公共图书馆城市群。有赖于各地政府强力支持、制度保障、经济基础以及文化相通。同时，在各种协作协调组织的基础上，珠江三角洲地区公共图书馆不断扩大体系化建设范围，加强纵向（不同层级的公共图书馆）和横向（各类型、各系统图书馆）的体系化建设，形成了在全国范围内影响比较广泛的图书馆服务体系建设案例，例如：广东省立中山图书馆牵头的广东省流动图书馆项目、广州的"图书馆之城"和公共图书馆服务体系建设、深圳的"图书馆之城"建设、东莞的图书馆总分馆集群管理体系、佛山的联合图书馆体系建设等推进区域资源共建共享、促进服务均等化的创新体系建设模式。截至2022年底，珠三角地区县级以上公共图书馆共建成1,674个分馆、4,927个服务点，数量分别占全省总数的60.63%和58.87%，已基本在全域形成"总馆—分馆—服务点"三级行政区等全覆盖的服务模式。在体系建设方面，各地总馆普遍综合实力较强，充分发挥了总馆主阵地的示范带动和业务辅导作用。其中，省级图书馆着力全省和跨区域的服务一体化建设，地市级图书馆切实落实区域中心馆职能，发挥引领带动作用，县区级着力提升业务能力和服务水平，构建起了以省、市、县、乡镇（村），覆盖全省城乡的公共图书馆总分馆服务体系。

广州地区的公共图书馆服务体系在政策保障下日益完善。其中《广州市"图书馆之城"建设规划（2021—2025）》，为广州地区公共图书馆服务体系建设提供了详尽的时间表和路线图；《广州市公共图书馆条例》推动了广州地区公共图书馆服务体系建设和服务的标准化、均等化；《广州市关于推进公共图书馆与中小学图书馆（室）"馆校合作"实施方案（2022—2024）》即将颁布，届时将实现全市中、小学图书馆与公共图书馆互联互通，社区图书馆有机融合。

深圳地区"一证通行，通借通还"，通过统一服务体系，不断深化拓展服务网点，不断扩大"图书馆之城"建设成果和社会影响力，推进多层次、多角度的资源共建。制定《深圳市"图书馆之城"建设规划（2021—2025）》，进一步发挥"图书馆之城"龙头馆和中心图书馆作用，推进"图书馆之城"建设一体化和总分馆制建设规划，并通过系列措施推进自助图书馆在全市整体布局及不断优化。

佛山地区打造了"统一标识、统一平台、统一资源、分级建设、分级管理、分散服务"的联合图书馆体系，形成了普通成员馆、智能图书馆、数字图书馆、汽车图书馆、电视图书馆结合的立体、多维的服务网络。佛山市图书馆建成超1,400家邻里图书馆；禅城区总分馆模式是真正意义上的总分馆模式，实现了总馆高度统筹；南海区总分馆制建设以"读书驿站"为推手，发展迅猛。

东莞以《全力打响东莞文化品牌 加快建设"品质文化之都"三年行动计划（2020—2022）》为指引，立足本地行政架构特点，充分发挥东莞图书馆中心馆的智能作用，推动和协调本地区图书馆集群管理，通过建设东莞图书馆总分馆服务体系，实现了统一服务形象、统一联合书目检索平台、一证通借通还、数字资源共建共享等服务，产生了巨大的服务效益。东莞图书馆还建成了全国首个绘本专题馆服务体系。

珠海市图书馆完成了市中心馆软硬件平台建设，强化市区联动，建成多家区级总馆、分馆、服务点、"粤书吧"和流动站，服务网络实现区域全覆盖；江门市图书馆作为江门地区中心馆，牵头江门五邑联合图书馆建设，实现江门地区公共图书馆联合编目，为县馆提供业务辅导和资源共享，在总分馆体系中充分发挥了中心馆的作用；惠州市结合图书馆总分馆建设出台《惠州市公共图书馆服务规范》，为全市公共图书馆服务体系规范化提供了重要指引。此外，肇庆的"区域图书馆一卡通联合服务"等也已成为珠三角地区公共图书馆服务体系的重要力量。

（二）设施建设情况

随着珠三角地区图书馆事业的发展，政府对图书馆设施建设投入增加，珠三角地区各级政府纷纷积极推进新馆建设进度和馆舍空间改造工程，促进功能布局合理，馆舍条件和阅读环境持续优化，一大批公共图书馆新馆（见表3-2）陆续建成开放，不断提升该区域市民文化权益保障水平。

表3-2　珠三角地区公共图书馆新馆建成开放情况一览表（2018—2023年）

序号	所属地市	级别	开馆时间	馆名	类型	建筑面积（万平方米）
1	广州	省级馆	2023年6月	广东省立中山图书馆（D区）	改扩建	1.20
2		县级馆	2020年12月	广州市南沙区图书馆	新建	2.58
3		县级馆	2021年9月	广州市白云区图书馆	新建	1.00
4		县级馆	2021年12月	广州市花都区图书馆	新建	0.86
5		县级馆	2023年1月	广州市番禺区图书馆	新建	4.50
6		县级馆	2023年1月	广州市荔湾区图书馆葵蓬馆	新建	0.20
7	深圳	县级馆	2019年3月	深圳市坪山区图书馆	新建	1.54
8		县级馆	2021年2月	深圳市光明区图书馆	新建	3.55
9		县级馆	2022年5月	深圳市龙岗区图书馆少儿馆	新建	0.65
10	佛山	县级馆	2021年12月	佛山市三水区图书馆	新建	1.31
11	珠海	县级馆	2019年10月	珠海市金湾区图书馆	新建	2.80
12	中山	地市级馆	2019年11月	中山纪念图书馆	新建	7.21
13	惠州	县级馆	2022年5月	惠州市惠城区图书馆	新建	0.45
14	江门	县级馆	2018年11月	江门市江海区图书馆	新建	0.60
15		县级馆	2022年1月	恩平市图书馆	新建	0.82

珠三角地区一大批新馆陆续建成。新馆普遍具有较高的智能化水平，新馆开放后，阵地服务的软硬件条件和服务水平得到显著提升，服务效能逐步提升。例如，广东省立中山图书馆（D区）新增1.2万平方米新馆舍，多个主题区域为读者呈现全新的阅读风貌；广州市南沙区图书馆新馆有五大业内创新技术应用；中山纪念图书馆的建成产生了良好的社会效益；深圳地区坪山区馆馆

舍条件优异，推动实现阅读资源全域连接、服务推广全域协同、阅读品质全面提升；深圳地区龙华区馆功能布局合理，馆舍条件和阅读环境持续优化。

新馆建成开放的同时，空间改造和新馆筹建不断推进。例如惠州慈云图书馆的空间布局和功能提升改造；江门市图书馆完成改扩建工程，优化功能布局和设施设备；肇庆市图书馆空间改造设计简约大气，功能布局科学合理，保障更加精细化、个性化服务的提供；佛山市南海区筹建南海区文化中心和佛山高新区图书馆，打造服务新阵地；佛山市禅城区图书馆对空间功能进行优化升级，努力焕发老馆新活力。珠三角各地继续打造"小而美"的新型阅读空间，增强公共文化服务均等性和可及性，彰显图书馆形象，珠三角地区共12个图书馆分馆（"粤书吧"）入选"2022年广东省最美新型公共文化空间案例"，占全省总数的70.59%。

此外，深圳第二图书馆、江门市蓬江区图书馆（陈垣图书馆）、珠海市斗门区图书馆、珠海市香洲区图书馆等新馆也在建设当中。深圳第二图书馆将建成国内最大的地下智能立体书库；深圳市罗湖区图书馆新馆建设被列入罗湖区政府重点投资项目，龙华区"三馆（图书馆、群艺馆、大剧院）"项目、大浪文化艺术中心项目将进一步实现图书馆服务条件改善和服务效能提升；坪山区筹建坑梓科技文化中心，打造全新图书馆馆舍空间，助力提升市民文化享受。新馆的陆续建成并投入使用，将成为珠三角地区群众文化生活打卡新地标。

据统计，截至2022年底，珠三角地区共计61个县级以上公共图书馆免费向民众开放并提供服务，建筑总面积（含总馆和分馆）达208.25万平方米，较2017年提升129.41%；珠三角地区每万人建筑面积达265.99平方米，略高于广东全省的平均水平，较2017年提升80.21%。全省单体馆馆舍建筑面积前五名的公共图书馆全部分布在珠三角地区，分别是广州图书馆（9.82万平方米）、广东省立中山图书馆（8.38万平方米）、中山纪念图书馆（7.21万平方米）、东莞图书馆（5.37万平方米）、深圳图书馆（4.96万平方米）。如表3-3所示，在开放场馆的总建筑面积方面，广州地区以70.63万平方米位列第一，深圳地区以45.48万平方米位列第二，东莞、佛山、中山、江门、肇庆等地区虽然排名紧随其后，但与广州、深圳地区的数值相距较大。广州、深圳两地场馆的建筑面积之和远超珠三角地区其他7个城市之和，达到1.26倍。可见，珠三角地区公共图书馆的场馆建设虽然整体形势较好，但还是存在地区之间不平衡的现象。此外，在每万人建筑面积方面，广州、中山、肇庆、珠海、江门、深圳依次排名区域前六位，且均超过全省2022年的平均水平。珠三角地区公共图书馆场馆的建筑面积虽然总体较高，但在每万人建筑面积的统计方面，仍然还有3个城市低于全省水平。这一结果说明由于珠三角地区人口密度大、外来人口多，公共图书馆场馆设施仍有待继续增加投入，以保障居民阅读条件。

表3-3 珠三角地区公共图书馆设施建设、开放场馆数量和面积（2022年）

区域	省级馆		地市级馆		县级馆		总计		每万人面积		
	数量（个）	面积（万平方米）	数量（个）	面积（万平方米）	数量（个）	面积（万平方米）	数量（个）	面积（万平方米）	排名	面积（平方米）	排名
全省	5	31.97	41	158.94	103	204.87	150	315.66	—	248.36	—
珠三角	5	31.97	8	51.52	48	124.76	61	208.25	—	265.99	—
广州	3	23.47	0	—	11	47.16	14	70.63	1	378.17	1
深圳	2	8.50	1	4.00	9	32.98	12	45.48	2	258.99	6
佛山	0	—	1	5.27	5	12.70	6	17.97	4	189.18	8
珠海	0	—	1	1.86	3	4.59	4	6.45	6	264.39	4
东莞	0	—	1	21.42	0	—	1	21.42	3	204.65	7
中山	0	—	1	12.88	0	—	1	12.88	5	291.53	2
惠州	0	—	1	2.08	5	7.05	6	9.13	8	151.09	9
江门	0	—	1	2.32	7	10.33	8	12.65	7	263.65	5
肇庆	0	—	1	1.70	8	9.95	9	11.65	7	283.21	3

注：各市人口数据以《广东省第七次全国人口普查公报（第二号）》为准，各级图书馆开放场馆面积含总馆及所辖分馆；广东省立中山图书馆列入广州市计算，下同。

（三）经费保障情况

珠三角各地党委政府重视公共图书馆事业发展，根据《珠江三角洲基础设施建设一体化规划（2009—2020）》《广东省建设文化强省规划纲要（2011—2020）》《广东省美术馆 公共图书馆 文化馆（站）免费开放专项资金管理暂行办法》《广东省基层公共文化服务设施建设专项资金管理办法》等法规，增加公共文化财政投入，落实免费开放经费，增加购书专项经费，落实公共文化发展主体责任，严格落实经费、科学管理、保障专项资金落到实处。《广州市公共图书馆条例》《深圳经济特区公共图书馆条例》《东莞市公共图书馆管理办法》等地方法规对当地的图书馆经费进行了保障，促进了图书馆的可持续发展财政投入。

充足的经费保障和合理的经费结构为图书馆的正常运行以及读者服务的顺利开展提供了强大的财力支持。2022年珠三角地区县级以上公共图书馆财政拨款总额达20.04亿元，占全省公共图书馆财政拨款总额的83.19%。其中，新增藏量购置费（即2022年文献购置费）2.6亿元，占全省公共图书馆财政总额的 86.94%。2022 年，珠三角地区公共图书馆财政拨款总额相比 2017 年增长 154.52%，省级/副省级馆、地市级馆和县级馆财政拨款总额相比 2017 年分别增长 184.44%、133.25% 和 142.91%。广州市和深圳市公共图书馆财政拨款总额分别达到 7.7 亿元和 6.9 亿元，占全省公共图书馆财政拨款总额的 61.96%，占珠三角公共图书馆财政拨款总额的 77.30%。广州市和深圳市大力推进"图书馆之城"建设，2022 年新增藏量购置费分别增至 10,914.74 万元和 10,573.00 万元；佛山、中山、惠州随后，分别增至 1,497.60 万元、932.22 万元、731.28 万元。新增藏量购置费总额排名前五的图书馆分别是广州图书馆、广东省立中山图书馆、深圳图书馆、深圳大学城图书馆和佛山市图书馆。在年人均新增藏量购置费方面，珠三角地区全域 2022 年人均文献购置费为 3.36 元，是全省的 1.4 倍，深圳市和广州市的数值以绝对优势远远高于全省和珠三角的水平，分别达到了全省数值的 2.5 倍和 2.43 倍；然而，珠三角其他 7 个地级市的 2022 年人均文献购置费均在全省和珠三角地区的平均线以下，地域不均衡的现象非常突出。值得注意的是，受疫情等因素影响，相比上一个评估周期（以 2017 年数据计），珠三角地区人均文献购置费有一定程度的下降，只有深圳有 22.11% 的增长率，其余 8 个城市均有 15.36%—79.59% 不同程度的减少，珠三角整体平均值也较 2017 年的 3.95 元/人减少到 3.37 元/人，同比减少了 14.68%。

表 3-4　珠三角地区各级公共图书馆经费保障（2022 年）

指标	省级馆	地市级馆	县级馆	总计
年财政拨款总额（万元）	81,118.43	42,169.13	77,099.85	200,387.41
年文献购置费（万元）	11,770.31	7,150.22	7,384.96	26,305.49
年人均文献购置费（元）	—	—	—	3.37

表 3-5　珠三角地区各城市公共图书馆经费保障（2022 年）

区域	年财政拨款		年文献购置费		2017 年人均文献购置费	2022 年人均文献购置费		增长率
	总额（万元）	排名	总额（万元）	排名		数额（元）	排名	
全省	240,865.01	—	30,255.83	—	—	2.40	—	—
珠三角	200,387.42	—	26,305.49	—	3.95	3.37	—	-14.68%
广州	77,452.94	1	10,914.74	1	6.90	5.84	2	-15.36%
深圳	69,393.15	2	10,573.00	2	4.93	6.02	1	22.11%
佛山	16,921.41	3	1,497.60	3	3.41	1.58	5	-53.67%

续表 3 - 5

区域	年财政拨款		年文献购置费		2017 年人均文献购置费	2022 年人均文献购置费		增长率
	总额（万元）	排名	总额（万元）	排名		数额（元）	排名	
珠海	6,010.76	7	416.71	8	2.32	1.71	4	-26.29%
东莞	8,244.08	4	424.00	7	1.14	0.41	8	-64.04%
中山	6,702.00	5	932.22	4	10.34	2.11	3	-79.59%
惠州	5,078.32	8	731.28	5	1.94	1.21	7	-37.63%
江门	6,259.51	6	649.50	6	1.59	1.35	6	-15.09%
肇庆	4,325.25	9	166.44	9	1.22	0.40	9	-67.21%

表 3 - 6　广东省财政拨款总额与新增藏量购置费前五的公共图书馆（2022 年）

	1	2	3	4	5
财政拨款总额（万元）	广州图书馆	广东省立中山图书馆	深圳图书馆	深圳大学城图书馆	佛山市图书馆
	27,062.24	22,595.30	20,500.40	9,185.90	8,308.57
	1	2	3	4	5
新增藏量购置费（万元）	广州图书馆	深圳大学城图书馆	深圳图书馆	广东省立中山图书馆	珠海市金湾区图书馆
	5,323.52	4,000.00	2,604.50	2,498.30	1,857.07

（四）馆藏建设情况

在各级政府的政策保障、经费支持下，珠三角地区的馆藏资源较为丰富。各级图书馆在保持文献资源馆藏稳定增长的前提下，不断丰富和优化各类馆藏文献，各级公共馆的文献资源总量呈现出持续稳定、有所增长的态势。截至2022 年底，珠三角地区县级以上公共图书馆文献馆藏量达 20,525.60 万册，占全省文献馆藏量的 76.39%；人均文献馆藏量达 2.63 册/件，比全省人均馆藏量超出 123.47%。与 2017 年相比，省级馆、市级馆和县级馆均有增长，文献馆藏量总体同比增长 20.33%。2022 年珠三角地区公共图书馆普通文献馆藏量的分布为：图书 91.00%、报刊 4.45%、视听文献 3.07%、古籍 0.61%、缩微制品 0.03% 和其他文献 0.37%。入藏丰富的各类型文献资源以及馆藏种类的持续更新，能够满足公众的多样化需求，对巩固图书馆的服务阵地发挥了重要的作用。

　　珠三角各级图书馆通过制定科学的馆藏发展政策，合理分配馆藏资源，加强文献资源保障，并根据读者需求合理布局，巩固图书馆服务阵地；同时，充分考虑本地区各类型图书馆、公共图书馆体系内各图书馆进行分工协调，促进资源共建共享。例如，广东省立中山图书馆立足"广东总书库"职能，推动馆藏高质量发展，不断修订完善《广东省立中山图书馆馆藏发展政策》，促进馆藏结构持续优化，形成以中文资源为主、外文资源为辅，以纸本资源为主、数字资源为补充，以古籍、孙中山文献、广东地方文献为特色的多载体馆藏文献资源体系。广州市图书馆制定了《广州图书馆文献信息资源采选条例》来明确馆藏发展政策，并在《广州图书馆2016—2020年发展规划》中予以明确。深圳市图书馆制定了《深圳图书馆馆藏发展政策》对收藏范围、馆藏文献类型、馆藏文献文种以及馆藏特色与重点进行规定，通过《深圳图书馆纸本文献建设管理制度》《深圳图书馆数字资源建设管理制度》等制度对各类文献资源的采集依据和工作要求均做出了细致规定。此外，广东省立中山图书馆还专门制定了《广东省立中山图书馆地方文献交存本催交细则》，促进地方出版物征集工作的及时性和保障性。

　　为满足读者个性化、多样化信息获取需求，珠三角公共图书馆通过外购和自建的方式强化数字资源建设，为读者提供丰富的电子文献和数据库资源，方便读者在馆内外及时获取馆藏资源。截至2022年底，珠三角地区对外服务数字资源总量达到10,599.26 TB，自建数字资源总量达937.29TB，自建地方文献数据库218个，占全省总数的66.26%。各馆非常重视特色数字资源的建设，尤其注重对地方文化资源的保存与利用，例如广东省立中山图书馆有《地方文献图片数据库》《特藏文献数据库》《孙中山多媒体资源库》《广东历史文化名村》《报图览粤——清末民初画报中的广东》等；广州地区有《广州大典数据库》《天河区地方文献数据库》等；深圳地区有《深圳文博会数据库》《深圳地方报刊创刊号》等；佛山地区有《佛山地方文献全文数据库》《南海地方资料数据库》等；珠海地区有《珠海历史名人库》《珠海文化遗产保护数据库》《珠海非物质文化遗产多媒体数据库》等；东莞地区有《东莞文库》《东莞报道数据库》等；中山地区有《中山地方文献全文数据库》等；惠州地区有《惠州古籍数据库》《惠州地方文献数据库》等；江门地区有《五邑籍院士特色数据库》《五邑华人华侨多媒体数据库》等；肇庆地区有《端砚专题文献库》《肇庆·高要古籍文献数据库》等。

表3-7　珠三角地区各城市公共图书馆馆藏建设（2022年）

区域	普通文献馆藏量		电子文献总藏量		文献馆藏量		2022年人均文献馆藏量	
	总额（万册）	排名	总额（万册）	排名	总额（万册）	排名	数额（册）	排名
全省	13,374.51	—	13,495.87	—	26,870.38	—	2.13	—
珠三角	10,239.78	—	10,285.82	—	20,525.60	—	2.63	—
广州	4,250.37	1	5,654.65	1	9,905.02	1	5.30	1
深圳	2,722.87	2	2,322.06	2	5,044.93	2	2.87	2
佛山	1,112.82	3	514.00	3	1,626.82	3	1.71	7
珠海	294.15	9	194.24	8	488.39	8	2.00	3
东莞	358.63	7	109.22	9	467.85	9	0.45	9
中山	367.66	6	460.22	4	827.88	5	1.87	5
惠州	300.90	8	230.22	7	531.12	7	0.88	8
江门	464.00	4	453.85	5	917.85	4	1.91	4
肇庆	368.38	5	347.35	6	715.73	6	1.74	6

（五）服务提供情况

2022年，珠三角地区县级以上公共图书馆全部免费开放，文献资源借阅、检索与咨询、公益性讲座和展览、基层辅导、流动服务等基本文化服务项目健全并免费提供。珠三角地区县级以上公共图书馆持证读者总量达1819.05万人，占全省总数的12.43%；珠三角地区县级以上公共图书馆年总流通人次6,227.54万人次，占全省总数的72.85%；珠三角地区县级以上公共图书馆年文献外借量达7,030.68万册次，占全省总数的81.83%；珠三角地区县级以上公共图书馆年馆际互借量1,233.49万册次，占全省总数的95.93%。

表3-8　珠三角地区公共图书馆服务效能——基本服务（2022年）

指标	省级馆	地市级馆	县级馆	珠三角	全省
平均周开馆时间（小时）	73.58	73.74	68.73	71.43	65.58
持证读者数（万人）	627.60	1,011.56	179.88	1,819.05	14,633.63
年总流通人次（万人次）	1,103.90	1,028.56	1,083.12	6,227.54	8,547.94
年文献外借量（万册次）	249.79	1,651.78	773.67	7,030.68	8,592.23
年馆际互借量（册次）	5,098,387	5,756,706	1,479,780	12,334,873	12,858,782

在平均周开馆时间指标中，珠三角地区县级以上公共图书馆平均周开馆时间为 71.43 小时，比全省高出 5.75 小时。中山、惠州、深圳 3 个城市分别以 112 小时、79.4 小时、74.96 小时位列前三位，总共有 8 个城市的平均周开馆时间高于全省均值。珠三角地区县级以上公共图书馆持证读者数方面，广州、深圳、中山 3 个城市分别以 589.77 万人、404.81 万人、264.62 万人位列珠三角城市前三位，占珠三角地区县级以上公共图书馆持证读者总数的 69.22%。在总流通人次方面，珠三角地区有广州、深圳的年总流通人次在 1,000 万人次以上，其中广州地区年总流通人次达 2,093.03 万人次，位列珠三角第一，而两个城市的总和占珠三角地区县级以上公共图书馆年总流通人次的 60.97%。在年文献外借量方面，广州、深圳、佛山分别以 3,372.87 万册次、1,568.96 万册次、643.53 万册次位列珠三角城市前三位，占珠三角地区县级以上公共图书馆年文献外借总量的 79.44%。在年馆际互借量方面，广州、深圳、佛山 3 个城市分别以 622.02 万册次、346.15 万册次、186.70 万册次，位列前三位，占珠三角地区县级以上公共图书馆年馆际互借总量的 89.81%。

表 3-9　珠三角地区各城市公共图书馆服务效能——基本服务（2022 年）

区域	平均周开馆时间		持证读者数		年总流通人次		年文献外借量		年馆际互借量	
	数量（小时）	排名	数量（万人）	排名	数量（万人次）	排名	数量（万册次）	排名	数量（万册次）	排名
全省	65.58	—	14,633.63	—	8,547.94	—	8,592.23	—	1,285.88	—
珠三角	71.43	—	1,819.05	—	6,227.54	—	7,030.68	—	1,233.49	—
广州	67.64	8	589.77	1	2,093.03	1	3,372.87	1	622.02	1
深圳	74.96	3	404.81	2	1,703.76	2	1,568.96	2	346.15	2
佛山	73.50	5	190.23	4	617.23	4	643.53	3	186.70	3
珠海	69.00	6	61.14	9	130.85	9	77.99	9	4.18	8
东莞	74.00	4	89.48	5	161.79	8	210.75	6	0	9
中山	112.00	1	264.62	3	704.38	3	578.87	4	57.94	4
惠州	79.40	2	68.94	8	297.77	6	214.69	5	5.20	7
江门	62.50	9	69.03	7	314.32	5	204.59	7	5.73	5
肇庆	67.83	7	81.04	6	204.42	7	158.44	8	5.56	6

为满足特殊群体的精神文化需求，珠三角地区各级图书馆多年来秉承"公益性、基本性、均等性、便利性"原则，不断加强对老年、青少年、外来务工人员、残疾人士等特殊读者的文化关怀，优化特殊群体服务环境，深化特殊群体服务工作，打造一系列服务品牌。例如，广州地区有针对未成年人的"遇见·图书馆""爱绘本　爱阅读"亲子读书会等服务品牌；深圳地区有针对未成年人的"少儿智慧银行"、针对老年人的"银发阅读"等服务品牌；佛山地区有针对农民工的"筑梦佛山"异地务工人员子女夏令营阅读分营、针对视障群体的"阅读·温暖——视障读者关爱行动"等服务品牌；肇庆地区有针对老年人群体的"乐龄书友会"、针对农村地区的"书香入农家"等服务品牌；惠州地区有针对未成年人的"图图故事会"等服务品牌；江门地区有针对残疾人的"文化助残"等服务品牌。读者活动品牌化是服务品牌化图书馆推动全民阅读的着力点，已建成的品牌达 832 个，占广东省公共图书馆品牌数量总体的 66.83%。

珠三角地区各级图书馆在做好普通参考咨询的同时，深耕专题参考咨询和立法决策信息服务咨询，年普通参考咨询服务 923.71 万次，占广东省公共图书馆参考咨询数量总体的 94.70%，专题参考咨询和立法决策信息服务咨询量分别达到 19.46 万次和 1.94 万次，在全省占比分别为 98.95% 和 90.54%。

表 3-10　珠三角地区公共图书馆服务效能——阅读推广与社会教育服务（2022 年）

指标	省级馆	地市级馆	县级馆	珠三角	全省
读者活动举办总场次（次）	10,146	30,261	7,708	48,115	61,169
读者活动参与总人次（万人次）	6,027.50	2,371.11	422.83	8,821.44	11,007.61
线上读者活动举办总场次（次）	4,799	11,418	2,147	18,364	24,165
线上读者活动总点击量（万次）	5,390.96	1,754.85	195.84	7,341.65	9,083.68
年讲座举办总场次（次）	666	1,940	754	3,360	6,540
年展览举办总场次（次）	347	2,289	664	3,300	4,816
年培训举办总场次（次）	1,311	4,099	1,455	6,865	8,672
年阅读推广活动总场次（次）	7,282	24,120	4,916	36,318	44,200
服务品牌数量（个）	187	453	192	832	1,245

表3–11　珠三角地区公共图书馆服务效能——参考咨询服务（2022年）

指标	省级馆	地市级馆	县级馆	珠三角	全省
年普通参考咨询数量（次）	5,457,427	2,647,862	1,131,787	9,237,076	9,754,200
年专题参考咨询数量（次）	21,693	38,514	134,411	194,618	196,880
年立法决策信息服务咨询数量（次）	529	1,055	17,781	19,365	21,388

（六）人才队伍建设情况

珠三角地区各级政府重视人才队伍建设，出台系列人才引进政策，公共图书馆多措并举推出人才引进措施、人才提升计划，实施人才培养方案和荣誉奖励措施，提升馆员队伍的综合素质，促进事业专业化发展。例如，广东省立中山图书馆出台《业绩考核办法》和《学术成果奖励暂行办法》，实施"领航计划"培养骨干人才，同时实施"卓越成长计划"，提升干部队伍综合素质；广州市图书馆在《广州图书馆2016—2020年人才队伍建设规划》和《广州图书馆2016—2020年发展规划》中确立了人才队伍建设目标与未来5年公共图书馆人才队伍建设的需求；佛山市图书馆推出"导师制"项目，聘请图情领域专家担任馆员的导师开展业务研究；东莞市图书馆作为"阅读推广人"培育项目实践基地，为全社会培养阅读推广人才。珠三角地区公共图书馆积极开展图书馆专业课培训、基础业务培训，推进图书馆事业发展专业化水平，提升馆员素质，从业人员通过培训班、讲座、实地调研等多种形式开展继续教育，不断提升专业素质。同时，各级图书馆积极探索选人用人多元化制度，采用政府购买服务方式引进人员，增强社会合作，招募志愿者，破解编制不足的运营困局。

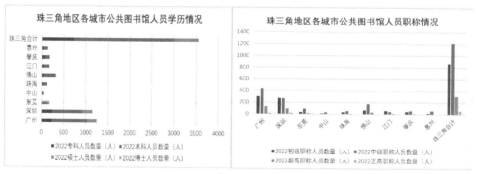

图3–1　珠三角地区各城市公共图书馆人员学历、职称情况（2022年）

二、发展态势（2018—2022 年）

在广东省第七次全国县级以上公共图书馆评估定级中，珠三角地区的 61 个县级以上公共图书馆，除深圳大学城图书馆因特殊原因未参加、珠海市香洲区图书馆受旧馆建筑面积限制多项指标仍有较大提升空间而未定级外，其余 59 个公共图书馆均顺利获得第七次评估定级，且发展状况与第六次评估期内相比有明显进步，有 57 个馆达到一级图书馆标准，1 个馆达到二级图书馆标准，1 个馆达到三级图书馆标准，一级图书馆占比 96.61%，体现了评估工作"以评促建、以评促管、以评促用"的效果。评估期内，各地党委和政府高度重视公共文化建设，以饱满的工作热情努力，高效统筹疫情防控和图书馆事业发展；各馆紧跟时代步伐，积极努力创新，激发服务效能，提升业务能力，厚实保障条件，图书馆基础设施得到了进一步改善，人才队伍进一步年轻化，越来越多年轻人成为图书馆事业的中坚力量，以创新意识和实干精神落实中央、省市公共文化发展政策，在疫情防控期间坚守公共文化服务阵地。同时，多元的社会合作增强了服务能力和水平，推动了公共图书馆向智能化、现代化发展。

总的来说，珠三角地区公共图书馆事业稳中求进，服务效能、业务能力、保障条件均良好，核心指标保持全省前列，评估得分整体偏高，呈现整体均衡、个别突出的发展态势。其中，广东省立中山图书馆、广州图书馆、东莞图书馆、深圳图书馆、佛山市图书馆、中山纪念图书馆、广州市越秀区图书馆、佛山市南海区图书馆、佛山市禅城区图书馆、佛山市顺德图书馆、珠海市金湾区图书馆 11 个图书馆自评得分超过 1,000 分。

（一）服务效能：强基提质，增效创优

服务效能是图书馆高质量发展的基础。珠三角地区政府高度重视，经费保障充足，政策保障有力，服务效能逐渐提升。2018—2019 年，珠三角各地公共图书馆的服务效能数据稳中有进。由于疫情对珠三角地区公共图书馆的基本服务造成一定程度的冲击，2020 年各项核心业务数据有所下降，主要表现在进馆人数、外借册次、阅读推广服务等方面。疫情期间各地图书馆馆员在积极投身社区抗疫一线的同时，还及时转换工作思路，积极探索线上线下联动，利用丰富的数字馆藏和成熟的线上服务技术，坚持为读者提供数字资源访问、在线办证、网络课堂、在线讲座展览、在线参考咨询、远程文献传递等服务，以及各种延伸和创新服务，受到广大读者的认可与信赖。2021 年起，各项服务

效能业务数据稳步提升。

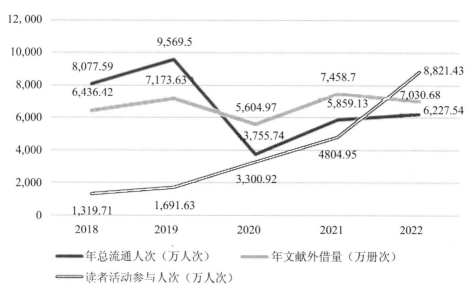

图3-2　珠三角地区公共图书馆服务效能主要指标（2018—2022 年）

珠三角各地公共图书馆以服务效能为导向，推动各级公共图书健全并免费提供基本公共文化服务项目，保障公众的图书馆权利，特别是在疫情防控常态化期间，允分发挥公共义化服务重要阵地的作用，文献借阅方便快捷，读者活动丰富多彩，基本服务能力显著增强。

（二）业务建设：创新驱动，行业引领

珠三角地区公共图书馆始终坚守公共文化服务主阵地，扎实做好传统文献借阅服务。尽管部分核心数据受疫情影响有所下降，但各馆主动作为，及时转换工作思路，利用丰富的数字馆藏和成熟的线上服务技术，坚持为读者提供在线办证、网络课堂、数字资源访问、在线参考咨询、远程文献传递等服务，创新全媒体宣传推广模式，根据不同群体特点开展差异化、针对性的阅读推广活动，通过文化扶贫助弱，用人文关怀温暖特殊群体，受到广大读者的认可与信赖。以馆藏地方文献资源为依托，各地还充分挖掘特色地方文献资源，加强地方文献开发利用保护工作，系统性地整理出版地方文献出版物，加强本地特色数据库资源建设，并通过展览、讲座、活动、创作等形式宣传推广本地特色文化，讲好本地文化故事，积极发挥图书馆保护传承地方文献的作用。

　　珠三角地处改革开放的前沿阵地，积极推进新技术和技术场景在图书馆的应用，围绕智慧图书馆展开的探索和尝试不断，各级公共图书馆积极引入新技术，智慧赋能，构建图书馆服务新生态。广东省立中山图书馆"采编图灵"一期系统完成迭代，二代系统重组架构并投入使用，在图书采分编业务上的应用实现传统人工作业向自动化智能化操作的转型升级，成为首个由国内图书馆引领的全球图书馆行业科技创新；广州市南沙区图书馆在真实场景中首次引入地磁导航、人脸识别、石墨烯电子纸等多项新技术，提高了读者咨询效率，解决了"找书难"的问题；深圳市宝安区图书馆启用智能机器人分拣系统，其效率是传统人工分拣的10倍以上；广州市白云区图书馆推出无感借书通道，同时引进了智能检索定位书架、虚拟图书导航、智能盘点机器人等技术，率先实现"可不排架"的图书馆，给读者带来了全新的服务体验；广州市荔湾区图书馆推出视觉盘点系统，主打"一秒找书"，实现了图书实时定位，给读者提供了极大的便利；深圳图书馆完成"爱来吧"空间微升级，增添数字资源立方体造型展示和二维码墙，配置喜马拉雅听书机等全新智能阅读设备；广州市越秀区图书馆线上推出全国首个由公共图书馆打造的越秀文旅全景VR沉浸式体验项目"云游·阅图"，打开阅读的想象之门；深圳市南山区图书馆"2022 OPEN YEAR——南山图书馆25周年"以线上VR展览方式隆重推出，为阅读带来全新感官体验；广东省立中山图书馆的首个听障写作训练营引入AI语音技术，让听障学员通过看实时翻译的文字接收课堂信息；佛山市图书馆与景区、旅行社、民宿合作开展西樵山地质科普研学活动、研发黄连文化主题研学路线等，探索"旅图"系列新的合作模式。

（三）保障条件：科学规划，统筹管理

　　在本轮评估期内，国家先后颁布了《中华人民共和国公共图书馆法》《"十四五"公共文化服务体系建设规划》，公共文化政策保障成效突出，人民基本文化权益得到充分保障，公共文化服务体系日益完善。广东省委省政府、省文化和旅游厅持续为公共图书馆事业发展提供政策保障，推动公共文化服务体系均等化、高质量发展，陆续出台了《广东省建设文化强省规划纲要（2011—2020）》《广东省基本公共服务均等化规划纲要（2009—2020）》《广东省文化设施条例》《广东省公共文化服务促进条例》《广东省全民阅读促进条例》《关于加快构建现代公共文化服务体系的实施意见》《广东省加快推进文化和旅游融合发展三年行动计划（2020—2022）》与《广东省关于进一步提升革命老区和原中央苏区公共文化服务水平三年行动计划（2020—

2022）》《广东省文化和旅游发展"十四五"规划》《广东省公共数字文化建设三年计划（2021—2023)》等一系列文化政策，推动全省公共文化服务体系完善。

政策、法制和规划体系全面构建，推进公共图书馆事业法治化和标准化。珠三角各地也纷纷开展公共图书馆立法方面的有益尝试，相继制定出台地方性法规或部门行政性规范文件为公共图书馆事业发展提供制度保障。东莞市于2017年3月颁布实施了《东莞市公共图书馆管理办法》、佛山市于2021年5月颁布实施了《佛山市公共图书馆管理办法》。这些地方性公共图书馆法规的颁布，规范了公共图书馆的管理和服务，促进了公共图书馆事业的科学发展。惠州市结合图书馆总分馆建设出台《惠州市公共图书馆服务规范》，为全市公共图书馆服务体系规范化提供了重要指引。同时，珠三角各图书馆积极完善制度建设，推进规范治理。为了更科学地谋划图书馆的中长期发展，特别是推动公共图书馆事业高质量发展，珠二角地区图书馆纷纷研制和发布"十四五"战略发展规划。

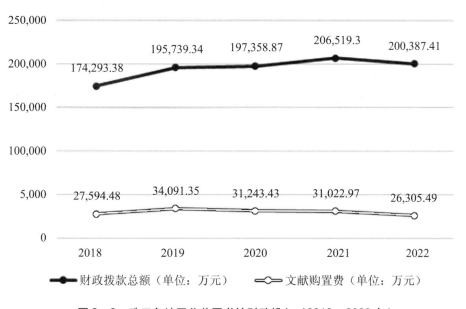

图3-3 珠三角地区公共图书馆财政投入（2018—2022年）

场馆面积（单位：万平方米）

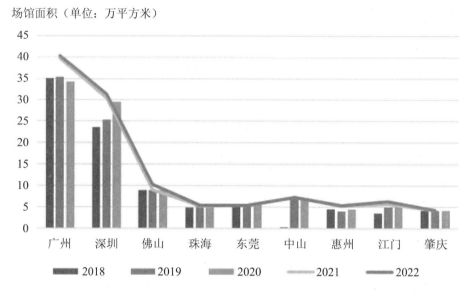

图3-4　珠三角地区公共图书馆场馆面积（2018—2022年）

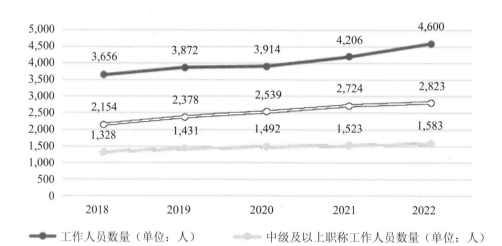

图3-5　珠三角地区公共图书馆人才队伍建设情况（2018—2022年）

　　如图3-3至图3-5所示，珠三角各级政府对图书馆发展给予政策、资金等多渠道的大力支持，完善法律机制保障，加强人才队伍建设，积极推进空间改造升级和新馆立项筹划等。各地充分发挥新馆、分馆的良好条件能力发扬地区特色，注重本馆服务品牌打造，促进新馆服务效能实现质的提升，全方位提升公共图书馆服务质量和服务效能，提升读者借阅的舒适体验感、需求满足感、文化获得感。

三、区域特色与创新亮点

珠三角地区整体图书馆事业发展良好，基础设施过硬，服务体系建设完善，发展势头强劲，创新案例多元，服务效能亮眼，阅读推广活动丰富多彩，全民阅读氛围浓厚。作为全省公共图书馆主力军，珠三角地区公共图书馆不断展现和贡献着高质量发展的"广东探索""广东经验"。

（一）特色体系化服务"给力"

珠三角地区公共图书馆持续完善体系建设，打造特色服务体系，充分发挥省、市、县三级中心馆的作用，服务体系建设取得实质性成效。在现有公共图书馆县域总分馆体系的基础上，珠三角地区创新性探索以依托省馆公共图书联盟为核心平台，以市级馆为区域中心馆，以县域总分馆为基础的特色化总分馆服务体系，从体制机制创新、资源共建共享、服务效能提升、城乡一体化建设、文化助力乡村振兴等维度指导县级总分馆制的发展，有效促进了基层公共图书馆均衡发展和效能提升。例如，广东流动图书馆项目自2004年启动以来，极大地推动了全省公共图书馆基础设施建设，已在全省粤东西北地区建成95家流动图书馆，实现了公共文化服务资源向基层的有效延伸，为后续的县级总分馆建设、"粤书吧"建设打下了坚实的基础；广州、深圳大力推进"图书馆之城"建设，实现统一服务体系，资源互联互通，公共图书馆事业发展达到国内领先水平，形成向世界先进城市和地区图书馆事业看齐、可持续发展的现代公共图书馆服务体系；佛山初步建成"网络完善、运行高效、供给丰富、保障有力"的公共文化服务体系，成功创建国家公共文化服务体系示范区，构建"图书馆+家庭"这一新型服务体系，鼓动家庭阅读资源参与社会共享，建成邻里图书馆1,330家，盘活了市民家庭藏书资源；东莞图书馆建设全国首个绘本专题馆服务体系，积极推动青少年阅读和亲子阅读，已建成31家绘本馆和45个绘本阅读服务点。

（二）业务创新性案例"爆款"

珠三角地区公共图书馆业务创新能力突出，创新服务项目，积极探索特色化、品牌化和专业化服务。同时，还善于总结凝练创新案例，加强宣传推广，在多个行业和领域荣获各类表彰奖励，扩大了公共图书馆等社会知名度和美誉度。例如，深圳"图书馆之城"纳入国家发展和改革委员会《深圳经济特区创新举措和经验做法清单》向全国推广，助力持续擦亮深圳等城市文化名片，推进图书馆事业高质量发展；佛山市图书馆"邻里图书馆"项目荣获国际图书馆协会联合会国际营销奖第一名，以优秀成绩通过第三批广东省公共文化服务体系示范项目终期验收并入选中共中央宣传部《宣传思想文化工作案例选编（2021年）》；宝安区馆智慧化建设成果显著，"图书馆智能机器人分拣系统"被评为文化和旅游部"2019年文化和旅游装备技术提升优秀案例"；盐田区馆实施智慧服务提升工程，"深圳市盐田区智慧图书馆服务平台建设项目"获得文化和旅游部、财政部"第四批国家公共文化服务体系示范项目"称号；广东省立中山图书馆抖音服务号的抖音号指数和互动总量位居全国公共图书馆榜首。根据2023年2月12日发布的《中央宣传部办公厅 文化和旅游部办公厅 国家发展和改革委员会办公厅关于公布基层公共文化服务高质量发展典型案例的通知》，广东3个入选案例中有2个属于公共图书馆领域，均在珠三角地区产生，分别是广州市从化区"构建文教联动阅读体系 提升城乡青少年精神素养"和深圳市盐田区之高品质智慧书房服务体系——以"人·书·馆·城"四位一体涵养山海人文栖居地。

（三）服务品牌化效应"吸睛"

珠三角地区公共图书馆既注重埋头实干，也着力于品牌打造和宣传，注重服务品牌建设，持续推进全民阅读。各级图书馆基于丰富优质的阅读资源，以品牌建设为导向，整合现有项目和活动，创新内容和形式，打造多样化、针对性的阅读推广、讲座展览、少儿服务、特殊群体服务等细分服务品牌，构建品牌矩阵，加强品牌宣传推广，促进全民阅读，提高读者阅读素养。结合"4·23世界读书日""深圳读书月""广州读书月""书香岭南""南国书香节"等阅读推广系列活动，在本地区图书馆事业发展经验、发展模式与经典案例的基础上，积累和打造一批有代表性和推广价值的经典品牌，各地特色阅读服务品牌影响力不断扩大，将珠三角地区图书馆事业发展的先进经验和服务品牌辐射全省乃至全国。广州地区的"羊城学堂""广州新年诗会"，深圳地区的"南书房"，佛山地区的"佛山韵律·书香怡城"全民阅读品牌，东莞地区的"东莞读书节""市民学堂""东莞动漫节"，珠海地区的"珠海文化大讲堂"等活动均已成为较有影响力的品牌活动。截至2022年底，珠三角地区各县级以上公共图书馆共有阅读推广活动品牌648个，在品牌建设方面，珠三角地区优势明显，在全省阅读推广品牌拥有数量中占比达74%。其中，深圳市、广州市、佛山市数量排名前三。

（四）区位优势性合作"抱团"

珠三角地区公共图书馆结合地缘历史优势，深化粤港澳湾区中心馆作用，加强区位优势性合作，传承岭南文化，共建"人文湾区"，创新服务方式成绩突出。

例如，2018年10月，由华南理工大学图书馆牵头组织，粤港澳大湾区11城高校及广州、深圳、东莞、佛山等主要城市图书馆42家共同倡议成立"粤港澳大湾区图书馆科技文献协作联盟"，促进了粤港澳大湾区图书馆的合作共建，融合发展；2019年11月，由广州图书馆联合广东省立中山图书馆、深圳图书馆等12家公共图书馆和文献机构共同发起成立"粤港澳大湾区公共图书馆联盟"，推进粤港澳大湾区公共图书馆在中华优秀传统文化与岭南文化传承发展、全民阅读推广等领域深入交流合作；2020年12月，由广东省立中山图书馆发起并成立广东省公共图书馆联盟，促进联盟在文献信息服务、全民阅读推广、资源共建共享、业务与服务创新、学术研究、新技术应用等领域进行交流合作。广佛两地启动"公共图书馆广佛通"合作项目，实现读者证互认，文献资源互通；借助"粤读通"数字证卡服务享受公共图书馆"一证通"的便利，珠三角各地已基本实现全省各级公共图书馆用户信息互联、互通、互认。在读者活动方面，粤港澳地区公共图书馆连续7年合作举办的"世界阅读日粤港澳创作比赛"，增进了三地中小学生的相互了解与文化认同感，推动实现了阅读资源全域连接、服务推广全域协同、阅读品质全面提升；举办粤港澳4·23共读半小时活动，设置深圳、广州、东莞、澳门4个主会场，粤澳地区207个单位、1,053个共读点，累计近400万市民读者线上线下共同参与活动。

（五）镇街图书馆发展"出圈"

珠三角地区的中山市和东莞市是全国少有的四个不设区的地级市之中的两个，故这两个城市均无区县级图书馆，两地下辖镇和街道的图书馆均为地区总分馆体系内的分馆，由两地的地级市图书馆直接进行资源统筹和业务指导。两地的公共图书馆因地制宜，蓬勃发展，搭建起全市统一的管理平台，制定统一的规范标准，将市镇村三级公共阅读资源纳入到体系中通借通还统一管理，特别是区域内多个镇街图书馆发展迅猛，取得了亮眼的成绩，纷纷突围"出圈"。例如，中山市下辖23个镇和街道，各镇街文体中心设立的图书馆均纳入中山地区总分馆体系，视为中山纪念图书馆的分馆，由中山纪念图书馆直接进行资源统筹和业务指导，中山纪念图书馆成为总分馆制中少见的地市级总馆。各镇街图书馆立足当地，也有各自的亮点服务。由中山市小榄图书馆指导建设的两家农家书屋分别获评"全国示范农家书屋""第七届全国服务农民、服务基层文化建设先进集体"；中山纪念图书馆坦洲分馆内有国家"非遗"传承项目"咸水歌"，展陈设施良好，常年耕耘该"非遗"文化品牌；中山火炬高技术产业开发区图书馆在第五次全国县级以上公共图书馆评估定级中获评"一级图书馆"称号，有良好的服务能力。同时，东莞各街镇图书馆积极探索模式创新，不断提高服务效能，频频"出圈"。如长安镇图书馆通过阵地共融赋新，构建全域性"图书馆＋"旅游路线，成为图书馆文旅融合的亮点；虎门镇图书馆体系服务效能较好，年外借量在东莞街镇图书馆总排名中处于前列，同时，该馆的地方文献整理与利用是亮点，该馆还参与虎门镇太平手袋厂陈列馆的建设工作；大岭山图书馆新馆面积达到 39,884 平方米，是广东省馆舍面积最大的一个街镇图书馆，馆内设有红色文献主题空间和微农业园体验空间，近年来持续进行东江纵队红色文献整理与数字化建设工作，服务效能大幅提高；茶山镇图书馆充分利用本地旅游资源特色，探索特色立馆的路径，通过与社会文化机构深入合作建成了一批茶文化图书馆和"粤书吧"；莞城图书馆以精品化馆藏作为建馆特色，拥有东莞市首家"古籍文献修复室"，是东莞地区收藏古籍最多的图书馆，也是省内唯一一家有馆藏古籍入选《广东省珍贵古籍名录》的街镇图书馆；松山湖图书馆人才队伍专业化程度高，业务能力强，实现了图书馆的规范化管理，同时能为科技企业提供具有特色的科技服务，是街镇图书馆的标杆。

（六）以人为中心服务"温情"

珠三角公共图书馆重视人文关怀，贴心细致地关爱少年儿童、残疾人等特殊群体，大幅度改进无障碍设施，不断强化为特殊群体服务的能力，以人为中心，为公众提供有温度、有质量的阅读服务，产生了多个引发全国关注的热点事件，不断书写读者与图书馆的温情故事。2020 年 6 月，湖北农民工吴桂春先生因疫情被迫回乡，临别前在东莞图书馆写下一段感人至深的不舍留言，在普通市民、政府、媒体及业界间引起广泛关注，引来了众多重量级的媒体报道和网友刷屏，微博累计阅读总量超过了 10 亿次，在短时间内成为全国焦点事件。这个故事，从专业化视角理性分析其背后折射出的读者需求，重申图书馆的价值与使命，强调在业务落实、活动开展、空间打造等方面要始终坚持均等化服务，展现了公共图书馆的责任、使命与担当，彰显了图书馆的社会价值，进一步提升图书馆行业服务形象。2022 年 9 月，"任梦浪漫告别深圳'图书馆之城'——一个人、一座城，最美好的双向奔赴"的故事刷屏全网，引起社会广泛关注。这位因母亲生病需返乡照顾，离开陪伴她走过十余年深圳图书馆的忠实读者，在临别之际，她还回 56 本所借图书，并将自己的 3 本译作赠予深圳图书馆，以反哺和回馈这座"自由、包容、开放"的城市。这个故事，体现了读者与图书馆、奋斗者与城市的双向奔赴，近百家各级各类新闻媒体集中报道，为深圳这座"全球全民阅读典范城市"增添了生动注脚，成为深圳图书馆故事走出深圳、走向全国的鲜活写照。

此外，珠三角各地公共图书馆以人文关怀温暖特殊群体的脚步从未停止，这些图书馆还会根据少年儿童、老年人不同群体特点开展差异化、针对性的服务。同时，也不断创新残疾读者服务的形式和内容，致力于为包括残疾人群在内的所有读者提供更加优质的公共文化服务。广东省立中山图书馆于 2019 年 5 月荣获"全国助残先进集体"荣誉称号；"融·爱文化助残服务团队"被共青团广东省委员会、广东省青年联合会授予第二十四届"广东青年五四奖章"提名奖。

参考文献

［1］珠江三角洲城市群年鉴编纂委员会.珠江三角洲城市群年鉴·2016［M］.北京：方志出版社，2016.

［2］广东省人民政府.省委省政府印发意见　构建"一核一带一区"区域发展新格局　促进全省区域协调发展［EB/OL］.（2019－07－19）［2023－06－25］.http：//www.gd.gov.cn/gdywdt/gdyw/content/post_2540205.html.

［3］广东省统计局，广东省第七次全国人口普查领导小组办公室.广东省第七次全国人口普查公报（第二号）——地区人口情况［EB/OL］.［2023－05－12］.http：//stats.gd.gov.cn/tjgb/index_2.html.

B.4

沿海经济带东西两翼地区
公共图书馆事业发展（2018—2022）

Five-Year Report on the Development of Public Libraries
in the East & West Wings of Guangdong Coastal
Economic Belt（2018—2022）

陈 杰 陈润好*

［摘 要］本报告从设施建设、经费保障、馆藏建设、服务开展、人才队伍等方面描画当前沿海经济带公共图书馆事业现状，并在政策文件和业务数据的基础上，从服务效能、业务能力、保障条件等方面对2018—2022年沿海经济带公共图书馆事业发展数据进行整理，客观呈现沿海经济带公共图书馆事业发展面貌。近五年来，沿海经济带东西两翼地区公共图书馆发展劲头强劲，典型案例多样，创新服务亮眼，全民阅读工作走深走实，智慧图书馆建设探索不断，各馆形成合力助推区域图书馆事业向高质量发展逐步迈进，形成独具一格的区域发展特色：基础设施建设热火朝天，服务保障能力不断升级；服务体系建设成效显著，"小而美"新型空间层出不穷；社会力量参与方式多元，服务方式实现开拓创新。

［关键词］沿海经济带东西两翼地区；公共图书馆；服务效能；业务能力；保障条件

［**Abstract**］The report sorts out the development of public libraries in the east and west wings of Guangdong Coastal Economic Belt such as facility construction, funding guarantee, library collection construction, library service, system construction, and librarian team. It also sorts out the data on the development and construction of public libraries in the east and west wings of Guangdong coastal economic belt from 2018 to 2022 from three aspects: service efficiency, professional ability, and guarantee conditions, presenting the development and summarizing innovative experience of public libraries in this belt. In

* 陈杰，广东省立中山图书馆辅导部副主任，副研究馆员，硕士；陈润好，广东省立中山图书馆学术研究部（《图书馆论坛》编辑部）馆员，博士，chenrunhao@ zslib. com. cn。

the past five years, public libraries in the east and west wings of Guangdong coastal economic belt have focused on reading promotion and smart libraries, promoting the high-quality development of public libraries: the construction of infrastructure is booming, and the service guarantee capacity is constantly upgrading; the construction of the service system has achieved significant results, and new types of "small and beautiful" spaces are emerging endlessly; the participation of social forces is diverse, and the service methods are innovative and innovative.

[**Keywords**] The East and West Wings of Guangdong Coastal Economic Belt; Public Libraries; Service Efficiency; Professional Ability; Guarantee Conditions

沿海经济带东西两翼地区包括汕头、汕尾、揭阳、潮州、湛江、茂名、阳江 7 市[1]。2017 年，广东省人民政府发布《广东省沿海经济带综合发展规划（2017—2030）》，提出要"建设高端公共服务体系""统筹布局各项公共服务设施""进一步推动城镇公共服务向农村延伸，优化农村建设布局，实现城乡一体化发展"[2]，进一步统筹规划沿海经济带发展。2019 年，广东省委和省政府印发《关于构建"一核一带一区"区域发展新格局　促进全省区域协调发展的意见》，要求"全面推进区域基本公共服务均等化""完善基本公共服务均等化推进机制"[3]，强调从均等化角度扎实推进区域公共文化服务协调发展。2021 年，广东省人民政府印发的《广东省国民经济和社会发展第十四个五年规划和 2035 年远景目标纲要》，明确要落实"沿海经济带……基础设施通达程度和基本公共服务均等化水平进一步提升""着力推动……沿海经济带加快发展……着力提升基础设施均衡通达和基本公共服务均等化水平"[4]等要求，描画沿海经济带东西两翼地区公共文化服务发展蓝图。

本报告聚焦沿海经济带东西两翼地区公共图书馆事业发展，以广东省图书馆业务平台数据以及区域各公共图书馆年度总结等资料为基础，描画当前该区域公共图书馆发展概貌，并以 2018—2022 年为基点，系统回顾这一时期沿海经济带东西两翼地区公共图书馆的服务效能、业务能力和保障条件情况，挖掘和呈现区域公共图书馆事业发展的精彩故事和创意亮点。

一、发展现状

沿海经济带东西两翼地区共有 45 个公共图书馆，其中包括 7 个地市级公共图书馆、1 个地市级少年儿童图书馆和 37 个县级公共图书馆。

从第七次全国县级以上公共图书馆评估评定等级情况来看（见表4-1），沿海经济带东西两翼地区共有14个图书馆获评一级馆。

表4-1　沿海经济带东西两翼地区第七次全国县级以上公共图书馆评估定级情况

（单位：个）

区域	一级	二级	三级	未入级
汕头	3	4	1	0
揭阳	1	4	1	0
潮州	2	1	1	0
汕尾	0	2	1	2
湛江	2	3	3	3
茂名	5	1	0	0
阳江	1	3	0	1
合计	14	18	7	6

（一）设施建设情况

截至2022年底，沿海经济带东西两翼地区公共图书馆（只计总馆）总面积为30.93万平方米，具体情况如表4-2所示。

表4-2　沿海经济带东西两翼地区公共图书馆设施建设——馆藏面积（2022年）

区域	地市级馆		县级馆		总计	
	数量（个）	面积（万平方米）	数量（个）	面积（万平方米）	数量（个）	面积（万平方米）
汕头	1	2.87	7	2.28	8	5.15
揭阳	1	1.16	5	2.03	6	3.19
潮州	1	2.88	3	1.94	4	4.82
汕尾	1	0.40	4	1.80	5	2.20
湛江	2	2.97	9	3.94	11	6.91
茂名	1	2.22	5	2.85	6	5.07
阳江	1	1.63	4	1.96	5	3.59
合计	8	14.13	37	16.80	45	30.93

注：表格数字保留小数点后两位。

在经济欠发达的沿海经济带东西两翼地区，增强公共文化基础设施建设仍是事业发展的关键之一。近年来，沿海经济带东西两翼地区十分重视公共图书馆基础设施建设，积极开展公共图书馆新馆建设或改建扩建工程，提升整体服务品质。湛江市政府积极启动10个新"三馆"建设和升级改造项目，努力补齐湛江市公共文化基础设施建设的短板。[5]与此同时，县级公共图书馆也呈现"遍地开花"的公共文化基础设施建设热潮，信宜市图书馆新馆建设如火如荼，馆舍空间布局和功能设计经专家多次论证，建设进度喜人；陆丰市图书馆获社会力量投资1个多亿建设独立馆舍，馆舍由原200平方米提升至1.2万平方米，藏书从3万册件升至45万册件，馆舍面貌和服务水平实现质的飞跃。[6]

（二）经费保障情况

2022年，沿海经济带东西两翼地区公共图书馆财政拨款总额为19,413.20万元（见表4-3），其中文献购置费为2,151.80万元，占财政拨款总额的11.08%。汕头、湛江、茂名、揭阳等地市的公共图书馆财政拨款总额占沿海经济带东西两翼地区公共图书馆财政拨款总额的75.17%。汕尾地区财政拨款总额相较其他地市而言明显较少，但其文献购置费占财政拨款总额比例最大，为20.51%。

表4-3　沿海经济带东西两翼地区公共图书馆经费保障（2022年）

区域	财政拨款总额(万元)	文献购置费（万元）
汕头	3,881.70	714.90
揭阳	3,494.18	345.10
潮州	1,909.86	252.00
汕尾	797.98	163.70
湛江	3,665.96	181.28
茂名	3,552.58	324.74
阳江	2,110.94	170.08
合计	19,413.20	2,151.80

（三）馆藏建设情况

在文献馆藏量方面，截至2022年底，沿海经济带东西两翼地区公共图书馆普通文献馆藏量为1,593.71万册/件，电子文献总藏量为1,478.33万册。其中，以湛江和汕头地区公共图书馆普通文献馆藏量最多，占区域总量的44.82%。

在新增普通文献藏量方面，2022年汕头地区公共图书馆新增普通文献馆藏量最高，为27.77万册，发展势头强劲。而汕尾、潮州和阳江等地区无论是在普通文献馆藏量、电子文献总藏量还是新增普通文献藏量等指标上都显得较为滞后，与其他地市存在一定差距。

表4-4　沿海经济带东西两翼地区公共图书馆馆藏建设（2022年）

区域	普通文献馆藏量（万册/件）	电子文献总藏量（万册）	2022年新增普通文献藏量（万册）
汕头	235.34	148.60	27.77
揭阳	172.42	258.20	21.10
潮州	142.36	89.33	13.12
汕尾	137.16	15.64	9.31
湛江	417.28	461.57	16.67
茂名	311.88	228.48	16.32
阳江	177.27	276.51	14.55
合计	1,593.71	1,478.33	118.84

（四）服务开展情况

2022年，沿海经济带东西两翼地区公共图书馆文献外借册次达741.26万册次，其中阳江地区公共图书馆年文献外借册次占总量近1/3，为沿海经济带东西两翼地区之首。汕头地区年总流通人次为216.38万人次，位居区域第一，侧面呈现出该地区公共图书馆对读者的吸引力和影响力较大，茂名、揭阳地区公共图书馆年总流通人次紧随其后。汕尾地区无论是在年文献外借册次还是年总流通人次指标上都与其他地市有较大差距，仍需进一步推进基本服务提质增效。除此之外，沿海经济带东西两翼地区公共图书馆2022年馆际互借量和文献传递量分别为16.87万次和9.45万次。

表4-5　沿海经济带东西两翼地区公共图书馆基本服务（2022年）

区域	年文献外借册次（万册次）	年总流通人次（万人次）
汕头	134.78	216.38
揭阳	70.75	165.57
潮州	68.18	72.07
汕尾	19.44	75.61
湛江	91.11	163.77
茂名	113.70	198.48
阳江	243.31	134.27
合计	741.27	1,026.15

除基本服务之外，不少图书馆另辟蹊径，从古籍保护、特殊群体等方面入手，不断打造图书馆服务创新项目，增强图书馆与读者之间的黏性。与此同时，各类型读者活动精彩纷呈，图书馆宣传推广向纵深拓展。2022年沿海经济带东西两翼地区公共图书馆共举办4,672场读者活动，吸引1,401.23万人次参与。此外，在疫情防控期间，图书馆的服务由线下拓展到线上，打破了常规读者活动的物理界限，为读者提供了多样的活动体验方式，仅线上活动点击量就达到1,165.99万次。

（六）人才队伍情况

截至2022年底，沿海经济带东西两翼地区公共图书馆员工数量为843人（见表4–6），其中茂名、湛江、揭阳等地市的图书馆员数量较多。从馆员职称来看，区域高级职称员工占比为2.37%，中级职称员工占比为31.44%，以汕头地区中级职称员工占比最高，汕尾和阳江两地公共图书馆亟需加强高级职称专业技术人员的建设。从馆员学历来看，整个区域馆员大学专科及以上学历占比为77.22%，其中汕头地区公共图书馆无论是本科及以上还是大专及以上学历馆员占比均最高。

表4–6　沿海经济带东西两翼地区公共图书馆人才队伍（2022年）

区域	员工数量	高级职称员工占比（%）	中级职称员工占比（%）	大学本科及以上学历占比（%）	大学专科及以上学历占比（%）
汕头	121	3.3	42.15	52.07	89.26
揭阳	148	1.3	30.41	35.81	78.38
潮州	88	2.2	26.14	40.91	63.64
汕尾	67	0	17.91	17.91	49.25
湛江	165	1.2	26.67	44.85	86.06
茂名	172	5.2	39.53	39.53	76.16
阳江	82	0	26.83	41.46	79.27
合计	843	2.37	31.44	40.33	77.22

二、发展态势（2018—2022年）

本部分内容参考第七次全国县级以上公共图书馆评估定级三大指标——保障条件、业务能力、服务效能，系统全面呈现2018—2022年间沿海经济带东西两翼地区公共图书馆事业发展态势。

(一) 保障条件

1. 政策保障

近年来,沿海经济带东西两翼地区围绕公共文化事业发展出台了相关政策性文件和行动指南,以制度形式进一步规范事业发展,为区域公共图书馆事业发展保驾护航。

在区域宏观层面,广东省人民政府于2017年底发布的《广东省沿海经济带综合发展规划(2017—2030)》为区域整体发展描画了宏伟蓝图。紧随其后,广东省委和省政府于2019年印发《关于构建"一核一带一区"区域发展新格局 促进全省区域协调发展的意见》,进一步强调区域公共文化服务均等化发展理念。2021年,广东省人民政府印发《广东省国民经济和社会发展第十四个五年规划和2035年远景目标纲要》再次对沿海经济带基本公共文化服务基础设施建设和均等化发展提出展望。

为响应省级相关政策文件要求,各地市纷纷制定地区文化和旅游发展"十四五"规划,如《揭阳市文化旅游体育发展改革"十四五"规划》《汕尾市文化和旅游发展"十四五"规划》《湛江市文化旅游体育"十四五"发展规划》等政策文本,为包括图书馆事业在内的公共文化事业未来一个时期的发展提供方向指引。与此同时,公共文化服务实施标准也是政策保障关注的重点之一,汕头、揭阳、潮州、汕尾、茂名等地均制定了2021—2025年间公共文化服务实施标准,保障服务提供有据可依。围绕新时代公共文化服务事业的高质量发展议题,潮州和茂名分别出台了《潮州市关于推动公共文化服务高质量发展的实施方案》《关于推动公共文化服务高质量发展的实施意见(征求意见稿)》,锚定"高质量发展"这一关键词,探索和描画未来发展路径。

具体到图书馆层面,可以看到各馆极其重视"十四五"规划制定,通过发展规划的制定为图书馆事业发展提供行动纲领,规划编制体现出编制更加及时、体例更加规范、目标更加明确、内容更加具体等多元特征。

2. 经费保障

在财政拨款方面,沿海经济带东西两翼地区的公共图书馆事业经费保障呈整体上升态势(见表4-7)。2018—2022年间,沿海经济带东西两翼地区公共图书馆财政拨款总额为8.06亿元,2022年较2018年同比增幅为27.02%,其中以揭阳地区同比增幅最高,达到60.17%,汕头地区以46.05%的增幅紧随其后。从图4-1也可以直观看到,尽管受疫情影响,2020年、2021年部分地区公共图书馆财政拨款有所减少,但2022年财政拨款力度逐渐恢复。

表4-7　沿海经济带东西两翼地区公共图书馆经费保障情况——财政拨款（2018—2022年）

单位：万元

区域 年份	汕头	揭阳	潮州	汕尾	湛江	茂名	阳江	合计
2018	2,657.70	2,181.50	2,631.42	992.49	2,606.25	2,628.54	1,585.72	15,283.62
2019	2,545.30	2,052.51	1,525.66	1,059.35	2,163.11	2,684.16	1,312.16	13,342.25
2020	3,187.21	2,240.69	2,149.39	934.50	2,881.37	3,126.84	1,616.80	16,136.80
2021	3,672.78	2,271.80	1,719.57	901.51	2,940.04	3,478.06	1,433.50	16,417.26
2022	3,881.70	3,494.18	1,909.86	797.98	3,665.96	3,552.58	2,110.94	19,413.20

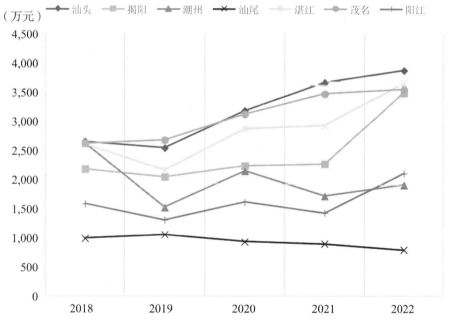

图4-1　沿海经济带东西两翼地区公共图书馆经费保障
情况——财政拨款（2018—2022年）

在文献购置费方面，2018—2022年间，沿海经济带东西两翼地区公共图书馆文献购置费共计9,112.18万元（见表4-8），2022年较2018年同比增幅为8.08%。揭阳近五年内文献购置费增长238%，潮州文献购置费增长234%。与此同时，汕尾、阳江等地2022年文献购置费较2018年为负增长，从图4-2可以看到，汕尾、阳江文献购置费较2018年下降6—7成左右。

表4－8 沿海经济带东西两翼地区公共图书馆经费保障情况——文献购置费（2018—2022年）

单位：万元

区域 年份	汕头	揭阳	潮州	汕尾	湛江	茂名	阳江	合计
2018	278.74	102.00	75.50	530.00	253.40	353.73	397.56	1,990.93
2019	261.41	259.00	123.00	100.00	214.10	271.23	164.90	1,393.64
2020	172.78	160.00	163.00	105.00	266.90	178.00	322.40	1,368.08
2021	554.53	294.10	163.00	126.00	578.54	348.40	143.18	2,207.75
2022	714.90	345.10	252.00	163.70	181.28	324.74	170.08	2,151.80

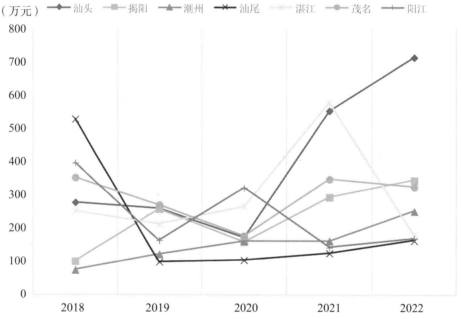

图4－2 沿海经济带东西两翼地区公共图书馆经费保障情况
——文献购置费（2018—2022年）

3. 设施建设保障

截至2022年底，沿海经济带东西两翼地区公共图书馆建筑面积总计30.93万平方米，较2018年同比增长22.79%，其中新增馆藏面积均集中在县级馆，同比增幅为51.90%，可见县级馆近年来在基础设施建设、保障功能完善等方面发展迅猛。在这之中，以湛江地区新馆建设工作最为亮眼，各级地方政府知不足而奋进，重视公共文化基础设施的达标升级，加大投入力度，大力推进公共文化基础设施攻坚做强，积极保障公共文化服务事业健康良性发展。近年来，湛江地区几乎所有县区都有建成或在建全新馆舍，县级馆建筑面积较2018年同比增长近240%，可见政府关注力度之强、投入力度之大。

表4-9　沿海经济带东西两翼地区公共图书馆建筑面积（2018—2022年）

单位：万平方米

区域	级别	2018	2019	2020	2021	2022
汕头	地市级馆	2.87	2.87	2.87	2.87	2.87
	县级馆	1.98	2.08	2.08	2.08	2.28
揭阳	地市级馆	1.16	1.16	1.16	1.16	1.16
	县级馆	2.03	2.03	2.03	2.03	2.03
潮州	地市级馆	2.88	2.88	2.88	2.88	2.88
	县级馆	0.65	0.65	0.94	0.94	1.94
汕尾	地市级馆	0.40	0.40	0.40	0.40	0.40
	县级馆	1.67	1.80	1.80	1.80	1.80
湛江	地市级馆	2.97	2.97	2.97	2.97	2.97
	县级馆	1.16	1.17	1.77	3.10	3.94
茂名	地市级馆	2.22	2.22	2.22	2.22	2.22
	县级馆	2.38	2.51	2.51	2.51	2.85
阳江	地市级馆	1.63	1.63	1.63	1.63	1.63
	县级馆	1.19	1.46	1.46	1.46	1.96
沿海经济带东西两翼	地市级馆	14.13	14.13	14.13	14.13	14.13
	县级馆	11.06	11.70	12.59	13.92	16.80
合计		25.19	25.83	26.72	28.05	30.93

4. 文献资源保障

在普通文献馆藏量方面，截至2022年底，沿海经济带东西两翼地区公共图书馆普通文献馆藏量达1,593.71万册/件，较2018年同比增长68.58%。横向比较各地市普通文献馆藏量增长情况，以湛江地区增长量最大，5年内新增普通文献馆藏量250.24万册/件，较2018年同比增长148.81%，可见湛江地区各图书馆在文献馆藏发展上铆足了力气。其余6个地市同比增幅都低于区域整体平均水平，普通文献馆藏量发展稳定。

表 4-10　沿海经济带东西两翼地区公共图书馆普通文献馆藏量（2018—2022 年）

单位：万册/件

区域 年份	汕头	揭阳	潮州	汕尾	湛江	茂名	阳江	合计
2018	191.5	123.18	89.50	88.46	167.04	173.70	112.01	945.38
2019	165.45	139.94	120.72	121.93	173.79	187.05	131.17	1,040.05
2020	190.92	146.75	131.00	131.01	191.91	202.89	138.83	1,133.32
2021	181.59	162.87	132.03	133.30	268.12	235.71	174.16	1,287.77
2022	235.34	172.42	142.36	137.16	417.28	311.88	177.27	1,593.71

从年新增普通文献藏量指标来看，2022 年沿海经济带东西两翼地区公共图书馆新增普通文献藏量 118.84 万册/件，较 2018 年同比增长 61.10%。以 2021 年新增普通文献馆藏量最大，达 188.36 万册/件。而受疫情影响，2022 年各地新增普通文献藏量有不同程度的回落。

在地市级馆层面，2022 年新增普通文献馆藏量超 10 万册/件的两个图书馆分别为揭阳市图书馆和汕头市图书馆，以揭阳市图书馆 2022 年新增普通文献藏量最大，为 14.61 万册/件，较 2018 年同比增长 5 倍。与此同时，县级馆也有不少后起之秀，汕头市澄海区图书馆 2022 年新增普通文献馆藏量为 6.90 万册/件，领跑沿海经济带东西两翼地区县级图书馆，新增普通文献馆藏量超过部分地市级图书馆，可见县级馆迅猛的发展势头。

表 4-11　沿海经济带东西两翼地区公共图书馆新增普通文献藏量（2018—2022 年）

单位：万册/件

年份	汕头	揭阳	潮州	汕尾	湛江	茂名	阳江	合计
2018	6.60	6.02	1.49	26.75	12.03	11.96	8.92	73.77
2019	10.36	14.56	9.66	3.06	8.54	16.04	13.13	75.36
2020	15.27	6.81	10.28	9.08	18.99	15.84	7.66	83.93
2021	33.51	26.47	13.98	14.00	54.69	28.02	17.69	188.36
2022	27.77	21.10	13.12	9.31	16.67	16.32	14.55	118.84
合计	93.51	74.96	48.53	62.20	110.92	88.18	61.95	540.25

（万册/件）

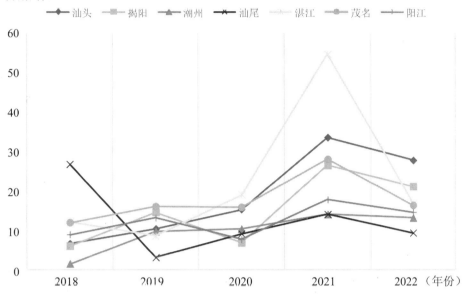

图4-3　沿海经济带东西两翼地区公共图书馆新增普通文献藏量（2018—2022年）

5. 人才队伍建设保障

沿海经济带东西两翼地区公共图书馆馆员职称和学历水平与珠三角地区相比有一定差距，普遍存在人员紧缺、编制不足、职称比重偏低等问题，区域各图书馆也积极探索人才队伍建设方案和馆员能力提升办法。如茂名市图书馆实行图书馆人才队伍优化和图书馆员职业素养培养优化机制，为馆员开展"领航"指导，兼顾馆员业务能力和学术水平两方面提升;[7]潮州市图书馆从制定专业队伍建设的规划和聘用实施意见、开展经常性的思想政治教育和业务培训、加强馆员学术研究工作三个方面入手,[8]实现人才引进、能力培养、学术提升的全过程发展;汕尾市拟依托《汕尾市红海扬帆人才计划》引进一批文旅高端人才，同时通过加大培训力度，提升本土人才培养出成效,[9]实现"引进来"和"本土出"两手抓。

（二）业务能力

1. 加强基础业务规范化建设

在馆藏发展方面，沿海经济带东西两翼地区公共图书馆存在一定的弱项，但近年来，不少图书馆通过统一规范、统一管理、编制制度等方式进一步完善基础业务工作，加强基础业务规范化建设。在馆藏发展方面，如出台了《江城区图书馆馆藏发展政策》《南澳县图书馆馆藏发展政策》《金平区图书馆文献分类细则》等政策制度，细致谋划图书馆馆藏发展方向和关注重点，进一步严格控制馆藏质量，确保本馆馆藏良性发展。

在文献编目方面，不少图书馆制定了编目细则和采编工作规范，实现对图书馆采编业务的规范化管理，保证图书编目加工的统一和标准。此外，不少县级图书馆大力依托总分馆体系建设，逐步提高馆藏采集和编目能力，实现总分馆网络下的统一采购、编目和配送。

在地方文献和文献保护方面，以完善地方文献收集和保护制度建设、配置文献保护设备装置、加大古籍保护宣传力度等为抓手，积极推动地方文献收集以及现有古籍保护。如澄海区图书馆大力开展地方文献建设，目前已入藏地方文献10,990册，内容包括康熙版、雍正版、嘉庆版《澄海县志》，本地大部分姓氏族谱，《澄海报》创刊至停刊全文，澄海籍海外作者华文作品等珍贵地方资料。

2. 积极探索服务项目创新

精心策划图书馆创新服务项目，进一步发挥全民阅读阵地效应。沿海经济带东西两翼地区公共图书馆积极聚焦全民阅读这一时代主题，创新图书馆活动内容、拓展图书馆服务方式、打造图书馆阅读品牌，营造浓厚社会阅读氛围。如金平区图书馆策划"金苹果读书会"系列活动，设立"金苹果"图书馆漂流中转站，打造金平特色品牌读书活动，深受读者欢迎和喜爱。

打造多元新型阅读空间，形成"小而美"、文旅融合的阅读新场景。为进一步扩大图书馆服务范围、提升活动品质，沿海经济带东西两翼地区公共图书馆将文化赋能城市空间打造，将图书馆空间建设的抓手进一步延伸和下沉。金平区图书馆在"网红咖啡店"——小公园丹尼丹纳咖啡烘焙店和24H color 咖啡民宿设立"粤读吧"并将其纳入图书馆总分馆体系，围绕打造"一吧一特色"、培育"悦读书、粤旅游"的工作目标，在全市率先探索建立文旅融合创新示范点，以文塑旅、以旅彰文，引领带动小公园开埠区的文旅消费新潮流。

积极开发智慧应用场景，积极探索创新智慧图书馆管理与服务模式。面向智慧图书馆建设的总体规划蓝图，沿海经济带东西两翼地区公共图书馆纷纷尝试推动图书馆服务的智慧转型。如汕头市图书馆引入了包括 AGV 图书自动分拣及搬运系统项目、大数据服务平台、积分管理系统、"八个一批"工程等智慧应用场景，大大地提高图书馆业务效率和显示度，以智慧服务提升读者阅读体验。

3. 提高业务辅导与专业研究能力

提升基层馆员专业能力是促进基层公共图书馆服务效能、提升服务专业性的重要手段。当前沿海经济带东西两翼地区公共图书馆极为重视馆员人才队伍培养，一方面以学会为引领，积极开展培训与业务交流，一方面从继续教育和专业能力提升"两手抓"来促进馆员职业素养的持续增长。

在业务辅导层面，市级总馆积极发挥地区中心图书馆的作用，依据基层工作现状和地区整体发展趋势、特点确定辅导和培训的主题，如茂名市图书馆2018—2021年先后举办图书馆管理系统使用、业务统计及后勤保障、公共数字文化知识、地方文献和文化工作、参考咨询服务技能等培训班，年均对茂名地区图书馆业务辅导培训达10次。在继续教育和专业能力提升层面，积极依托省内图书馆员继续教育学习平台，同时充分把握外出培训、业务交流等方式方法，线上线下联动，激发员工学习热情。区域各图书馆十分重视全体干部职工进行各方面的培训学习，充分利用培训机会，选派馆员、业务骨干外出学习交流。

4.吸纳多元社会力量参与

社会力量参与公共图书馆建设在沿海经济带东西两翼地区已十分常见，其主要形式包括建设理事会、开展社会合作项目以及志愿者服务等。

（1）建设图书馆理事会，吸纳社会力量参与图书馆管理。目前，沿海经济带东西两翼地区所有地市级公共图书馆均建立了理事会，不少县级公共图书馆也在摸索和尝试成立本馆法人治理理事会。如茂名市图书馆2019年成功换届产生第二届理事会，标志着茂名市图书馆推进法人治理结构工作取得了阶段性的进展。揭东区图书馆则正式实行法人治理结构试点工作，成立第一届理事会，制定《揭阳市揭东区图书馆章程（草案）》，定期召开理事会会议，聘任社会各界人士担任理事，参与图书馆管理。

（2）探寻社会合作项目，推动阅读推广活动走深走实。为积极扩大图书馆的"朋友圈"，沿海经济带东西两翼地区不少公共图书馆努力促成与多方社会力量的合作，为图书馆的品牌建设和宣传推广注入新活力、新血液、新希望。如龙湖区图书馆吸纳超30家社会机构会员，组建龙湖阅读联盟，先后发起各种交流会和活动商讨会，合办了"悦读之家"阅读印记活动、龙湖书香节活动、"阅百年历程　传精神力量"活动等。

（3）打造专业志愿者团队，规范志愿者管理。截至2021年底，惠州市图书馆拥有注册志愿者486名，志愿服务达4,082人次，志愿服务时长达2.8万小时，服务对象达236,723人次。阳春市图书馆2018年到2021年期间，已完成志愿服务172场次，参与志愿服务者2,000余人次，累计服务时长4.6万小时。江城区图书馆4年来开展志愿服务活动231场次，每年会在馆召开志愿者年度总结会议，播放本年度志愿活动记录，总结志愿者活动付出的辛劳，展望新目标，并对志愿服务活动表现优秀的志愿者进行表彰。

（三）服务效能

1. 提升基本服务能力，关注特殊群体服务

从表 4-12 可以看到，沿海经济带东西两翼地区公共图书馆基本服务效能逐渐提升。年文献外借量整体呈现增长态势，2022 年的年文献外借量是 2018 年的近 1.5 倍。与此同时，尽管年流通人次受疫情影响，在 2020—2021 年间出现较大幅度回落，但随着疫情防控常态化，2022 年沿海经济带东西两翼地区公共图书馆年流通人次已基本回到 2018 年水平。2022 年读者活动参与总人次近乎是 2018 年同指标的 6 倍，图书馆服务宣传效益显著，成果颇佳。

表 4-12　沿海经济带东西两翼地区公共图书馆基本服务情况（2018—2022 年）

数量＼年份	年文献外借量（万册次）	年流通人次（万人次）	读者活动参与总人次（万人次）	读者活动举办总场次（次）
2018	509.74	1,073.5713	238.9788	2,916
2019	539.43	1,164.3695	833.2883	3,330
2020	436.04	618.987	361.183	2,632
2021	513.07	694.1586	297.4315	4,568
2022	741.26	1,026.1455	1,401.2276	4,672

除基本服务之外，不少图书馆还积极为老年人、留守儿童、残疾人等特殊群体打造专属阅读品牌。如阳春市图书馆以"流动书香车五进活动——进农村、学校、社区、部队、企业""阅读·放飞梦想"为主题的少儿阅读推广活动，通过流动书香车，将阅读服务延伸到边远山区；江城区图书馆网站提供老年人上网导航，在官网、微信公众号开辟读者服务，运用电子资源板块助力弱势群体无障碍阅读。

2. 打造媒体宣传矩阵，建设智慧型图书馆

沿海经济带东西两翼地区公共图书馆借助微博、微信、抖音、小红书等社交媒体，打造全媒体宣传矩阵，形成图书馆服务新业态。如汕头市图书馆在微博、微信、"南方＋"等新媒体平台上有官方账号，定期为用户提供信息推送服务，年均信息推送 1,158 条，年均浏览量为 199.26 万次，网站年均访问量 148.94 万页次，馆内布设数字媒体设施设备 19 台，馆藏数字资源年均浏览量 530.30 万次、年均下载量 50.7097 万篇次。

同时，各图书馆以新媒体软件作为服务开展平台，提供数字资源的浏览、检索、下载和图书检索、阅读，其借阅记录查询、续借等实用功能，让读者得以深度感受"掌上阅读"的便利。与此同时，通过配置各类数字化智能设备，

大力发展图书馆智慧化、数字化功能。如龙湖区图书馆设置了自动借阅系统、自动门禁系统、24小时智慧图书馆、AI虚拟数字人屏、图书自动盘点系统、数据墙展示、图书馆VR导航、图书自动消杀机、数字阅读投影仪、歌德电子书借阅机、少儿多媒体机等现代化图书设备，积极提升文化服务效能。

3.深耕全民阅读推广，创新服务方式

推动全民阅读作为公共图书馆的重要责任之一，既是图书馆服务效能提升的正面呈现，也是发挥图书馆阵地宣传作用的核心手段。当前区域各图书馆纷纷将阅读推广作为核心工作，以"4·23世界阅读日"、图书馆服务宣传周、"南国书香节"等为契机，积极营造全民阅读氛围，推动当地阅读服务品牌化，扩大阅读服务影响力。

茂名市图书馆每年根据全民读书主题，深入开展诸如茂图益读、茂图听书、亲子读书会、小小读书郎、经典诵读、诗歌朗诵、图书漂流、好书推荐、送书下乡等一系列阅读推广活动。在做好活动的同时，该馆深谙"酒香也怕巷子深"之道，积极利用相关媒体，如《茂名日报》《茂名晚报》、茂名电视申台等传媒途径进行广泛的宣传，既埋头实干，也注重营销。得益于突出的全民阅读工作成效，茂名市图书馆先后被广东省委宣传部、广东省文化和旅游厅授予"书香岭南"全民阅读活动示范单位；被"南国书香节"组委会评为"南国书香节"特色分会场；被茂名市委宣传部、茂名市文化广播新闻局授予"南国书香节暨茂名书展"最佳组织奖。

湛江市图书馆每年开展"悦读湛美"全民阅读系列活动和围绕元旦春节、世界读书日、宣传服务周、"我们的节日"等主题，以微信公众号为平台，以图书馆为阵地，以共建图书服务点为依托，将数字阅读和传统阅读相结合，线上活动与线下推广相结合，开展形式多样、内容丰富的阅读推广活动，为促进湛江市全民阅读活动深入开展和构建现代公共文化服务体系打下良好的基础。

三、区域特色与创新亮点

近5年来，沿海经济带东西两翼地区公共图书馆发展劲头强劲，典型案例多样，创新服务亮眼，各馆合力助推区域图书馆事业迈向高质量发展，形成了独具一格的区域发展特色。

（一）基础设施建设热火朝天，服务保障能力不断升级

尽管沿海经济带东西两翼地区公共图书馆长期存在发展不平衡的内在问题，但得益于近年来地方政府的高度重视，公共图书馆事业在资金、政策、人

员等多方面得到强有力支持，沿海经济带东西两翼地区公共图书馆奋起直追，不断提升硬件设施保障，转型升级服务内容。一是新馆建设。如于2018年建成开馆的潮州市图书馆新馆，为进一步提升潮州地区公共服务设备、推动资源开放共享发挥作用。[10] 尤为亮眼的还有湛江地区，地方各级政府下大力气推动公共文化基础设施建设的"补短板"工作，以现代公共图书馆标准重新规划、设计和建设全新馆舍，尤其是着力实现县级图书馆服务转型升级，一改县级图书馆"老破小"的刻板印象，为县级图书馆提供图书馆服务打造了全新的施展舞台。二是旧馆改造。不少图书馆在原有馆舍改造上下功夫，以焕然一新的面貌为读者带来全新阅读体验，如湛江市少年儿童图书馆聚焦"智慧化"升级改造，新增阅读太空舱、自助借还书机、电子图书瀑布流等阅读空间和设备，以"老馆"焕"新颜"。[11] 三是空间拓展。如揭阳市图书馆面对馆舍的面积小、设备较为落后、资源不足等问题，积极寻求解决方式，与揭阳军分区联合，建成市图书馆分馆，打造全省首个国防教育主题图书馆。[12]

（二）服务体系建设成效显著，"小而美"新型空间层出不穷

2018年，广东省文化和旅游厅印发《广东省县级文化馆图书馆总分馆制建设验收指导标准》，总结推广总分馆制试点建设经验，全面推进县级图书馆总分馆制建设，并于2019年以来安排中央、省级资金6,230万元，对粤东西北地区县级文化馆图书馆总分馆制建设进行补助，有效促进了县域公共文化资源向镇村两级延伸。[13] 得益于省里及地市的政策支撑和财政支持，沿海经济带东西两翼地区图书馆体系化建设得到长足进展。

第一，总分馆建设成效明显，服务网络织牢织密。县域总分馆体系推进明显，不少县级公共图书馆已实现分馆和服务点全覆盖，体系化建设逐渐形成密集网络。揭阳市榕城区图书馆在2020年度完成首批总分馆制建设计划，打造6个街道分馆及18个社区服务点，实现了图书统一采编、资源统一调配、人员统一培训、服务统一规范、绩效统一考评的目标。2022年继续建设第二批4个分馆和12个服务点，实现原榕城区行政区域全覆盖。[14]

第二，事业发展以政策文件领跑，体系化建设有据可依。如麻章区人民政府发布的《麻章区图书馆总分馆制建设工作方案》，通过拟定工作方案，调研确定各分馆及服务点，制定和组织实施总分馆发展规划、工作计划、业务标准和服务规范，[15] 将总分馆制建设以方案形式标准化，做到有据可依，落到实处，助推地区体制建设良性发展。2018年以来，普宁市政府、市文化广播电视旅游体育局先后制定颁布了《普宁市图书馆总分馆制建设实施方案》《验收指导标准》《绩效评价办法》等行政规章，为普宁市公共图书馆事业发展提供

有力的政策保障。[16]

第三，布局拓展图书馆服务触手，助推新型空间建设。各地方图书馆积极探索结合本地特色，建设独有新型阅读空间，打造文旅融合特色"粤书吧"。如阳春市图书馆以创建广东省全域旅游示范区为契机，先后在4A春湾风景区和金鹏大酒店打造两家"粤书吧"以及崆峒岩、凌霄岩风景区文旅融合点，以文化和旅游融合助力乡村振兴及公共服务高质量发展，实现"共建共享共赢"[17]。

（三）社会力量参与方式多元，服务方式实现开拓创新

当前，社会力量合作模式正书写着沿海经济带东西两翼地区公共图书馆高质量发展答卷，吸引社会力量组建法人治理结构、建设新馆、打造志愿者团队等经验逐渐形成可资借鉴的模式。揭阳市图书馆近年来社会合作项目的资金额度（含社会捐赠）达2,013万元，其中图书捐赠项目、与揭阳军分区合作共建的国防教育图书馆项目已形成典型经验，特别是国防教育图书馆项目，已向省政协提出建设省级国防图书馆和全省逐步推广建设的建议。[18]阳西县图书馆2022年内吸引社会力量合作资金超100万元，达成合作项目14个，典型项目包括"上洋镇双鱼城文化和旅游公共服务融合点""蒲公英亲子读书会走进图书馆"等。

总的来说，沿海经济带东西两翼地区公共图书馆近5年来取得了极为亮眼的建设成效，尤其是在聚焦基础建设补短板、基本服务保增长、创新服务促效能上，以政策文件的实施落地带动图书馆事业的可持续发展，以服务体系的织密织细盘活公共文化服务资源，以社会力量的多元参与助力服务方式的不断创新等，均在书写着沿海经济带东西两翼地区的公共图书馆事业发展前景，不断助推"一核一带一区"区域公共文化服务均等化发展。

参考文献

［1］广东省人民政府. 构建"一核一带一区"区域发展新格局　促进全省区域协调发展［EB/OL］.（2019－07－19）［2023－04－25］. http：//www. gd. gov. cn/gdywdt/gdyw/content/post_2540205. html.

［2］广东省人民政府办公厅. 关于印发广东省沿海经济带综合发展规划（2017－2030）的通知［EB/OL］.（2017－12－05）［2023－04－25］. http：//www. gd. gov. cn/gkmlpt/content/0/146/post_146463. html#7.

［3］广东省人民政府. 构建"一核一带一区"区域发展新格局　促进全省区域

协调发展［EB/OL］.（2019－07－19）［2023－04－25］. http：//www. gd. gov. cn/gdywdt/gdyw/content/post_2540205. html.

［4］广东省发展和改革委员会. 广东省人民政府关于印发《广东省国民经济和社会发展第十四个五年规划和2035年远景目标纲要》的通知［EB/OL］.（2021－04－26）［2023－04－26］. http：//drc. gd. gov. cn/fzgh5637/content/post_3269937. html.

［5］广东省第七次全国县级以上公共图书馆评估第十评估小组评估报告.

［6］广东省第七次全国县级以上公共图书馆评估第九评估小组评估报告.

［7］茂名市图书馆"十四五"发展规划（2021—2025）.

［8］潮州市图书馆第十四个五年建设规划.

［9］汕尾市人民政府. 汕尾市人民政府关于印发汕尾市文化和旅游发展"十四五"规划的通知［EB/OL］.（2023－01－03）［2023－05－05］. http：//www. shanwei. gov. cn/shanwei/rmzfgkml/zwgk/0200/0202/content/post_886228. html.

［10］记录小康工程·广东数据库. 潮州市图书馆新馆建成投入使用［EB/OL］.（2021－06－28）［2023－05－06］. https：//gdxk. southcn. com/cz/zsnj/content/post_741144. html.

［11］湛江市人民政府. 湛江少儿图书馆，这些变化让你"悦"读升级［EB/OL］.（2022－11－30）［2023－05－06］. https：//www. zhanjiang. gov. cn/zdlyxxgk/whjg/tsg/content/post_1697268. html.

［12］揭阳市图书馆第七次全国公共图书馆评估定级工作报告.

［13］广东省文化和旅游厅. 广东省文化和旅游厅关于广东省十三届人大四次会议第1052号代表建议答复的函［EB/OL］.（2021－05－28）［2023－05－06］. https：//whly. gd. gov. cn/open_newrdjy/content/post_3296070. html.

［14］第七次全国公共图书馆评估定级自评报告－揭阳市榕城区图书馆.

［15］麻章区人民政府. 湛江市麻章区人民政府办公室关于印发麻章区图书馆总分馆制建设工作方案的通知［EB/OL］.（2022－08－14）［2023－05－06］. http：//www. zjmazhang. gov. cn/mzxwgg/dwbm/content/post_1653030. html.

［16］普宁市图书馆第七次评估定级情况报告.

［17］阳春市图书馆第七次全国县级以上公共图书馆评估定级自查自评情况汇报.

［18］揭阳市图书馆第七次全国县级以上公共图书馆评估定级自评报告.

北部生态发展区公共图书馆事业发展报告
（2018—2022）

Five-Year Report on the Development of Public Libraries in the Northern Ecological Development Zone（2018—2022）

肖　渊　张丹侨*

[摘　要] 北部生态发展区是全省重要生态屏障。报告依据第七次全国县级以上公共图书馆评估定级数据、广东省图书馆业务数据平台数据等，从设施经费、馆藏服务、体系建设、人才队伍等角度对比北部生态发展区县级以上公共图书馆发展现状，全面呈现2018—2022年该区域在保障条件、业务能力和服务效能等方面的进展，以及近5年北部生态发展区对公共图书馆事业的投入大幅增长，馆藏资源得到补充，服务设施日趋完备，人才队伍趋于专业化的发展情况。同时也呈现了总分馆体系建设逐步完善，韶关风度书房、河源"源·悦"书屋、梅州喜悦空间等新型阅读空间蓬勃发展，各图书馆通过开展多样化线上服务拓宽服务方式，提升服务效能，通过公共文化服务助力乡村振兴，利用文旅融合项目延续历史文脉，形成区域特色等情况。

[关键词] 北部生态发展区；公共图书馆事业；公共图书馆评估

[**Abstract**] The Northern Ecological Development Zone is an important ecological barrier in the province. Based on the data of the seventh evaluation and grading of public libraries at or above the county level in China and the data of Guangdong Library Business Data Platform, the report compares the development status of public libraries at or above the county level in the Northern Ecological Development Zone from the perspectives of facility funds, collection services, system construction and talent team, and comprehensively presents

* 肖渊，任职于广东省立中山图书馆辅导部，图书情报硕士，xiaoyuan@zslib.com.cn；张丹侨，任职于广东省立中山图书馆业务办公室，图书情报硕士。

the progress in the guarantee conditions, business capabilities and service efficiency in the region from 2018 to 2022. It is found that the investment in public libraries in the Northern Ecological Development Zone has increased substantially in the past five years, and the collection resources have been supplemented, and the service facilities have become increasingly complete. At the same time, the construction of the main and branch libraries has been gradually improved, and new reading spaces such as Shaoguan Fengdu Study Room, Heyuan Yuan Yue Study Room and Meizhou Joy Space have flourished. Libraries broaden their service methods by developing diversified online services, improve their service efficiency, help rural revitalization through public cultural services, and continue the historical context by using the integration project of literature and tourism to form regional characteristics.

[**Keywords**] The Northern Ecological Development Zone; Public Libraries; Evaluation of Public Libraries

根据广东省委省政府 2019 年印发的《关于构建"一核一带一区"区域发展新格局　促进全省区域协调发展的意见》[1]，为进一步促进全省区域协调发展，提出构建形成由珠三角地区、沿海经济带、北部生态发展区构成的"一核一带一区"区域发展新格局的意见。其中"一区"即北部生态发展区，包含韶关、梅州、清远、河源、云浮等 5 市，是全省重要生态屏障，区域内着重推进生态保护和绿色发展。

北部生态发展区 5 市共下辖 10 个市辖区、7 个县级市和 20 个县，总面积 7.67 万平方千米，常住人口 1,591.89 万人，占广东省总人口的 12.63%[2]。区域内有 6 个地市级公共图书馆（含 1 个少年儿童图书馆）、38 个县（区）级公共图书馆对外开放。本报告以广东省第七次全国县级以上公共图书馆评估定级数据、广东省图书馆业务数据平台数据为基础，从发展现状、5 年间进展和区域特色三个方面，对 2018—2022 年北部生态发展区公共图书馆事业发展整体情况进行呈现。

一、发展现状

2010 年 7 月，中共广东省委和广东省人民政府印发《广东省建设文化强省规划纲要（2011—2020）》[3]，指出粤东西北地区要建立健全公共文化基础设施，重点实施文化惠民工程，提升公共文化服务水平，发展特色文化产业，打造特色文化品牌，形成文化与经济社会同步发展，与珠三角地区文化建设优势互补的文化发展新格局。经过十多年的发展，北部生态发展区县级以上公共图书馆在设施建设、文献资源、服务效能、队伍建设等方面均取得了长足的进步。

（一）设施建设

《中华人民共和国公共图书馆法》第十五条第三款规定：设立公共图书馆应当具备与其功能相适应的馆舍面积、阅览座席、文献信息和设施设备。2021年，广东省人民政府印发《广东省新型城镇化规划（2021—2035）》[4]，明确指出要高质量推进文化设施建设，完善市级和区级文化设施建设，合理规划建设图书馆等公共文化场馆，深入推进总分馆制建设。各类政策的保障使得北部生态发展区公共图书馆的设施建设得到长足发展。

截至2022年底，北部生态发展区共计44个县级以上公共图书馆向民众提供免费开放服务，建筑总面积达26.44万平方米（只计总馆）。2022年，云浮市的新兴县图书馆[5]、韶关市的仁化县图书馆[6]等新馆陆续建成开放。在只计总馆的情况下，北部生态发展区每万人拥有图书馆建筑面积约166.22平方米。计入直属分馆后，北部生态发展区44个县级以上公共图书馆建筑总面积达48.84万平方米，每万人拥有图书馆建筑面积约306.98平方米。

表5-1　北部生态发展区公共图书馆开放场馆数量和面积（只计总馆）

区域	地市级馆（含少儿馆）数量（个）	面积（万平方米）	县级馆数量（个）	面积（万平方米）	总计数量（个）	面积（万平方米）	每万人面积（平方米）
北部生态发展区	6	9.21	38	17.23	44	26.44	166.22
韶关	1	0.46	10	4.60	11	5.05	176.55
梅州	1	1.52	9	4.00	10	5.52	143.10
清远	2	0.57	8	3.34	10	3.91	117.35
河源	1	2.68	6	2.18	7	4.86	171.00
云浮	1	3.98	5	3.12	6	7.10	235.54

（二）经费保障

2022年北部生态发展区县级以上公共图书馆财政拨款总额达21,064.40万元，年人均财政拨款总额 13.24 元。在河源市龙川县新馆建设的带动下，2022年河源市县级以上公共图书馆财政拨款总额有所提升，占整个北部生态发展区的 44.87%。在新增藏量购置费方面，2022 年北部生态发展区新增藏量购置费共计 1,798.55 万元，占年财政拨款总额的 8.54%，年人均新增藏量购置费1.13 元。

表 5-2　北部生态发展区各级公共图书馆经费保障情况（2022 年）

指标	北部生态发展区					
	韶关	梅州	清远	河源	云浮	总计
年财政拨款总额（万元）	3,049.36	3,272.47	3,174.01	9,451.83	2,116.74	21,064.40
年新增藏量购置费（万元）	522.26	289.02	570.50	141.00	275.77	1,798.55

（三）馆藏建设情况

截至 2022 年底，北部生态发展区图书馆普通文献馆藏量 1,541.02 万册/件，年新增普通文献藏量 129.36 万册/件。其中，韶关地区的普通文献馆藏量和年新增普通文献藏量均相对较高。清远、梅州和河源地区的普通文献馆藏量差距不大，云浮地区普通文献馆藏量相对偏低，但年新增普通文献藏量达到23.27 万册/件，年人均新增普通文献藏量在北部生态发展区中排名靠前。值得一提的是，北部生态发展区的年人均新增普通文献馆藏量为 0.08 册/件，超过全省的年人均新增普通文献馆藏量（0.068 册/件），说明北部生态发展区进一步重视馆藏的建设和发展。

表 5-3　北部生态发展区公共图书馆馆藏建设情况（2022 年）

指标	北部生态发展区					
	韶关	梅州	清远	河源	云浮	总计
普通文献馆藏量（万册/件）	365.84	317.87	358.01	299.38	199.92	1,541.02
本年新增普通文献藏量（万册/件）	40.69	25.29	32.74	7.37	23.27	129.36

北部生态发展区图书馆的数字资源建设同样稳步向前推进。清远市图书馆于 2022 年完成第一期《清远地方文献数据库》的建设，对有价值的文史资料进行数字化，云浮市新兴县图书馆持续建设六祖惠能数据库。

（四）服务开展情况

2022 年，北部生态发展区 44 个县级以上公共图书馆免费开放率为 100%，实现了借书证办理、文献借阅、参考咨询、阅读推广活动等基本文化服务项目的免费提供，平均周开馆时间 62.11 小时。北部生态发展区借书证办理总数达236.22 万个，其中韶关、梅州、清远和河源地区的借书证数量相近，云浮地区由于服务人口相对较少，借书证数量也偏低。2022 年北部生态发展区的总流通人次达 1,294.25 万人次，外借册次达 820.29 万册次。

表5－4　北部生态发展区各城市公共图书馆基本服务情况（2022 年）

指标	北部生态发展区					
	韶关	梅州	清远	河源	云浮	总计
平均周开馆时间（小时）	60.18	61.25	63.95	63.86	62.00	62.11
借书证总数（万个）	53.90	56.79	55.91	55.55	14.07	236.22
年总流通人次（万人次）	326.77	268.44	237.07	248.58	213.38	1,294.25
年文献外借册次（万册次）	191.65	196.83	205.74	130.44	95.63	820.29

2022 年，北部生态发展区读者活动蓬勃发展，文化惠民不断升级，图书馆共举办讲座、展览、培训、阅读推广等读者活动 8,382 场，吸引 784.94 万人次参与。清远市图书馆立足地方特色，创新载体形式，形成"清图讲堂""清图故事绘""读游清远""绘本阅读进乡村"等活动品牌矩阵，把优质活动资源下沉基层，促进清远地区阅读推广活动的整体提升、常态化发展。梅州市剑英图书馆将客都文化公益讲堂列为 2022 年市十件民生实事；梅州市梅县区图书馆开设暑期国学课堂、举办传统节日知识讲座、科普讲座等，并于 2022年与 4 所学校签订了馆校合作协议，开展讲座进学校、图书进学校和数字化进学校等活动，让学校也成为图书馆开展全民阅读服务的阵地之一。

表5-5　北部生态发展区各城市公共图书馆服务效能情况（2022年）

指标	北部生态发展区					
	韶关	梅州	清远	河源	云浮	总计
读者活动举办总场次（场）	1,320	1,369	2,207	2,705	781	8,382
读者活动参与总人次（万人次）	72.21	74.99	346.17	250.52	41.05	784.94

　　近年来，图书馆借助各类新媒体开展图书馆宣传。截至2022年底，北部生态发展区地市级公共图书馆100%开通微信公众号，94.74%的县级馆已开通微信公众号，发布本馆活动宣传报道，部分馆的微信公众号还为读者提供检索导航、图书推荐、活动报名等移动图书馆服务。北部生态发展区县级以上公共图书馆微博和抖音号的开通率均仅有18.18%，还需扩宽更多的新媒体服务渠道，提升服务效能。

表5-6　北部生态发展区各城市公共图书馆新媒体服务开通情况（2022年）

指标	按级别		按区域					总计
	地市级馆（含少儿馆）	县级馆	韶关	梅州	清远	河源	云浮	
图书馆微信号（个）	6	36	11	10	10	6	5	42
图书馆微博（个）	3	5	0	1	3	2	2	8
图书馆抖音号（个）	2	6	0	2	3	1	2	8

（五）体系建设情况

　　为推动城乡公共文化服务均衡发展，推进公共文化资源共建共享和服务效能提升，促进优质资源向基层倾斜和延伸，北部生态发展区扎实推进市域和县域图书馆总分馆制建设，44个县级以上公共图书馆已建成分馆527个，服务点1,575个，县级总分馆制建成率100%。在市域层面，梅州市剑英图书馆启动梅州市公共图书馆联盟和中心馆—总分馆制建设工作，实现全市9家县级公共图书馆纸质图书的通借通还，并完成电子资源整合与活动共享平台搭建，服务体系不断完善。在县域层面，英德市图书馆2022年已完成9个分馆、27个服务点设施设备配送、安装、调试工作。仁化县图书馆于2022年8月举办总分馆业务知识培训班，为各镇（街道）图书馆分馆以及县图书馆工作人员开展培训，进一步推进以县图书馆为中心的总分馆建设。

表5-7　北部生态发展区各地市总分馆建设情况（2022年）

指标	北部生态发展区					
	韶关	梅州	清远	河源	云浮	总计
分馆数量（个）	149	112	100	121	45	527
服务点数量（个）	424	325	308	320	198	1,575

（六）人才队伍情况

截至2022年底，北部生态发展区县级以上公共图书馆工作人员数量共计742人，高级职称工作人员占比达3.23%。各图书馆通过开展和参加培训活动等方式加强人才队伍建设。河源市图书馆2022年举办第二期儿童阅读推广人培训班，同时积极选派工作人员参加中国图书馆学会、广东图书馆学会举办的培训班。梅州市剑英图书馆开展"剑图讲坛"等活动，建立干部职工学习激励和成长机制，激发人才队伍活力。

表5-8　北部生态发展区各城市公共图书馆人才队伍情况（2022年）

指标	北部生态发展区					
	韶关	梅州	清远	河源	云浮	总计
工作人员数量（人）	156	182	121	187	96	742
高级职称工作人员占比（%）	3.85	2.75	1.65	1.60	8.33	3.23
中级职称工作人员占比（%）	25.00	23.63	23.97	17.65	30.21	23.32
大学本科及以上学历占比（%）	34.62	47.80	58.68	37.43	48.96	44.34
大学专科及以上学历工作人员占比（%）	75.00	82.97	92.56	86.63	84.38	83.96

二、五年间进展

第七次全国县级以上公共图书馆评估定级于2022年5月正式开展，主要对各图书馆2018—2022年间的设施建设、运行管理与服务情况进行评估。[7]北部生态发展区的44个县级以上公共图书馆，除清远市少年儿童图书馆因特殊原因未参评外，其余43个公共图书馆均参与第七次评估定级。本部分将结合广东省业务数据平台统计数据，参照第七次评估定级指标，从保障条件、业务能力、服务效能三个方面呈现北部生态发展区公共图书馆事业在2018—2022年的发展状况。

（一）保障条件进展

2018—2022年是公共图书馆保障条件取得长足进步的5年。2018年1月1日，《中华人民共和国公共图书馆法》正式施行，在2016年颁布的《中华人民共和国公共文化服务保障法》基础上，进一步明确了县级以上人民政府在保障公共图书馆事业发展中应履行的职责，公共图书馆事业从此有了法制保障。在《"十三五"时期全国公共图书馆事业发展规划》《"十四五"公共文化服务体系建设规划》等政策规划的指引下，广东省分别于2019年和2021年发布《广东省全民阅读促进条例》《广东省文化和旅游发展"十四五"规划》，进一步为广东公共图书馆事业的发展提供了保障和支撑。

1. 政策保障

在国家和广东省各项法规和政策的指引下，北部生态发展区各市积极响应，出台一系列相关政策文件，为地区公共图书馆事业发展保驾护航。北部生态发展区5市均有制定提及公共文化服务和公共图书馆服务的"十四五"规划。除此之外各地市人民政府和部分区（县）级人民政府或文化广电旅游体育局都制定了与图书馆事业发展相关的政策。

在各级人民政府与文化和旅游部门的指引下，图书馆也更加重视本馆发展政策的制定。从第七次评估定级的情况看，北部生态发展区43个参评图书馆中，有42个图书馆制定了本图书馆章程，且有42个图书馆制定了本馆"十四五"规划。

2. 经费保障

在有力的法律和政策保障条件下，整体上北部生态发展区各级政府对公共图书馆事业的投入获得大幅增长。2018—2022年间，北部生态发展区公共图书馆财政拨款总额超过8.46亿元。《粤北地区公共图书馆事业发展报告（2013—2017）》[8]显示，北部生态发展区5市于2018—2022年间的财政拨款总额较2013—2017年间多4.41亿元，增幅达108.89%。

由于新馆建设项目需要，2020年云浮市图书馆获财政拨款5,600万元，2022年龙川县图书馆获财政拨款6,171万元，致使2020年和2022年北部生态

发展区公共图书馆财政拨款总额分别达到 2.05 亿元和 2.10 亿元；另 3 年财政
拨款总额稳定在 1.37 亿元至 1.56 亿元之间，如表 5－9 所示。

表 5－9　北部生态发展区公共图书馆经费保障——财政拨款（2018—2022 年）

单位：万元

年份	2018	2019	2020	2021	2022
财政拨款总额	13,733.61	15,560.44	20,528.42	13,784.28	21,064.40

在新增藏量购置费方面，北部生态发展区公共图书馆 2018—2022 年间新
增藏量购置费总额约 7,456.98 万元。2022 年新增藏量购置费较 2018 年多
716.48 万元，增幅约为 66.21%，如表 5－10 所示。

表 5－10　北部生态发展区公共图书馆经费保障——新增藏量购置费（2018—2022 年）

单位：万元

年份	2018	2019	2020	2021	2022
新增藏量购置费总额	1,082.07	1,720.50	1,449.98	1,404.88	1,798.55

2022 年北部生态发展区公共图书馆人均财政拨款总额约为 13.24 元，人
均新增藏量购置费约为 1.13 元，较 2018 年的 8.63 元和 0.68 元有显著提升，
但与全省人均水平[9]仍有较大差距。

3. 文献资源保障

在较为稳定的经费保障条件下，北部生态发展区公共图书馆的馆藏文献资
源得到了良好的发展。2022 年北部生态发展区公共图书馆共有普通文献藏量
约 1541.02 万册/件，较 2018 年增长约 654.43 万册/件，增幅达到 73.81%；
人均普通文献藏量约 0.97 册/件，较 2018 年增长 0.41 册/件，接近全省人均
水平。

在 2018—2022 年间，各馆的馆藏电子文献资源也得到了大量补充。主要
是因 2020 年初暴发的疫情影响，各公共图书馆线下开放受影响，服务重心在
一定程度上向线上转移，2021 年各馆均开始采购或增购电子文献资源。2022
年北部生态发展区公共图书馆共有电子文献藏量约 1,731.72 万册，较 2018 年
增长约 1,393.41 万册，增幅达到 411.87%；人均电子文献藏量约 1.09 册，较
2018 年增长约 0.88 册，超过全省人均水平。

虽然北部生态发展区公共图书馆人均财政拨款和购书费有限，但普通文献
和电子文献都在 2018—2022 年间得到了数量可观的补充，有效保障了地区内
图书馆服务的提供。

4. 基础设施保障

2018—2022 年间，北部生态发展区公共图书馆积极对馆舍进行新建、改建和扩建，或顺应技术进步和读者服务的需求，对馆内空间进行升级改造等。

2022 年北部生态发展区公共图书馆总建筑面积达 26.44 万平方米（只计总馆），较 2018 年增长 10.24 万平方米，增幅约为 63.49%；在只计总馆的情况下，北部生态发展区每万人约拥有公共图书馆 166.22 平方米，超过全省每万人平均水平。在 2018—2022 年间北部生态发展区内建设了新馆舍面积超过 1 万平方米的图书馆有：已建成但尚未投入使用的云浮市西江新城图书馆，建筑面积约 3.5 万平方米；2022 年开馆的新兴县图书馆新馆，建筑面积约 1.2 万平方米；2019 年投入使用的南雄市图书馆新馆，建筑面积约 1.2 万平方米。

整体而言，2018—2022 年北部生态发展区公共图书馆的基础设施建设取得了较大的进步，在馆舍建设得到保障的同时，各馆服务设施也日趋完善。从第七次评估定级中的整体表现来看，北部生态发展区各公共图书馆在空间布局、阅览坐席数量、无障碍设施、信息化管理、无线网络覆盖等方面基本情况良好，鲜有失分的情况。

5. 人才队伍保障

公共图书馆事业的良性发展离不开专业化的图书馆人才队伍建设。北部生态发展区公共图书馆人才队伍在 2018—2022 年间逐渐壮大，也更趋于专业化。2022 年北部生态发展区 44 个县级以上公共图书馆共有工作人员 742 人，占全省工作人员的 12.00%；工作人员总数较 2018 年增长 185 人，增幅达 24.93%。其中本科及以上学历工作人员达 329 人，占整个区域工作人员的 44.34%；本科及以上学历工作人员数量较 2018 年增长 167 人，增幅达 103.09%；初级及以上职称工作人员 368 人，占整个区域工作人员的 49.60%；初级及以上职称工作人员数量较 2018 年增长 55 人，增幅约为 17.57%。

图书馆专业化人才的发展一方面得益于全国教育水平的提升，另一方面也反映出图书馆事业发展对专业化优秀人才的渴求。图书馆的人才培养措施主要有继续教育、各馆的人才培养计划、各级行业组织的讲座、培训和会议等。在北部生态发展区，各馆都做了本馆的人才培养规划，如早在 2013 年就已制定并于 2018 年修订的《河源市图书馆荣誉体系规划》，2018 年开始实施的《清远市图书馆人才培养办法》，等等，保障了区域内的图书馆从业人员专业化水平提升。

（二）业务能力进展

1. 体系化建设

广东省最早于 2016 年 3 月就启动了图书馆总分馆试点工作，首批在全省

22 个县（市、区）分批推进总分馆建设；同年 12 月，原文化部等 5 部门印发《关于推进县级文化馆图书馆总分馆制度建设的指导意见》，原广东省文化厅联合省新闻出版广电局等 4 家单位随后于 2017 年 6 月发布了《关于推进县级文化馆图书馆总分馆制建设的实施方案》，大大推动了 2018—2022 年间公共图书馆县级总分馆制的建设进程。截至 2022 年底，北部生态发展区公共图书馆已建成分馆 527 个和服务点 1575 个，县级总分馆制建设已较为完善。

在各地市范围内，由各地市级图书馆发挥中心馆职能，完善本市公共图书馆市、县、乡镇（街道）的体系化建设工作，当前韶关市、梅州市、清远市、河源市均已实现全市公共图书馆通借通还。此外梅州市剑英图书馆还通过梅州市公共图书馆联盟和中心馆—总分馆制建设工作，实现了全市 9 家县级公共图书馆电子资源的整合与活动共享平台的搭建；河源市图书馆通过"馆校共享图书"和"源·悦"书屋自助图书馆等项目，将公共图书馆服务阵地向中小学、街道、乡镇拓展，为打造全市公共图书馆城乡服务一体化助力。

2. 新型阅读空间建设

2018—2022 年间，为推动全省公共文化服务均衡化发展，除完善体系化建设外，建设包括"24 小时书房""自助图书馆"等各类新型阅读空间也成为了这 5 年间的重要工作，以此助力公共图书馆服务向社区和乡镇下沉，让人民群众能更便捷地获取公共文化资源。广东省文化和旅游厅于 2020 年发布《关于在旅游行业开展文旅融合"粤书吧"试点工作的通知》和《广东省"粤书吧"建设指引》，鼓励社会力量参与图书馆文旅融合等创新形态的阅读空间建设。截至 2022 年底，北部生态发展区公共图书馆已建成各类新型阅读空间 428 个，其中"粤书吧"104 个，分别占全省建成新型阅读空间和"粤书吧"的 18.54% 和 26.60%。

韶关地区开展"风度书房"建设，梅州地区开展"喜悦空间"建设，河源地区开展"源·悦"书屋建设，云浮地区开展"城市书吧"建设，各地区公共图书馆同步发挥区位优势，结合北部生态发展区建设生态景区、打造知名旅游休闲区的目标，积极投入各具特色的文旅融合"粤书吧"建设，取得了亮眼的建设成果。

3. 社会化合作

现行政策法规鼓励社会力量参与公共图书馆建设和服务提供，广东省北部生态发展区公共图书馆也积极探索与社会力量开展合作的路径和机制，引入社会力量在分馆建设、文献资源建设、读者活动开展、志愿服务等方面开展合作。

截至 2022 年底，北部生态发展区公共图书馆已与社会力量开展合作的项目合计达 277 个。其中韶关南雄市广泛动员社会各界力量，为图书馆新馆捐赠各类优秀图书，于 2018—2022 年间获得暨南大学、东莞市南雄商会等多个单位捐赠的近 12 万册书籍和 27 万余元捐款；梅州市大埔县图书馆与各景点深入合作建成"粤书吧" 12 家，景区景点主动在信息咨询、阅读休闲、活动体验、"非遗"传承、文创展销等方面为"粤书吧"读者提供高质量的公共文化产品和服务，实现双赢；清远市图书馆坚持"政府引导、多方参与、共建共享"的工作思路，与社会力量共建爱阅书房等各类文旅融合服务点 62 家，联办文化活动 1,000 余场；河源市和平县图书馆制定了《文化志愿者管理办法（暂行）》，健全了本馆志愿者招募和评价机制，志愿者包含学校和培训机构的青年教师，为图书馆带来丰富多元的读者活动。

北部生态发展区公共图书馆现有注册志愿者人数合计达 22,262 人，为该地区公共图书馆服务的顺利开展贡献了巨大的力量。

（三）服务效能进展

随着保障条件和业务能力的大幅提升，北部生态发展区公共图书馆提供的服务更加健全，人民群众享受公共图书馆服务的意愿和热情也日益提升。虽然由于疫情影响，北部生态发展区公共图书馆在 2020 年和 2021 年的服务开展受限，服务效能显著下滑，但通过室内消杀、预约进馆、增加线上服务力度等措施，在 2022 年已基本恢复到接近疫情前水平，甚至略有提升。

1. 年流通人次

2018—2022 年间，北部生态发展区公共图书馆流通总人次达到 5,514.59 万人次，年均流通约 1,102.92 万人次。从年度变化上看，在疫情影响下，2020 年和 2021 年的年流通人次大幅下滑，但 2022 年基本恢复到疫情前水平，如表 5 - 11 所示。

表 5 - 11　北部生态发展区公共图书馆服务效能——年流通人次（2018—2022 年）

单位：万人次

年份	2018	2019	2020	2021	2022
流通总人次	1,223.78	1,476.75	617.17	902.65	1,294.25

2. 年文献外借量

2018—2022 年间，北部生态发展区公共图书馆文献外借总量达到 3,065.05 万册次，年均外借约 613.01 万册次。在文献外借方面，地市级图书馆受疫情影响相对较大，地市级图书馆在 2020 年的文献外借总量仅为 2018 年的一半左右，同时伴随着县（区）级馆外借量的下滑，文献外借总量整体在

2020 年和 2021 年有所波动，如表 5-12 所示。

表 5-12　北部生态发展区公共图书馆服务效能——年文献外借量（2018—2022 年）

单位：万册次

年份	2018	2019	2020	2021	2022
文献外借总量	623.86	639.98	406.71	574.20	820.29
地市级馆文献外借总量	216.82	215.14	108.47	165.99	217.40
县（区）级馆文献外借总量	407.05	424.84	298.24	408.21	602.89

相较之下，2017 年北部生态发展区公共图书馆文献外借量为 662.83 万册次，2022 年已增长至 820.29 万册次，增幅约为 31.70%，可见北部生态发展区公共图书馆在近 5 年间的基本服务量仍然有所提升。

3. 年活动数量和参与人次

2018—2022 年间，北部生态发展区公共图书馆合计举办读者活动 32,689 场，年均举办读者活动约 6,538 场。从年度变化上看，读者活动举办受疫情影响较小，并在 2021 年和 2022 年读者活动举办场次有大幅增长，如表 5-13 所示。

表 5-13　北部生态发展区公共图书馆服务效能——年活动数量（2018—2022 年）

单位：场

年份	2018	2019	2020	2021	2022
活动举办总场次	5,722	4,829	5,223	8,533	8,382

2018—2022 年间，参与北部生态发展区公共图书馆举办活动的读者达到 2,372.12 万人次，年均读者活动参与 474.42 万人次。北部生态发展区公共图书馆开展的读者活动在 2020 年和 2021 年遇冷，但在 2022 年已回暖并大幅超越疫情前水平，如表 5-14 所示。

表 5-14　北部生态发展区公共图书馆服务效能——年活动参与（2018—2022 年）

单位：万人次

年份	2018	2019	2020	2021	2022
活动参与总人次	515.96	522.91	187.20	361.11	784.94

疫情在一定程度上改变了人民群众参与公共图书馆读者活动的模式，在

2019 年以前，公共图书馆的讲座、培训、展览和其他阅读推广活动都以线下为主，但在 2020 年疫情影响下，图书馆开放和读者出行受到限制，公共图书馆开始踊跃探索线上读者活动开展方式，读者也能足不出户参与公共图书馆举办的读者活动。2022 年北部生态发展区公共图书馆合计举办各类读者活动 8,382 场，其中线上活动 3,523 场，占比 42.03%；2022 年读者活动参与人数达 784.94 万人次，其中线上活动点击量约 576.04 万次，占比 73.39%，可以看出读者参与公共图书馆活动的重心已向线上偏移；并且通过积极举办和鼓励读者参与线上读者活动，2022 年读者活动参与人次较 2018 年增加 268.98 万人次，增幅达到 52.13%，线上读者活动的开展取得了一定成效。

三、区域特色与创新

（一）公共文化服务助力乡村振兴

2018 年，《中共中央　国务院关于实施乡村振兴战略的意见》指出，要"加强农村公共文化建设"[10]，《"十四五"公共文化服务体系建设规划》的主要任务"推进城乡公共文化服务体系一体建设"中包含"以文化繁荣助力乡村振兴"，文化振兴成为了乡村振兴不可或缺的一部分。北部生态发展区位于广东省北部山区，与珠三角等地发展差距较大，是省委省政府重点关注、大力实施振兴战略的地区。该区域的各级公共图书馆在保障基层优质公共文化资源、推进城乡公共服务一体化、以高质量的乡村公共文化服务助力乡村振兴等方面做出了不可磨灭的贡献。

以新兴县图书馆为例，该馆重视"镇与社区阅读空间"建设，乡镇、社区、学校等分馆和村级服务点、"粤书吧"、农家书屋等阅读场所遍及城乡。虽然全馆只有 15 名馆员，但他们却与注册人数 268 人的志愿者队伍一起，在年均辛勤运营近 300 场读者活动之余，在杨琪先馆长常常亲自带领馆员和志愿者下乡的情况下，通过开展"我们的中国梦——文化进万家""新时代文明实践志愿服务""榕华书香"等活动，平均每年送书下乡 130 次，年均送书 2 万余册；[11] 同时举办"城乡共读·读响未来"等阅读推广系列活动，引导乡镇学生走进公共图书馆开展阅读交流，让公共文化服务惠及偏远山村。年复一年，新兴县图书馆在服务基层、服务农民工作中不遗余力，将书香送到基层一线，助力乡村文化振兴。2020 年，新兴县图书馆被中共中央宣传部等部门评为"第八届全国服务农民、服务基层文化建设先进集体"；2021 年，杨琪先馆长获"全国文化和旅游系统先进工作者"称号。

（二）文旅融合项目延续历史文脉

2020 年初，中共广东省委宣传部和广东省文化和旅游厅联合发布了《广东省加快推进文化和旅游融合发展三年行动计划（2020—2022）》，加快推进全省文化和旅游融合发展，助力文化和旅游强省建设；[12]同年 5 月，广东省文化和旅游厅公布了首批历史文化游径，其中重点推荐的一条"华南教育历史研学基地历史文化游径"，串联起北部生态发展区梅州、韶关、清远和云浮 4 个城市[13]。

华南教育历史研学基地历史文化游径中的韶关坪石镇，承载了一段厚重的图书馆历史。1940 年，受战乱影响，当时的国立中山大学[14]和岭南大学[15]等高校搬迁至韶关乐昌坪石坚持办学，近代图书馆学和图书馆事业的奠基人之一杜定友先生就在坪石艰难维持开办了中山大学图书馆。如今在坪石的中山大学图书馆旧址上，修缮还原了一座民国风格的定友图书馆，深受周边学校师生喜爱，也成为了粤北红色旅游线路上和华南教育历史研学基地中的一个重要打卡点。[16]

定友图书馆也是韶关乐昌市图书馆的一间"风度书房"分馆，藏书 7,000 余册，与韶关市内各级公共图书馆和"风度书房"通借通还。"风度书房"的"风度"二字取自韶关出生的唐代名相张九龄的"九龄风度"，"风度书房"一般坐落于繁华路段，既是阅读场所，也可供市民社交和休憩，同时"一馆一特色"，不同的"非遗"、名人、老照片等文化元素可能是各"风度书房"的"主角"[17]；另将一些"风度书房"建设在景区、旅游线路上或公园内，配合在各"风度书房"进行"非遗"文化展示和旅游资源介绍，辅以定期在"风度书房"内开展的文化活动。由韶关市各级公共图书馆主持建设的 92 间"风度书房"，弘扬着韶关的城市文明新风，延续了千年韶城的历史文脉。

四、结语

北部生态发展区公共图书馆事业在 2018—2022 年间进步明显，除经费保障外，地区内公共图书馆的保障条件、业务能力、服务效能等各方面建设都在向先进地区图书馆看齐，部分人均指标已与全省平均水平接近，尤其在基础设施建设、体系化建设和社会力量参与图书馆建设等方面的业务能力有明显提升。诚然，北部生态发展区公共图书馆事业的发展还存在一些困难，如专业化的图书馆人才较缺、图书馆专业化服务提供的能力不足等。期待北部生态发展区各级公共图书馆能够克服困难，在今后的发展中发挥区位生态优势，深耕基层阅读推广，广泛探索文旅融合项目，开发地域特色文化服务资源，争先创优，取得更好成绩。

参考文献

［1］南方日报网络版.省委省政府印发意见　构建"一核一带一区"区域发展新格局　促进全省区域协调发展［EB/OL］.（2019－07－19）［2023－05－02］.http：//www.gd.gov.cn/gdywdt/gdyw/content/post_2540205.html.

［2］广东省统计局，广东省第七次全国人口普查领导小组办公室.广东省第七次全国人口普查公报（第二号）［EB/OL］.（2021－05－15）［2023－05－02］.http：//stats.gd.gov.cn/attachment/0/421/421309/3283428.pdf.

［3］中共广东省委　广东省人民政府.中共广东省委　广东省人民政府关于印发《广东省建设文化强省规划纲要（2011—2020年）》的通知［EB/OL］.（2010－07－23）［2023－06－05］.https：//www.gd.gov.cn/zwgk/wjk/zcfgk/content/post_2523270.html.

［4］广东省人民政府.广东省人民政府关于印发广东省新型城镇化规划（2021—2035年）的通知［EB/OL］.（2021－12－01）［2023－06－05］.http：//www.gd.gov.cn/zwgk/wjk/qbwj/yf/content/post_3722308.html.

［5］新兴县人民政府.新兴县图书馆举行新图书馆试运营活动［EB/OL］.（2022－03－30）［2023－06－05］.http：//www.xinxing.gov.cn/xxxrmzf/mhwz/whjgxx/tsg/content/post_1569712.html.

［6］仁化县人民政府.仁化县图书馆新馆今天试运行［EB/OL］.（2022－12－21）［2023－06－05］.http：//www.sgrh.gov.cn/xwzx/bmdt/content/post_2349542.html.

［7］文化和旅游部公共服务司.文化和旅游部办公厅关于开展第七次全国县级以上公共图书馆评估定级工作的通知［EB/OL］.（2022－05－26）［2023－06－13］.https：//zwgk.mct.gov.cn/zfxxgkml/ggfw/202206/t20220602_933319.html.

［8］林芊里，牛迎卜.粤北地区公共图书馆事业发展报告（2013—2017）［M］//刘洪辉，张靖.广东公共图书馆事业发展报告（2013—2017）.北京：社会科学文献出版社，2018：130－162.

［9］陈卫东，陈杰，伍舜璎，肖渊，陈润好，张丹侨.2022年广东省公共图书馆事业发展报告［J］.图书馆论坛，2023，43（5）：1－9.

［10］新华社.中共中央　国务院关于实施乡村振兴战略的意见［EB/OL］.

（2018 - 01 - 02）［2023 - 06 - 07］. https：//www. gov. cn/zhengce/2018 - 02/04/content_5263807. htm.

［11］云浮市文化广电旅游体育局. 新兴县图书馆荣获"第八届全国服务农民、服务基层文化建设先进集体"称号［EB/OL］.（2021 - 04 - 12）［2023 - 06 - 07］. https：//www. yunfu. gov. cn/yfwgdlt/gkmlpt/content/1/1440/mpost_1440728. html#4288.

［12］广东省文化和旅游厅. 中共广东省委宣传部　省文化和旅游厅关于印发《广东省加快推进文化和旅游融合发展三年行动计划（2020—2022）》与《广东省关于进一步提升革命老区和原中央苏区公共文化服务水平三年行动计划（2020—2022）》的通知［EB/OL］.（2020 - 02 - 10）［2023 - 06 - 14］. https：//whly. gd. gov. cn/open_newjcgk/content/post_2890140. html.

［13］广东省文化和旅游厅文物保护与考古处. 广东省历史文化游径推介［EB/OL］.（2021 - 02 - 10）［2023 - 06 - 14］. https：//whly. gd. gov. cn/special_newzt/lygdn/jq/content/post_3225931. html.

［14］黄义祥. 中山大学史稿（1924—1949）［M］. 广州：中山大学出版社，1999：346.

［15］陈国钦，袁征. 瞬逝的辉煌——岭南大学六十四年［M］. 广州：广东人民出版社，2008：104.

［16］中国旅游报. 广东：红色文化游径展现烽火课堂画卷［EB/OL］.（2021 01 - 22）［2023 - 06 - 14］. http：//www. ctnews. com. cn/hsly/content/2021 -01/22/content_96510. html.

［17］南方日报. "风度书房"点亮"文化灯塔"［EB/OL］.（2019 - 04 - 03）［2023 - 06 - 14］. https：//www. cnr. cn/gd/mlgd/20190403/t20190403_524566163. shtml.

B. 6

广东省公共图书馆事业发展
与粤港澳大湾区人文湾区建设

The Development of Public Libraries in Guangdong Province
and the Cultural Construction of the Guangdong-Hong Kong-
Macao Greater Bay Area

李保东*

［摘　要］共建"人文湾区"是粤港澳大湾区建设的重要组成部分。报告首先对人文湾区的建设背景和内涵进行分析，并提出建设重点。进而对广东省公共图书馆近年参与人文湾区建设的实践、成效和存在的问题进行分析和总结。最后，结合人文湾区建设重点，立足当前建设实际，充分发挥专业特长和优势，打造人文湾区建设业界标杆；以民族优秀文化为支撑，助力建设湾区优秀文化；以现代优势文化为抓手，助力建设湾区现代优势文化；以岭南传统文化为纽带，助力建设湾区特色文化和提升参与意识，契合中心工作，助力湾区"三个高地"建设以及着力顶层设计，深化文旅融合，助力湾区建设世界级旅游目的地等方面提出未来广东省公共图书馆业界助力"人文湾区"建设的现实路径。

［关键词］公共图书馆；粤港澳大湾区；人文湾区；路径探析

［**Abstract**］Jointly building the "Humanities Bay Area" is an important part of the Guangdong-Hong Kong-Macao Greater Bay Area's major national development strategy. This article first analyzes the background and connotation of the construction of the Humanities Bay Area, and proposes the key points for construction. Secondly, this article comprehensively analyzes and summarizes the practice, effectiveness, and existing problems of Guangdong Provincial Public Library's participation in the construction of the Humanities Bay Area in re-

---

* 李保东，广州图书馆中心图书馆办公室项目主管，研究馆员，硕士。

cent years. Finally, in combination with the key points of the construction of the Humanities Bay Area, based on the current construction reality, we will fully leverage our professional expertise and advantages to create an industry benchmark for the construction of the Humanities Bay Area; supporting the construction of the Bay Area's excellent Chinese cultural system with the support of national excellent culture; using modern advantageous culture as a starting point to help build a modern advantageous cultural system in the Bay Area; taking Lingnan traditional culture as a link, we aim to help build a distinctive regional cultural system and enhance participation awareness in the Bay Area, align with the central work, assist in the construction of the "Three Highlands" in the Bay Area, focus on top-level design, deepen cultural and tourism integration, and help the Bay Area build a world-class tourism destination. We propose a practical path for the future Guangdong Provincial Public Library industry to assist in the construction of the "Humanities Bay Area".

﹝**Keywords**﹞ Public Library; Guangdong-Hong Kong-Macao Greater Bay Area; Humanities Bay Area; Path Analysis

粤港澳大湾区建设,是习近平总书记亲自谋划、亲自推动的重大国家战略。习近平总书记2023年4月10日至13日亲临广东视察时,在明确强调粤港澳大湾区在全国新发展格局中具有重要战略地位的前提下,强调要使粤港澳大湾区成为新发展格局的战略支点、高质量发展的示范地、中国式现代化的引领地[1]。"一个国家,两种制度"下的湾区建设,开世界未有之先例。粤港澳大湾区是我国开放程度最高、经济活力最强的区域之一,是中国向全球展示最高发展水平的重要窗口,在国家发展大局中具有极为重要的战略地位。

文化自信,是更基础、更广泛、更深厚的自信,是更基本、更深沉、更持久的力量。[2]文化软实力是一个国家和地区综合实力的重要组成部分。以文化为纽带,以广东省公共图书馆为视域,研究落实《粤港澳大湾区发展规划纲要》提出的"共建人文湾区"目标的实现路径,不仅有利于提升广东省公共图书馆事业整体发展水平,推动实现行业高质量发展,而且有利于增强民族文化自信,继而对建成中国特色社会主义文化强国,全面建设社会主义现代化国家,以中国式现代化全面推进中华民族伟大复兴具有重要理论和现实意义。

一、人文湾区建设概述

（一）人文湾区建设背景

粤港澳大湾区（以下简称"湾区"）是继纽约、东京和旧金山湾区之后的全球第四个湾区。与纽约、东京和旧金山湾区相比，人文价值是粤港澳大湾区最为独特的地方。湾区在全球四大湾区中面积最大，人口最多，经济增速最快，活力最强。在面积上，湾区总面积5.6万平方公里，超越其他三大湾区面积总和（5.3万平方公里）；在人口数量上，湾区总人口达8,669万，比其他三大湾区人口总和（6,615万）多2,054万；在GDP增长率上，湾区年增长率为7.9%，仅低于其他三大湾区增长总和（8.8%）0.9个百分点；在人口增长率上，湾区年增速为4.9%，高于其他三大湾区增速总和（2%）2.9个百分点（详见表6-1）。因此，湾区完全具备建设世界一流湾区的条件。依据目前发展态势，笔者预言，在不久的将来，湾区将全面超越其他三大湾区，跃居全球湾区之首，成为践行习近平新时代中国特色社会主义思想和全面建设社会主义现代化国家，以中国式现代化全面推进中华民族伟大复兴的辉煌之笔。

文化是人文湾区建设的重要构成和有力载体。公共图书馆是现代公共文化的重要组成部分，是一个国家和地区文化发展水平的重要标志。鉴此，总结广东省公共图书馆业界参与人文湾区建设的实践经验和成效，深入剖析现存问题和需提升之处，继而探析未来广东省公共图书馆事业发展助力人文湾区建设的现实路径，协同提升区域整体文化实力，在湾区建设不断提速的当下，颇具意义。

表6-1　全球四大湾区综合实力对比一览

湾区	面积 （万平方公里）	人口 （万）	GDP （万亿元）	GDP 增长率	人口 增长率	主要产业	主要城市
纽约	2.1	1,983	1.36	3.5%	0.9%	房地产、金融、科技服务业、医疗保健	纽约、纽瓦克、新泽西
旧金山	1.8	765	0.79	1.7%	0.8%	房地产、制造业、批发零售业	旧金山、奥克兰、圣荷西
东京	1.4	3,867	1.99	3.6%	0.3%	服务业、批发零售、不动产业、金融业	东京、横滨、川崎

续表 6 – 1

湾区	面积 （万平方公里）	人口 （万）	GDP （万亿元）	GDP 增长率	人口 增长率	主要产业	主要城市
粤港澳	5.6	8,669	1.41	7.9%	4.9%	制造业、金融业、进出口贸易、房地产、信息产业	香港、澳门、广州、深圳

注：数据依据相关统计公报、官网资料整理和计算所得。

（二）人文湾区内涵与建设重点

《粤港澳大湾区发展规划纲要》（以下简称《规划纲要》）明确提出，坚持以人民为中心的发展思想，共建人文湾区，积极开展粤港澳大湾区在文化、教育、旅游、社会保障等领域的合作，共同打造公共服务优质、宜居宜业宜游的优质生活圈。[3] 在具体实施层面，《规划纲要》从塑造湾区人文精神，共同推动文化繁荣及加强粤港澳青少年交流和推动中外文化交流互鉴几方面做了具体部署。

"人文湾区"是与"经济湾区""产业湾区""科技湾区"相对应的概念。从类别属性上来看，"经济湾区""产业湾区"和"科技湾区"属于"硬实力"概念范畴，而"人文湾区"则属于"软实力"概念范畴。就某种程度而言，"人文湾区"的核心是文化，而文化的核心则是精神。[4] 因此，"人文湾区"建设的重点应为湾区文化建设，共塑湾区人文精神。笔者认为，推进人文湾区建设，应结合湾区实际和特色，重点建设中华优秀文化、现代优势文化和区域特色文化。

二、人文湾区建设中的广东省公共图书馆力量

公共图书馆是粤港澳大湾区人文湾区建设不可或缺的重要力量。近年来，广东省公共图书馆业界在广东省立中山图书馆的带领和指导下，主动作为，勇于担当，积极投身人文湾区建设实践，以扎实的专业建设和服务成效，为人文湾区建设贡献了应有力量。

（一）以标准化、智慧化建设为人文湾区建设贡献业界力量

公共图书馆是标准化程度最高和新技术应用最成熟的公共文化服务机构。[5] 近年来，广东省公共图书馆业界充分发挥专业优势，敢为人先，锐意进

取，扎实推进标准化和智慧化建设，使得广东省公共图书馆业界建设水平位居全国乃至全球前列，从而以实际行动为湾区文化建设和人文精神的塑造贡献了业界力量。

在标准化建设方面，广东省公共图书馆始终走在全国前列。深圳、东莞、广州的"图书馆之城"模式，广东省立中山图书馆的流动图书馆模式，佛山的联合图书馆模式，均在各自的保障范围内较好地实现了服务的均等化和标准化，从而成为广东乃至全国图书馆公共文化服务先进模式的代表。仅以"图书馆之城"建设为例，深圳首创"图书馆之城"建设模式，东莞、广州相继大力推进建设，均取得显著成就，重要业务指标位居全国前列（详见表6-2）。"图书馆之城"建设是广东乃至中国公共图书馆业界筚路蓝缕、锐意进取，融合经济发展、技术进步和服务提升，推进现代公共文化服务高质量建设和发展的创新之举。[6]截至2021年底，深圳市实现通借通还的图书馆（室）数量达1,043个，正式迈入"千馆之城"行列，其数量是2002年全市图书馆数量（319个）的3倍多。藏书量方面，2021年全市高达5,698.26万册，是2002年藏书量（620万册）的9倍多，服务效能也实现了快速提升，从而实现了公共图书馆事业的跨越式发展。2021年7月，作为公共文化服务领域唯一入选项目，深圳"图书馆之城"建设经验获国家发展和改革委员会推广，入选《深圳经济特区创新举措和经验做法清单》，这是国家对深圳公共图书馆业界长期以来开拓创新、求实奋进的充分肯定，深圳"图书馆之城"建设模式从而成为全国范围可复制、可借鉴的先进模式。

表6-2　深圳、东莞、广州"图书馆之城"建设成效一览表

城市	建设起始年份	实现通借通还图书馆（室）数量（个）	馆舍面积（万平方米）	藏书量（万册）
深圳	2003	1,043	48.67	5,698.26
东莞	2005	637	21.42	1,737.65
广州	2015	694	54.88	3,070.70

注：数据依据相关图书馆年报（2021年度）、图书馆官网等资料整理和计算所得。

在智慧化建设方面，广东省公共图书馆界勇于创新，成效显著。以"粤读通"项目为例，2021年4月23日，由广东省立中山图书馆融合文化和科技，牵头全省公共图书馆推广的"粤读通"项目正式在"粤省事"平台上线。读者可通过"粤省事"平台开通并领取"粤读通"数字证卡，享受广州、佛山、肇庆等9个城市10家公共图书馆提供的图书借阅、电子资源浏览下载等服务。截至2023年5月，已有49万人开通和申领"粤读通"数字证卡，各级

公共图书馆累计新增注册读者 1,404 万人次。"粤读通"依托广东数字政府的"粤省事"平台和广东省身份统一认证平台,联合省内各级图书馆逐步实现用户信息互联、互通、互认,促进馆际间公共文化资源的共享与利用,在广东省域范围内实现公共图书馆"零门槛""一证通""数字化",成功实现文化数字化成果走向网络化和智能化,有力推动了省域公共图书馆服务的智慧化和一体化建设。2021 年,"粤读通"项目在第十六届中国电子政务论坛暨首届数字政府建设峰会上作为重量级产品(成果)发布。2022 年 8 月,"粤读通"被列入目获广东文化和旅游领域数字化应用十大典型案例,从而为湾区文化高质量发展贡献了业界力量。

(二)率先成立行业合作联盟,携手促进事业共同发展

《粤港澳大湾区文化和旅游发展规划》(以下简称《发展规划》)提出,建立公共图书馆、博物馆、美术馆和剧院等公共文化服务机构联盟,不断提升湾区公共文化服务水平。[7]为贯彻落实《发展规划》精神,共同推动人文湾区建设,在广东省立中山图书馆的倡议和指导下,广州图书馆发挥广州作为湾区核心城市的作用,主动作为,于 2019 年 11 月,联合广东省立中山图书馆、深圳图书馆等 12 家公共图书馆和文献机构率先共同发起成立粤港澳大湾区公共图书馆联盟,并发布《粤港澳大湾区公共图书馆联盟倡议书》,将在文献信息资源共建共享、阅读推广和专业交流等领域开展广泛合作。[8]粤港澳大湾区公共图书馆联盟(以下简称"联盟")采取"9 + 2"合作机制,湾区 11 座城市的公共图书馆、广东省立中山图书馆和相关文献机构共同参与,置于粤港澳文化合作会议等相关合作机制之下。[9]在成员吸纳方面,联盟秉持"自愿、平等、共赢、开放"原则,建立开放合作发展框架,对湾区内其他有意向加入的公共图书馆及相关机构持续开放。在组织实施方面,联盟以年度会议的形式开展工作,每年举办一次联盟会议,由当年的年度主持单位负责召集。在工作机制方面,联盟以项目制方式推进具体工作,成员馆可发挥自身优势,在联盟框架内提议或发起项目,视具体情况设立项目组,负责实施各具体项目。值得一提的是,在运作时间上,联盟运作时间与《规划纲要》的规划时间保持一致,近期至 2022 年,远期展望到 2035 年。

2020 年,为进一步加强业界合作,在广东省文化和旅游厅的指导下,广东省立中山图书馆牵头,率先在全国成立省域公共图书馆行业联盟——广东省公共图书馆联盟,定期召开工作会议,商讨湾区合作、"粤读通"、"粤书吧"、全国公共图书馆评估定级等推进实施事项,积极推进公共文化服务一体化建设和完善,共同推动图书馆事业高质量发展。行业合作联盟的成立和运作,为湾

区图书馆事业的协同发展提供了坚实的组织保障，在全国图书馆界乃至文化界产生了积极影响。

（三）以湾区文化资源为抓手，稳步推动湾区文献资源共建共享

近年来，在广东省立中山图书馆的牵头指导下，广东省公共图书馆业界充分发挥资源优势，以历史文献、粤剧、地方文献等湾区文化资源为抓手，积极推动湾区文献资源共建共享。

一是积极推动《粤剧文献总览》汇编出版项目。粤剧是湾区的重要文化元素，于 2009 年 9 月获联合国教科文组织肯定，列入人类非物质文化遗产代表作名录，是广东省唯一的世界非物质文化遗产。《粤剧文献总览》汇编出版项目致力于传承粤剧艺术、弘扬岭南地方文化、助力学术研究、推动人文湾区建设。项目由粤港澳大湾区公共图书馆联盟、粤剧相关机构及海内外其他相关图书馆、博物馆共同参与，计划收录 2020 年 12 月 31 日以前编辑出版的，与粤剧（包括木鱼、南音、粤讴等）相关的图书、报刊、音像资料、特种文献和论文资料等，囊括正式出版物和非正式出版物。目前，已经提交粤剧文献数据的文化机构共计 39 家。以广州市为例，广州公共图书馆业界充分发挥广州作为岭南文化中心和粤剧文献资源丰富的优势，经持续努力，共计提交粤剧联合会书目 5,834 条，其中广东省艺术研究所 3,467 条、粤剧艺术博物馆 1,608 条、广东粤剧院 359 条、广州文学艺术创作研究院 60 条、广州粤剧院有限公司 200 条、广州粤艺发展中心 34 条、红线女艺术中心 106 条，基本涵盖了区域内主要粤剧文献收藏机构的文献，为湾区特色文献资源建设贡献了"广州力量"。

二是有序推动《粤港澳大湾区珍贵古籍名录图录》《彩墨浮生——叶因泉的艺术》等文献的汇编出版工作。《粤港澳大湾区珍贵古籍名录图录》（以下简称《图录》）主要汇辑大湾区范围内的珍贵古籍，汇辑对象包括收藏机构和个人，汇辑范围涵盖入选一至六批《国家珍贵古籍名录》的全部古籍以及入选一至二批《广东省珍贵古籍名录》中精选的部分古籍，致力于建立大湾区完备的珍贵古籍档案，携手推动古籍和文化遗产保护，传承岭南文化基因，加强湾区各收藏单位在古籍和文化遗产保护领域的交流与合作。《图录》已于 2022 年 9 月由国家图书馆出版社出版，汇辑了湾区 16 家藏书单位入选国家珍贵古籍名录的 378 部古籍文献。《彩墨浮生——叶因泉的艺术》以 2009 年广东省立中山图书馆与香港中文大学艺术馆合作举办的"彩墨浮生——叶因泉的艺术"展览为契机，将展览作品结集出版，包括风景写生图册（1942—1949）415 幅、《抗战流民图》144 幅以及当时展出的香港中文大学馆藏叶因泉的其

他作品，合计约600幅。这批作品主要为叶因泉在抗战时期创作，其中广东省立中山图书馆收藏的《抗战流民图》更是具有深刻的画史意义。此次结集出版不仅是对叶因泉艺术作品的系统搜集和整理，亦是对广东近代美术史、抗战史研究工作的推动，同时有益于加强湾区的文化交流与合作，促进人文湾区文化的融合与互补。目前，该书已按计划于2022年底由岭南美术出版社出版。

此外，广东省公共图书馆业界还积极举办《广州大典》及大湾区历史文献与历史文化展览，基于湾区文化资源共建共享活动的"从文献看澳门"系列活动。

（四）积极开展阅读推广合作，共塑湾区人文精神

阅读推广是广东省公共图书馆业界参与湾区文化建设的重要抓手。近年来，在广东省立中山图书馆的牵头指导下，广东省公共图书馆业界积极策划开展湾区阅读推广合作，共塑湾区人文精神。

一是积极打造粤港澳"共读半小时"品牌活动。粤港澳三地公共图书馆携手高校图书馆等各级各类图书馆，以经典内容为载体，推动湾区城际共读，增强湾区文化凝聚力，共建书香社会。目前，"共读半小时"活动已连续举办5年，分别在深圳、广州、东莞、澳门设置主会场，携手粤港澳各地共读点的市民共享书香。以2021年共读活动为例，4月23日，粤港澳三地公共图书馆、高校图书馆以"100年里的中国"为主题联合举办"共读半小时"活动，深圳主会场活动分为红色经典、人文经典、科技主题3个篇章，由领读人带领现场市民齐声共读。除主会场外，深圳地区共有14个图书馆、193个共读点、20,482人同步参与活动[10]。

二是策划举办"品读湾区"9+2城市悦读之旅活动。"品读湾区"9+2城市悦读之旅活动是由中山市文化广电旅游局、粤港澳大湾区公共图书馆联盟和广东省图书馆学会联合主办的又一湾区品牌系列阅读推广活动。活动统筹阅读推广与疫情防控，以线上线下相结合的方式展开，包括城市阅读马拉松、百人荐读百本书、摄影作品征集、百名馆长（馆员）带你读经典等项目，内容丰富、精彩纷呈。以2022年"品读湾区"活动为例，仅开幕当天就吸引逾15万人线上"围观"，年均参与人次逾130万，为人文湾区的建设做出了积极贡献。

此外，广东省公共图书馆业界还积极举办世界阅读日粤港澳创作比赛、粤港澳青少年书画展、广佛同城共读等各种阅读推广活动，助力湾区人文精神建设。

三、广东省公共图书馆参与人文湾区建设问题研究

在看到人文湾区建设中的广东省公共图书馆力量的同时，我们也应清醒地认识到，总体而言，当前广东省公共图书馆参与人文湾区建设还存在主动参与意识不强、缺乏通盘性顶层设计、受众覆盖率不高、建设力度不足等问题。

（一）主动参与意识不强

党的"二十大"报告指出，香港、澳门发展同内地发展紧密相连。要支持香港、澳门融入国家发展大局，以粤港澳大湾区建设、粤港澳合作、"泛珠三角"区域合作等为重点，全面推进内地同香港、澳门互利合作[11]。粤港澳大湾区建设是国家重大发展战略，亦是广东省公共图书馆实现高质量发展的重要机遇。鉴此，广东省各公共图书馆理应抓住机遇，主动参与，主动作为，在助力湾区文化建设，共塑人文湾区进程中建功立业。然而，笔者调研发现，当前现实情况并非如想象。笔者调研广东省立中山图书馆和珠三角9市公共图书馆时发现，在10家公共图书馆2022年的年度工作总结中，将参与湾区建设单列篇幅进行重点总结的仅有2家，即广东省立中山图书馆和深圳图书馆（粤港澳大湾区公共图书馆联盟现任轮值单位）。其他8家公共图书馆涉及的篇幅均较少，大多仅停留在按照上级的要求配合开展某项工作，亦或参与某项活动。显然，这与共建人文湾区的要求还存在差距。

（二）缺乏通盘性顶层设计

总体而言，当前广东省公共图书馆参与人文湾区建设还缺乏通盘性顶层设计。以"图书馆之城"建设为例，虽然深圳、东莞、广州3市目前均有自身相对完善的"图书馆之城"建设顶层设计，但就总体而言，大湾区层面"图书馆之城"建设通盘性的顶层设计还较为缺乏[12]。虽然在广东省立中山图书馆的倡议和指导下，广州图书馆于2019年11月牵头成立了大湾区公共图书馆联盟，并发布了《粤港澳大湾区公共图书馆联盟倡议书》，但目前的联盟成员馆数量还相对较少，港澳地区图书馆尚未实质性加入，合作层次还仅停留在图书馆层面，合作的内容亦仅局限于文献信息资源共建共享，专业交流和阅读推广等一般性业务层面，加之受到疫情等影响，实质性的合作内容还相对缺乏，大湾区政府层面的公共图书馆服务一体化、均等化、标准化和智慧化、数字化方面的通盘性顶层设计还是空白。

（三）受众覆盖率不高

人文湾区建设的重点在广东。珠三角 9 市国土总面积 55,368.7 平方公里，占湾区面积的比重为 98.87%，人口总量 7,860.6 万，占湾区人口的比重为 90.67%。但整体而言，当前广东省公共图书馆参与人文湾区建设还存在受众覆盖率不高的问题。从覆盖率来看，截至 2021 年底，大湾区常住人口总数为 8,669.23 万，当前"图书馆之城"建设的覆盖人口为 4,702.9 万，占比仅为 54.25%，还有较大的提升空间。以服务效能最好的广州市为例，虽然广州注册读者率指标位居湾区乃至全国前列（详见表 6-3），但与国内外发达国家和地区相比，还存在不小差距，还未能达到国际公认的 40% 理想水平。

在活动供给方面，以品牌活动"共读半小时"为例，2022 年粤澳"共读半小时"聚集经典，采用"4＋N"会场共读形式举办。其中，"4"代表深圳、广州、东莞、澳门 4 个主会场；"N"代表遍布粤澳地区的各级各类图书馆（室）、学校、企业、社区、书店、公园、书城等所有共读点。活动参与形式十分灵活，几乎无任何门槛，倡导市民打开书本，用共同的、富有仪式感的阅读行为诠释"让阅读成为习惯"的理念。然而，统计显示，活动参与人次不足 400 万，占比仅为 4.6%。

表 6-3　广州公共图书馆注册读者率对标国际国内先进城市一览表

序号	国家	城市（地区）	统计年度	公共图书馆注册读者率
1	中国	广州	2021	26.55%
2	中国	上海	2021	23.06%
3	中国	深圳	2021	20.36%
4	中国	佛山	2021	17.84%
5	中国	香港	2021	65.44%
6	新加坡	新加坡	2021	45.36%
7	美国	纽约	2021	59.82%

注：数据依据相关城市统计公报、相关图书馆官网等资料整理和计算所得。

（四）建设力度有待提升

文化工作只有成为党委、政府的重要工作，列入重要议事日程，才能实现快速发展。粤港澳大湾区建设是国家重大发展战略。"一个国家，两种制度、三种货币"下的湾区建设，开世界未有之先例，无现成模式和经验借鉴。若无政府的有力推动，建设难度将异常大，湾区文化建设亦不例外。纵观当前广东省公共图书馆参与人文湾区建设实践，基本停留在图书馆自身行业组织层面，参与的覆盖面和着力点还比较有限，建设力度还有待提升。

四、公共图书馆助力人文湾区建设路径探析

一流人文湾区建设离不开一流文化支撑。紧扣人文湾区内涵，结合中华文化、现代文化和特色文化建设重点，立足公共图书馆专业精神和现有优势，在客观分析当前建设问题的基础上，笔者认为，未来广东省公共图书馆事业助力人文湾区建设应着重从以下几方面努力。

（一）提升参与意识，契合中心工作，助力湾区"三个高地"建设

经济建设是文化建设的基础。人文湾区的持续良性和高质量建设，离不开湾区经济实力的强有力支撑。公共图书馆应主动融入中心工作并有所作为，才能更好地实现自身价值和价值增值[13]。当前，在经济发展层面，建设产业湾区、科创湾区和金融湾区"硬实力"是深入推进粤港澳大湾区国家重大发展战略的中心和重点工作。因此，广东省公共图书馆业界应结合湾区发展优势，提升主动参与意识，自觉契合中心工作，不断创新服务方式，积极推动文化与经济、科技的深度融合，通过建设产业主题图书馆，加大产业文献建设和开发利用力度，提供产业情报深度咨询服务等方式，助力湾区"三个高地"建设。东莞为全球闻名的制造业名城。东莞图书馆将"服务大湾区建设，促进东莞产业发展"作为"十四五"规划的战略目标，并列出"构建支持产业发展的资源服务体系""优化升级产业知识服务平台""大湾区资源整合与共建共享"等具体实施策略（详见表6-4），在每一个策略下又详细列出具体的行动计划和目标，从而为湾区其他公共图书馆提升参与意识，契合中心工作，助力湾区"三个高地"建设提供了生动样例。

表6-4　东莞图书馆"服务大湾区建设，促进东莞产业发展"目标分解一览表

指　标	当前值	目标值	统计频率	牵头落实部门/协同部门
产业需求与合作信息发布量（条）	新增值	1,000	累计值	松山湖图书馆/读者服务中心
定题追踪服务量（项）	45	50	累计值	读者服务中心/松山湖图书馆

续表6-4

指标	当前值	目标值	统计频率	牵头落实部门/协同部门
上门服务企业/机构数量（次）	150	210	累计值	读者服务中心/松山湖图书馆

注：依据东莞图书馆"十四五"战略规划（2021—2025）整理。

（二）勇于担当，充分发挥专业特长和优势，为人文湾区建设打造业界标杆

人文湾区的建设需要载体。改革开放以来，伴随着经济的飞速发展，广东省公共图书馆业界秉持专业理性，锐意进取，敢为人先，奋力拼搏，实现了事业的快速发展，各项重要业务指标均居于全国前列。以服务建设为例，继"图书馆之城"、联合图书馆、流动图书馆等先进模式之后，佛山市图书馆近年相继推出邻里图书馆、"易本书"项目，创新性开展公共文化设施效能革命专项行动[14]，既很好地解决了公共文化资源不足的瓶颈问题，又发挥了民众参与公共文化建设的热情，打通了公共文化服务的"最后一米"，走出了城乡公共文化服务一体建设的新路，两次荣获国际图联（IFLA）国际营销奖，为湾区文化建设提供了"佛山经验"。这是广东省公共图书馆事业的独特优势，也是未来助力人文湾区建设的坚实依托和重要载体。

程焕文教授认为，公共图书馆是文化系统内标准化程度最高和新技术应用最为成熟的公共服务机构。未来，广东省公共图书馆应敢于担当，勇于担当，并善于担当，继续发挥专业特长和现有优势，不断创新现有标准化、智慧化和数字化发展成果，扩大发展成果的覆盖力度，在确保国家安全尤其是意识形态安全的前提下，提供与港澳图书馆设施联网融合发展的可能性和可行性，为世界一流人文湾区建设提供坚实的文献资源支撑、服务内容支撑、阅读活动支撑和智能技术支撑，打造新时代湾区文化建设和高质量发展的业界标杆。在均等化、标准化建设方面，可以现有服务模式为依托，逐步扩大"图书馆之城""邻里图书馆""易本书"等先进模式的覆盖范围，以最终实现湾区"一个图书馆"为建设目标，打通公共文化服务的"最后一米"，逐步推动实现湾区图书馆公共服务的均等化和标准化。在智慧化、数字化建设方面，可充分发挥"粤读通"数字证卡"安全性高""零门槛"的独特优势，在确保国家安全的前提下，以最终实现湾区"一张数字卡"为建设目标，逐步扩大受众和覆盖范围，稳步推进区域公共图书馆资源共享服务，通过构建更可持续发展的公共文化服务，保障和维护湾区群众基本文化权益，切实增强湾区群众文化获得感

和幸福感，继而为一流人文湾区建设打造业界标杆。

（三）突出重点，以民族优秀文化为支撑，助力建设湾区中华优秀文化

习近平总书记经常强调世界百年未有之大变局。这个大变局有许多表现，文明格局的变化是其一。[15]中央党校国际战略研究院院长刘建飞教授认为：当前，世界文明格局总体呈现"东升西降"的态势，以中华文明为主要代表的非西方文明崛起，虽然西方文明的影响力还相当强，但却处于相对下降的状态，而且这种趋势不可逆转。

湾区首先是中国的湾区，是展示以中华文明为主要代表的非西方文明的窗口，亦是展示中国全面推进社会主义现代化强国建设最高发展成就的窗口和试验区。鉴此，湾区文化建设的首要目标是建设中华优秀文化。未来，广东省公共图书馆业界应突出重点，着力以民族优秀文化为支撑，通过民族优秀文化资源建设、深度开发和推介利用，助力建设湾区中华优秀文化。如可充分发挥广东省立中山图书馆作为广东省古籍保护中心的作用，深入贯彻《关于推进新时代古籍工作的意见》精神，通过与故宫博物院、国家图书馆、上海图书馆、甘肃图书馆、广州国家版本馆、香港故宫文化博物馆、台北故宫博物院等公共文化服务机构以及中山大学图书馆、香港大学图书馆、澳门大学图书馆等民族优秀文化资源收藏丰富的机构建立长期固定的合作关系，充分利用广州南沙粤港澳全面示范合作区、深圳前海深港现代服务业合作区、珠海横琴粤澳深度合作区等重要平台，通过抢救保护、整理研究、出版利用、原样影印、合作办展、学术研讨、定期交流等各种方式，将《四库全书》《永乐大典》《敦煌遗书》《赵城金藏》、文津获奖图书等承载民族优秀文化的珍贵文献资源引入到湾区，通过创造性转化和创新性发展，稳步推进湾区中华优秀文化建设。

（四）凸显优势，以现代优势文化为抓手，助力建设湾区现代优势文化

从发展历史来看，世界其他三大湾区经过多年发展，已形成了相对清晰的产业定位，如纽约湾区的金融业，东京湾区的制造业和旧金山湾区的高科技。与纽约"金融湾区"、东京"制造湾区"和旧金山"科技湾区"相比，"人文湾区"是粤港澳大湾区的优势和特色。湾区同属海洋文化，区内各城市现代优势文化特色明显，如香港的影视音乐产业、澳门的博彩旅游产业、深圳的动漫创意产业、广州的会展影视产业、东莞的篮球产业、佛山的传统武术文化产业等。未来，广东省公共图书馆业界应凸显优势，着力以湾区现代优势文化为

抓手，通过建立主题图书馆（分馆），举办主题阅读活动，深度开发主题文献资源等方式，助力建设湾区现代优势文化。

深圳公共图书馆业界以海洋优势文化为抓手，近年相继新建了一批主题图书馆（分馆），如盐田区灯塔图书馆、听海图书馆等系列社区主题图书馆，南山区深圳湾公园白鹭坡书吧，大鹏新区大鹏半岛海洋图书馆等，艺术感十足，有机融合了公共阅读和地方优势文化，实现了"抬头观海，低头看书"，成为区域新晋网红打卡点，颇受市民青睐。广州图书馆将主题图书馆（分馆）建设列为"十四五"规划重点工作，并结合区域优势，相继在琶洲港澳口岸和会展区域网点建设了阅江会展码头阅读基地（分馆），在广州数字纪实视听产业园建设影像音乐主题分馆，在 T. I. T. 智慧园城市超级客厅（天河区港澳青年创业中心）建设艺术主题分馆等，分馆实现与广州图书馆、广州市少年儿童图书馆、市内各区域总馆、流动图书馆、自助图书馆的通借通还[16]，为广东省公共图书馆业界以现代优势文化为抓手，助力建设湾区现代优势文化做出了有益的探索和尝试。

（五）注重特色，以岭南传统文化为纽带，助力建设湾区特色区域文化

粤港澳大湾区是岭南传统文化的核心区。广东省公共图书馆业界在未来参与湾区文化建设，共塑人文湾区的进程中，应注重特色，着力以岭南传统文化为纽带，通过重点开发、建设和利用岭南历史文化、古籍、"非遗"、文献遗产等特色资源，为建设湾区特色区域文化贡献公共图书馆业界力量。一是继续推进古籍及特色文献遗产的合作编纂出版工作。在完成《粤剧文献总览》《粤港澳大湾区珍贵古籍名录图录》《彩墨浮生——叶因泉的艺术》等特色文献汇编出版工作外，争取以《粤港澳大湾区珍贵古籍名录图录》为基础，开展《粤港澳大湾区文献遗产保护名录》的整理编纂工作；同时挖掘更多特色文献资源，有计划地开展合作整理、保护传承和开发利用。二是加强地方特色文化典籍文献的整理与共享。开展岭南地方文献调研，促进湾区城市地方文献建设交流与资源共建共享，并通过"从文献看湾区"等专题展览巡展，促进文化交流与传播。三是继续举办《广州大典》及湾区历史文献与历史文化展览。《广州大典》是岭南历史文化的集大成者和典型代表。广东省公共图书馆业界可充分发挥粤港澳大湾区公共图书馆联盟以及广东省公共图书馆联盟"双联盟"的优势，力争在"十四五"期间实现《广州大典》及湾区历史文献与历史文化展览在湾区 11 市的全覆盖。

（六）着力顶层设计，深化文旅融合，助力湾区世界级旅游目的地建设

文旅融合是新时代文化建设与发展的国家战略，是建设社会主义文化强国的重要途径和有效抓手。《规划纲要》明确提出共建人文湾区、构筑休闲湾区，从而为粤港澳三地文化和旅游事业发展提供了新机遇。广东省第十三次党代会报告明确提出："深入推进大湾区文化圈和世界级旅游目的地建设，吸引海内外游客前来领略科技之光、文明之光、时尚之光。"[17]随着湾区建设的不断提速，粤港澳三地文化和旅游领域的交流合作将不断提质增效。广东省公共图书馆业界在接下来参与人文湾区建设的实践进程中，应着力通盘性顶层设计，不断推进和深化文旅融合，通过在主要旅游景点、代表性文化遗迹、文化遗产路径、核心交通枢纽、主要旅游集散中心、品牌星级酒店等地设立集阅读、休闲、时尚等功能于一体的新型智能公共文化空间，并定期举办主题阅读学习活动，以文塑旅，以旅彰文，为湾区建设世界级旅游目的地贡献公共图书馆业界力量。

近年来，广东省立中山图书馆按照省文旅厅的部署，积极实施文旅融合，探索在南沙花园酒店、东山历史文化街区、白天鹅宾馆等地建设"粤书吧"，并研发"行走粤读"小程序，牵头举办省内各级公共图书馆及"粤书吧"合作共建单位联动的阅读挑战赛，将探索城市人文知识、旅游场景、游戏与阅读相结合，打造沉浸式文旅阅读新体验。以2022年为例，活动全年共计125家单位（含公共图书馆、"粤书吧"合作共建单位及文旅企业）参与，派发文旅优惠卡券90种近1万张，小程序访问量近4万人次，取得了显著成效。2021年，"粤书吧"项目被列入广东省政府民生实事和"我为群众办实事"实践活动任务。广州图书馆立足广州品牌酒店数量众多的优势，相继在中国大酒店、东方宾馆和广州大厦等品牌星级酒店建设新型公共阅读空间，不断探索公共文化服务高质量发展新路径，为全省其他公共图书馆深化文旅融合，助力湾区世界级旅游目的地建设提供了样例参考。

（七）注重创新，打造品牌，扩大受众，以高质量活动供给助力湾区精神家园建设

习近平总书记指出，图书馆是国家文化发展水平的重要标志，是滋养民族心灵、培育文化自信的重要场所。希望创新服务方式，推动全民阅读，更好满足人民精神文化需求，为建设社会主义文化强国再立新功[18]。全民阅读活动是共建人文湾区的重要载体和有效抓手。粤港澳三地地缘相近、人缘相亲、民

俗相近。同根同源的文化血脉是推进文化建设，共塑湾区人文精神的重要基础。

　　未来，广东省公共图书馆业界应注重创新，打造品牌，扩大受众，以高质量阅读活动供给助力湾区精神家园建设。一是扩大现有的粤港澳"共读半小时"、"品读湾区"9+2城市悦读之旅、世界阅读日粤港澳创作比赛、粤港澳青少年书画展等活动的受众覆盖面，不断创新服务形式，树立品牌意识，持之以恒，久久为功，将现有活动打造成为湾区品牌全民阅读活动。二是结合湾区历史文化遗迹，历史文化路径，非遗文化分布、乡愁记忆点等，策划开展"走读湾区""品读湾区""悦读湾区"等系列阅读推广活动，以湾区青少年等人群为重点对象，通过内容丰富、形式新颖的高质量阅读活动供给助力湾区精神家园建设。

参考文献

［1］　中华人民共和国中央人民政府.习近平在广东考察时强调：坚定不移全面深化改革扩大高水平对外开放　在推进中国式现代化建设中走在前列［EB/OL］.［2023－05－02］.https：//www.gov.cn/yaowen/2023－04/13/content_5751308.htm.

［2］　中共中央党校（国家行政学院）.习近平新时代中国特色社会主义思想基本问题［M］.北京：人民出版社，2020.

［3］　新华网.中共中央　国务院印发《粤港澳大湾区发展规划纲要》［EB/OL］.［2023－05－03］.http：//www.xinhuanet.com/politics/2019－02/18/c_1124131474.htm.

［4］　中国社会科学网.人文湾区的内涵及建设目标［EB/OL］.［2023－05－03］.http：//sscp.cssn.cn/xkpd/whcy/202108/t20210805_5351986.html.

［5］　程焕文，刘佳亲.国际视野下的中国图书馆学术思想发展［J］.中国图书馆学报，2019（9）：33－41.

［6］　李保东.粤港澳大湾区的"图书馆之城"建设［J］.图书馆论坛，2022（4）：48－56

［7］　人民网.文旅部等印发《粤港澳大湾区发展文化和旅游发展规划》［EB/OL］.［2023－05－07］.http：//paper.people.com.cn/rmrbhwb/html/2021－01/05/content_2027287.htm.

［8］　中华人民共和国文化和旅游部.粤港澳大湾区公共图书馆联盟成立［EB/OL］.［2023－05－04］.https：//www.mct.gov.cn/whzx/qgwhxxlb/gd/

201911/t20191113_ 848849. htm.

［9］ 南方网.《粤港澳大湾区城市书香报告（2019）》粤港澳大湾区公共图书馆建设：深圳总量最大，广州增速最快［EB/OL］.［2023－05－05］. https：//static. nfapp. southcn. com/content/202008/01/c3843242. html.

［10］ 广东省文化和旅游厅.《2022 年广东省公共图书馆事业发展报告》发布广东公共图书馆事业呈显"全域性、全民性、全业态"发展趋势［EB/OL］.［2023－05－05］. https：//whly. gd. gov. cn/gkmlpt/content/4/4170/mpost_ 4170133. html#2628.

［11］ 习近平.高举中国特色社会主义伟大旗帜，为全面建设社会主义现代化国家而团结奋斗——在中国共产党第二十次全国代表大会上的报告［M］.北京：人民出版社，2022.

［13］ 李保东."图书馆之城"建设实践比较研究与启示［J］.图书馆，2021（11）：9－15，37.

［14］ 王惠君.建设面向未来和大众的新型图书馆服务体系［J］.图书馆论坛，2023（4）：7－9，29.

［15］ 中共中央党校（国家行政学院）"粤港澳大湾区建设研究"课题组. 粤港澳大湾区建设研究［M］.北京：人民出版社，2021.

［16］ 广州图书馆.图书馆之城简介［EB/OL］.［2023－05－08］. https：//www. gzlib. org. cn/libCityIntord/index. jhtml.

［17］ 广东省人民政府.忠诚拥护"两个确立"，坚决做到"两个维护"，奋力在全面建设社会主义现代化国家新征程中走在全国前列创造新的辉煌——在中国共产党广东省第十三次代表大会上的报告［EB/OL］.［2023－05－05］. http：//www. gd. gov. cn/gdywdt/zwzt/sdsscddh/ddhyw/content/post_ 3940551. html.

［18］ 中国政府网.习近平给国家图书馆老专家回信，强调坚持正确政治方向，弘扬优秀传统文化［EB/OL］.［2023－05－07］. http：//www. gov. cn/xinwen/2019－09/09/content_ 5428592. htm.

B. 7

广东省公共图书馆事业发展与全民阅读

On the Development of Public Libraries in Guangdong Province and the National Reading Promotion

冯　玲　郭学敏*

[摘　要] 近年来我国深入推进书香社会建设，倡导和推广全民阅读已成为重要的国家文化发展战略。广东省公共图书馆事业发展和全民阅读服务锐意创新、走深走实，交出了广东答卷。本报告对2018—2022年5年间广东省公共图书馆的全民阅读服务工作进行整体呈现和系统总结，并针对未来发展给出策略建议。这5年间，广东省公共图书馆服务体系发展纵横深化，为推进落实全民阅读打下了坚实基础，在全国发挥了示范引领作用；在制度保障、组织带动、活动开展、示范引领、专业研究上取得了不俗成绩；服务效益得到显著提升，各项指标基本处于增长态势。广东省公共图书馆推出了不少优秀示范项目，在跨城共读、书香"战疫"、体系提升、空间建设、均等服务、经典阅读等方面亮点频出。未来广东省公共图书馆在全民阅读领域应加强制度建设与规范管理、加强特色打造与品牌建设、加强专业导航和人才培育、加强新媒体和新技术应用。

[关键词] 公共图书馆；全民阅读；阅读推广

[Abstract] In recent years, China has deeply promoted the construction of a nation of avid readers. Advocating and promoting national reading has become an important national cultural development strategy. The development of the public librarianship and the nationwide reading service in Guangdong Province are determined to innovate and deepen, and have handed over a great answer sheet of Guangdong characteristics. This report presents and summarizes the overall improvement of the nationwide reading service of Guangdong Province

* 冯玲，东莞图书馆副馆长、研究馆员，本科，硕士，lfeng@ dglib. cn；郭学敏，东莞图书馆职员，馆员，博士。

Public Libraries from 2018 to 2022, and provides strategic suggestions for future development. Over the five years, the development of the Guangdong Province Public Libraries service system has been deepened, laying a solid foundation for promoting national reading, playing a demonstration and leading role nationwide. Guangdong Province Public Libraries have achieved remarkable results in system guarantee, organizational skills, activity development, demonstration, and professional research. And their service efficiency has been significantly improved, all indicators are basically in a growth trend. Guangdong Province Public Libraries have launched many excellent demonstration projects, with highlights in areas such as cross city co-reading, online reading promotion, system improvement, spatial construction, universal equal service, and classic reading. In the future, Guangdong Province Public Libraries should strengthen institutional construction and standardized management in the field of national reading, strengthen feature building and brand building, strengthen professional navigation and reading promoter training, and strengthen the application of new media and new technologies.

[**Keywords**] Public Library; National Reading; Reading Promotion

推进全民阅读，能提升国民素质，坚定文化自信，是推动中华文化繁荣昌盛、加强社会主义精神文明建设的内驱引擎。党中央高度重视全民阅读工作，从 2014 年开始，"全民阅读"被连续 10 次写入政府工作报告。继党的"十八大"报告提出"开展全民阅读活动"后，党的"二十大"报告再次强调"深化全民阅读活动"。在 2022 年举办的首届全民阅读大会上，习近平总书记发来的贺信提出，"希望全社会都参与到阅读中来，形成爱读书、读好书、善读书的浓厚氛围"。

图书馆是国家文化发展水平的重要标志，是滋养民族心灵、培育文化自信的重要场所。《中华人民共和国公共图书馆法》明确指出，"公共图书馆应当将推动、指导、服务全民阅读作为重要任务"。公共图书馆进行全民阅读服务的方式丰富多样，在活动上包括讲座、展览、培训及其他各类阅读推广方式。

本报告以广东省图书馆业务数据平台数据和省内各图书馆年度报告为基础，从整体情况、亮点成效两方面对 2018—2022 年 5 年间广东省公共图书馆的全民阅读服务工作进行整体呈现和系统总结，并对未来可重点发展的方向进行梳理，给出相对应的策略建议。本部分的数据共涉及广东省 150 个县级以上公共图书馆，包括 1 个省级图书馆、4 个副省级图书馆、22 个地市级公共图书馆以及 123 个县级公共图书馆。由于部分图书馆提交的数据不完整和统计口径上存在差异等问题，数据分析难免存在局限性。

一、整体概览

2006 年，中宣部等 11 个部门联合发出开展全民阅读活动的倡议书，全民阅读活动开始在全国各地蓬勃生长，遍地开花。中国图书馆学会（以下简称"中图学会"）是"全民阅读"概念的首倡者[1]，2003 年承办"全民读书月"活动，期间公开征集"全民阅读"徽标，随着徽标的征集发布，"全民阅读"的概念正式向全国推广。公共图书馆发挥了全民阅读主阵地和排头兵的作用，扩大了图书馆的社会影响。

2018—2022 年间，广东省公共图书馆事业发展和全民阅读服务稳中有进，多项核心指标保持全国前列，公共图书馆服务体系建设在全国发挥了示范作用。全民阅读服务成绩斐然，在制度保障、组织统筹、活动开展、示范引领、专业研究等方面取得不少成果，交出了广东答卷。尽管疫情导致线下活动受限，但是各级各地公共图书馆积极应对，开展各类不受时空限制的线上活动，服务效能持续提升。疫情期间，还有一件引发全国关注的热点事件——吴桂春先生留言东莞图书馆。2020 年端午节之际，读者吴桂春不舍东莞图书馆的一则 131 字留言，引来了众多重量级的媒体报道和网友刷屏，微博累计阅读总量超过了 10 亿次，唤起了社会对全民阅读与图书馆的重新认知，展现了全国和广东图书馆行业履行全民阅读使命的不懈努力。

（一）服务体系纵横深化，夯实全民阅读基础

进入新世纪以来，广东省公共图书馆凭借着"岭南模式"引领春风，为当时我国的公共文化服务提供了可资借鉴的示范样板。广东省立中山图书馆创立的"流动图书馆"模式、深圳图书馆创立的"图书馆之城"模式、广州市创立的由政府主导的图书馆发展模式、东莞图书馆创立的"集群图书馆"模式、佛山市禅城区创立的"联合图书馆模式"等图书馆事业发展新模式，创新和丰富了我国公共图书馆的发展理念，对我国图书馆事业发展产生了积极而深远的影响。[3]因应时代发展，"岭南模式"也有了新的诠释和拓展，突出体现为公共图书馆服务体系的纵向贯通与横向联动，这为完善公共图书馆服务体系，推进落实全民阅读打下了坚实基础。

1.纵向贯通，设施阵地攻坚做强

近年来，广东公共图书馆服务体系不断纵向贯通，坚持因地制宜、分类施

策、中心下移、共建共享，[3]加强服务体系的标准化、均等化建设。2016年，原文化部等5部门联合印发《关于推进县级文化馆图书馆总分馆制建设的指导意见》。意见提出全国具备条件的地区因地制宜建立起上下联通、服务优质、有效覆盖的县级文化馆图书馆总分馆制，进一步推进县域公共文化资源共建共享。2017年，广东省原文化厅制定印发《关于推进县级文化馆图书馆总分馆制建设的实施方案》，在广东省内全面启动文化馆图书馆的总分馆试点建设工作。2017年、2018年连续两年，文化馆图书馆总分馆制建设被列入"广东省政府十件民生实事"。2021年，广东二级以上文化馆图书馆100%建成总分馆制。2018年，广东省文化和旅游厅启动了公共文化基础设施攻坚做强工程，推进县级以上"三馆"全覆盖和达标升级工作，通过资金扶持、调研督导、建立台账等方式推进各服务点的落地建设。

在县级文化馆图书馆总分馆制建设和公共文化基础设施攻坚做强工程的推动下，县级以上尤其是粤东、粤西、粤北图书馆的全覆盖和升级工作得以快速推进，确保了广东省全民阅读工作的硬件基础。同时省内各市也不断加强公共文化服务体系和图书馆总分馆制度的高标准、高水平、高质量建设，佛山、中山先后于2019年、2021年成为第三批、第四批国家公共文化服务体系示范区，图书馆服务体系进一步完善与提升。

2. 横向联动，丰富社会力量供给

广东省公共图书馆除了打造多级总分馆服务体系，还致力于横向联动社会力量，化零为整，打破图书馆与广泛社会资源之间的隔阂，将楼盘小区、民宿、企事业单位、景点、学校等社会组织或个人纳入到体系发展矩阵中。

由广东省文化和旅游厅牵头打造的新型公共文化空间建设品牌"粤书吧"，成为广东公共文化文旅融合和引入社会力量的重点抓手，延伸传统社区阅读空间的服务触角，推动基层公共文化服务补短提质。其中，首间"粤书吧"——广州南沙花园酒店"粤书吧"，由广东省立中山图书馆和广州南沙花园酒店合作共建。广州利用"众筹"的概念共建共享图书馆，引入学校、企业、园区、地产商等各类社会机构合办分馆。[4]各地纷纷结合实际，大力推动建成如东莞"城市阅读驿站"、韶关"风度书房"、佛山南海"读书驿站"、江门蓬江"陈垣书屋"、深圳"南山书房"、河源源城"槎城书吧"、"中山书房"等系列有地方特色的图书馆分馆或服务点，打造便民惠民、贴近群众需求的新型阅读空间。

（二）深入推进全民阅读，取得五大突出成果

近年来广东省公共图书馆的全民阅读服务工作取得了不少突出成果，具体

表现在制度保障、组织带动、活动开展、示范引领、专业研究等五大方面。

1. 制度保障不断完善

在制度保障层面，2019 年广东省首次为"全民阅读"立法，颁布实施《广东省全民阅读促进条例》，标志着广东省全民阅读工作进入制度化、规范化新阶段。该条例明确了公共图书馆在全民阅读服务、促进和保障方面的作用和职责，指出"县级以上人民政府应当采取各种形式，鼓励和支持图书馆等通过开放阅读服务场所、开展公益性阅读活动等方式参与提供全民阅读服务，满足读者多样化的阅读需求"。

广东省各市亦先后发布和实施符合自身公共图书馆事业实际情况的法规条例或管理办法，如《广州市公共图书馆条例》（2015）、《东莞市公共图书馆管理办法》（2017）、《深圳经济特区公共图书馆条例》（2019 年修订）、《佛山市公共图书馆管理办法》（2021）等，进一步推动公共图书馆全民阅读服务的标准化规范化管理和高质量发展。

2. 组织带动能力突出

在组织带动层面，广东省公共图书馆充分利用行业平台引领和助推全国图书馆阅读推广工作前进发展。中图学会于 2005 年筹建科普与阅读指导委员会，2006 年在东莞图书馆隆重召开科普与阅读指导委员会成立大会，2009 年改称阅读推广委员会，负责在全国范围内规划、指导、协调、组织阅读推广及相关学术研究活动。深圳图书馆（2009—2015）、东莞图书馆（2016—至今）先后作为中图学会阅读推广委员会的支撑单位，多年来持续开展全民阅读论坛和各类高峰论坛，举办全民科普与阅读活动，加强阅读推广理论研究及成果应用，得到全国图书馆界的积极响应。

广东图书馆学会、广东省立中山图书馆是全省公共图书馆全民阅读工作的组织者和带领者。不仅在全国范围内较早独立组建省级的阅读指导委员会（后改称广东图书馆学会阅读推广委员会），对阅读推广工作加以指导协助和咨询支持，近年来的工作更为深入和系统，先后开展了"阅读推广人"馆际交流计划、广东省阅读推广案例大赛等活动。深圳图书情报学会阅读推广委员会、佛山市图书馆学会阅读推广专业委员会、广州市图书馆学会阅读推广委员会等纷纷成立，指导和促进本市图书馆的阅读推广工作，以图书馆为立足点的全民阅读服务在不断拓展深化。

3. 活动开展百花齐放

在活动开展层面，广东省公共图书馆在多年摸索中也形成了多个具有南粤特色的高品质阅读推广品牌活动。"书香岭南"系列活动被明确写进《广东省全民阅读促进条例》，每年在"世界读书日"由广东省立中山图书馆牵头承办，各级各地图书馆积极参与，引导社会各界广泛参与，带动全民阅读热潮。"书香岭南"系列活动在《2021年度"书香中国"全民阅读品牌传播影响力大数据研究报告》中位列全国榜单第三名。"粤读越精彩"系列活动倡导全省参与，由广东省立中山图书馆和各级公共图书馆承办，2022年广东全省公共图书馆围绕8大主题内容开展25项重点阅读活动，以线上和线下相结合的方式将广东省文化、展览、旅游、阅读等"文化＋旅游"资源互动融合。

公共图书馆在各类读书节、读书月活动中表现亮眼，如"南国书香节""广州读书月""深圳读书月""东莞读书节""清远书香节"等，在全民阅读建设中形成了阵地、活动、机制相结合的图书馆阅读服务网络。各地按照"一市一品牌、一地一特色"的要求，打造具有地域特色的品牌活动，如广州图书馆的"羊城讲堂"、深圳图书馆的"南书房"系列品牌、茂名图书馆的"行走的知识"流动图书服务品牌等。

4. 示范引领辐射带动

在示范作用层面，广东省公共图书馆在全民阅读领域屡获荣誉。2018—2022年间，四会市图书馆、深圳市宝安区图书馆、广州少年儿童图书馆等7个公共图书馆因在全民阅读工作中组织得力、成效突出，获得中图学会"全民阅读（示范）基地"称号；"阅在深秋"公共读书活动、"飞阅松湖"国家级高新区图书馆青少年科普阅读推广、"书香暖山区"爱心阅览室援建文化志愿服务等20个项目获评中图学会"阅读推广展示（优秀）项目"。广东省立中山图书馆长久以来积极主动提供特殊群体阅读服务，举办全国听障朗诵大赛、广东省盲人诗歌散文朗诵暨散文创作大赛等具有广泛影响力的大型活动，2019年获"全国助残先进集体"荣誉称号。广州图书馆的"广州新年诗会"在2018年国际图联（IFLA）国际营销奖评选中入选10个最富启发性的项目之一；佛山图书馆的"邻里图书馆"在2020年获得该奖项的第一名；深圳坪山图书馆荣获2021年IFLA绿色图书馆奖亚军。

除此之外，广东公共图书馆牵头推出或主力组织的一些品牌活动具有很强的全国辐射效应。东莞图书馆以中图学会阅读推广委员会为平台，2018年升级面向全国的阅读推广公益行动——从"扫码看书，百城共读"到集电子书、期刊、听书、视频、音乐等多种资源于一体的"悦读 悦听 悦览，码上同行"。通过统一的宣传形象、便捷的阅读方式、专业的指导推荐，普惠广大基层图书馆尤其是偏远地区群众，让他们能够"拿来即用"，到2021年底全国参与单位达522家，覆盖全国30个省级行政区、200余个市、300余个县（区）。受广东省委宣传部委托，中图学会阅读推广委员会连续策划推出两届

"公共图书馆在全民阅读中的领读与创新"峰会，2018年、2019年先后在广东省立中山图书馆、东莞松山湖图书馆举行，探讨阅读推广的理念与实践创新，与全国共享广东经验，加深政府与社会组织对图书馆在全民阅读中作用和地位的认同。广东图书馆学会、广东省立中山图书馆、广州图书馆等联合全省116所高校和公共图书馆在2017年发起首届"图书馆杯""4·23世界读书日"主题海报创意设计大赛，后在2018年升级为全国"图书馆杯"主题海报设计大赛。活动从广东发起并在全国范围内迅速铺开，覆盖范围广、参与人次多，三届征集作品共达57,608件，2022年选编成《灵动·阅读——阅读推广创意设计作品荟萃》一书正式出版。

5. 专业研究成果丰硕

在专业研究层面，广东省公共图书馆的馆员总结阅读推广的案例情况和经验教训，在图书馆情报领域的学术期刊上发表了大量研究论文，深圳图书馆、东莞图书馆、佛山图书馆、中山纪念图书馆等参与主编了集历年图书馆阅读推广理论与工作成果之大成的中图学会"阅读推广人系列教材"和"阅读推广丛书"，包括《图书馆家庭阅读推广》《读书会运营与阅读推广》《阅读政策与图书馆阅读推广》《小学生阅读推广》等，对全国阅读推广人的培养、阅读推广理论和实践的梳理整合起到了积极的推动作用。中图学会阅读推广委员会自2016年起开展科研课题申报，广东省公共图书馆四轮课题共立项41个项目，研究领域囊括儿童阅读推广、数字阅读推广、多媒体阅读资源利用、阅读空间建设、阅读推广的标准与评价研究等，产出了期刊论文、规范指南等成果，向全国展示了广东省阅读推广实践领域的优秀经验和成果。广东图书馆学会在广东省文化和旅游厅领导下，以广东省图书馆科研课题工作为抓手，着力提升图书馆专业人才队伍素质，在阅读推广研究上也取得了丰硕成果。

（三）各项指标持续增长，服务效能显著提升

2018—2022年这5年间，对图书馆事业发展来说是机遇与挑战并存的特殊时期。从外部环境上来说，正逢我国从"十三五"迈入"十四五"的关键期，全面建设中国特色社会主义现代化新征程正式开启。但世界百年未有之大变局和疫情席卷全球，对社会和经济造成了巨大冲击，图书馆界同样面临了经费缩减、线下服务受限等严峻考验。

在此大背景下，广东省公共图书馆的全民阅读服务效益仍有显著提升，各项指标基本处于增长态势。尽管线下活动受阻导致2020年各项读者活动举办场次都呈现了波谷现象，但各级各地公共图书馆积极主动拓宽线上服务渠道、更新管理理念、丰富服务活动方式，确保阅读服务的顺利开展。疫情之下，广

东省公共图书馆的读者活动参与总人次仍旧保持逐年上升趋势，这是全体图书馆人不辱使命的共同成果。

1.读者活动整体情况

2018—2022 年，广东省公共图书馆开展各类读者活动共计 249,035 次，年均增长率达 8.66%。受疫情影响，各级图书馆的活动场次在 2020 年均有不同程度的减少。尽管线下活动开展受限，但各级各地图书馆及时调整策略，充分利用线上直播、录屏录播等方式扩充活动渠道，令读者能够跨屏参与其中，2021 年广东省线上活动场次达 16,499 次，占该年总场次 28.3%；2022 年广东省线上活动场次达 24,165 次，占该年总场次 39.5%，其中线上线下联动场次有 3,843 次。

2018—2022 年，广东省公共图书馆的读者活动参与总人次整体呈现上升的趋势。全省 5 年间共吸引 25,495.4 万人次参与活动，年均增长率达 51.77%。2021 年线上活动点击量为 3,287.36 万人次，占该年总参与人次的近六成（59.87%）；2022 年线上活动点击量为 9,083.68 万人次，占该年总参与人次超八成（82.52%）。可见线上模式很好地弥补了疫情期间线下活动开展受限的不足，不少读者通过网络即可参与图书馆的各类活动。详情可见表 7－1、图 7－1 和图 7－2。

表 7－1　广东省各级公共图书馆的读者活动举办场次、参与人次情况（2018—2022 年）

	级别	2018	2019	2020	2021	2022	总计	年均增长率
读者活动场次（次）	广东省	43,884	48,394	37,315	58,273	61,169	249,035	8.66%
	省级馆	10,547	11,469	6,338	10,336	9,928	48,618	-1.5%
	地市级馆	9,295	7,273	7,342	12,221	13,343	49,474	9.46%
	区县级馆	24,042	29,652	23,635	35,716	37,898	150,943	12.05%
读者活动人次（万人次）	广东省	2,074.65	3,084.04	3,844.08	5,485.03	11,007.61	25,495.40	51.77%
	省级馆	579.95	808.88	1,794.27	2,538.82	6,022.45	11,744.36	79.51%
	地市级馆	799.52	333.95	572.28	1,353.50	2,212.30	5,271.56	28.97%
	区县级馆	695.19	1,941.21	1,477.53	1,598.09	2,772.86	8,484.87	41.32%

注：数据平台未统计 2018—2020 年的线上、线下活动场次，该数据为空；未统计 2018—2021 年联动场次，该数据为空。

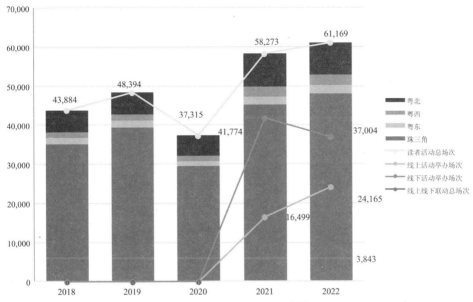

图7－1　广东省公共图书馆读者活动举办场次情况（2018—2022 年）

注：数据平台未统计 2018—2020 年的线上点击量与线下参与人数，该数据为空；（单位：万人次）。

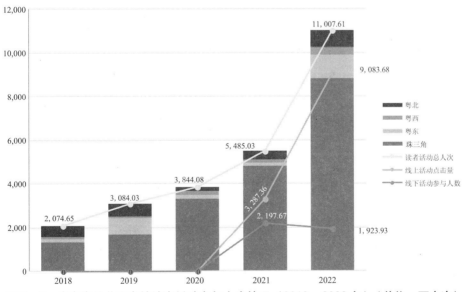

图7－2　广东省公共图书馆读者活动参与人次情况（2018—2022 年）（单位：万人次）

2.讲座、展览、培训整体情况

2018—2022 年间，广东省公共图书馆共举办讲座 30,896 次，布设展览

17,780 场，进行培训 44,139 次，各年的具体数据见图 7-3。由于疫情的影响，广东省各级各地图书馆在 2020 年的讲座、展览、培训的开展情况都受到影响。但随着疫情调控的常态化和线上渠道的开展，讲座、展览、培训的举办均在 2021 年、2022 年回归到较好的水平。全省公共图书馆的讲座举办场次 5 年间处于较稳定状态。展览举办场次 5 年间年增长率为 12.07%，在 2020 年后数据呈攀升趋势，2022 年的展览场次达 4,816 场。培训的年举办场次则有所减少，5 年间年增长率为 -2.75%。详情可见表 7-2。

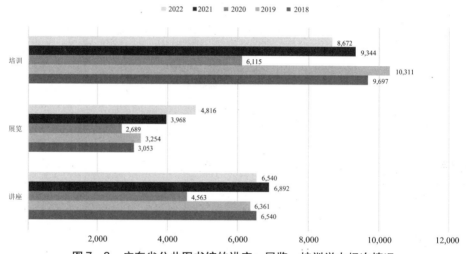

图 7-3　广东省公共图书馆的讲座、展览、培训举办场次情况
（2018—2022 年）（单位：次）

表 7-2　广东省公共图书馆的讲座、展览、培训举办场次年增长率（2018—2022 年）

（单位：次）

数量 ＼ 年份	2018	2019	2020	2021	2022	总计	年均增长率
讲座	6,540	6,361	4,563	6,892	6,540	30,896	0.00%
展览	3,053	3,254	2,689	3,968	4,816	17,780	12.07%
培训	9,697	10,311	6,115	9,344	8,672	44,139	-2.75%

3. 阅读推广整体情况

2018—2022 年，广东省公共图书馆开展阅读推广活动共 158,936 场，因疫情影响 2020 年的数据呈现波谷现象，但在 2021 年、2022 年迅速回升，5 年

间年均增长率达 15.79% 。详情可见图 7 - 4 和表 7 - 3。

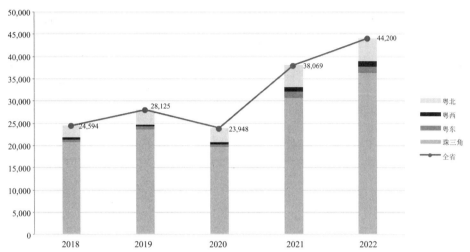

图 7 4 广东省公共图书馆阅读推广活动举办场次情况（2018—2022 年）

表 7 - 3 广东省公共图书馆阅读推广的举办场次和参与人次年增长率[*]（2018—2022 年）

年份 数量	2018	2019	2020	2021	2022	总计	年均增长率
阅读推广 举办场次	24,594	28,125	23,948	38,069	44,200	158,936	15.79%
阅读推广参与 人次（万人次）	—	—	—	2,678.55	7,531.78	10,210.34	181.19%

注：数据平台未统计 2018—2020 年的阅读推广活动参与人次，该数据为空。

从 2021 年和 2022 年的数据来看，广东省公共图书馆阅读推广活动参与人数共 10,210.335 万人次，年均增长率高达 181.19% 。同样地，珠三角、粤东、粤西、粤北地区公共图书馆的阅读推广活动参与人数占全省比重分别为 84.17% 、8.04% 、2.45% 、5.34% 。详情可见图 7 - 5。

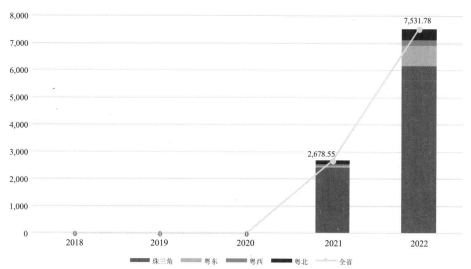

图7-5 广东省公共图书馆阅读推广活动参与人次情况（2018—2022年）

注：数据平台未统计2018—2020年的阅读推广活动参与人次，该数据为空。（单位：万人次）

二、亮点成效

（一）积极创新，开展跨城多地共读

公共图书馆是全民阅读的主力军，凭其公平公益属性、丰富的文献资源、舒适的馆舍环境、专业的阅读服务、多样的阅读活动等为公众提供良好的阅读体验，满足不同层次读者的阅读需求。5年来，广东省各级公共图书馆取得了不少成绩，除了继续深化"书香岭南"等原有阅读推广品牌活动外，还萌发了多个联动不同城市的跨城多地全民阅读活动。2019年11月，广州图书馆联合广东省立中山图书馆、深圳图书馆等12家公共图书馆和文献机构共同发起成立粤港澳大湾区公共图书馆联盟。2020年12月，广东省立中山图书馆组织21个地市的公共图书馆，以馆长联席会议的形式成立了广东省公共图书馆联盟，启动了"粤读通"工程建设。其中，合作开展阅读推广活动是联盟的重要内容。"共读半小时"、"品读湾区"9+2城市悦读之旅等跨城共读活动，辐射范围广、参与读者多、阅读仪式感强，往往能让读者对图书馆、对阅读产生浓重的情感记忆和强烈的心灵共鸣。

案例 1

"共读半小时"活动

"共读半小时"活动最初由深圳图书馆界发起,在每年"世界读书日"当天举办,通过具有仪式感的多点联动共读行为,旨在唤醒阅读意识,推广阅读理念,培育阅读风尚。2018年经广东省学会阅读推广委员会组织发动,广东全省共有200个共读点。2019年首届粤港澳"共读半小时"活动全面开展,分布于图书馆、社区、公园、医院、军营、工业区、咖啡馆、学校等地的共读点超过500个。"共读半小时"活动让美好的读书声在同一时间响彻不同城市、不同地点,拉近了粤港澳地区所有热爱阅读的人们的心灵距离。2020年,因应全民抗击疫情形势,粤鄂澳"共读半小时"活动引入VR技术,实现线上多会场共读,近150家图书馆、超过430个共读点参与其中。2021年粤港澳"共读半小时"活动以"150年里的中国"为主题,以经典内容为载体,聚焦重大主题,引导学习"四史"。2022年粤澳"4·23共读半小时"活动采取"4+N"形式举行,由广州、深圳、东莞、澳门4个主会场和遍布粤港澳地区的N个社会共读点组成。

案例 2

"品读湾区"9+2城市悦读之旅

"品读湾区"9+2城市悦读之旅活动是粤港澳大湾区公共图书馆联盟成立后联动推出的大型阅读推广项目,于2020年9月正式启动,由广东省立中山图书馆、中山纪念图书馆承办,包括广州图书馆、深圳图书馆、东莞图书馆、珠海市图书馆在内的粤港澳大湾区12家公共图书馆响应活动主题,在所属地开展粤港澳大湾区9+2城市荐书悦读之旅、21天城市阅读马拉松、粤港澳大湾区9+2城市悦读之旅摄影作品展等活动,多方面展示和交流湾区城市的人文风貌。粤港澳三地同根同源,在地缘、文化上有着不可分割的联系,同属兼收并蓄的岭南文化。"品读湾区"活动推广岭南文化精神,引导全民阅读潮流,推广湾区城市形象,促进地方文献交流。

(二)齐心"战疫",加强线上阅读推广

2020年初疫情暴发,全国人民齐心协力、众志成城,共同抗击这场没有硝烟的战争。广东公共图书馆深入贯彻落实习近平总书记关于新疫情防控工作

的重要指示精神，除做好馆内防疫工作，更是积极发挥图书馆以知识战疫的特长，用实际行动展现了作为公共文化机构的使命和担当。阅读能帮助人民加筑一道抗疫精神防线，公共图书馆迅速转变服务方式，为适应疫情期间居家阅读的需求，加大数字阅读推广力度，积极搭建线上阅读的平台和渠道，扩充数字阅读资源的获取途径，设立多种专题信息服务，致力于打破空间限制，让读者"隔屏闻书香"。

书香助力战"疫"
——2020 年广东省公共图书馆在行动

广东省立中山图书馆发挥全省龙头作用，发起"齐心战'疫'，有你有我"活动，推出防疫安全公益课，并与各图书馆一起录制视频，声援武汉，广州、深圳、东莞、佛山等各地的图书馆积极响应中图学会号召捐赠物资，送往武汉。

各级公共图书馆利用官方微信公众号、微博进行阅读推广，线上读者服务功能更加全面完善。各公共图书馆开通微博 30 个，微信公众号 131 个。广东省立中山图书馆、广州图书馆、深圳图书馆、东莞图书馆、深圳市光明新区图书馆、深圳市宝安区图书馆等，均开通了数字阅读平台微信小程序，让读者足不出户即可畅读、畅听十余万种图书和期刊。广东省立中山图书馆、深圳图书馆、佛山市图书馆、东莞图书馆等多馆还另辟蹊径，在受大众喜爱的短视频平台抖音开通官方账号。其中广东省立中山图书馆官方抖音号在 2020 年间发布原创短视频 11 条，播放总量达 373 万次，获点赞 7.7 万次，吸引粉丝 3.4 万人，运营和服务效果明显。

（三）体系提升，推动阅读融入生活

在国家公共文化服务政策的推动下，公共图书馆服务体系建设走上了快车道，显著提升了图书馆服务供给能力，体系化建设推动了阅读推广发展。[5]特别是我国公共图书馆体系发展经历了由弱到强、由相对松散到紧密结合的一个进阶过程，图书馆服务体系发展新阶段注重全面铺开、量质并重和追求效能，而阅读推广是效能输出的重要工作。[6]广东省公共图书馆积极将阅读推广工作铺设到服务体系内，通过总分馆体系延伸、与社会力量联动、组建阅读推广联盟等方式，将优质阅读资源与服务下沉至社区、单位、商圈、楼宇、家庭，让群众享受到高品质的阅读生活。

案例4

"千家万户"阅暖工程——佛山邻里图书馆

"邻里图书馆"项目于2018年推出,是佛山市创建国家公共文化服务体系示范区建设最为闪亮的招牌和公共图书馆服务体系建设社区创造的优秀典范。[7] "邻里图书馆"以佛山市联合图书馆体系为依托,以家庭为据点,帮助社会大众建立家庭图书馆。每个家庭图书馆可在佛山市馆享受总借阅200本书、期限为365天的权限。这种创新的"图书馆+家庭"的阅读体系,不仅能够营造家庭阅读氛围、盘活家庭藏书资源,还能弥补公共图书馆的阵地、馆藏、经费、人力等资源有限的问题,利用社会资源和人力资源持续扩张阅读半径。"邻里图书馆"凭借其创新意识、发展速度和影响力,获得了2020年IFLA国际营销奖的第一名。截至2022年12月底,"邻里图书馆"发展至1,430家,"邻里图书馆"馆长累计从图书馆借书45.9万册次、转借图书18.03万册次,举办活动2,139场,累计服务读者7.59万人次。

(四)空间再造,引领新型阅读空间建设

图书馆空间再造与空间服务是近年来图书馆服务转型的重点,图书馆界以图书馆阅读空间再造、馆舍内外环境建设、阅读氛围营造与布局等为主题,开展了一系列阅读推广活动。2021年,文化和旅游部、国家发展和改革委员会、财政部3部委联合下发的《关于推动公共文化服务高质量发展的意见》提出,创新打造一批融合图书阅读、艺术展览、文化沙龙等服务的公共阅读和艺术空间。文化和旅游部下发的《"十四五"公共文化服务体系建设规划》《"十四五"文化和旅游发展规划》,都提出要建设"小而美"的城乡新型公共文化空间。广东省公共图书馆将推进文旅融合和建设新型阅读空间作为重要任务,锐意进取、不断创新,"早发展、早打样、早推广",在古村落、文化园、旧礼堂、老学校、航空营地、企业、知名餐厅等建立特色分馆或服务点,推出了多类示范样板。截至2022年,广东省共建设新型阅读空间2,034个。

案例5

"吧吧有主题,一吧一特色"——"粤书吧"

"粤书吧"是2020年推出的新型阅读空间建设品牌,项目引入社会力量参与,采用"一点一策""一馆一策",整体设计和阅读活动充分展现当地特

色。"粤书吧"延伸了传统阅读空间的服务触角，利用舒适环境、智能服务、多元活动提高空间服务效能，推动公共文化服务高质量全覆盖。"粤书吧"于2020年推出首批先行先试典型样板，全省首批试点单位共有86家，起到了很好的示范作用。到2022年，全省共有"粤书吧"383个，开展了"行走粤读"阅读挑战赛、粤书吧"百馆荐书"等活动。

"看！海书房，看见图书馆"
——深圳市盐田区图书馆智慧书房

深圳市盐田区图书馆因地制宜，针对盐田区地形狭长、人口分散的地理特征，于2020年启动了"看！海书房，看见图书馆"智慧书房项目，创新规划了10间极具科技元素、地域特色、独特的设计智慧书房，满足偏远社区民众的阅读需求，体现作为一个滨海旅游度假城区的文化特色。这10间智慧书房统称为"海书房"，拥有不同主题，如天文科幻专题馆"灯塔图书馆"、多元文化专题馆"中英街图书馆"、红色精神谱系专题馆"观海图书馆"等。设计精巧别致的馆体建在优美的海景旁，配置上人脸识别、自助测温、智慧感知、自助服务等智慧服务，吸引了大量的外地游客进馆参观阅读，引发了社交媒体和网络平台的自发宣传。"看！海书房，看见图书馆"项目是公共图书馆探索文旅融合的典型成功尝试，向社会展示了图书馆的多面形象和阅读服务。

（五）普遍均等，重视特殊群体服务

《中华人民共和国公共图书馆法》规定，"公共图书馆应当按照平等、开放、共享的要求向社会公众提供服务"。保障少儿、老年人、残疾人等特殊群体能平等享受阅读服务，是公共图书馆的责任和义务。2022年5月5日，世界上唯一一部版权领域的阅读人权条约——《关于为盲人、视力障碍者或其他印刷品阅读障碍者获得已出版作品提供便利的马拉喀什条约》在我国生效，它必极大丰富我国阅读障碍者的精神文化生活，有利于营造包容性阅读文化。广东省公共图书馆响应号召，致力于关注特殊群体的阅读需求和阅读困难，坚持以人为本的服务宗旨，推出各类阅读推广项目，保障特殊群体的阅读权利，提升阅读推广均等化服务水平。

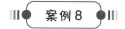

悦读童行　护苗相伴——肇庆市图书馆探索
绿色阅读推广与"扫黄打非"工作相融合案例

肇庆市图书馆于2019年推出"悦读童行　护苗相伴"阅读推广活动，将"绿色阅读"推广与"扫黄打非"工作相融合，以开展"护苗"专项行动为抓手，活动得到了广泛认可，并被中国图书馆学会评为2019年阅读推广优秀项目。项目线下着力将少儿馆打造成肇庆市图书馆的"护苗园"，充分利用少儿馆场地空间，建设"扫黄打非"教育阵地，以图文并茂的形式展示"扫黄打非"常识、"扫黄打非"案例、"绿色阅读"我们在行动等内容。通过"主导＋合作"模式，联合各县（市、区）图书馆、流动图书服务点，推动绿色阅读推广进企业、进学校、进机关，大力倡导绿色阅读，推广绿色阅读理念，宣传绿色阅读行为，进一步营造青少年绿色阅读的社会环境。肇庆市图书馆更在微信公众号上线"护苗园·云课堂"专栏，紧扣青少年网络安全教育主线，让"绿色阅读"推广不下线，受到了社会各界的高度关注和认可。

广州图书馆"精'智'生活——智学助老"讲座

为了填平"数字鸿沟"，让老年人一样能享受到"数字红利"，广州图书馆联合广州老年开放大学、广东人民出版社于2021年开展精"智"生活——智学助老主题系列讲座，讲座从智能办事、智能"防诈"、智能出行、智能就医、智能消费5个方面帮助老年人解决线上办事、在线挂号、网络学习、移动支付中遇到的困扰，帮助老年人了解新资讯、学习新技能、体验新科技，积极融入到智慧化大潮中，共享数智生活。

案例9

广州越秀区"因阅有光"视障人群服务案例

广州市越秀区图书馆推出"因阅有光"视障人群服务品牌，通过各类阅读帮助和服务活动，致力于满足视障群体的阅读需求，维护视障群体的阅读权益。越秀区图书馆每年均承办越秀区庆祝国际盲人节活动，举办盲人阅读创意手工培训班，让视障群体也能参与到互动性很强的阅读活动中；成立"越图之声"志愿者服务队,为视障人士朗诵文章并录制成音频作品,志愿者成为了视障读者的"眼睛";为视障人士提供"越图听书"特色服务,让他们畅享"听"读资源;为智障儿童举办专场文化活动,让智障儿童也能享受阅读之美。"因阅有光"品牌活动让阅读更有温度,充分发挥了公共图书馆的阵地作用。

(六)经典阅读,赓续中华传统文化

作为社会教育机构,广东省公共图书馆将经典阅读推广列为工作重点,将经典阅读推广规范化、常态化,除了推荐书目与专家导读、举办经典讲座和诵读活动外,还灵活运用多种创新方式,致力于让经典"活"起来,传承弘扬中华优秀文化,营造浓厚的阅读经典氛围。

║▶ 案例 10 ◀║

让典籍里的文字"活"起来
——广东省立中山图书馆立体阅读项目

广东省立中山图书馆于 2019 年起推出"国粹经典 翰墨流香"《中华传统文化百部经典》教育推广活动,将立体阅读理念运用到新媒体经典阅读推广活动中,将线上趣味科普和线下阅读体验相结合,激发阅读兴趣、提升阅读效果。立体阅读,是将书籍的内容从平面二维的状态转变为立体三维、动态的、充满画面感与体验感的参与式阅读方式。线上活动以"趣味推文+H5 小游戏"的形式开展,每一本典籍开展 2—4 期活动,使读者趣味品读经典;线下活动利用数字人文数据库,梳理作者的创作轨迹,采用游戏思维,立足典籍文本内容,将文本内容拆分设计为数个游戏任务。2019 年 6 月至 2021 年 6 月两年间,活动已举行 32 场次,线上推文阅读量超 25,000 人次,阅读闯关环节通过率达 95% 以上,辐射面从广州市内延伸至广东省外,线下活动的用户涵盖 3—80 岁各年龄段、各行业领域的人群。

║▶ 案例 11 ◀║

倡导经典阅读,弘扬优秀文化
——深圳图书馆"六位一体"推广项目

深圳图书馆近年来重点围绕"经典阅读"核心主题,着力从空间构建、资源推荐、阅读活动、阅读基地、技术驱动、阅读研究等 6 个方面,六位一

体，全面深入推动经典阅读，倾力打造了14个馆内文化空间，为读者提供互补、多元、专业的经典阅读交流场所。集阅读、活动与展示功能于一体的城市经典阅读空间——"南书房"是其中代表。深圳图书馆开展了"南书房家庭经典阅读书目"十年计划，向广大读者推荐适合当今中国家庭阅读与收藏的经典著作，每年推荐30种经典图书。此外还举办了"深圳学人·南书房夜话""人文讲坛"等经典阅读活动，传承发展优秀文化。

案例12

东莞图书馆"茶韵书香"系列活动

在"国际茶日"及每年5月"图书馆服务宣传周"之际，东莞图书馆联合各分馆举办"茶韵书香"系列活动，传播弘扬茶文化，推动茶文献阅读，共享美好生活。以馆藏茶文献为基础，编研《茶韵书香》读本；以茶山分馆全国首家镇级茶文化图书馆为阵地，举办莞邑茶香——东莞本土茶文化专题展，《茶经》与中国茶道——茶文化专题讲座，茶艺展示，茶道体验等活动；以松山湖文字图书馆为阵地，举办说文解茶——文献里的茶诗与茶礼等。以茶文献资源和茶文化研究为基础，依托总分馆服务体系，开展茶文化研学活动。

三、发展趋向

（一）加强制度建设与规范管理

公共图书馆全民阅读服务需要制度保障和规范管理。但就目前而言，公共图书馆全民阅读服务制度建设仍不完善，存在制度供给有缺位、制度适用性不强、制度缺乏系统性设计等方面的不足。[8]

完善全民阅读服务制度建设，广东省公共图书馆可从几个方面做起：加强制度意识，针对讲座、展览、培训、阅读推广等工作建立完备的工作规程，品牌活动应固化流程和执行细节，形成相对应的活动指南；在制定规章制度之前，应进行科学详尽的调研和论证，根据图书馆的实际情况和活动项目的具体流程，定制出最为适用的规程；全民阅读服务制度建设并非单独的工作，还涉及到其他业务流程，包括采访编目、数字资源建设、绩效评估、业务统计等，因此需对服务活动中的各个环节进行系统性设计。

（二）加强特色打造与品牌建设

一些优秀的广东省公共图书馆在过去成功打造了一批具有创新意识和该馆

特色的高品质品牌项目，其知名度高、影响力大、持续时间长、读者参与广泛。但就全省范围内而言，公共图书馆的阅读推广品牌建设仍旧存在品牌意识不够强、品牌同质化、品牌打造和宣传推广不够到位等问题。

广东省公共图书馆应立足本地区、本馆特色，深入挖掘区域资源和社会力量，巩固和深化现有的品牌活动，打造和摸索更多独特创新的特色项目。继续推进已举办多年并仍拥有持续影响力的"书香岭南"等系列活动，鼓励用开疆拓土的精神推出新型阅读推广活动，如采用"一点一策""一馆一策"模式的"粤书吧"品牌活动和鼓励家庭图书馆建设子品牌的"邻里图书馆"项目等。公共图书馆应注重阅读服务活动品牌构建链的各要素和全流程，根据地方特色、馆藏资源、读者群体定位，打造差异化优势；设计规划品牌名称、视觉识别系统、宣传分发内容等，构建品牌的独特性和记忆点；识别和分析受众群体和读者类型，针对性进行个性化定制；利用各类市场营销理论和"大数据＋品牌营销"理念，通过线下渠道和线上方式相结合、传统媒体和新媒体平台相补充的方式进行精准化营销。

（三）加强专业导航和人才培育

《全民阅读促进条例（草案）》第十六条明确规定："各级人民政府应当建立阅读推广人队伍，鼓励和支持教师、公务员、大学生、新闻出版工作者等志愿者加入阅读推广人队伍，组织开展面向各类读者群体的专业阅读辅导和推广服务。"公共图书馆是对阅读推广人进行管理的最佳场所，应在阅读推广人管理工作中发挥引领性作用。[9]

针对阅读推广人培育中普遍存在的培训力度不够大、培训课程需进一步完善、考核评估亟待科学论证、激励机制不够有效等问题，广东省公共图书馆应加强行业交流和专业培训，继续在全省范围内开展阅读推广人培育工作：扩大招募范围，引导社会各方力量参与，培养更多"全民阅读推广人"；丰富培训形式，提供多元的培训平台，综合运用线上培训、集中授课、实践培训等方式；完善管理流程和考核制度，制定多层次的资质认证体系；建立激励机制，通过赠送书籍、提供补贴等物质激励及颁发证书、社交媒体宣传等精神激励，激发阅读推广人的热情和动力。

（四）加强新媒体和新技术应用

大数据时代社会发展日新月异，广东省各地各级图书馆应当有拥抱变化、与时俱进的意识，需深刻意识到新媒体、新技术对阅读行为和阅读需求的影响。目前广东省内一些公共图书馆积极开通了新媒体账号，但整体而言粉丝数量偏少和影响力不足，账号运营技巧和内容更新频次也有待加强。

广东省公共图书馆可组合利用受众面广、传播力强的新媒体平台，灵活结合传统媒体组建宣传矩阵，提高全民阅读服务的服务效果、参与规模和社会影响。如积极进驻微博、博客、微信矩阵（微信群、订阅号、视频号、小程序）、抖音、快手、哔哩哔哩、小红书等平台，建立合理长效的账号运营和内容生产机制，健全新媒体生态网络系统。

同时公共图书馆也应积极利用移动互联网、云计算、大数据、人工智能、虚拟现实等创新技术拓展服务渠道，提升服务体验，如充分运用人机交互、虚拟现实（VR）、增强现实（AR）等现代技术为读者提供服务，提升服务的趣味性和互动性。利用以大数据和人工智能为核心的元宇宙技术，实现线上线下沉浸式互动阅读体验，构建立体藏品展览，打造优质文化IP，吸引更多年轻读者走进图书馆。

改革开放以来，广东省素以"敢为天下先"的精神闻名，在经济文化发展上取得瞩目成就。承袭岭南文化的创新意识和务实精神，广东省公共图书馆致力于让读者群众享有更加充实、更为丰富、更高质量的精神文化生活，未来将继续深入推进全民阅读工作，推动公共图书馆事业迈入高质量发展新阶段。

参考文献

[1] 中国图书馆学会. 中国图书馆学会成立40周年纪念文集 [M]. 北京：国家图书馆出版社，2019：118.

[2] 程焕文. 岭南模式：崛起的广东公共图书馆事业 [J]. 中国图书馆学报，2007（3）：15 - 25.

[3] 羊城晚报. 打造"岭南模式"新空间，打通公共服务"最后一公里"！优质公共文化服务就在"家门口" [EB/OL]. (2021 - 08 - 19) [2023 - 05 - 10]. https：//www. thepaper. cn/newsDetail_forward_14122755.

[4] 人民日报. "政府主导 + 社会力量参与"广州众筹模式共建共享图书馆 [EB/OL]. (2018 - 06 - 24) [2023 - 05 - 10]. https：//www. jiemian. com/article/2255649. html.

[5] 范并思. 以制度推动图书馆服务体系阅读推广发展 [J]. 图书馆建设，2022（5）：6 - 7.

[6] 李东来. 新时期公共图书馆服务体系深化与区域协作思考 [J]. 图书馆学刊，2023，45（3）：1 - 8.

[7] 程焕文. 我国公共图书馆服务体系建设中社区创造的典范 [EB/OL].

（2023 – 03 – 31）［2023 – 05 – 10］. https：//www. 163. com/dy/article/
I163PD7K05508UER. html.

［8］杨嘉骆. 粤港澳大湾区公共图书馆服务体系阅读推广调研［J］. 图书馆建
设，2022（5）：39 – 48.

［9］安珈锐，田丽. 全民阅读背景下的阅读推广人管理策略研究［J］. 图书馆，
2023（4）：43 – 48.

B.8

新时期广东省公共图书馆古籍保护工作述略

A Brief Review of the Preservation & Conservation of Ancient Books in Guangdong Public Libraries in the New Period

倪俊明　陈晓玉[*]

[摘　要] 本文从开展古籍普查，国家级、省级珍贵古籍名录和重点保护单位的申报评审、古籍修复、古籍地方文献整理出版、古籍数字化建设、古籍保护人才培养、古籍保护宣传推广和粤港澳大湾区古籍保护的交流与合作八个方面，梳理"中华古籍保护计划"实施以来广东省公共图书馆古籍保护工作发展的历程，总结广东省古籍保护工作的成果与经验，探讨新时代公共图书馆在古籍保护事业中所发挥的作用。

[关键词] 广东省；公共图书馆；古籍保护

[**Abstract**] In this paper, we provide an overview of how the ancient book protection work is carried out by the Guangdong Province public library since the implementation of the "The Protection Plan of China". We cover eight different aspects including conducting survey and census of ancient books, reviewing the collection of national and provincial ancient books and the people and parties involved in their protection, repairing ancient books, compiling and publishing local ancient books, digitalizing ancient books, training and educating people for ancient book protection, publicising ancient book protection and collaborating within the Guangdong-Hong Kong-Marao region for ancient book protection. We summarize our experiences and achievements throughout these endeavours and discuss the role of public libraries in ancient book protection in the future.

[**Keywords**] Guangdong Province; Public Library; Ancient Book Preservation

---

[*] 倪俊明，广东省立中山图书馆原副馆长，研究馆员；陈晓玉，广东省立中山图书馆特藏部，馆员。

我国是历史悠久的文明古国，拥有卷帙浩繁的古代文献典籍。这些古籍是中华民族在数千年历史发展过程中创造的重要文明成果，是中华文明的根脉所系。加强古籍保护工作、守护文献典籍，是图书馆的一项神圣使命。2007年，国务院办公厅颁发《关于进一步加强古籍保护工作的意见》，正式启动"中华古籍保护计划"。2008年3月，广东省古籍保护中心（以下称"广东省中心"）成立。多年来，在文化和旅游部、国家古籍保护中心、广东省政府、广东省文化和旅游厅的指导和支持下，广东省中心组织全省古籍收藏单位科学、规范、有序地开展中华古籍保护工作，在古籍普查、古籍修复、古籍整理出版、古籍数字化、古籍人才队伍建设、古籍宣传推广、粤港澳大湾区古籍保护交流与合作等方面，取得了显著的成绩。广东省古籍保护工作迈上一个新的台阶。

一、深入开展古籍普查，全面掌握全省古籍存藏情况

开展古籍普查是"中华古籍保护计划"的重要内容，也是古籍保护工作的重要基础。按照原文化部《全国古籍普查工作方案》、国家古籍保护中心《关于加强古籍普查登记审校工作的通知》等文件精神，广东省中心于2008年12月制定《广东省古籍普查方案》，2012年补充制定《广东省古籍普查登记工作方案》，并以"广东省古籍普查科研立项"为抓手，积极组织开展全省古籍普查工作。至2020年底，全省49家古籍收藏单位8万多部古籍的普查登记任务已全部完成，其中广东省立中山图书馆馆藏古籍36,857部，290,913册。先后编辑出版《广东省立中山图书馆善本书目》（2012）、《暨南大学图书馆古籍普查登记目录》（2017）、《广东省佛山市图书馆等八家收藏单位古籍普查登记目录》（2018）（包括佛山市图书馆、广州图书馆、江门市新会景堂图书馆、汕头市图书馆、汕头市金山中学、东莞图书馆、韩山师范学院图书馆、广东外语外贸大学图书馆）、《广东省社会科学院图书馆古籍普查登记目录》（2021）等。

同时，按照国家古籍保护中心关于编纂《中华古籍总目·分省卷》的具体要求，广东省中心积极开展《中华古籍总目·广东卷》编纂工作，以每一个古籍收藏机构为独立单位，在原有普查数据的基础上，增加分类、行款等著录项，丰富书目内容，分期分批编辑《广东省古籍总目·分馆卷》，以便汇总形成《中华古籍总目·广东卷》，建立起著录规范、分类合理、数据准确、内容丰富的广东全省古籍"户口本"，为全面、准确地掌握全省古籍的数量、价值、分布、保存状况等基本情况，进一步开展古籍分级保护工

作打下坚实基础。

二、以国家级、省级珍贵古籍名录和重点保护单位的申报评审为基础，扎实推进实施全省古籍分级保护制度

2008 年以来，广东省中心先后组织完成三批"全国古籍重点保护单位"和六批《国家珍贵古籍名录》的申报工作，广东省立中山图书馆、中山大学图书馆、华南师范大学图书馆、暨南大学图书馆、广东省社会科学院图书馆 5 家单位分别入选第一批、第二批、第六批"全国古籍重点保护单位"，342 部古籍入选第一至第六批《国家珍贵古籍名录》，其中省馆入选 178 部。同时完成两批"广东省古籍重点保护单位"和《广东省珍贵古籍名录》评审，共 23 家单位入选"广东省古籍重点保护单位"，1,864 部古籍入选《广东省珍贵古籍名录》，其中省馆入选 637 部，并完成《广东省第一批珍贵古籍名录图录》《广东省第二批珍贵古籍名录图录》的编纂出版工作。

在此基础上，广东省中心积极争取财政专项资金，实施广东省珍贵古籍分级保护制度，改善公藏机构古籍存藏条件。2012 年底，广东省立中山图书馆新建立的特藏书库投入使用，总面积 6,800 平方米，阅览室面积 460 平方米，展厅面积 800 平方米。其中古籍书库位于地下负二至负四层，面积 3,200 平方米，按照国家标准配备中央空调系统、气体自动灭火系统、火灾报警系统、库房红外及监控报警系统、空气净化装置等，并配有各类古籍防尘、防虫装具。同时经过科学规划，配合古籍定级与分级保护原则，古籍库房根据藏品性质划分为 5 个专藏库房：善本库、普通古籍与金石库、方志库、地方文献库、清史文献库，实现不同藏品的区分存放。

为推动全省古籍存藏条件的整体改善，2017 年起，广东省中心在全省范围内策划实施"广东省基层图书馆古籍库房和阅览空间提升计划"，根据各古籍收藏单位的古籍藏量和库房、阅览室的条件，利用全省古籍保护专项经费为省级古籍重点保护单位和条件相对较差的基层单位，进行古籍存藏及阅览环境的改造优化，有针对性地改善省内古籍保护条件。2017—2021 年间，该计划已完成五期工程，具体扶持单位包括汕头市图书馆、湛江市图书馆、江门市新会区景堂图书馆、四会市图书馆、五华县图书馆、江门市五邑图书馆、蕉岭县图书馆、仁化县图书馆、高要市图书馆、惠州慈云图书馆、阳江市图书馆、韩山师范学院图书馆、汕头市金山中学图书馆、兴宁市图书馆等 25 家单位。各单位根据本馆古籍库房的实际情况，利用拨付经费开展古籍库房和阅览空间升级改造工程，项目包括订制古籍书柜、阅览桌椅，增设或完善温湿度控制、消

防、安全监控等设备，为馆藏古籍定制楠木护书夹板等，较大幅度地改善和提升了全省基层图书馆古籍库房和阅览空间的整体环境，为全省古籍的长效保护打下基础。

此外，还为入选国家级和省级珍贵古籍名录的善本配置专门装具，确保古籍实体安全；定期检查其存藏状况，对破损严重的善本进行科学、规范的抢救性修复。在广东省文化和旅游厅主持下，按照文化和旅游部要求，2022 年，顺利完成了本省第一、二批共 4 家"全国古籍重点保护单位"的复核审查工作；2023 年，完成了文化和旅游部对"全国古籍重点保护单位"的实地检查工作。

三、以建设国家级古籍修复中心为目标，带动全省古籍修复能力全面均衡提升

广东省中心一直致力于古籍修复工作的科学化、规范化建设。目前广东省立中山图书馆已建立了 368 平方米的古籍文献修复室，配备有纸张测酸仪、纸张测厚仪、数字水分仪、自控式杀虫防霉机、进口切纸机、纸张抗张强度试验机、电热恒温鼓风干燥箱、白度颜色测定仪、耐折度仪、造纸纤维测量仪等仪器设备，共有专职修复编制 8 名，特聘专家导师 1 名，积极开展善本古籍、普通古籍、书画、报纸、舆图、拓片等多种文献的修复工作，参与研制《图书馆古籍虫霉防治指南》，并于 2020 年 10 月获广东省可移动文物修复资质。

2013 年起，广东省中心策划实施"广东省基层图书馆古籍修复能力提升计划"，通过实地调研了解基层单位古籍修复条件，由省中心投入资金按需定制，扶持建立专门的古籍文献修复室并配送相关修复设备、工具、材料和业务用书，同时开展修复人员培训、指导建立古籍修复档案、制定相关规章制度。2014—2019 年间，分五期在汕头图书馆、韩山师范学院图书馆、深圳图书馆、新会景堂图书馆、四会图书馆、惠州慈云图书馆、广州中医药大学图书馆、中国客家博物馆、梅州剑英图书馆、高要市图书馆、金山中学图书馆、莞城图书馆、罗定市图书馆、五华县图书馆、广东省社会科学院图书馆、孙中山故居纪念馆、广东美术馆、广东省博物馆、顺德图书馆、辛亥革命纪念馆、阳江市图书馆建立了 21 家古籍修复室，总面积达 961.16 平方米，至 2022 年各馆共修复古籍 3 万余页，逐步建立覆盖全省公共图书系统、文博系统、教育系统的古籍文献修复网点，有效地解决了中小型公藏单位古籍保护工作中的困难，推动全省古籍修复工作科学规范、可持续地开展。

四、积极推进"广东省古籍地方文献整理出版计划"，加强古籍再生性保护和揭示利用

广东省中心依托丰富的古籍地方文献馆藏，与各地方政府部门、文化机构和高校合作，积极征集外单位资源，以区域文献和专题文献为中心，策划实施"广东省古籍地方文献整理出版计划"，完成多项古籍地方文献整理出版项目，先后编辑出版《广州大典》（520 册）、《中山文献》（第一至二辑共 110 册）、《东莞历史文献丛书》（第一至二辑 115 册）、《茂名历史文献丛书》（30 册）、《韶关历史文献丛书》（55 册）、《中国近代城市史料丛刊·广州卷》（第一至二辑 100 册）、《清代稿钞本》（第一至八辑 400 册）、《民国稿抄本》（第一至二辑共 100 册）、《黄埔军校史料汇编》（第一至五辑 152 册）、《旧报新闻——清末民初画报中的广东》（3 册）、《杜定友文集》（22 册）、《时事画报》（10 册）、《葡萄牙驻广州总领事馆档案》（193 册）、《中国古籍珍本丛刊·广东省立中山图书馆卷》（62 册）、《近代华侨报刊人系》（第一至三辑 105 册）、《海外广东珍本文献丛刊》（第一辑 40 册）、《广东省政府公报》（160 册）、《广东民国年鉴丛编》（15 册）、《永安月刊》（10 册）、《广东省立中山图书馆藏黄牧甫印谱九种》（2 册）、《华南抗战时期史料汇编》（第一辑 50 册）、《狷斋丛稿》（6 册）、《广州市市政公报》（90 册）、《中国近代教育史料丛刊·韩山师范学院卷》（18 册）等多种大型古籍地方文献丛书，总计 60 种 2,501 册。这些出版项目先后荣获 2013 年首届南粤出版奖，2014 年度全国优秀古籍图书一等奖、二等奖，2015 年广东省第六届哲学社会科学优秀成果三等奖，2015 年度全国优秀古籍图书二等奖两项，2016 年度全国优秀古籍图书一等奖，2022 年广东省政府出版奖等。

同时，广州图书馆编辑出版《广东历代著者要录·广州府部》《广东历代著者要录·广州府外》《李宗颢日记手稿》《广州图书馆藏可居室文献图录》等；广州大典研究中心编辑出版《广州大典·曲类》《广州大典·民国广东公报丛编》《广州大典研究》集刊等；佛山市图书馆编辑出版《〔民国〕佛山忠义乡志》校注本、《佛山历史文献版本目录》等；深圳图书馆编辑出版《深圳图书馆馆藏古籍图录》《声山宫詹先生太上黄庭内景经》《苏长公表启》《苏文忠公策论选》等；东莞图书馆编辑出版《伦明全集》《伦明研究》等；莞城图书馆编辑出版《历代莞人著作》《东莞历代著作丛书》《容肇祖全集》《容媛金石学文集》《容庚学术著作全集》等，新会区景堂图书馆编辑出版《冈州星期报》《近代图书馆档案汇编：第三辑　景堂图书馆卷》等。

广东省古籍与地方文献整理出版成果丰硕，影响广泛，充分体现了图书馆在保存文献、传承文明、服务社会方面的重要作用。

五、加快古籍数字化建设，促进古籍数字资源开放共享

广东省各公共图书馆结合古籍地方文献整理出版和文献缩微业务，持续推进古籍地方文献的数字化工作。多年来，广东省立中山图书馆通过缩微拍摄、高清扫描等方式对馆藏古籍、地方文献、报纸等进行批量数字化，至 2022 年底，已完成缩微文献拍摄 200 多万拍；扫描文献 6,893 种，120 多万页。自建"缩微文献全文数据库"，收录 100 多万页的数字资源，可供查阅的文献包括古籍善本 278 种，报纸 445 种，期刊 554 种；《报图览粤》数据库收录近代画报资料 1,800 幅；《中国历史文献总库·近代报纸全文库》收录广东地区的约 20 份民国时期报纸（包括《广州日报》《岭南日报》等），并提供全文检索。此外，广东省立中山图书馆还与中山大学图书馆、广州图书馆合建"《广州大典》数据库"（收录广州历代古籍 3,000 余种），与香港、澳门公共图书馆通过发布共享形式，为粤港澳地区读者联合提供服务。广东省立中山图书馆整合馆藏古籍地方文献书目、全文、图像等数字资源，积极参与中华古籍影像和全文数据库建设，促进古籍数字资源向全社会开放共享。

广东省内各收藏单位对馆藏文献的数字化工作力度也在持续开展中：佛山市图书馆遴选佛山市图书馆古籍中的广东稀见地方文献进行全文数字化，已完成 233 种 2,000 余册；深圳图书馆于 2019 年启动"深圳图书馆古籍数字平台"建设工作，利用数字化技术对馆藏古籍文献进行"再生性保护"，总计扫描、处理古籍数字化图像约 45 万页，首批上线约 230 部、2700 册数字化古籍；惠州慈云图书馆开发《惠州古籍文献全文数据库》，收录馆藏线装古籍十余种，数据 7,000 余页，包含《东坡寓惠集》《罗浮山志会编》等，并提供全文检索；汕头市图书馆规划建设"潮汕古籍数据库"，已形成潮汕古籍数字化的古籍共 78 种 216 册。

六、加强古籍保护人才培养，
切实提升基层图书馆古籍保护能力

人才培养是古籍保护工作科学、持续发展的重要基础。广东省中心一直将人才培训作为一项重要工作内容，为全省古籍保护人才队伍建设做出了积极的努力。2014 年，广东省立中山图书馆入选"国家古籍保护中心人才培训基

地"；2015 年，建立国家级古籍修复技艺传习中心广东传习中心；2016 年 11 月，与南京艺术学院合作建立"文物鉴赏与修复专业教学实践基地"。广东省中心先后举办古籍和民国文献修复、编目、鉴定、整理等各种古籍保护培训班 27 期，累计培训全省乃至全国古籍从业人员 700 余人次；组织全省古籍收藏单位工作人员参加国家古籍保护中心等机构主办各类相关培训班 59 期，累计 130 余人次；组织全省古籍收藏单位工作人员参加国家古籍保护中心古籍保护线上培训班 4 期共 300 余人次。同时依托"广东省基层图书馆古籍修复能力提升计划"，通过集中授课培训、"一对一跟班培训"和网络在线培训等形式，有针对性地帮助基层各级古籍收藏单位进行人才培养，提升基层单位古籍保护工作的专业水平。此外，2016 年，省中心配合中国古籍保护协会共同开展全国性古籍保护公益活动——"中华古籍保护志愿服务宣传推广活动"，通过发动高校学生参与志愿服务，推动各地古籍保护工作深入开展。

2017 年，深圳图书馆举办"古籍修复技术公益培训班"，面向社会公众开展古籍修复技术培训。该培训班在 2017 2019 年连续开办 3 期，受到广大市民的欢迎。

七、加大古籍保护宣传推广力度，
深入挖掘中华古籍深厚文化内涵

为更好地提高社会公众的古籍保护意识，广东省各公共图书馆不断加大社会宣传力度，通过讲座、展览、公众演示、宣传视频、读者体验等一系列活动，广泛宣传古籍保护知识与意义，进一步拉近古籍保护与社会大众的距离。自 2013 年起，广东省中心每年举办中华古籍保护计划宣传推广活动，在粤港澳地区举办或与不同单位联合举办了"册府千华""岭海芸香""岭海揽珍"等粤港澳地区珍贵古籍系列展览，以及"旧粤风俗——清末民初画报展""诗客及时归——鲍少游书画展""2014'中华古籍保护计划'成果展巡展""我与中华古籍——摄影大赛及优秀摄影作品展览""纸上留声——粤剧粤曲文献文物展""墨香古韵——岭南碑刻拓片展""典册风华——香山历代地方文献特展""莞籍遗珍——馆藏东莞古籍文献联展""近代香山（中山）族谱选粹"等大型古籍与地方文献主题展览。

省内公共图书馆也挖掘自身资源，积极举办社会宣传活动。佛山市顺德图书馆举办"顺德图书馆特色馆藏精品展"，肇庆端州图书馆举办"古书之美——我的第一本手工古籍"，深圳市宝安图书馆举办"文脉深圳、数典问祖"古籍文献展，佛山市图书馆举办"文脉传承 故纸流芳——佛山经典古籍联展"，东莞图书馆举办"枕经籍书　心瞻四库——伦明及其文化成就展"，惠州慈云图书馆举办"在保护中传承文化"古籍文献图片展，东莞市莞城图书馆举办"敬纸惜字——古籍文献修复展"等。

在通过各种媒体平台发布古籍工作动态的同时，广东省中心着力打造广东省古籍保护宣传品牌，将"书香古韵——中华古籍之魅力"与"中华传统晒书活动"作为广东省古籍保护宣传活动的重要品牌推出，在粤港澳地区引起积极反响，广受社会各界好评。

2013 年起，广东省馆联合各地图书馆、高校和中小学，连续 10 年在全省和澳门地区策划组织"书香古韵——中华古籍之魅力"古籍修复技艺演示和读者体验项目活动 60 余场。活动内容包括古籍修复技艺演示、古籍珍本展示、古籍鉴定、碑刻传拓、雕版印刷和线装书装订的演示与体验，以及古籍保护成果展览、古籍知识讲座、古籍知识有奖问答等，结合省内各馆古籍保护以及当地传统文化传承等特色，以直观的方式为读者介绍国家与广东省的古籍保护工作成果，普及古籍保护基础知识。"书香古韵——中华古籍之魅力"读者体验活动自举办以来，吸引了大量读者、学生的参与和观摩，受到广泛好评，曾荣获"2019 年广东图书馆学会阅读推广优秀项目一等奖"和"2020 年中国图书馆学会阅读推广示范项目"。

2019—2022 年，广东省中心连续 4 年在全省范围内联动各地图书馆组织开展"中华传统晒书活动"，策划举办"岭海揽珍——广东省立中山图书馆藏珍贵古籍特展暨广东省古籍保护成果展""吉金墨韵——容庚先生旧藏铜器拓片展"；开展"国粹经典　翰墨流香"《中华传统文化百部经典》教育推广系列活动，举办"广东省第一届中华传统文化百部经典知识大赛"以及相关主题讲座、展览。在省中心牵头下，除省馆外，省港地区还有中山大学图书馆、广州中医药大学图书馆、韩山师范学院图书馆、东莞市莞城图书馆、佛山市图书馆、惠州市慈云图书馆、四会市图书馆、汕头市图书馆、江门市新会区景堂图书馆、东莞市可园博物馆、中山市博物馆、高要图书馆、香港公共图书馆等 10 余家单位参加了活动，分别举办一系列主题鲜明、形式丰富的晒书活动。2019 年起，广东省中心还将广东省入选《国家珍贵古籍名录》的善本陆续在"学习强国"平台进行推送介绍，让社会公众一起分享古籍知识，体验古籍魅力，了解古籍保护理念与保护方式。2022 年 4 月，广东省中心与央视联合推出两小时的直播节目"'粤'读古今　时光流转纸墨香"。节目在央视新闻客户端、微博、B 站、微信视频号、抖音等平台同步播出，全网吸引 313.9 万观众在线观看。同时，也在抖音、微信公众号等平台播放各种宣传视频，包括古籍修复演示系列视频、馆长晒书系列视频等。

八、加强粤港澳大湾区在古籍保护领域的
交流与合作，助力共建"人文湾区"

广东省馆作为粤港澳文化交流示范点，积极与香港和澳门地区的公共图书馆、大学图书馆等文化机构合作，开展珍稀档案文献的征集、整理和出版工作，举办各种古籍地方文献展览和体验活动，先后与澳门基金会、澳门大学图书馆合作开展"葡萄牙驻广州总领事馆档案"征集和整理出版工作；与香港和澳门地区的公共图书馆、高校图书馆合作，举办"广州十三行图片文献艺术展""纸上风云：辛亥革命在广东""纸上留声——粤剧粤曲文献文物展""墨香古韵——岭南碑刻拓片展""旧报新闻——清末民初画报中的粤港澳""岭海揽珍——粤澳珍贵古籍特展"等展览；"书香古韵——中华古籍之魅力"系列活动也多次走进澳门公共图书馆和大学图书馆。此外，广州图书馆和澳门科技大学图书馆合作举办"全球地图中的广州"展览、深圳图书馆和澳门公共图书馆联合举办"从文献看澳门——澳门的铅活字印刷展暨深圳图书馆馆藏澳门文献展"等。这些活动让港澳市民更深入了解了中华优秀传统文化，对加强粤港澳三地文化交流起到了积极作用。

广东省中心还按照《粤港澳大湾区文化和旅游发展规划》中"大力塑造湾区人文精神"的要求，"加强古籍保护、研究、利用，深入开展历史文化、文物资源普查、保护，促进资源共享、活化利用"，组织粤港澳大湾区公共图书馆、高校图书馆等编纂《粤港澳大湾区藏国家珍贵古籍名录图录》《粤剧文献总览》，进一步加强粤港澳三地古籍地方文献资源的整理开发和宣传推广，弘扬中华优秀传统文化，为"人文湾区"建设注入精神动力。

奋进新时代，再创新篇章。广东省公共图书馆将以习近平新时代中国特色社会主义思想为指引，牢记习近平总书记关于古籍工作的重要指示精神，做好新时代古籍保护工作，为"滋养民族心灵，培育文化自信"和"传承中华文明，提高国民素质"做出更大的贡献。

附录1

广东省公共图书馆古籍民国文献整理研究成果一览表

序号	书名	单位	出版社	出版时间	册数
1	《清代稿钞本》	广东省立中山图书馆、中山大学图书馆	广东人民出版社	2007	50

续表

序号	书名	单位	出版社	出版时间	册数
2	《莞城历代诗词选（上）》	莞城图书馆等	中国大百科全书出版社	2008	8
3	《旧粤百态：广东省立中山图书馆藏晚清画报选辑》	广东省立中山图书馆	中国人民大学出版社	2008	1
4	《广州大典》（丛部）	广东省立中山图书馆、中山大学图书馆等	广州出版社	2008	83
5	《葡萄牙驻广州总领馆档案》（清代中文部分）	澳门基金会、葡萄牙外交部档案馆、广东省立中山图书馆、澳门大学图书馆	广东教育出版社	2009	16
6	《羊城今昔——旧明信片上的广州》	广东省立中山图书馆	广东南方日报出版社	2009	1
7	《罗香林论学书札》	广东省立中山图书馆、香港冯平山图书馆	广东人民出版社	2009	1
8	《续编清代稿钞本》	广东省立中山图书馆、中山大学图书馆	广东人民出版社	2009	50
9	《三编清代稿钞本》	广东省立中山图书馆、中山大学图书馆	广东人民出版社	2010	50
10	《历代莞人著作》（一）	莞城图书馆等	上海古籍出版社	2011	10
11	《容庚学术著作全集》	莞城图书馆	中华书局	2011	22
12	《笔底风云——辛亥革命在广东报章实录》	广东省立中山图书馆、广州市国家档案馆	广东科技出版社	2011	2

续表

序号	书名	单位	出版社	出版时间	册数
13	《碧血丹心——辛亥革命在广东影像实录》	广东省立中山图书馆	广东科技出版社	2011	1
14	《广东省立中山图书馆藏稀见方志丛刊》	广东省立中山图书馆	国家图书馆出版社	2011	46
15	《杜定友文集》	广东省立中山图书馆、中山大学图书馆	广东教育出版社	2011	22
16	《民国时期广东财政史料》	广东省档案馆、广东省财政科学研究所、广东省立中山图书馆	广东教育出版社	2011	6
17	《广东省第一批珍贵古籍名录图录》	广东省立中山图书馆	广东人民出版社	2012	3
18	《广东省立中山图书馆古籍善本书目》	广东省立中山图书馆	国家图书馆出版社	2012	1
19	《旧报新闻——清末民初画报中的广东》	广东省立中山图书馆	岭南美术出版社	2012	3
20	《黄埔军校史料汇编》（第一辑）	广东省立中山图书馆、广州市社会科学院、中山大学图书馆	广东教育出版社	2012	22
21	《四编清代稿钞本》	广东省立中山图书馆、中山大学图书馆	广东人民出版社	2012	50
22	《广州图书馆藏可居室文献图录》	广州图书馆	广西师范大学出版社	2012	1

续表

序号	书名	单位	出版社	出版时间	册数
23	《南窑笔记》	广州图书馆	广西师范大学出版社	2012	1
24	《张之洞致张佩纶未刊书札》	广州图书馆	广西师范大学出版社	2012	1
25	《广东历代著者要录·广州府部》	广州图书馆	广州出版社	2012	1
26	《容肇祖全集》	莞城图书馆	齐鲁书社	2013	8
27	《黄埔军校史料汇编》（第二辑）	广东省立中山图书馆、广州市社会科学院、中山大学图书馆	广东教育出版社	2013	22
28	《五编清代稿钞本》	广东省立中山图书馆、中山大学图书馆	广东人民出版社	2013	50
29	《李宗颢日记手稿》	广州图书馆	广西师范大学出版社	2013	1
30	《南海李应鸿先生行述》	广州图书馆	广西师范大学出版社	2013	1
31	《黄埔军校史料汇编》（第三辑）	广东省立中山图书馆、广州市社会科学院、中山大学图书馆	广东教育出版社	2014	22
32	《黄埔军校史料汇编》（第四辑）	广东省立中山图书馆、广州市社会科学院、中山大学图书馆	广东教育出版社	2014	34
33	《六编清代稿钞本》	广东省立中山图书馆、中山大学图书馆	广东人民出版社	2014	50

续表

序号	书名	单位	出版社	出版时间	册数
34	《时事画报》	广东省立中山图书馆、广州市博物馆	广东人民出版社	2014	10
35	《广州图书馆藏仪清室所集广东印谱提要》	广州图书馆	广西师范大学出版社	2014	1
36	《温丹铭先生诗文集》	汕头市图书馆	天马出版有限公司	2014	1
37	《东莞地方文献整理与东莞学人研究文集》	莞城图书馆	齐鲁书社	2015	1
38	《清代葡萄牙驻广州总领事馆档案》	澳门基金会、葡萄牙外交部档案馆、广东省立中山图书馆、澳门大学图书馆	广东教育出版社	2015	32
39	《近代华侨报刊大系》（第一辑）	广东省立中山图书馆	广东经济出版社	2015	25
40	《容庚藏名人尺牍》	广东省立中山图书馆	广东人民出版社	2015	2
41	《中国古籍珍本丛刊·广东省立中山图书馆卷》	广东省立中山图书馆	国家图书馆出版社	2015	62
42	《七编清代稿钞本》	广东省立中山图书馆、中山大学图书馆	广东人民出版社	2015	50
43	《广州大典》（经史子集部）	广东省立中山图书馆、中山大学图书馆等	广州出版社	2015	437
44	《海外广东珍本文献丛刊》（第一辑）	广东省立中山图书馆	广东人民出版社	2016	40

续表

序号	书名	单位	出版社	出版时间	册数
45	《民国葡萄牙驻广州总领事馆档案》（中文部分）	广东省立中山图书馆、澳门基金会、葡萄牙外交部档案馆、澳门大学图书馆	广东教育出版社	2016	29
46	《民国稿抄本（第一辑）》	广东省立中山图书馆、中山大学图书馆	广东人民出版社	2016	50
47	《广东省政府公报》	广东省立中山图书馆、广东省档案馆	国家图书馆出版社	2016	160
48	《广州图书馆藏仪清室广东文献图录》	广州图书馆	广西师范大学出版社	2016	1
49	《深圳图书馆馆藏古籍图录》	深圳图书馆	国家图书馆出版社	2016	1
50	《伦明全集》	东莞图书馆	广东人民出版社	2017	5
51	《［民国］佛山忠义乡志》校注本	佛山图书馆	岳麓书社	2017	2
52	《八编清代稿钞本》	广东省立中山图书馆、中山大学图书馆	广东人民出版社	2017	50
53	《永安月刊》	中山市社会科学界联合会、广东省立中山图书馆	广东人民出版社	2017	10
54	《中山文献》（第一辑）	广东省立中山图书馆、孙中山故居纪念馆	广东人民出版社	2017	56
55	《广州大典总目》	广东省立中山图书馆、广州图书馆等	广州出版社	2017	1

续表

序号	书名	单位	出版社	出版时间	册数
56	《广东民国年鉴丛编》	广东省人民政府地方志办公室、广东省立中山图书馆	岭南美术出版社	2017	15
57	《东莞历史文献丛书》（第一辑）	广东省立中山图书馆、莞城图书馆	广东人民出版社	2017	47
58	《广州图书馆藏可居室文献图录（增补版)》	广州图书馆	广西师范大学出版社	2017	1
59	《声山宫詹先生太上黄庭内景经》	深圳图书馆	上海古籍出版社	2017	1
60	《近代华侨报刊大系》（第二辑）	广东省立中山图书馆	广东经济出版社	2018	35
61	《近代华侨报刊大系》（第三辑）	广东省立中山图书馆	广东经济出版社	2018	45
62	《广东省立中山图书馆藏黄牧甫印谱九种》	广东省立中山图书馆	西泠印社出版社	2018	2
63	《民国稿抄本》（第二辑）	广东省立中山图书馆、中山大学图书馆	广东人民出版社	2018	50
64	《广东省佛山市图书馆等八家收藏单位古籍普查登记目录》	广东省立中山图书馆等	国家图书馆出版社	2018	1
65	《〈唐宋元文约选〉精选》	深圳图书馆	国家图书馆出版社	2018	2
66	《华南抗战时期史料汇编》（第一辑）	广东省立中山图书馆	广东教育出版社	2019	50
67	《广东省第二批珍贵古籍名录图录》	广东省立中山图书馆	广东人民出版社	2019	2

续表

序号	书名	单位	出版社	出版时间	册数
68	《民国葡萄牙驻广州总领事馆档案》（外文部分）	广东省立中山图书馆、澳门基金会、葡萄牙外交部档案馆	广东人民出版社	2019	132
69	《广州大典·曲类》	《广州大典》研究中心等	广州出版社	2019	43
70	《广州大典概要》	《广州大典》研究中心等	广州出版社	2019	1
71	《苏长公表启》	深圳图书馆	浙江古籍出版社	2019	2
72	《伦明研究》	东莞图书馆	广东人民出版社	2020	3
73	《东莞文库概览》	东莞图书馆	国家图书馆出版社	2020	8
74	《狷斋丛稿》	广东省立中山图书馆	广东人民出版社	2020	6
75	《鲍少游画集》	广东省立中山图书馆	岭南美术出版社	2020	1
76	《黄埔军校史料汇编》（第五辑）	广东省立中山图书馆、广东省档案馆	广东教育出版社	2020	52
77	《中山文献》（第二辑）	广东省立中山图书馆、孙中山故居纪念馆、孙中山研究院（中山）	广东人民出版社	2020	54
78	《广东历代著者要录·广州府外》	广州图书馆	中山大学出版社	2020	1
79	《苏文忠公策论选》	深圳图书馆	巴蜀书社	2020	7
80	《广州大典》研讨会论文集	《广州大典》研究中心	国家图书馆出版社	2019—2020	2
81	《黄般若文集》（《莞城图书馆研究丛书》）	莞城图书馆等	广东人民出版社	2021	1

续表

序号	书名	单位	出版社	出版时间	册数
82	《中国近代城市史料丛刊·广州卷》（第一辑）	广东省立中山图书馆	广东人民出版社	2021	50
83	《茂名历史文献丛书》	广东省立中山图书馆、中共茂名市委宣传部	广东人民出版社	2021	30
84	《广州大典·民国广东公报丛编》	《广州大典》研究中心	国家图书馆出版社	2021	100
85	《全唐诗：李白诗集》	深圳图书馆	巴蜀书社	2021	1
86	《广州大典》普及书系	《广州大典》研究中心	广州出版社	2020—2021	15
87	《佛山历史文献版本目录》	佛山市图书馆	广东人民出版社	2022	1
88	《盛世琼花：佛山粤剧粤曲群英录》	佛山市图书馆	广东人民出版社	2022	1
89	《容媛金石学文集》	莞城图书馆	齐鲁书社	2022	4
90	《中国近代城市史料丛刊·广州卷》（第二辑）	广东省立中山图书馆	广东人民出版社	2022	50
91	《广州市市政公报》	广东省立中山图书馆、广东省档案馆	国家图书馆出版社	2022	90
92	《彩墨浮生——叶因泉的艺术》	广东省立中山图书馆、香港中文大学文物馆	岭南美术出版社	2022	1
93	《东莞历史文献丛书》（第二辑）	广东省立中山图书馆、莞城图书馆	广东人民出版社	2022	68
94	《韶关历史文献丛书》	中共韶关市委宣传部、广东省立中山图书馆	广东人民出版社	2022	55

续表

序号	书名	单位	出版社	出版时间	册数
95	《粤港澳大湾区珍贵古籍名录图录》	广东省立中山图书馆等	国家图书馆出版社	2022	2
96	《中国近代教育史料丛刊》（第一辑）	韩山师范学院图书馆、广东省立中山图书馆	九州出版社	2022	18
97	《冈州星期报》	新会景堂图书馆	国家图书馆出版社	2022	4
98	《近代图书馆档案汇编：第三辑 景堂图书馆卷》	新会景堂图书馆	国家图书馆出版社	2022	12
99	《四邑星期报》	新会景堂图书馆	国家图书馆出版社	2022	4
100	《广州大典研究》集刊	《广州大典》研究中心	社会科学文献出版社/国家图书馆出版社	2018—2022	8
101	《近代岭南书院文献汇编》	广东省立中山图书馆	广东人民出版社	2023	47
102	《全唐诗：杜甫诗集》	深圳图书馆	巴蜀书社	2023	4

B. 9

公共图书馆与乡村文化振兴：广东实践

Public Libraries and Rural Culture Revitalization in Guangdong Province

张　靖　陈心雨*

[摘　要] 乡村文化振兴是乡村振兴的五个关键支撑点之一，以文化繁荣助力乡村振兴也是新时代公共文化服务体系建设、公共文化服务高质量发展的重要目标和首要任务。乡村公共文化服务体系建设是推动乡村文化振兴的重要载体。广东省公共图书馆事业发展积极回应国家战略，通过推动城乡一体公共图书馆服务体系的建设促进乡村振兴。广东省公共图书馆在推动乡村振兴方面的实践主要可以归纳为四条路径：一是着眼于乡村公共图书馆纵深体系的构建与更加均衡服务的提供，二是发展面向文化传承与更具内涵的乡村公共图书馆服务，三是建设共同行动与更可持续的乡村公共图书馆服务机制，四是促成共同富裕与更高品质的乡村公共图书馆服务的实现。广东省公共图书馆事业通过促进乡村公共图书馆服务体系完善和公共图书馆服务高质量发展，很大程度上助力了乡村文化繁荣与乡村振兴。

[关键词] 公共图书馆；公共文化服务；乡村振兴；高质量发展；广东省

[**Abstract**] The revitalization of rural culture is one of the five key support points of rural revitalization, and promoting rural revitalization with cultural prosperity is also an important goal and primary task of the construction of public cultural service system and high-quality development of public cultural services in the new era. The construction of rural public cultural service system is an important carrier to promote the revitalization of rural culture. Guangdong public li-

* 张靖，中山大学信息管理学院教授，zhangj87@ mail. sysu. edu. cn；陈心雨，中山大学信息管理学院博士研究生。

braries services actively respond to the national strategy and promote rural revitalization by promoting the construction of an integrated public library service system in urban and rural areas. The practice of Guangdong public libraries in promoting rural revitalization can be summarized into four aspects: first, to focus on the construction of a deeper system of rural public libraries and the provision of more balanced services; second, to develop rural public library services oriented to cultural inheritance and more connotation; third, to build a mechanism for joint action and more sustainable rural public library services; fourth, to promote common prosperity and higher quality of public library services in rural areas. By promoting the improvement of rural public library service systems and the development of high-quality public library services, Guangdong public libraries have largely contributed to rural cultural prosperity and rural revitalization.

［**Keywords**］Public Library; Public Culture Service; Rural Revitalization; High-quality Development; Guangdong Province

我国公共图书馆事业的发展与国家战略的关系日益密切。"二十大"报告中提出的实施国家文化数字化战略、健全现代公共文化服务体系、创新实施文化惠民工程、加大文物和文化遗产保护力度、全面推进乡村振兴等系列内容，均对公共图书馆事业的发展提出了更高的要求。长期以来，我国公共图书馆事业在实践中也积极回应国家战略需求，以事业的高质量发展助益国家战略目标的实现。2018 年至 2022 年间，在国家乡村振兴战略以及公共文化服务体系建设战略的引领下，广东省围绕乡村公共图书馆的建设与发展重点布局，通过多手段、全方面的建设努力提升乡村公共图书馆服务水平，进而滋养和繁荣乡村文化建设，以文化发展之力促进乡村振兴。

一、两大战略：协同框架

（一）乡村振兴战略

习近平总书记在广东考察时强调，"推进中国式现代化，必须全面推进乡村振兴，解决好城乡区域发展不平衡问题"[1]。"实施乡村振兴战略，是解决人民日益增长的美好生活需要和不平衡不充分的发展之间矛盾的必然要求，是实现'两个一百年'奋斗目标的必然要求，是实现全体人民共同富裕的必然要求"[2]。

全面推进乡村振兴要按照产业兴旺、生态宜居、乡风文明、治理有效、生活富裕的总要求，扎实推动乡村产业、人才、文化、生态、组织振兴。[3]因而，乡村振兴战略涉及统筹城乡发展、加快农业现代化和乡村产业壮大、打造生态宜居的美丽乡村、繁荣发展乡村文化、健全现代乡村治理体系以及保障和改善农村民生等方面的工作内容。

自2017年10月"十九大"首次提出乡村振兴战略，此后6年的时间里党和国家围绕该战略进行了一系列的总体布局。最初的政策重点在于明确乡村振兴战略的总体要求和布局，并阐释乡村振兴的具体内涵，强调乡村产业、人才、文化、生态、组织的全面发展，如2018年的《关于实施乡村振兴战略的意见》《乡村振兴战略规划（2018—2022）》。党和国家继而以法律的形式固定战略规划内容，以其强制力落实责任、保障施行，强调中央和国家机关有关部门、地方党委和政府以及群众团体和社会组织的责任，并通过采用考核监督和奖惩的形式激励敦促落实，如2021年的《中华人民共和国乡村振兴促进法》以及2022年《乡村振兴责任制实施办法》。最新的政策规划明确提出乡村振兴工作的重点在于农村农业的发展，要扎实推进乡村产业振兴和乡村建设，完善农业基础设施和技术支持，保障粮食生产、农产品供给和农民生活水平的提升，推动城乡融合发展，如2021年的《中华人民共和国国民经济和社会发展第十四个五年规划和2035年远景目标纲要》以及2023年的《关于做好2023年全面推进乡村振兴重点工作的意见》。相关政策呈现出从概念内涵阐述到制度化保障化再到攻坚克难重点布局的发展脉络，政策体系不断完善，也从侧面映射了乡村振兴战略从规划到逐步落实的实践进展。

（二）公共文化服务体系建设战略

公共文化服务体系建设战略是党和国家对公共文化服务体系建设进行的一系列战略布局，是我国文化事业体制改革的重要内容。其目标在于充分保障人民群众基本文化权益、推动文化事业发展繁荣。其主要内容包括完善公共文化服务网络布局、提升公共文化服务供给水平与供给能力、推进城乡公共文化服务体系一体建设、促进公共文化服务数字化发展和公共文化服务社会化发展，构建覆盖城乡、结构合理、功能健全、实用高效、更可持续的公共文化服务体系。

2005年中共十六届五中全会通过的《中共中央关于制定国民经济和社会发展第十一个五年规划的建议》首次出现"公共文化服务体系"概念[4]，2007年中共中央办公厅、国务院办公厅印发《关于加强公共文化服务体系建设的若干意见》，自此党和国家将公共文化服务体系建设纳入国家政策的快车道，逐步建立健全基本公共服务体系[5]。此后相关政策强调深化公共文化服务体系的体制机制改革，推动公共文化服务体系的"现代化"发展，持续推进公共文化服务体系建设的标准化、网络化、均等化、数字化、社会化以及品质化。随着2016年《中华人民共和国公共文化服务保障法》的颁布，公共文化服务体系亦步入依法治理的新阶段，支撑推进国家治理体系和治理能力现代化。

（三）两大战略协同

乡村振兴，乡风文明是保障[2]，乡村文化振兴既是乡村振兴的五个关键支撑点之一，同时也是贯穿乡村振兴全过程、全领域、全方位的铸魂工程，是关系到乡村振兴全面推进、持续发展的内生动力。

乡村文化振兴包括加强农村思想道德建设、传承发展提升农村优秀传统文化、加强农村公共文化建设和开展移风易俗行动。其中，乡村公共文化服务体系建设是推动乡村文化振兴的重要载体。党和国家出台的乡村振兴相关方针政策（详见表9-1）在乡村文化建设方面多次强调加强农村公共文化建设，健全公共文化服务体系，优化城乡公共资源配置机制，保障农村基本公共服务供给。由此可见，统筹乡村基础设施和公共服务布局，建设宜居宜业和美丽乡村是乡村文化建设的应有之义，完善乡村公共文化服务体系建设是乡村文化振兴的重要内容与手段。

表9-1　乡村振兴战略中的公共文化服务体系建设示例

出台时间	政策名称	政策内容
2017年10月	十九大报告[3]	建立健全城乡融合发展体制机制和政策体系
2018年1月	《关于实施乡村振兴战略的意见》[2]	加强农村公共文化建设：健全乡村公共文化服务体系、发挥县级公共文化机构辐射作用、公共文化资源要重点向乡村倾斜
2018年3月	政府工作报告[6]	科学制定规划，健全城乡融合发展体制机制，依靠改革创新壮大乡村发展新动能
2018年9月	《乡村振兴战略规划（2018—2022年)》[7]	健全公共文化服务体系，推动县级图书馆、文化馆总分馆制
2021年1月	《关于全面推进乡村振兴加快农业农村现代化的意见》[8]	实施乡村建设行动，提升农村基本公共服务水平：建立城乡公共资源均衡配置机制，强化农村基本公共服务供给县乡村统筹，逐步实现标准统一、制度并轨。推进城乡公共文化服务体系一体建设，创新实施文化惠民工程

续表9-1

出台时间	政策名称	政策内容
2021年4月	《中华人民共和国乡村振兴促进法》[9]	加强公共文化服务体系建设，健全完善乡村公共文化体育设施网络和服务运行机制
2022年10月	"二十大"报告[10]	全面推进乡村振兴包括统筹乡村基础设施和公共服务布局，建设宜居宜业和美丽乡村；统筹城乡公共图书馆事业发展……
2022年12月	《乡村振兴责任制实施办法》[11]	明确地方政府在推进城乡精神文明建设融合发展，加强乡村公共文化服务体系建设方面的责任

以文化繁荣助力乡村振兴，全面落实乡村振兴战略，也是新时期公共文化服务体系建设、公共文化服务高质量发展的重要目标和首要任务。从党和国家出台的公共文化服务体系建设相关方针政策来看（详见表9-2），城乡公共图书馆服务体系的建设是完善公共文化服务体系、助力乡村振兴的重要途径。

表9-2　公共文化服务体系建设政策中的乡村振兴示例

出台时间	政策名称	政策内容
2021年3月	《中华人民共和国国民经济和社会发展第十四个五年规划和2035年远景目标纲要》[12]	完善公共文化服务体系：优化城乡文化资源配置，推进城乡公共文化服务体系一体建设，公共图书馆等公共文化场馆免费开放和数字化发展
2021年3月	《关于推动公共文化服务高质量发展的意见》[13]	创新拓展城乡公共文化空间，加强乡村文化治理
2021年4月	《"十四五"文化和旅游发展规划》[14]	推动乡村文化振兴：加大对乡村文化遗产保护力度，改善农村公共文化服务配套基础设施，加强文化活动和服务的供给，丰富农村文化生活
2021年6月	《"十四五"公共文化服务体系建设规划》[15]	推进城乡公共文化服务体系一体建设：深入推进城乡公共文化服务标准化建设；完善城乡公共文化服务协同发展机制；以文化繁荣助力乡村振兴：全面落实乡村振兴战略，按照有标准、有网络、有内容、有人才的要求，健全乡村公共文化服务体系 提高公共文化服务供给能力：全面落实公共图书馆、文化馆（站）、美术馆免费开放政策……

综合来看，乡村振兴战略和公共文化服务体系建设战略在诸多内容上具有协同性，协同框架如图9-1所示。首先在完善农村公共文化服务体系建设的目标和具体政策上有充分的一致性。两大战略都强调通过加强农村公共文化服务基础设施建设、推进城乡公共文化服务体系一体发展，以及保障农村公共文化服务供给。其次，在保护和传承农村优秀传统文化上，两大战略都重视对农村文化遗产等的保护。再者，两大战略都对农村思想道德素质和科学文化素质提升有促进作用。

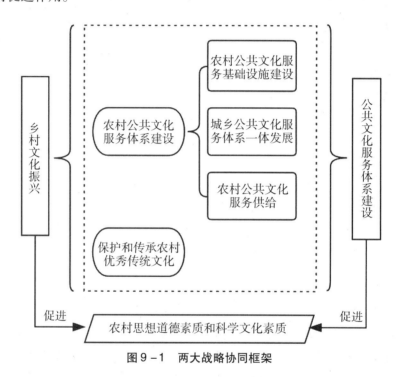

图9-1　两大战略协同框架

二、四个关注：文献综述

随着乡村振兴战略和公共文化高质量发展要求的提出，国内学者对公共文化服务参与乡村振兴的关注度日益提升，主要研究内容包括：①理论探讨，探究公共文化服务参与乡村振兴的必要性、理论逻辑、新的认知以及建设目标；②历史回顾，梳理公共服务参与乡村振兴的历史进程及其角色变化；③政策梳理，厘清与公共文化服务及乡村振兴这二者相关的政策，进行政策分析以及研究政策演进；④实践观察，多维度调查和探讨公共文化服务参与乡村振兴的基本情况、现实问题、影响因素以及解决办法和提升策略。

就公共文化服务参与乡村振兴的具体方面而言，主要的研究关注点可以归纳为以下四个方面。

一是关注乡村公共文化空间。这类研究数量最多，关注点主要落在公共文化空间的弱化问题、功能转向以及传统空间再造上。如郑州把关注点放在农村公共文化物理空间上，研究乡村振兴战略背景下西藏农村公共文化空间的建构问题。[16]此外，对乡村公共文化空间的关注还会讨论具体公共文化服务机构的空间建设，代表性的有农家书屋、村史馆和文化礼堂。如阳清和郑永君从政策目标方面研究了农家书屋的政策定位，以具体乡镇为研究对象探究农家书屋在乡村振兴实践中的缺位，并提出补位的建议。[17]

二是关注乡村公共文化服务本身。首先是从整体层面关注乡村公共文化服务体系的建设，服务模式的构建，如刘红在申明农村公共文化服务体系建设的重要意义，明确农村公共文化服务体系建设现状及突出问题的基础上，从协调共享机制、供给机制、人才建设和资金保障四个方面提出改进建议[18]。其次是具体关注乡村公共文化服务的供给以及留守儿童等特定服务对象的供需问题，强调多元供给能力的培育和满足需求的服务内容设计。再次是具体关注乡村公共文化服务的融合发展问题，比较典型的如文旅融合，赵华就从理论分析角度探究了文旅融合的节点和原则，提出以文旅融合解决乡村公共文化服务问题的策略。[19]此外，部分研究还关注了乡村公共文化服务的制度构建、绩效与评价问题。

三是关注乡村文化资源。关注乡村文化资源的挖掘、保护、传承与弘扬，关注乡风文明的塑造，代表性的具体研究对象有农村乡土文化、地方民俗、地方民族特色文化、地方性知识以及乡村物质和非物质文化遗产。如曲延春和宋格在明确乡土文化之于乡村振兴的重要作用下，从乡土文化传承的主体、客体、环境以及途径出发梳理当前困境，并针对性提出乡土文化传承的路径。[20]

四是关注乡村公共文化服务的参与主体。除了一般普遍关注的企业、志愿者等社会力量在乡村公共文化服务中的参与外，乡村公共文化服务相关研究还会关注乡村主体力量，即乡村民众自身的参与，如农民、乡贤和乡村留守精英，以及乡村自建文艺队等。谭志满和罗淋丹就研究了新乡贤在乡村传统文化传承、用乡村礼俗促进乡村和谐以及助推公共文化服务体系建设的作用。[21]

三、四条路径：广东实践

2018—2022 年，广东公共图书馆事业坚持响应国家发展战略，积极部署和开展乡村振兴工作，从建设更健全的乡村公共图书馆服务体系、创造更高品质内容的乡村公共图书馆服务、促进形成更多主体参与的乡村公共图书馆服务格局、丰富更传承文化的乡村公共图书馆服务内涵四个方面全面推动城乡一体公共图书馆服务体系的建设，在努力实现广东公共图书馆事业高质量发展的同时，助益广东乡村文化振兴。

（一）框架——纵深体系与更加均衡的乡村公共图书馆服务

1. 何为"纵深体系"

乡村公共图书馆服务体系建设关乎乡村文化基础设施网络的布局，关乎乡村公共图书馆的可达性，是促进城乡一体均衡发展的公共图书馆服务的必要手段。乡村公共图书馆服务体系的建设包括制度规范乡村公共图书馆的建设运行、完善公共图书馆的乡村网络布局、优化图书等资源的供给与配置、管理和提升乡村公共图书馆服务人员的业务能力、保障乡村公共图书馆运行经费、发展乡村公共图书馆的服务活动、扩大村民的公共图书馆参与。

纵深体系和更加均衡的乡村公共图书馆服务意味着通过在省域、市域以及县（区）域范围内构建公共图书馆服务体系，逐级向下铺设公共图书馆服务网络，优化公共图书馆的布局和建设，使公共图书馆服务体系的触角延伸到乡镇以及农村，构建城乡一体均衡发展的公共图书馆服务体系。通过推动乡村公共图书馆的建设，将乡村公共图书馆、村图书馆（室）等相关机构设施纳入公共图书馆的多级体系内，使之成为总分馆体系中的服务点，并使这些服务点像毛细血管一样均衡地密布于乡村，为服务点提供充足的资金、资源，提升服务点人员的能力和服务水平，帮助服务点开展满足村民需求的高质量服务，让村民可以像市民一样便捷容易地享受公共图书馆服务。

广东积极统筹乡村公共图书馆事业的发展，从全省的高度统筹公共图书馆服务体系建设，布局基层公共图书馆事业，广州、深圳、东莞在全市积极推进"图书馆之城"建设，佛山持续部署联合图书馆体系，各县积极响应在县域完善总分馆体系建设，并拓展总分馆体系在乡村的纵深布点，包括新建村图书馆（室）、读书驿站、自助图书馆、图书服务点，改造升级"农家书屋"，提供符合农民需求的图书资源，如农业知识、生活百科、文化娱乐、大众文学等类型的图书，落实镇村文化信息共享工程、公共数字文化工程，建设农村电子阅览室，完善乡村公共图书馆的数字化建设，实现城乡和总分馆的统一系统、统一认证、统一编目、通借通还和联合参考咨询，并为乡村公共图书馆提供专业培训，提升其标准化、制度化水平，深化乡村公共图书馆服务体系建设。

2. 创新案例

广东流动图书馆项目①

20 世纪前后，广东省一边是珠江三角洲地区公共图书馆事业蓬勃发展引领全国，一边是广东东西两翼和粤北山区公共图书馆经费短缺发展滞缓。在此背景下，2003 年原广东省文化厅（现广东省文化和旅游厅）启动广东流动图书馆项目，以提升广东省内公共图书馆事业发展的协调性。该项目由原广东省文化厅主持进行，以本身文献资源丰富、公共图书馆建设经验充足、在广东公共图书馆事业发展中具有引领和示范作用的广东省立中山图书馆为龙头，以在广东东西两翼和粤北山区等偏远落后地区建设流动分馆为手段，提供专项建设经费，通过将"物流配送"与"流动服务"相结合，将图书和设备等资源输送至各分馆，并在特定周期内流动图书，且依托互联网、联合参考咨询网等提供数字文献资源服务，提升县级公共图书馆的服务内容、服务水平和服务能力，帮助广东偏远落后地区建设公共图书馆、发展文化事业。

不同于常见的县域图书馆总分馆或市域"图书馆之城"建设，广东流动图书馆项目是在省文化主管部门主导下建立的省域服务体系，使得这一项目能够通过省域体系的建设带动县域体系的建立，通过省级财政的投入撬动地方资源的聚集，通过省馆统筹的管理推动基层专业性提升。广东流动图书馆项目经过两期建设，截至 2022 年底，共建成省内流动图书馆分馆 96 个，在"输血"的基础上培育"造血"功能，各加盟分馆复制流动理念，自建分馆 1,230 个和流动服务点 4,055 个。由此，公共图书馆由省、市，延伸到县，进一步延伸至乡镇、村，构建成了五级服务体系，同时借助物流系统，推动公共图书馆服务资源向欠发达地区流动。

作为广东文化事业发展中的重大工程，广东流动图书馆项目建设后，一方面广东省内流动图书馆网络建设更为成熟，公共图书馆服务体系更加完善，公共图书馆服务对广东欠发达地区，尤其是其乡村地区民众的可达性大幅提升，有效解决了乡村民众读书难的问题，极大促进了广东地区，尤其是欠发达地区和乡村的图书馆事业的发展，有力推动了广东公共图书馆体系的城乡一体化建设和乡村文化振兴，充分贯彻了中央全面建设社会主义现代化强国、实施乡村振兴战略，以及完善公共文化服务体系的政策。另一方面，广东流动图书馆极

① 若无特别标注，文内所涉案例素材均由有关单位提供。

大程度地丰富了粤北粤东粤西落后地区乡村民众的精神文化生活，收获了当地民众极高的整体满意度。据相关研究调查，91%的受访者表示对所使用的流动分馆总体服务感到满意。广大的乡村民众通过流动分馆，实现了对图书报刊、讲座活动等最新文化资源的便捷获取，其文化素养和精神面貌得以深厚滋养，广东流动图书馆项目取得了良好社会效益。

（二）底蕴——文化传承与更具内涵的乡村公共图书馆服务

1. 何为"文化传承"

习近平总书记指出，"中华文明根植于农耕文明。从中国特色的农事节气，到大道自然、天人合一的生态伦理；从各具特色的宅院村落，到巧夺天工的农业景观；从乡土气息的节庆活动，到丰富多彩的民间艺术；从耕读传家、父慈子孝的祖传家训，到邻里守望、诚信重礼的乡风民俗，等等，都是中华文化的鲜明标签，都承载着华夏文明生生不息的基因密码，彰显着中华民族的思想智慧和精神追求"。[22]乡村是中华传统文化的根源[23]，乡村农耕文明是培育中华优秀传统文化的沃土[24]，乡村优秀文化传承关乎中华民族的伟大复兴，也关系到城乡二元问题以及"三农"问题的解决。乡村文化传承一方面意味着深入挖掘、继承、创新优秀传统乡土文化和农耕文明，以赓续农耕文明为根基推进乡村精神文明建设和思想道德建设[25]，提升农民精神风貌，实现乡风文明、民风淳朴、家风良好[2]，使乡村优秀传统文化焕发新的生机与活力；另一方面意味着保护传承农村地区文化遗产，保护传统村落、民族村寨和乡村风貌等历史文化遗产[25]，并使之活化传承发展。

文化传承与更具内涵的乡村公共图书馆服务意味着立足乡村优秀传统文化和乡村文化遗产，开展促进乡村优秀传统文化继承、发扬，促进乡村文化遗产在保护中创造性转化和创新性发展的乡村公共图书馆服务，进一步提升村民的思想道德素质和精神素质，助力乡村形成良好新风尚和文化面貌及文化生态。具体而言，文化传承与更具内涵的乡村公共图书馆服务包括乡村公共图书馆通过收集整理乡村地方文献、编修乡村史志传承乡村文脉，通过比赛、展览、讲座、开展活动等宣传乡村优秀文化和文化遗产，通过创新性联合多方力量开展各色活动活化乡村非物质文化遗产，为乡村特色文化产业提供信息支持，使乡村历史文化遗产再焕新生机，丰富乡村文化生活。

广东省乡村公共图书馆基于本地丰富的文化资源开展特色文化活动，如基于节气、饮食、歌舞（如水族舞）、醒狮（如猫头狮、鳌头醒狮、麒麟舞）等丰富的非物质文化遗产资源和地方特色文化，将民间手工艺、非物质文化遗产和传统文化紧密结合开展特色展览、文化课堂、体验课堂等文化活动，又如基于古村落古建筑与学校合作开展探访和研学活动。此外，乡村公共图书馆还积极收集地方文化相关资料，保存地方历史文化记忆，积极宣传和活化，促进乡村优秀文化传承。

2. 创新案例

佛山市图书馆"旅图·晓读夜宿"研学路线

2022 年，佛山市图书馆以文旅融合、乡村振兴为导向，深度挖掘佛山乡村文化旅游资源，与民宿合作开发研学路线，在线路开发中注重研究当地文化，传承乡村文脉，在活化利用乡村文物遗迹的同时，也充分结合当地乡风乡俗，弘扬优秀乡村传统文化。

如首条研学路线的开发选择了有着岭南水乡美誉、"中国美丽休闲乡村"称号的国家 AAA 级旅游景区，并被列入第四批中国传统村落名录的逢简村，通过对逢简水乡历史文化深入研究，对每一处特色人文景点进行资料挖掘与整理，佛山市图书馆推荐了古桥和祠堂文化、人文、经济、文旅融合等 4 条深度游主题路线。四条路线或是充分利用乡村现有的历史文化遗产，或是挖掘和展示乡村历史名人及地域文化，或是充分展现乡村农业经济文化，抑或是以文促旅、文旅融合，通过建设民宿图书馆等极大丰富了活动的文化内涵。

佛山市图书馆通过探索"旅·途"发展新模式，结合"乡村振兴"主题，围绕"水乡深度游"，融合"大研学"主线，打造古桥和祠堂文化、人文、经济、文旅融合等深度游主题路线，将乡村商业、民宿、旅游资源相结合，盘活乡村现有资源，协调流转村内多家商户作为学生户外研学点，增进了学生的实践能力，同时还发展壮大了村集体经济。另外，"研学＋"模式还传承发扬了地方文化、活化了地方文化遗产，为乡村拓展了经济和社会效益，大力促进了"水乡深度游"建设成为乡村振兴新引擎、新标杆、新样板示范基地建设，为乡村吸引了人气，活动参与火爆，实现了"读者满意、村级盈利、群众受益"的目标。

（三）机制——共同行动与更可持续的乡村公共图书馆服务

1. 何为"共同行动"

2018 年 7 月，习近平在对实施乡村振兴战略作出的重要指示中提出，"让乡村振兴成为全党全社会的共同行动"。[26] 乡村振兴战略作为我国的重大决策部署，涉及一系列重大工程、重大计划、重大行动，需要党委、政府以外的全社会参与。中共中央、国务院印发的《乡村振兴战略规划（2018—2022）》在第十一篇"规划实施"中强调"动员社会参与"，包括"搭建社会参与平台，加强组织动员，构建政府、市场、社会协同推进的乡村振兴参与机制""发挥工会、共青团、妇联、科协、残联等群团组织的优势和力量，发挥各民主党派、工商联、无党派人士等积极作用，凝聚乡村振兴强大合力"，并加强专家的理论研究。[7]此外，共同行动的主体还涉及科研机构、高校、企业、文化工作者、返乡下乡人员、退休人员、文化志愿者以及农民。

共同行动与更可持续的乡村公共图书馆服务意味着乡村公共图书馆联合乡村文化建设的多方主体共同开展乡村公共图书馆服务，包括不同区域公共图书馆协作开展乡村公共图书馆服务，城市公共图书馆支援乡村公共图书馆开展服务，学校、其他文化单位与乡村公共图书馆合作开展服务，地方企业与乡村公共图书馆合作共赢，乡村文化志愿者支持乡村公共图书馆服务，以及村民参与的乡村公共图书馆服务。通过在多方合作主体之间构建长效合作机制，形成特定的服务模式和良好的合作生态，使得乡村公共图书馆服务拥有稳定的供给主体，以及灵活合适的供给方式，保障乡村公共图书馆服务的可持续发展。

在过去5年里，城市公共图书馆、发达地区公共图书馆积极对贫困乡村公共图书馆开展援建工作，向其捐赠图书、输送讲座、合作建馆以及联合开展活动；乡村公共图书馆与当地学校、乡村政府以及文化类社会组织合作，拓宽服务的覆盖面和增强服务的深度，还与企业合作，利用企业的资金、场地等共建公共图书馆和文化空间。此外，乡村公共图书馆还大力拓展文化志愿者队伍，在文化志愿者的帮助下进一步完善乡村服务。通过在服务过程中唤醒村民的主体意识，村民也积极参与到乡村的文化建设中，形成了乡村振兴共同行动可持续发展的良好面貌。

2. 创新案例

从化图书馆馆校村合作

从化位于广州北部的山区，小城镇较多，自然村多达200多个，人口分散，远离城区，文化基础薄弱；从化有小学65所，共有学生55,002人，占全区的75.16%。乡镇中小学校图书馆藏书是学生课外阅读的主要书籍，但学校办学条件相对薄弱，藏书量少，课外书籍的拥有量有限。针对区域农村学生人口较多、城乡青少年阅读资源分布不均衡等的现实挑战，从化区立足文化强国战略，创新构建文化教育联动体系，引导以公共图书馆为主的公共文化场馆主动融入乡村教育，与中小学校图书馆建立长期合作，打造城乡一体阅读品牌"馆校合作"项目，推动公共图书馆与中小学校图书馆同等高质量发展，实现馆校发展互促共进。

截至2022年4月，从化区内85间中小学图书馆均已接入广州"图书馆之城"通借通还系统，各学校按规范加工图书达15.94万种36.62万册，与市、区图书馆配送的近20万册图书实现互融互通，活化了学校图书资源，加强了优质学生阅读内容供给，公共图书馆与中小学图书馆的合作模式由原来的"输血式"变为"造血式"。

此外，从化图书馆与学校、乡村甚至社会慈善机构共建新型阅读空间，合作持续推动全民阅读工作的深入进行。如鳌头镇帝田村图书馆被纳入从化区公共图书馆总分馆体系，实现了与区馆和市馆的通借通还。从化图书馆还集中为附近小学的师生办理了借书证，持续在该村举办"挑战21天阅读"等阅读推广活动。如今，帝田村图书馆已成了村民家门口的"精神粮仓"、乡村的"文化地标"。又如鳌头镇官庄村以"馆、校、村＋社会慈善机构"共建机制，建设官庄村图书馆，通过设置了一个"阅读之门"，与一墙之隔的官庄小学相通，村委与学校分时管理，实现文教联动，提升了乡村青少年的精神文化素养。

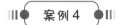

案例4

台山市"政企共建"模式乡镇图书馆

为应对乡镇图书馆面临的资金缺口巨大、规范管理缺位、效益亟待提高等问题，同时结合当前"全民阅读""文旅体融合""乡村振兴战略"等政策背景，台山图书馆引入社会力量，采取"政企共建"模式，建设具有地方文化特色、符合基层群众所需的新型阅读空间，并提供多样化功能服务，推动公共图书馆转型升级，使乡镇公共文化资源得到有效利用，带动公共文化服务城乡均等化发展，实现公共文化服务高质量发展。

台山图书馆由台山市汶村镇人民政府、台山市图书馆、台山新华书店三方共建，分别承担约250万元的建设总投入。汶村镇人民政府在投入资金建设主体建筑框架外无偿提供建设用地；台山市图书馆、台山新华书店共同负责建筑装饰工程，双方再结合自身服务职能供给需求，各自配套所需的设备或资源。项目落成后，市图书馆负责业务监督指导，台山新华书店负责日常管理运营，相关运营费用、人员配置等也由企业承担，企业履行社会责任的同时自负盈亏。即前期工程建设费用由政企分摊，后期维护运营所需的"人财物"则由企业承担。如此一来，地方因财政薄弱导致公共文化服务供给后继乏力的局面得以有效缓解，企业方又能享受图书馆"品牌形象"的红利。这一模式有效解决了乡镇基层"建馆难""有馆没人管""有馆没人用"等现实问题，为新型阅读空间建设工作实践提供了有力支持。

项目建成后，除传统的图书馆服务外，馆舍周边包括体育设施、休闲设施、商业服务、旅游资源、其他配套等文旅体资源开放共享，实现项目服务功能多样化，文旅体资源高度融合，符合时代发展的主流，满足群众的需求。运营结果显示，该馆每月收支稳定，能解决基本运营且有一定的利润，政企合作，走可持续发展之路，综合效益良好。

（四）成效——共同富裕与更高品质的乡村公共图书馆服务

1. 何为"共同富裕"

建立于巩固脱贫攻坚成果基础上的乡村振兴是广大农村地区实现共同富裕的重要支撑和必由之路，实现共同富裕也是乡村振兴的总要求和衡量标准[27],[28]。推动乡村振兴，实现共同富裕，关键是要提升农民的收入水平，改善农民的生活条件[29]，包括提升农民的人力资源素质、培养新型职业农民、提供农民获得收入的能力，还包括调动农民生产的积极性，为农民提供新的增收路径。此外，共同富裕，既要生活富足，也要精神富裕，增进人民福祉，武装好农民的头脑也是实现乡村共同富裕的重要内容。

共同富裕与更高品质的乡村公共图书馆服务意味着通过乡村公共图书馆服务，一方面是要提高村民生产工作的专业知识与技能，为乡村带来新的经济增长点；另一方面是要通过高品质响应需求的服务提供，提高农民的生活品质和对生活的享受。具体而言包括提供符合群众生产生活需求的信息资源和信息获取渠道，延请专家为农民进行培训和开设讲座，打造高品质的品牌服务，通过融合合作实现文化经济协同发展。

广东省公共图书馆界为加快乡村振兴实现共同富裕目标，通过"送书下乡"，开展农业知识科普讲座等大力提升村民的专业技术水平，通过创新推进"图书馆+"（如"图书馆+景点""图书馆+民宿""图书馆+咖啡店""图书馆+企业"）发展乡村旅游、乡村民宿、乡村咖啡店经济以及助力企业的升级，促进乡村产业发展、经济增长与村民增收。此外，乡村公共图书馆还通过采用线上线下相结合的服务方式，打造高质量的服务品牌，使文化发展的成果惠及村民，尤其注重满足乡村的重点人群的精神文化需求，如面向乡村老人、留守儿童，尤其是特殊儿童和幼儿开展文化研学、绘本阅读等服务。

2. 创新案例

案例 5

清远连樟村"粤书吧"促进文旅发展

为推进文化和旅游深度融合发展，落实公共文化重点改革任务，自 2020 年起，广东省文化和旅游厅在全省景区、酒店和民宿等旅游场所开展"粤书吧"文旅融合创新发展项目，通过树立全省统一品牌，在旅游经营单位设立当地图书馆分馆或流通点，地方图书馆为其提供专业指导意见，将公共服务率先打造成为文旅融合创新探索示范领域，并以文化注入支持旅游市场发展，促进经济快速复苏。

清远连樟村作为省定贫困村，与其他欠发达地区的乡村一样，存在信息闭塞、公共基础设施落后、特色不明显等制约乡村振兴发展的难题。为了满足连樟村村民的精神文化需求，清远市图书馆结合国家和省、市的部署，首创性地在刚脱贫省级贫困村打造新型阅读空间——"连樟书屋"，将其作为资源整合、连接平台，与乡村文化、乡村农旅结合，推动公共文化服务和旅游公共服务向乡村延伸，缩小城乡公共文化服务差距，为村民提供智力支持和内生动力，促进村民经济增收和乡风文明的塑造。通过整合社会多元力量，导入"文化＋旅游＋教育"多样性资源和服务产品的平台化运营，把项目建设作为当地乡村文旅融合发展"从零开始"的重要"引擎力量"，助力融研学党建基地、农业现代产业园、乡村旅游为一体的新时代美丽乡村新典范的探索实践，扩大乡村振兴示范效应。

从建设成果看，连樟书屋搭建了连接村民与游客的交流平台，又因为增加了特色研学课程和路线等旅游公共服务的供给，扮演着会客室、乡愁落脚地、乡村文旅"孵化器"的角色，改变了乡村阅读空间只是乡村振兴建设点缀的一些偏见。同时书屋充分发挥场地能效，提供村民助农直播空间，助推当地特色农产品销售，为实现当地乡村振兴发挥力量，从文旅赋能的角度融入当地乡村振兴建设，以实际成效助力当地产业发展，促进村民增收。

案例 6

广州黄埔迳下村图书馆搭建高品质文化平台

迳下村位于广州市黄埔区龙湖街道东南部，是一个城中村，近年来以文化教育、农耕体验为核心，初步建成了一个"农业＋科技""农业＋旅游""文化＋旅游"的岭南田园综合体，迈入了乡村振兴的新阶段。伴随着经济发展，生活富足的乡村民众对于高品质文化产品和服务的需求逐渐增加。迳下村图书馆在传统乡村图书馆提供文化资源、营造文化空间、开展文化活动的基础上，通过功能拓展发挥平台作用，提供高质量公共文化服务，助推新时代乡村振兴。

一是建设一体公共文化服务体系，推动城乡共同行动。迳下村图书馆纳入黄埔区图书馆总分馆服务体系，由"区馆主导＋基层配合＋社会力量参与"的模式实现城乡共建，与广州市公共图书馆通借通还，促进了城乡共同行动的分工和协作。二是共享品质公共文化服务资源，映射城乡共同富裕。迳下村图书馆依托图书馆总分馆体系和社会力量参与实现公共文化服务资源共享。通过政府购买第三方服务，借助社会力量的资金投入、设备支持与科技优势为迳下村提供优质的文化资源和文化活动，诗歌音乐会便是典型。如今，"黄埔诗歌音乐会"走进迳下村田野乡间，让城乡群众得以共享高品质文化生活。三是在文化平台赋能生产生活，融合发展升级乡村振兴等方面进行了有益的探索。迳下村图书馆自建立以来，不断拓展助农功能，延伸综合性服务，便利农村生产生活。其平台作用主要包括积极推介农特产品、拓宽销售渠道、畅通物流网络、改善农村支付环境、畅通农村金融服务链条，助力迳下村新农业建设；以符合农村特点的方式方法和载体，加强农村思想道德建设和精神文明建设，提升农民精神风貌；创新培训组织形式，提升农业劳动者素质。

结语

在过去 5 年里，广东公共图书馆积极将乡村振兴纳入工作部署中，通过完善乡村公共图书馆的基础设施建设和服务体系，与社会共同行动，提供高质量有内涵的资源和活动，丰富和优化公共图书馆服务的供给，在满足村民精神文化需求的同时促进乡村优秀传统文化继承，塑造良好乡风，并通过文化助农、文化滋养经济，撬动乡村经济发展与农民生活富足。通过发展广东乡村公共图书馆事业，促进乡村文化振兴，并以文化振兴推动乡村产业、人才、生态、组织振兴，加快了乡村产业兴旺、生态宜居、乡风文明、治理有效、生活富裕目标的实现。

参考文献

［1］人民日报.推进中国式现代化，必须全面推进乡村振兴［EB/OL］.［2023 - 04 - 20］. https：//www.gov.cn/yaowen/2023 - 04/16/content_5751713.htm.

［2］中华人民共和国农业农村部.中共中央　国务院关于实施乡村振兴战略的意见［EB/OL］.［2023 - 04 - 20］. http：//www.moa.gov.cn/ztzl/xczx/zg-zygwygyssxczxzldyj/201811/t20181129_6163945.htm.

［3］习近平.决胜全面建成小康社会　夺取新时代中国特色社会主义伟大胜利——在中国共产党第十九次全国代表大会上的报告［EB/OL］.［2023 - 04 - 20］. http：//news.cnr.cn/native/gd/20171027/t20171027_524003098.shtml.

［4］耿达，傅才武.公共文化服务体系建构：内涵与模式［J］.天津行政学院学报，2015，17（6）：11 - 16.

［5］申晓娟.面向公共图书馆服务体系建设的图书馆事业政策研究［D］.武汉：武汉大学，2017.

［6］中华人民共和国中央人民政府.政府工作报告［EB/OL］.［2023 - 04 - 20］. http：//www.gov.cn/premier/2018 - 03/22/content_5276608.htm.

［7］中华人民共和国中央人民政府.中共中央　国务院印发《乡村振兴战略规划（2018—2022）》［EB/OL］.［2023 - 04 - 20］. http：//www.gov.cn/zhengce/2018 - 09/26/content_5325534.htm.

［8］中华人民共和国中央人民政府.中共中央　国务院关于全面推进乡村振兴加快农业农村现代化的意见［EB/OL］.［2023 - 04 - 20］. http：//www.gov.cn/zhengce/2021 - 02/21/content_5588098.htm.

［9］全国人民代表大会常务委员会.中华人民共和国乡村振兴促进法［EB/OL］.［2023 - 04 - 20］. http：//www.npc.gov.cn/npc/c30834/202104/8777a961929c4757935ed2826ba967fd.shtml.

［10］中华人民共和国中央人民政府.高举中国特色社会主义伟大旗帜　为全面建设社会主义现代化国家而团结奋斗——在中国共产党第二十次全国代表大会上的报告［EB/OL］.［2023 - 04 - 20］. http：//www.gov.cn/gongbao/content/2022/content_5722378.htm.

［11］中华人民共和国中央人民政府.中共中央办公厅　国务院办公厅印发《乡村振兴责任制实施办法》［EB/OL］.［2023 - 04 - 20］. http：//www.gov.cn/zhengce/2022 - 12/14/content_5731828.htm.

［12］中华人民共和国中央人民政府.中华人民共和国国民经济和社会发展第

十四个五年规划和 2035 年远景目标纲要 ［EB/OL］. ［2023 - 04 - 20］. http：//www. gov. cn/xinwen/2021 - 03/13/content_5592681. htm#：~： text = % E4% B8% AD% E5% 8D% 8E% E4% BA% BA% E6% B0% 91% E5% 85% B1% E5% 92% 8C% E5% 9B% BD% E5% 9B% BD,% E5% 85% B1% E5% 90% 8C% E7% 9A% 84% E8% A1% 8C% E5% 8A% A8% E7% BA% B2% E9% A2% 86% E3% 80% 82.

［13］ 中华人民共和国中央人民政府. 文化和旅游部　国家发展改革委　财政部关于推动公共文化服务高质量发展的意见 ［EB/OL］. ［2023 - 04 - 20］. http：//www. gov. cn/zhengce/zhengceku/2021 - 03/23/content_5595153. htm.

［14］ 中华人民共和国文化和旅游部. "十四五" 文化和旅游发展规划 ［EB/OL］. ［2023 - 04 - 20］. https：//www. gov. cn/zhengce/zhengceku/2021 - 06/03/content_5615106. htm.

［15］ 中华人民共和国中央人民政府. 文化和旅游部关于印发《"十四五" 公共文化服务体系建设规划》的通知 ［EB/OL］. ［2023 - 04 - 20］. http：//www. gov. cn/zhengce/zhengceku/2021 - 06/23/content_5620456. htm.

［16］ 郑洲. 乡村振兴战略背景下西藏农村公共文化空间建构研究 ［J］. 民族学刊, 2021, 12 (2)：68 - 75 + 100.

［17］ 阳清, 郑永君. 乡村文化振兴进程中农家书屋的定位、缺位与补位 ［J］. 图书馆工作与研究, 2022, 313 (3)：121 - 128.

［18］ 刘红. 乡村振兴背景下农村公共文化服务体系建设研究 ［J］. 社会科学战线, 2022, 321 (3)：255 - 259.

［19］ 赵华. 文旅融合下乡村公共文化服务创新体系研究 ［J］. 经济问题, 2021, 501 (5)：111 - 116.

［20］ 曲延春, 宋格. 乡村振兴战略下的乡土文化传承论析 ［J］. 理论导刊, 2019, 421 (12)：110 - 115.

［21］ 谭志满, 罗淋丹. 乡村振兴背景下新乡贤参与民族地区乡风文明建设的路径 ［J］. 民族学刊, 2022, 13 (8)：136 - 144 + 167.

［22］ 习近平. 论坚持全面深化改革 ［M］. 北京：中央文献出版社, 2018：406.

［23］ 燕陆. 人民艺起评：乡村文化遗产赋能乡村文化振兴 ［EB/OL］. ［2023 - 05 - 18］. http：//opinion. people. com. cn/n1/2022/0827/c1003 - 32512852. html.

［24］ 滕翠华. 以乡村文化振兴筑牢中国文化自信之基 ［EB/OL］. ［2023 - 05 - 18］. http：//dangjian. people. cn/n1/2019/0821/c117092 - 31309055. html#：~ :text = %E5%9C%A8%E4%BA%94%E5%8D%83%E5%A4%9A%E5%B9%B4%E6%96%87%E5%8C%96%E6%98%8E，%E8%87%AA%E4%BF%A1%E7%9A%84%E9%87%8D%E8%A6%81%E8%B5%84%E6%BA%90%E3%80%82.

［25］欧阳雪梅.立足农耕文明的历史底蕴建设农业强国［EB/OL］.［2023 - 05 - 18］.http：//www.qstheory.cn/dukan/hqwg/2023 - 02/27/c_1129399754.htm.

［26］新华网.习近平对实施乡村振兴战略作出重要指示［EB/OL］.［2023 - 01 - 20］.https：//qnzz.youth.cn/zhuanti/shzyll/fzyjs/201807/t20180709_11664745.htm.

［27］中国社会科学网.以乡村"五大振兴"助力实现共同富裕［EB/OL］.［2023 - 04 - 20］.https：//baijiahao.baidu.com/s？id = 1716476097662504243&wfr = spider&for = pc.

［28］文列.新时代共同富裕与乡村振兴的关系［EB/OL］.［2023 - 04 - 20］.https：//m.gmw.cn/baijia/2023 - 01/04/36278840.html.

［29］何自力.乡村振兴是实现共同富裕必经之路［EB/OL］.［2023 - 04 - 20］.http：//theory.people.com.cn/n1/2021/0922/c40531 - 32232735.html.

B. 10

"图书馆＋旅游"文旅融合生态的
广东样本与路径

"Library ＋ Tourism"：The Guangdong Samples and
Path in the Context of Culture and Tourism Integration

唐　琼　伍宇凡　彭秋平 *

[摘　要] 国家文化和旅游部的组建，明确了我国文化事业、文化产业与旅游业融合发展的新方向与新机制。公共图书馆拥有丰富的信息资源、空间资源等，具备开展文旅融合建设的优势，文旅融合已然成为公共图书馆的重要时代使命和服务业态。在文旅融合背景下，广东省各地市公共图书馆以公共文化服务体系建设为基础，创新服务供给方式及服务内容，主要表现形式为新型阅读空间、"两中心融合"发展以及旅游信息专藏、研学旅游等文旅融合服务，探索出"粤书吧""海书房""旅图·晓读夜宿"等一系列典型文旅融合创新形态与品牌，为市民和游客提供更高质量的公共文化服务，产生了新的服务效益。本报告从广东省公共图书馆事业发展与文旅融合整体发展情况及典型案例出发，总结广东地区公共图书馆事业在文旅融合建设方面的实践经验，以期为公共图书馆开展文旅融合探索、构建文旅融合生态提供建设思路。

[关键词] 文旅融合；公共图书馆；新型阅读空间；"粤书吧"

[Abstract] The establishment of the Ministry of Culture and Tourism has defined a new direction and new mechanism for the integrated development of China's culture and tourism. Public libraries have rich information resources and space resources, which make them have the advantages in carrying out the integration of culture and tourism. Culture and tourism integration has become an important mission and service mode of public libraries. In the context of culture and tourism integration, public libraries in Guangdong Province, based on the

---

* 唐琼，中山大学信息管理学院副院长，教授，博士生导师；伍宇凡，中山大学信息管理学院硕士研究生；彭秋平，中山大学图书馆助理馆员。

construction of public culture service system, have innovated the supply methods and contents of services. The main achievements include new-style reading space, integrated development of the grassroots comprehensive cultural service center and tourism service center, and other culture and tourism integration services such as tourism information collection and educational tourism. A series of typical culture and tourism integration innovative forms and brands, such as "Canton Reading Bar" and "Sea Study", have provided residents and tourists with higher quality public cultural services, and generated new service benefits. Starting from the overall situation and typical cases of the development of public libraries and the integration of culture and tourism in Guangdong Province, this report summarizes the practical experience of public libraries in the integration of culture and tourism in Guangdong Province, to provide ideas for public libraries to carry out the integrated construction of culture and tourism and build an ecosystem of culture and tourism integration.

[**Keywords**] Culture and Tourism Integration; Public Library; New-style Reading Space; Canton Reading Bar

2018 年 3 月，文化部和国家旅游局合并，组建文化和旅游部，文旅机构由上至下的改革合并，明确了我国文化事业、文化产业与旅游业融合发展的新方向与新机制，引导从理念、职能、产业、市场、服务及交流等六大方面齐头并进。2020 年 9 月 22 日，习近平总书记在教育文化卫生体育领域专家代表座谈会上指出，"文化产业和旅游产业密不可分，要坚持以文塑旅、以旅彰文，推动文化和旅游融合发展，让人们在领略自然之美中感悟文化之美、陶冶心灵之美"[1]，将满足人民群众对美好生活向往和追求之重要方式的文化事业与旅游产业融合起来，相互促进、相得益彰。文旅融合"宜融尽融，能融尽融"，并非"文化＋旅游"的简单合并与联结，而应是建立旅游者主体与文化旅游客体（旅游目的地、吸引物等）之间的互动关系[2]，文化旅游客体根据游客需求对文化资源进行可参观性生产，加强文化的展示性，从而对游客产生吸引力。[3]

近年来，公共图书馆通过嵌入旅游景区、旅游线路、旅游住地、交通服务区域等旅游客体，成为标志性文化旅游客体之一，文旅融合已然成为图书馆的重要时代使命和服务业态。[4]当前，公共图书馆文旅深度融合面临重要的发展窗口期，即公共图书馆覆盖全社会的公共文化服务体系建设进程与中国旅游业井喷式发展增长、图书馆事业"全域服务"与旅游行业"全域旅游"形成历史性交汇，[5]各地公共图书馆积极探索文旅深度融合发展的切入点。作为改革开放的先行者和开拓者，广东地区在文旅融合时代背景下亦大胆闯、大胆试，各地市公共图书馆以构建现代公共文化服务体系为依托，创新服务供给方式及服务内容，探索出了"粤书吧""海书房""旅图·晓读夜宿"等一系列典型文旅融合创新形态与品牌。

本报告所述的公共图书馆文旅融合主要指各级公共图书馆主导或参与，推动文化事业和旅游产业相结合的实践，从广东省公共图书馆文旅融合项目建设基本情况、典型案例、经验和创新三个方面呈现广东省公共图书馆事业发展和文旅融合的整体状况与经验。

一、广东省公共图书馆文旅融合整体发展情况

"十三五"时期以来，广东省贯彻落实中央、省委及省政府关于构建现代公共文化服务体系建设的总体决策部署，各地在开展图书馆总分馆服务体系建设过程中，积极创新图书馆服务内容与服务方式，发展态势喜人。广东地区在公共图书馆文旅融合方面主要成果的表现形式包括：

（一）新型阅读空间

以省域文旅融合主题"粤书吧"、深圳盐田"海书房"、佛山南海"读书驿站"、中山"香山书房"、韶关"风度书房"、河源源城"槎城书吧"、东莞"城市阅读驿站"等不同形态的阅读空间为代表，这些阅读空间打破传统镇街分馆体制，多分布在人流密集枢纽区域，以美学空间、智能设施以及融合多业态服务，为周边市民及游客提供高质量阅读服务。截至2022年底，广东省各地开展新型阅读空间项目105个，共建成新型阅读空间数量2,300余个，成为服务体系的重要补充部分。

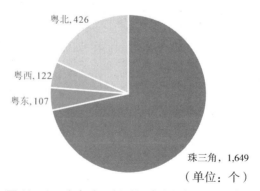

（单位：个）

图10-1 广东地区新型阅读空间数量分布情况

以"粤书吧"为例，该项目由广东省文化和旅游厅牵头启动，采取全省统一标识，各地市以嵌入方式在旅游景区、酒店民宿和交通集散地等旅游经营单位或场所设立当地图书馆分馆或服务点，丰富游客的旅游文化体验，是文旅深度融合的重要产物。各地在推进探索"粤书吧"建设时，并不是千篇一律的复制，而是坚持"一吧一特色"建设原则，深度挖掘本地旅游资源和文化资源。无论是选址、馆舍设计、馆藏资源配置，还是信息咨询、活动体验、产品展示等，各地"粤书吧"均坚持内容为王，紧紧围绕建馆主题，充分展示当地特色，吸引游客。2020年4月，全省各地开展首批"粤书吧"试点工作，确定86个文旅融合"粤书吧"试点，遍布珠三角地区以及粤东西北地区县级基层单位。至2022年底，全省已建成"粤书吧"数量达383个，遍布全省重要旅游景点及线路。

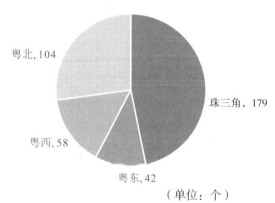

（单位：个）

图10-2　广东地区"粤书吧"数量分布情况

（二）基层综合性文化服务中心与旅游服务中心融合发展

为助力乡村振兴，改善乡村地区公共文化服务及旅游服务供给，自2020年起，广东省在全省范围内开展基层综合性文化服务中心与旅游服务中心融合发展，整合基层综合性文化服务中心的休闲阅读、文化教育与展示以及旅游服务中心的旅游集散、旅游咨询等功能，丰富乡村旅游和文化发展。至2022年底，"两中心融合"试点建成334个，促进乡村地区盘活当地文化旅游资源，吸引游客到乡村来。

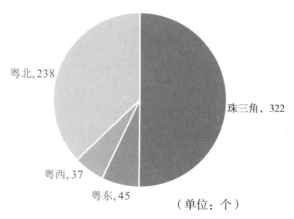

（单位：个）

图 10 -3　广东地区"两中心融合"试点数量分布情况

（三）其他文旅融合服务

以新型阅读空间、"两中心融合"为阵地，各地还开展了不同类型的文旅融合服务，包括旅游资源可视化展示、研学旅游服务、真人图书馆、文旅 IP 及文创产品开发等，不断探索新的融合方式，激发文化事业和旅游产业融合的新活力，融出新的发展格局。

二、广东样本：阵地为营，全方位宽领域文旅交融

（一）以文塑旅，文旅融合新空间

受行政体制的影响，长久以来，公共文化设施较少选址布点在旅游景区或服务点等旅游基础设施中，而文旅融合发展打通了这一桎梏。[6] 广东在开展公共文化服务体系建设的过程中，积极探索将阅读空间植入旅游景区、线路、住地、交通枢纽等旅游场域，涌现了一批广东文旅深度融合阅读空间品牌，这些文旅融合阅读空间品牌发展迅速，规模逐渐扩大，成为文化旅游新的吸引点。

1. 新型阅读空间成为文旅融合新阵地

以文旅融合为切入点，广东打破了镇街行政区划的限制，各地积极探索将公共图书馆分馆或服务点植入旅游景区、线路、住地、交通集散地等旅游经营单位或场所，以文塑旅，为旅游场域注入优质文化空间及阅读元素，既延伸了服务的触角，又丰富了游客读者的文化体验，这也是现阶段公共文化服务与旅游公共服务融合发展的主要形式之一。

深圳市盐田区 "海书房" 项目

为盘活基层图书馆，深圳市盐田区结合盐田区山海美景及全域旅游文化特色，以"一书房一主题一特色"的建设思路，推出高颜值的无人值守智慧图书馆分馆，建立环境优美、文旅融合的"海书房"风景线。2018 年，盐田区首家智慧书房"听海图书馆"建成并投入服务，空间设计融合科技、文化和创意，收获了良好的社会反响。2020 年 10 月，另外 9 家"海书房"先后落成，平均每 1.5 公里就能发现一家有魅力的智慧书房，实现观景与阅读、科技与智慧、人文关怀与公共空间的结合。[7]2023 年，盐田区图书馆凭借"海洋图书馆，看见图书馆"智慧书房项目，成功获得 IFLA 国际营销奖，入选前10 名。[8]

佛山市 "旅图·晓读夜宿" 民宿图书馆

"旅图·晓读夜宿"民宿图书馆是佛山市图书馆于 2020 年推出的文旅融合项目，旨在探索公共图书馆与旅游经营单位深度融合发展的新路径。该项目以佛山景区民宿为载体，开拓"图书馆＋民宿"文旅深度融合新模式，将公共图书馆资源和文化服务引进景区景点及周边，建设各具特色的民宿图书馆。基于"一民宿一主题"的建设思路，佛山市图书馆结合民宿本身特色，量身定制和打造"晓读夜宿"民宿图书馆，提供图书借阅服务、阅读推广活动、地方文化宣传、旅游宣传等服务项目，推动文化、阅读和旅游资源共享、优势互补、协同并进，为文旅深度融合提供新路径。

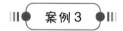

广州市南沙花园酒店 "粤书吧"

南沙花园酒店"粤书吧"是广东省内首家"粤书吧"，由广东省立中山图书馆和广州南沙花园酒店合作共建。广东省立中山图书馆、南沙区图书馆提供文献资源支持，包括涵盖历史、文学、旅行等多种主题的图书逾3,000 册。南沙花园酒店"粤书吧"并不像常规酒店书吧那样偏安于酒店一角，而是覆盖整个酒店范围，在酒店的不同区域设置不同的阅读地点，包括大堂的花园咖啡吧、行政走廊以及儿童乐园门口等，兼顾书吧、咖啡吧、休闲空间等多种体验功能。[9]除了为游客提供阅读空间和服务外，南沙花园酒店"粤书吧"还不定期开展多种创意性读书分享及主题沙龙活动，为游客营造"粤读书，悦旅游"的良好氛围。

云浮市交通站点"粤书吧"系列

云浮市图书馆交通站点"粤书吧"系列以书吧为载体，打造以旅游交通为切入点的文旅融合的公共服务平台，促进交通旅游与公共文化服务的连接。通过前期调研走访和实地核查，云浮市图书馆综合人口密集度、交通便利性、服务半径、环境相对安静度、消防安全、阅读需求、市民意见等因素，最终选定云浮市最重要的综合交通运输枢纽中心云浮东高铁站和云浮汽车客运站进行交通站点"粤书吧"建设。通过在交通集散地建设"粤书吧"，云浮市图书馆给游客营造了更加舒适、清雅的候车环境，提升了市民游客眼中的城市整体形象，实现文旅融合创新，成为云浮市文旅融合的新名片。

广州市越秀区海员亭、爱群大厦"粤书吧"

越秀区图书馆依托自身多元的馆藏资源和本地丰富的红色文化历史遗迹，以合作共建的形式，基于"图书馆＋红色史迹"理念，打造"文化＋文物＋红色旅游"的"粤书吧"建设模式，与广州市越秀公园、爱群大酒店合作共建"粤书吧"。[10]海员亭、爱群大酒店均是广州市文物保护单位，也是越秀区内的红色史迹。通过在红色史迹内建设"粤书吧"，越秀区图书馆引导市民和游客游览红色文物建筑、阅读红色文化主题图书、参加红色主题阅读推广活动，更深入地"阅读"红色史迹，加深对红色文化的理解，进一步释放越秀本土的红色文化、旅游资源的活力，助力红色文化、红色基因的传承。

梅州市平远县红四军纪念馆"粤书吧"

红四军纪念馆"粤书吧"位于平远县红四军纪念园内的红色文化讲习所内，是平远县图书馆与红四军纪念馆围绕红四军进平远的历史共同打造的红色主题"粤书吧"。书吧环境宽敞明亮，红色文化氛围浓厚，藏书突出红色主题书籍，如红四军进平远的历史文献资料等。红四军纪念馆"粤书吧"建成后，周边乡村的学生经常到书吧自习、阅读，书吧为他们提供了安静的阅读、休憩和学习环境；到纪念馆参观游览的游客也可以在这里深入了解红军战士在粤闽赣边区的艰苦斗争等红四军在平远的相关历史文化，从而弘扬红军精神，传承红色基因。

2."两中心融合"推动基层文旅融合

2020年以来，广东省文化和旅游厅开展全省基层综合性文化服务中心与旅游服务中心融合发展试点工作，依托现有庞大的基层公共文化服务网络，融入旅游公共服务。全省范围内选取了334个"两中心融合"试点，试点工作优先选择在旅游资源丰富、旅游业态活跃、文旅产业发展较好的乡村地区开展，各试点建设单位按照"宜融则融、能融尽融，整合资源、共建共享"的原则，有机合并包括乡镇（街道）综合文化站和行政村（社区）综合性文化服务中心与旅游集散中心和旅游咨询中心等旅游服务中心，包括设施、功能、服务和人员的整合利用。"两中心融合"，是文旅融合的有效探索，对盘活地方文化旅游资源，助力乡村振兴，促进基层公共服务体系提质增效方面均发挥了重要作用。

案例 7

佛山市禅城区南风古灶旅游景区游客服务中心

南风古灶旅游景区游客服务中心作为首批"两中心融合"试点项目，是基于文旅融合理念，精心打造的公共文化服务新阵地。在原有的游客服务功能基础上，南风古灶游客服务中心进行系统的改造提升，增加了更多综合便民服务，包括游客咨询服务区、陶艺展区、休闲区和图书阅览区等。禅城区图书馆积极参与南风古灶"两中心融合"项目合作共建，提供图书资源以及电子书借阅机，在既有游客服务中心场地基础上，拓展地方文献信息阅览及自助式数字阅读等多项服务，实现文化、旅游基础设施高度整合、服务共享，为游客群体提供文旅兼备、一体多元的公共文化服务体验。

广州市番禺区沙湾街文化体育旅游服务中心

为结合乡村振兴和全域旅游发展的具体要求，沙湾镇因地制宜，积极开展基层综合性文化服务中心与旅游服务中心融合发展建设。作为"两中心融合"试点，沙湾旅游服务中心积极打造旅游信息咨询服务台、沙湾文旅导向图、非遗文化展示墙、文创产品展销专柜、阅读休憩区等服务区域，方便居民和游客了解沙湾本土文化、旅游资源等方面的信息，为居民游客提供窗口式的文化与旅游公共服务。广州市图书馆在沙湾文化旅游服务中心三楼设置了分馆，馆藏书籍5万多册，书籍种类丰富，并不定期举办各类活动，为附近居民和游客提供阅读休闲空间与公共文化服务。

珠海市横琴游客服务中心

珠海市横琴游客服务中心位于横琴粤澳深度合作区唯一客运码头——横琴客运码头。横琴游客服务中心能够为游客提供横琴旅游政策咨询、澳门旅游服务咨询、琴澳景区景点信息咨询、旅游线路信息咨询、酒店餐厅信息咨询、旅游公共交通信息咨询等便民咨询服务，并依托大数据中心、智慧小站、全域旅游地图、VR全景看横琴等丰富内容，让游客能够依托横琴新区全域智慧旅游平台，全方位体验横琴优质旅游资源。[11]横琴游客服务中心"粤书吧"是珠海首批"粤书吧"之一，让游客在候船时能在明亮舒适的环境中读书消遣，丰富游客的旅游文化体验。

（二）以文载旅，文旅融合新供给

广东省各地以新型阅读空间、"两中心融合"等文旅融合阅读空间为阵地，充分发挥阵地优势和资源优势，创新服务供给内容及供给方式，为游客提供旅游专藏、文化展览、"非遗"展示及文创开发等资源和产品，成为文旅服务、文旅消费新的增长点。

1. 旅游信息专藏

文献资源是公共图书馆为读者提供各项服务的前提，在文旅融合大背景下，广东各地各级公共图书馆积极整合供给丰富的旅游主题文献信息资源，设立旅游信息资源专藏专柜，为读者游客带来更优质、更具针对性的借阅和咨询服务。

深圳市宝安区"宝图·旅游图书馆"

"宝图·旅游图书馆"开设在深圳市宝安区图书馆负一楼东侧，于2017年10月正式开放。作为深圳市首家专门收藏旅游文献资源、提供旅游资讯服务的专题图书馆，馆内收藏旅游主题图书3,000余册，内容涵盖国内外人文风光介绍、旅游攻略、旅行札记、旅行摄影等，配有旅游杂志20多种，另有自助检索机、自助借还机、平板电脑等设备供读者使用。[12]为了让更多的市民读者体验深圳户外线路，了解深圳的自然环境，"宝图·旅游图书馆"举办"最美深圳·'图'步山水"活动，由阅读推广人分享"读过的书，走过的深圳山水"，围绕公共图书馆，以文旅融合的形式展示深圳文化及户外运动路线。[13]

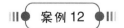

韶关市格物民宿图书馆旅游主题图书专柜

格物图书馆是一家以图书馆为主题的酒店客栈，位于广东韶关5A景区丹霞山世界地质公园景区内。一层为公共图书馆，24小时免费向社会开放，二、三、四层为客房。格物图书馆致力于儿童、青少年以及成年人的体验教育，倡导在行走、游玩中，拜自然为师，向万物学习。韶关市图书馆在格物民宿图书馆特别设立了旅游主题图书专柜，为游客提供旅游文献借阅服务。此外，韶关市图书馆在总馆和市辖三区各"风度书房"显眼处放置《广东文化旅游》《非一般的韶关》等韶关旅游宣传手册图书供市民读者阅览，为读者提供更方便的旅游信息获取方式。

2.建筑与空间设计展示当地文化元素

建筑与空间设计能够带给游客读者最直观的视觉感知与感官体验。公共图书馆在开展新型阅读空间建设时，往往在建筑与空间设计时展现当地特色，融入当地文化元素，一方面有助于传承和保护当地传统文化和当地文化遗产，另一方面也有助于丰富读者游客的文化体验。

案例 12

韶关市始兴县"风度书房"澄江分馆

"风度书房"澄江分馆坐落于始兴县澄江镇，结合当地历史，打造了以青瓷土碗为特色的"风度书房"分馆。在"风度书房"建设中,始兴县始终坚持因地制宜,规范与特色相融合,秉承"一馆一特色"的理念,将文化场馆和周边环境、历史人文、民俗风情进行融合,打造符合建设规范而又有特色的"风度书房"。澄江分馆内整体以白色为主色调设计,重点突出融入澄江当地特色,处处充满土碗的元素,馆内共设置阅读位置 40 个,藏书量超 10,000册,阅读区以窑洞为原型衍生设计造型成阶梯和长廊,顶部以展示青瓷文化为主,宣传澄江镇长达百年的青花瓷烧制历史。[14]

案例 13

江门市蓬江区墟顶人家一屋"粤书吧"

墟顶人家一屋"粤书吧"位于江门的发源地墟顶街区,特殊的地理位置和本身具备的城市记忆特点,让其在发挥"粤书吧"普惠性阅读的同时,弘扬江门侨乡特色文化。在墟顶人家一屋"粤书吧"建设过程中,尤其注重书吧建设与地方文化的有机结合,一方面入藏相关书籍,举行城市发源地、老街区游学活动,另一方面开展主题多样、具有侨乡特色公益活动,包括"非遗"手工制作、绘画培训班、红色故事讲座等,吸引众多市民参加,持续激发全民阅读热情。此外,读者游客还可以从墟顶人家一屋古老的物件、地方文献书籍中寻找江门发展的足迹,探寻江门历史的印记。

案例 14

梅州市梅江区又见·钧质楼"粤书吧"

又见·钧质楼"粤书吧"位于梅州市梅江区钧质楼。钧质楼原为典型的客家围屋,后在梅州本土客家民居的基础上加以改造,将客家人文精神和自然景观、古朴建筑和现代生活相融合,给游客带来全新的旅游和文化体验。基于文旅融合思路,梅江区图书馆与又见·钧质楼民宿共建"粤书吧",由钧质楼提供书架及阅览休闲区,梅江区图书馆结合民宿的文化特点进行改造,打造集住宿、阅读、旅游为一体的特色民宿。民宿和书吧内装修彰显浓郁且典雅的客家风情,木窗、木椅、木雕等装饰设计处处透出极致匠心,图书资源均免费供游客借阅,为市民游客打造阅读新空间。

3. 文旅 IP 与文创产品开发

公共图书馆文化创意产品服务是提升服务水平,满足读者多元文化需求的重要途径。各地公共图书馆通过开发文旅 IP 和文创产品，塑造和推广自己的品牌形象，提高公众对图书馆的认知度和认同感，提升公共图书馆在文化旅游领域中的影响力。

广州市白云区图书馆"云小图" IP 形象

为主动适应新媒体发展趋势，打造文化品牌形象，提升图书馆的吸引力、传播力和影响力，白云区图书馆打造了"云小图" IP 形象。利用"云小图"形象策划推出公益海报，白云区图书馆使"云小图"成为图书馆形象的宣传大使，在此基础上，进一步策划"云小图"系列绘本读物制作和出版发行，促进图书馆阅读成果转化，提升图书馆的文化传播力。结合"云小图" IP 形象，白云区图书馆开展儿童戏剧体验活动"云小图剧场"，引导读者参与图书馆创意活动，开启"可读可演"的全新阅读体验。围绕原创动漫 IP"云小图"，白云区图书馆打造了一系列阅读产品及活动，使图书馆社会形象更立体、更多元、可感可亲。

案例 16

佛山市顺德区文化创意产品开发与利用项目

顺德图书馆基于自身的文化特色和内涵，积极探索文化创意产品开发之路。顺德区图书馆首先征集了图书馆吉祥物"凤凤"，并申请注册版权，进一步开发了文具、服饰、日用品、玩具、食品等一系列文化创意产品，并加入全国图书馆文化创意产品开发联盟。顺德图书馆开发的系列文创产品融合顺德图书馆特色馆藏和当地本土文化，是弘扬优秀文化的纽带，兼具实用性与价值内涵，成为了顺德图书馆吸引市民的亮丽名片及提升图书馆形象的独特方式。

(三) 以文促旅，文旅融合新服务

公共图书馆拥有丰富的馆舍空间及馆藏文献等资源，具备开展文旅融合新服务项目的优势。在文旅融合的背景下，广东省公共图书馆以空间和文献等资源为抓手，开展研学旅游、真人图书馆、沉浸式服务等新形态服务，以文促旅，带给读者全新多层次的文化旅游体验。

1. 研学旅游

研学旅游是以一个专题为目标，以在校学生为主体，以教师等其他人员为

补充，以增进技艺、增长知识为目的的一种专项旅游活动。[15]《"十四五"文化产业发展规划》指出，新时代要推动研学旅游提质升级。广东省公共图书馆充分利用馆内丰富的文献信息资源和馆舍空间资源，设计研学旅游线路和志愿活动，满足大众不断增长的文化需求。

‖‖● 案例 17 ●‖‖

广东省立中山图书馆"学党史、传精神、
跟党走"青少年研学文化志愿活动

为深入推进党史学习教育，创新青少年文化志愿活动，广东省立中山图书馆以"学党史、传精神、跟党走"为主题，开展青少年研学文化志愿活动。通过深入学习党史，感受百年大党波澜壮阔的发展历程，以及现场一对一为读者讲解"建党百年纪念主题展"等活动，青少年志愿者完成了将理论学习转化为行动实践的研学之旅。活动依托丰富的馆藏资源，结合视频欣赏、诗歌朗诵、手工制作等形式，将开展党史学习教育与青少年文化志愿服务有机结合，推动青少年党史学习成果有形转化。图书馆研学文化志愿活动在让青少年发挥兴趣特长、分享智慧创意的同时，推动党史学习教育走心走实，在青少年的心中厚植爱党爱国情怀。[16]

‖‖● 案例 18 ●‖‖

肇庆市端州区"宝月书香讲堂"实地研学活动

端州图书馆结合"宝月书香讲堂"活动内容开展系列实地研学，将讲堂延伸到图书馆外，丰富读者文化体验。如端州图书馆"星湖摩崖石刻欣赏"活动，通过组织读者到肇庆七星岩景区进行研学，现场观摩星湖摩崖石刻，并在研学活动结束后进行临摹书法比赛，使读者在游学中感受肇庆摩崖石刻的文化魅力。端州图书馆还举办了以"游学高要学宫""游学肇庆古城墙""铜壶滴漏与肇庆自鸣钟"等为主题的研学活动，带领读者走进肇庆著名的历史遗迹高要学宫和宋城墙、拜访莎东艺术饰品有限公司资深钟表制造商李宝庆先生，让读者在历史古迹中获得全新的阅读体验，加深对肇庆文化认同。

2. 文旅融合"真人图书馆"

真人图书馆是图书馆多元化阅读服务的一个重要方式，我国公共图书馆的真人图书馆活动主要采用座谈讲座、参观体验、真人借阅、跨界合作、线上阅

读5种阅读模式。[17]文旅融合背景下，广东省公共图书馆利用"真人图书馆"形式，广泛培育和邀请旅游达人和阅读推广人到馆，配合场景布置及手工体验等开展活动，将文化体验与旅游体验相融合，进一步提升读者游客的文化旅游体验。

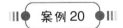

案例 19

广州市白天鹅宾馆"粤书吧""非遗"文化活动

广东省立中山图书馆联合白天鹅宾馆"粤书吧"，举办了系列"粤书吧""非遗"文化活动。如"开卷过大年　匠心纳万福"活动，白天鹅宾馆"粤书吧"邀请国家级"非遗"佛山木版年画市级代表性传承人刘钟萍讲授了年画知识，展示制作工艺；[18]"南国红荔——广州灰塑文化讲座"活动，书吧邀请广州灰塑区级"非遗"传承人、广州市花都区灰塑文化产业研究院院长刘娟担任主讲嘉宾，通过知识讲授、工艺展示、制作体验、阅读推荐等环节，带领读者游客走进广州灰塑的大千世界。[19]广东省立中山图书馆通过与白天鹅宾馆携手深耕"粤书吧"，以"非遗"主题阅读推广为着力点，为市民群众和外地游客提供丰富多彩的岭南"非遗"文化活动，用文化知识提升旅游体验、激活旅游消费，实现文化和旅游共同繁荣。

3.数字沉浸文化旅游

随着国家文化数字化战略的深入实施，文化和旅游数字化转型步伐不断加快，科技成为文旅融合发展的重要推手。广东省公共图书馆积极引入高新技术，探索虚拟现实、增强现实、人工智能、数字化技术等在文化和旅游方面的创新应用，借助科技手段彰显文化和旅游新魅力，为读者提供沉浸式的线上文化旅游体验。

案例 20

深圳市南山区图书馆地方特色数字资源库和
线上地方特色线路 VR 打卡项目

南山图书馆以"文旅＋互联网"活化旅游体验的理念，建设地方特色数字资源库"时间馆藏　数字年书"，通过现代科技，推动城市文旅融合智慧发展。"年书"系列数字资源库收录了南山区51个自然村落、30个深圳湾文化走廊文化点、22个深圳党史教育基地，通过智慧手段打造"场景体验"和

"云上旅游"体验。基于《年书—村落》文献库，南山图书馆选取南山区具有代表性的自然村落及红色旅游点，制作"赤诚初心　红色路线""村落寻根　历史路线""民俗传承　非遗路线"3个线上VR打卡路线，让读者采用VR实景，实现足不出户打卡南山特色景点，打造具有人文特色的数字文旅体验，用科技为文旅赋能，讲述南山故事，充分发挥文旅数字化传播影响力，让更多读者更全面、便捷地了解南山。

▌▌▌● 案例21 ●▌▌▌

珠海市图书馆总分馆数字文化服务平台文旅融合项目

珠海市图书馆"悦读·珠海"数字文化服务云平台的建成，完善了珠海市公共文化地图，加强了对珠海地方文化特色的挖掘与利用，同时整合了图书馆、文化馆的各类数字资源和活动信息，在服务形式上更加灵活、多样化。珠海市图书馆"悦读·珠海"数字文化服务云平台VR全景资源库包含全国及海外数十个城市的上百个景点的全景图片，通过利用手机、平板等各类终端，读者游客可以实现在线云逛景点，突破天气、交通、客流量等局限，足不出户就能拥有诗和远方。

（四）以旅彰文，文旅融合新效益

广东省公共图书馆以国家政策与读者需求为导向，基于本土基础条件和文旅资源特色，从助推乡村振兴、提振夜间旅游、促进粤港澳大湾区共同体建设等方面入手，触发文旅融合新效益，助力公共文化服务高质量发展。

1.助力乡村振兴

公共图书馆作为我国公共文化服务体系的重要组成部分，其宗旨、基本理念和服务功能等方面均与乡村振兴战略存在高度的内在契合。[20]广东省公共图书馆将文旅融合项目深入基层村社，致力于丰富乡村群众的精神文化生活，助力乡村文化振兴。

▌▌▌● 案例22 ●▌▌▌

中山市"香山书房"左步书屋

"香山书房"左步书屋位于中山市南朗街道左步村，书屋矗立在一片稻田边，选用透明玻璃幕墙作墙体，以绿色框架搭建而成，其内部的原木色桌椅、绿植和周围的田园风光浑然一体，让读者游客在稻田边读书，抬头便能看见大片田野。中山纪念图书馆在左步书屋设置了流动图书点，提供2,000多册书籍，与全市图书馆实现通借通还，方便读者游客借阅图书。左步书屋建成以后，以其独特的建筑外观，广受当地村民和外地读者游客的欢迎，节假日期间，左步书屋成为珠三角的"网红"书屋打卡点。左步书屋将稻田边闲置的荒地变身为书屋，盘活闲置的土地资源、当地深厚的人文资源以及优美的乡间风景，让村民和游客有了休闲、学习与观光的好去处，以此助力了乡村文旅振兴。[21]

2. 丰富夜间旅游场景

夜经济已经成为中国发达城市重要的消费形式和经济增长点，夜间旅游是夜经济的重要组成部分。[22]广东省公共图书馆积极打造夜间活动，以"图书馆之夜"或延时开放等方式，丰富游客读者夜间文化体验，助力夜经济和夜间旅游发展。

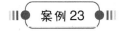

案例23

广州市南沙区图书馆"南图之夜"

南沙区图书馆定期开展"南图之夜"活动，集中开展分享类、体验类、表演类等多种形式的阅读推广活动，释放南图晚上的魅力及风采，吸引读者进馆，并通过举办音乐剧片段赏析、纪录片赏析、共享集市、爱乐声韵、奇妙帐篷夜等一系列活动，营造良好的夜晚阅读氛围，向读者展示地方文化魅力，让读者了解当地旅游资源。"南图之夜"活动围绕传统文化、阅读经典、共读分享等多个主题，充分利用图书馆场馆空间，让读者能够在图书馆的不同场景下体验阅读活动，营造全民阅读浓厚氛围，满足人民群众精神文化需求，丰富广大读者精神生活，增加馆内活动多样性，在开启南沙市民朋友的"夜读"生活的同时，打造夜间经济文化消费新场景，助力推动南沙区夜间经济的繁荣。

3. 推动粤港澳大湾区共同体建设

共建粤港澳大湾区世界级城市群，是国家区域发展战略的重要构成与动力支撑点，也是粤港澳区域社会文化自身发展的内在需要。[23]广东省公共图书馆积极参与到粤港澳大湾区共同体建设过程中，增强粤港澳大湾区民众文化凝聚力。

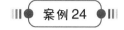案例24

广州图书馆"穗港澳青少年文化交流季"

"穗港澳青少年文化交流季"活动从2016年开始由广州市文化广电旅游局主办，广州图书馆积极响应上级号召参与其中。活动内容主要包括"粤港澳大湾区中小学生故事大会""粤港澳大湾区青少年六一艺术汇""粤港澳大湾区人文湾区少年行"等。其中"粤港澳大湾区人文湾区少年行"主要由主办方带领广州、香港、澳门三地的青少年参观永庆坊、广州粤剧艺术博物馆、澳门回归贺礼陈列馆等场所。[24]"穗港澳青少年文化交流季"活动引领三地青少年寻根岭南文化，让具有历史文化符号的文物建筑、独特的民俗唤醒大湾区青少年共同的文化记忆，增强大湾区青少年对广府文化深厚历史底蕴的认知和对祖国的认同感，传承和传播岭南文化和爱国主义情怀。

三、广东路径：制度引领，多主体高赋能先试先行

（一）制度保障，支撑文旅融合建设

广东省公共图书馆文旅融合建设，从政策规范、顶层设计到项目建设推进，都离不开政府的高度重视。广东省各地市出台了一系列政策，在建设指引、资金补助、社会力量合作参与等方面，给予图书馆与社会力量相应的指导与扶持。这些政策既有面向公共文化服务体系建设大方向的指引，也有专门针对某一阅读空间项目出台的政策，从省、市、区等不同行政层级自上而下地形成了一整套保障措施，鼓励推进新型阅读空间建设的有效开展，满足了人民群众的美好生活需要。

以"粤书吧"为例，首先，在省域上，广东省文化和旅游厅出台了《关于在旅游行业开展文旅融合"粤书吧"试点工作的通知》及《关于公布首批文旅融合"粤书吧"试点名单的通知》等政策文件，从建设指引和选址布点等方面指导各地市开展"粤书吧"建设；后续，各地为推进当地"粤书吧"建设，结合当地试点工作情况，发布了更加详细的建设工作方案，如《佛山市"粤书吧"试点建设工作方案》《珠海市"粤书吧"试点工作方案》《珠海市"粤书吧"试点建设标准（试行）》等。

在地方政策方面，各地结合实际情况，出台一系列建设方案、建设指引等政策文件，从场地面积、馆藏资源、设施设备等方面对新型阅读空间建设提出

具体要求，规范空间建设，为读者提供普遍均等化服务。从"粤书吧"的《广东省"粤书吧"建设指引（试行）》到佛山市智能文化家＋的《智能文化家＋建设及运营规范（试行）》，从韶关市"风度书房"的《风度书房建设标准》《风度书房建设选址要求》《风度书房图书巡架工作日常管理要求》到河源市源城区"槎城书吧"的《源城区"槎城书吧"管理考核制度（试行）》，每一个健康发展的新型阅读空间项目背后，都有对应的政策支撑，保障其可持续发展。

（二）两手相牵，社会力量参与共建

"政府"与"社会"两只手是推动广东省公共图书馆文旅融合建设的重要基础，广东省公共图书馆文旅融合项目拓展创新合作对象，创新合作模式，吸纳不同类型的社会力量参与阅读空间的建设，政府和社会密切互动，共同发力，为文旅阅读空间建设提供了人力、财力、物力等重要资源保障。

在政府主导的前提下，广东省公共图书馆文旅融合项目多引入社会力量参与合作共建，吸收社会力量的资金、人员、资源等，政府主导与社会力量积极参与，互为补充，激发政社双方活力，为公共文化服务体系建设注入新鲜血液。如"粤书吧"采用"图书馆＋旅游经营单位"模式，将图书馆开进景区景点、民宿酒店等旅游经营单位，为游客提供阅读服务；佛山市"旅图·晓读夜宿"民宿图书馆联合当地民宿，举办"穿越时空，漫游寻宝"逢简水乡研学活动，吸引各地游客前往逢简，感受当地特色水乡文化；南海天河城"阅读家"项目由广州图书馆、佛山市图书馆、广州地铁、南海天河城四方联合共建，位于广佛地铁线上盖购物中心，作为首个广佛同城图书馆，实现广佛两地读者系统对接、双城图书自由借还。

（三）因地制宜，盘活地方文化资源

在新型阅读空间和"两中心融合"试点建设过程中，各地围绕推进城乡公共文化服务一体化这一目标，试点建设单位注重多元化发展，创新乡村文化治理体系，提升乡村文化治理能力，以文化繁荣助力乡村振兴。

试点单位以因地制宜为思路，充分利用地方文化、产业等资源，实现地方特色资源的活化利用，打造服务特色与亮点，吸引游客前来体验，带动地区经济文化发展。如佛山市"旅图·晓读夜宿"民宿图书馆项目，将图书馆开进民宿中，结合民宿特点，通过建筑设计、"非遗"展示、读者活动等有效展示佛山市当地传统文化；位于江门市百年华侨古村落的启明里"粤书吧"，为读者游客提供开平泥鸡制作、葵艺"非遗"技艺等"非遗"项目的制作体验，游客还有机会与当地"非遗"传承人进行制作交流与分享，使"粤书吧"成为游客旅途中一扇认识当地文化的窗口，为地方"非遗"传承开启新方式；广州市沙湾镇将其当地的岭南文化、祠堂文化、民间艺术文化、"非遗"文化、美食文化等转化为特色品牌活动，体现其对地方文化资源的深度挖掘；潮州市桂坑村文旅驿站集文创产品销售、农副产品推广、公共文化活动展示和宣传于一体，成为桂坑村文旅资源推介的窗口，实现了村民增收，带动了乡村经济发展。

（四）试点先行，成熟一个建设一个

广东省公共图书馆在开展文旅融合项目建设过程中，充分遵循"试点先行，成熟一个建设一个"的建设原则，前期选取各方面条件优秀的试点，重点打造和宣传，形成良好社会效果后再进一步推广和品牌化建设。

试点先行的意义在于可以了解市民的需求和反馈，及时调整和改进项目的整体设计，为市民提供真正需要的各项服务和空间。如 2020 年首批"粤书吧"试点工作确定了 86 个文旅融合"粤书吧"试点，遍布珠三角地区以及粤东西北地区县级基层单位，试点建设成熟后，再进一步全面铺开，以点带面，促进"粤书吧"服务网络化建设，至 2022 年底，全省建成"粤书吧"数量达 383 个，遍布全省重要旅游景点及线路。再如"两中心融合"发展试点工作，2020 年首先在全省范围内选取了首批 173 个试点，在旅游资源丰富、旅游业态活跃、文旅产业发展较好的乡村地区进行试点创建，在此基础上进一步确定后续试点，最终形成包含 334 个试点的"两中心融合"试点网络体系，助力乡村振兴，促进基层公共服务体系提质增效。

四、总结

以公共文化服务体系建设为基础，广东各地市积极探索"图书馆＋旅游"文旅融合生态圈建设，从新型阅读空间到"两中心融合"，从城市到乡村，整合文化客体与旅游客体，为游客和周边市民提供更优质的阅读空间，既拓展文化服务范围，也为旅游主体提供新的吸引点。以文旅融合空间为阵地，各地探索"文旅＋专藏""文旅＋文创""文旅＋研学""文旅＋科技"等服务业态融合，创新文旅服务的供给，丰富文旅融合内涵，提升服务品质，给游客和居民均带来了更加有质感的体验，产生了新的服务效益和服务效果。

面向"十四五"，广东公共图书馆也将继续坚持融合发展，从制度保障、参与主体、技术提升、建设理念等方面促进文旅融合，完善文化和旅游融合发

展的体制机制，强化系统观念，推动文化事业和旅游产业在更广范围、更深层次、更高水平上实现融合互促，提升服务质量与服务效益，打造"图书馆＋旅游"文旅深度融合发展的全域生态。

参考文献

［1］习近平. 在教育文化卫生体育领域专家代表座谈会上的讲话［EB/OL］.（2020－09－22）［2023－05－15］. http：//www. gov. cn/xinwen/2020－09/22/content_5546157. htm.

［2］傅才武. 论文化和旅游融合的内在逻辑［J］. 武汉大学学报（哲学社会科学版），2020，73（2）：89－100.

［3］张朝枝，朱敏敏. 文化和旅游融合：多层次关系内涵、挑战与践行路径［J］. 旅游学刊，2020，35（3）：62－71.

［4］张新勤. 我国图书馆文旅融合研究述评［J］. 图书馆工作与研究，2021，303（5）：121－128.

［5］王世伟. 关于公共图书馆文旅深度融合的思考［J］. 图书馆，2019（2）：1－6.

［6］李国新，李阳. 文化和旅游公共服务融合发展的思考［J］. 图书馆杂志，2019，38（10）：29－33.

［7］深圳市盐田区文化广电旅游体育局. 盐田区智慧书房建成启用［EB/OL］.（2020－10－13）［2023－05－15］. http：//www. yantian. gov. cn/cn/zjyt/jjyt/bmxx/content/post_8171557. html.

［8］IFLA PressReader International Marketing Award Winners 2023［EB/OL］.（2023－04－04）［2023－05－15］. https：//www. ifla. org/news/ifla－pressreader－international－marketing－award－winners－2023/.

［9］黎存根. 广东积极探索文旅融合新模式——粤读书，悦旅游［N/OL］. 羊城晚报，2021－09－09（A13）［2023－05－15］. http：//ep. ycwb. com/epaper/ycwb/html/2021－09/09/content_13_425792. htm.

［10］林遥芝. 广州市越秀区图书馆"粤书吧"获评建设最佳实践案例［EB/OL］.（2021－12－10）［2023－05－15］. http：//www. gzyxlib. cn/hdxx/mtbd/202112/t20211216_317602. html.

［11］刘梓欣. 横琴旅游"服务大脑"上线　游客服务中心正式对外开放［EB/OL］.（2019－09－30）［2023－05－15］. https：//kb. southcn. com/kb/1406589962. shtml.

［12］宝安区图书馆. 关于旅游图书馆正式开放的通知［EB/OL］.（2017－11－03）［2023－05－15］. https：//www. balib. cn/information/17795.

［13］宝安区图书馆. 活动预告｜最美深圳·"图"步山水［EB/OL］.（2021－10－19）［2023－05－15］. https：//www. sznews. com/content/mb/2021－10/19/content_24660130. htm.

［14］杨婕. 始兴县风度书房澄江镇分馆正式开馆"小书房"绽放出"大文明"［N/OL］. 韶关日报，2022－04－03（A4）［2023－05－15］. http：//sgrb. sgxw. cn/html/2022－04/03/content_100250_14676486. htm.

［15］陈素平，梅雨晴. 近20年我国研学旅游研究综述［J］. 湖南工程学院学报（社会科学版），2017，27（3）：16－21.

［16］广东省立中山图书馆. 广东省立中山图书馆开展"学党史、传精神、跟党走"青少年研学文化志愿活动［EB/OL］.（2021－08－03）［2023－05－15］. https：//whly. gd. gov. cn/news_newzwhd/content/post_3450689. html.

［17］张迁葳. 公共图书馆真人图书馆实践与探究［J］. 图书馆研究，2023，53（1）：53－62.

［18］涂雯洲，李家敏. 开卷过大年　匠心纳万福——白天鹅宾馆"粤书吧"春节活动圆满举行［EB/OL］.（2022－01－28）［2023－05－15］. https：//www. zslib. com. cn/TempletPage/Detail. aspx？ dbid＝2&id＝3711.

［19］广东省立中山图书馆. 广东省立中山图书馆携手白天鹅宾馆举办粤书吧"非遗"文化活动［EB/OL］.（2022－07－18）［2023－05－15］. https：//whly. gd. gov. cn/service_newggwhzx/content/post_3974955. html.

［20］萧子扬，叶锦涛. 公共图书馆参与乡村文化振兴：现实困境、内在契合和主要路径［J］. 图书馆，2020，305（2）：46－52.

［21］陈明汉. 广东省中山市公共文化服务创新案例——左步书屋：新时代民营图书馆的标杆［EB/OL］.（2021－05－20）［2023－05－15］. https：//www. zslib. cn/en/info/1012/17867. htm.

［22］于萍. 夜间旅游与夜经济：城市发展的新动力［J］. 改革与战略，2010，26（10）：32－33，128.

［23］蔡赤萌. 粤港澳大湾区城市群建设的战略意义和现实挑战［J］. 广东社会科学，2017，186（4）：5－14，254.

［24］郭瑛. "公共图书馆＋旅游"：广州图书馆文旅融合阅读推广活动路径［J］. 晋图学刊，2022，192（5）：41－45.

B. 11

疫情防控中的广东公共图书馆（2020—2022）

Guangdong Public Libraries in the Prevention and Control of the COVID-19（2020—2022）

张　靖　王冰冰*

[摘　要] 2019 年底，突发的疫情对经济社会发展造成重创。经过 3 年战"疫"，疫情防控从突发应急围堵、常态化防控探索、全方位综合防控等阶段进入因时因势优化疫情防控新阶段。3 年来，疫情波动对广东省各公共图书馆的场馆开放、业务工作、资源保障、服务效能等方面均产生了不同程度的负面影响。在战"疫"背景下，广东省各公共图书馆主动作为，在坚守阵地的基础上创新服务：扎稳全省场馆疫情防控战线，大力推动科学防疫知识宣传、持续优化资源结构和服务模式、进行线上主题作品征集，在全社会大力弘扬伟大抗疫精神、发挥图书馆信息中心作用，保存"战疫记忆"；在主动担当、服务社会中实现自身价值：助力武汉图书馆界同仁抵抗疫情、集体参与基层联防联控、用书香和阅读丰富群众精神生活。"后疫情时代"，公共图书馆更应当聚力"转型"、增强"韧性"，建设以人为中心的图书馆，用有温度的服务辐射城乡社区。

[关键词] 疫情；公共图书馆；广东实践；转型发展；韧性治理

[Abstract] At the end of 2019, the sudden outbreak of the COVID-19 caused a heavy blow to economic and social development, after three years of war "epidemic", the epidemic prevention and control from the sudden emergency containment, normalized prevention and control exploration, comprehensive prevention and control stages into the new stage of optimizing the epidemic prevention and control due to the time and situation. Over the past three years, fluctuations in the epidemic have had varying degrees of negative impact on the

---

* 张靖，历史学博士，中山大学信息管理学院教授，博士生导师，zhangj87@ mail. sy-su. edu. cn；王冰冰，中山大学信息管理学院在读硕士研究生。

opening of venues，operational work，resource security，and service effective-ness of public libraries in various regions of Guangdong Province. In the context of the "epidemic"，the public libraries in Guangdong Province have taken the initiative to innovate their services on the basis of holding their ground：stabili-zing the epidemic prevention and control fronts in the venues across the prov-ince，vigorously promoting the publicity of scientific knowledge on epidemic prevention and control，continuously optimizing the resource structure and serv-ice modes，collecting on-line thematic works，vigorously promoting the great spirit of resistance to the epidemic in the whole society，and giving full play to the role of the library's information center in preserving the "memories of the war against the epidemic". The public libraries also have taken the initiative to real-ize their own value in serving the society：helping their colleagues in the library community in Wuhan to resist the epidemic，collectively participating in the grass-roots joint prevention and control，and enriching the spiritual life of the masses with the aroma of books and reading. In the post epidemic era，public li-braries should focus on "transformation"，enhance "resilience"，build "peo-ple-centered" libraries，and radiate urban communities with warm services.

［**Keywords**］COVID-19；Public Library；Guangdong Practice；Trans-formative Development；Resilient Governance

2022年12月26日，国家卫生和健康委员会发布公告，将"新型冠状病毒肺炎"更名为"新型冠状病毒感染"[1]，国务院联防联控机制综合组印发的《关于对新型冠状病毒感染实施"乙类乙管"的总体方案》指出"2023年1月8日起，对新型冠状病毒感染实施'乙类乙管'"[2]；2023年5月5日，世界卫生组织（WHO）宣布新冠疫情不再构成"国际关注的突发公共卫生事件"[3]。全球战"疫"取得重大胜利，我国经济社会发展迈入"后疫情时代"。

公共图书馆作为公共文化服务的主要提供机构之一，具有人群规模聚集、人员流动性强的特点，是疫情防控工作的重点场所。新型冠状病毒感染疫情（以下简称"疫情"）发生以来，广东省各地区公共图书馆迅速行动，按照当地政府的统一部署，相继实施闭馆措施，筑牢广大读者健康安全防线，避免线下空间人群聚集加剧新冠疫情蔓延，充分发挥图书馆文化阵地宣传作用，做到"闭馆服务不打烊"、坚持"防疫"和"服务"两手抓，采用多样化线上服务方式满足用户信息资源和文化活动需求；在疫情逐步控制并转入常态化防控阶段，广东省各级公共图书馆又根据疫情防控形势变化动态调整服务措施，在严格执行"预约、限流、错峰"要求的基础上，逐步恢复对外开放，线上线下联合发力，深入推进全民阅读，营造浓郁书香氛围；在战"疫"期间，广东图书馆人展现出积极向上、不畏艰难、勇于担当、乐于奉献的良好风貌，在加强疫情防控科普宣传、提升市民健康信息素养、耐心解答各类便民咨询、满足群众多样化文化需求、参与社区疫情防控工作、丰富公众精神文化生活等方面贡献突出，显现出公共图书馆的存在价值及其所承担的社会责任。

3年来，我国走出了一条精准高效统筹疫情防控和经济社会发展的辩证之道，不仅保护了亿万人民的生命安全，还如期打赢脱贫攻坚战、全面建成小康社会、实现"十四五"良好开局。公共图书馆发展也随之进入新的历史时期，如何在"后疫情时代"调整工作发展方向、开展专业化服务、发展图书馆事业成为图书馆人面临的新课题。本报告呈现了新冠疫情对广东省公共图书馆的影响，梳理了广东省公共图书馆的战"疫"实践，并在此基础上，探讨了战"疫"经历与广东省公共图书馆事业发展。

一、疫情对广东省公共图书馆的影响

2020—2022年，广东省全省县级以上公共图书馆财政拨款总额保持稳定增长，2020年、2021年、2022年的财政拨款总额分别为23.4亿元、23.67亿元、24.09亿元，较疫情发生前的2019年分别增长4.18%、5.38%、7.22%。稳定的财政拨款，保障了广东公共图书馆事业在疫情期间的持续发展。与此同时，各级图书馆除提供基本服务之外，需要根据要求投入疫情防控，对广东省各公共图书馆的场馆开放、业务工作、资源保障、服务效能等均产生了不同程度的影响。

（一）对场馆开放的影响

2020年1月23日，广东省启动重大突发公共卫生事件一级响应，各级公共图书馆迅速迎战，采取紧急闭馆措施，暂停所有线下活动，启动应急值班机制，疫情对公共图书馆服务模式带来极大挑战。2020年2月25日，文化和旅游部公共服务司印发《〈公共图书馆、文化馆（站）恢复开放工作指南〉的通知》[4]，指导全国公共图书馆、文化馆（站）继续实施疫情防控、稳步做好恢复开放相关工作。广东省域内低风险地区公共图书馆逐步恢复基本服务，如广州图书馆于2020年3月15日起采取网络实名预约、人数控制等方式恢复对外开放，并根据疫情防控进展，不断调整每日预约进馆人数、开放时间、开放区域等服务措施；佛山市联合图书馆体系所有成员馆自2020年2月底开始逐步有序恢复开放。2020 年 12 月底，共有 275 家成员馆（含智能图书馆 206 家）恢复开放，整体恢复开放率约 80%。随着疫情进入常态化防控阶段，场馆的通风、消毒、限流，读者预约、测温、佩戴口罩、保持 1 米线间隔、扫码登记、行程卡查验成为图书馆场馆管理的常态化措施。受闭馆以及恢复开放后限流的影响，广东省县级以上公共图书馆 2020 年总流通人次较 2019 年下降 58.96%，珠三角核心区、沿海经济带、北部生态发展区均有不同程度的下降，2021—2022 年随着图书馆逐步恢复开放，流通人次虽有所回升，但仍未回到疫情发生前的水平。

（二） 对业务工作的影响

疫情之下，图书馆员除承担原有的业务工作，还增加了场馆安全管理以及疫情常态化防控等方面的工作内容，包括落实自身健康管理、做好场馆卫生消杀、实施进馆等级管理、做好应急处置工作及防疫物资储备等，同时部分馆员还承担其所在地区的社区防疫工作，根据疫情实时动态，机动转化为社区防疫志愿服务人员，支援核酸检测、疫苗接种、涉疫人员排查、群众防疫物资发放、定点隔离酒店管理等工作，馆员工作任务增多、工作风险和压力增大。疫情发生以来，图书馆以线下服务为主逐渐转变为线上线下齐发力，线上活动大幅增加，各地区公共图书馆开始更加关注设施设备升级、系统功能更新、新技术模块研发、服务创新发展等方面的工作，例如预约进馆系统的研发、读者注册与借还功能的优化、数字资源的系统化整合及推送、智能图书馆的升级和改造等。此外，微信公众号、微博、抖音等新媒体作为公共图书馆线上服务入口的重要性持续提升，2020 年，广州市公共图书馆微信公众号关注量共计 219.47 万人、同比增长 52.49%，访问量 2235.39 万人次、同比上涨 97.48%，排名长期位居国内公共图书馆微信公众号前列。

（三） 对资源保障的影响

面对疫情下的财政紧缩，各馆购书经费投入减少，2020—2022 年全省县级以上公共图书馆新增藏量购置费分别为 34,061.49 万元、34,635.6 万元、30,255.83 万元，较 2019 年分别下降 8.45%、6.91%、18.68%，其中，受全国疫情持续波动以及连续几轮的广东本土疫情的影响，2022 年下降较为明显。在新增藏量购置费吃紧的情况之下，2020 年和 2021 年新增纸本文献藏量稳定增长，较疫情前分别增加 17.6% 和 30.63%。2022 年新增纸本文献藏量为 872.08 万册，虽较 2021 年有所下降，但较疫情发生前 2019 年的 863.3 万册有小幅增加，购置经费下降而图书馆的新增藏量却不断增加，除图书馆本身业务工作调整（如部分分馆加入总分馆体系，馆藏纳入新增藏量），主要得益于各公共图书馆的主动作为，在提高经费使用绩效的同时，加强社会合作，积极吸引社会资源投入，通过凝聚政府、图书馆、社会各方力量，共同促进公共图书馆的资源建设。

（四）对服务效能的影响

疫情期间，全省各公共图书馆线下服务受到较大影响，线上服务力度大幅增加，各馆积极转变思路，闭馆不闭服务，把传统的线下活动转移到线上，最大限度保障公共文化服务不间断，让广大群众足不出户也能享受高质量的公共文化服务。[5]读者活动方面，2020年受疫情影响较为严重，上半年基本暂停线下读者活动，直到下半年才陆续开展线下读者活动，同时限制活动参加人数，广东省各县级以上公共图书馆全年共举办读者活动37,315次，较2019年减少了22.89%，线上活动次数在全年举办各类读者活动中占比达42.45%，参与人次占比达77.92%，成为疫情期间读者参与图书馆活动的主要方式。2021—2022年，随着疫情进入常态化防控阶段，读者活动逐渐恢复并稳步增加，分别举办58,273次和61,169次，较疫情前的2019年增加20.41%、26.40%。2021年随着公共文化场馆的有序开放和科学管理，线下读者活动逐步恢复，参与人次较2020年大幅增长。2022年，广东省部分地区图书馆又因几轮本土疫情的发生紧急闭馆，积极推行线上服务，线上活动参与人次在全年举办各类读者活动中占比更是高达82.52%。文献流通方面，2020年全省各县级以上公共图书馆外借文献6,447.72万册次，同比下降22.81%。疫情期间，闭馆对读者阅读造成很多不便，各地区公共图书馆多次开展延长借阅时间、免除图书借还违约金活动，鼓励读者居家阅读，稳定焦虑情绪，丰富精神生活。随着疫情进入常态化防控阶段，各项业务和活动逐步正常开展，2021年和2022年全省各县级以上公共图书馆外借文献分别为8,545.97万册次、8,592.23万册次，恢复到疫情前流通水平并实现稳步增长。

二、战"疫"背景下广东省公共图书馆的主要做法

（一）坚守阵地，创新服务

1.扎稳全省场馆疫情防控战线，大力推动科学防疫知识宣传

广东省各公共图书馆严格落实国家、省、市疫情常态化防控各项规定，实行预约制度，采取人员限流、体温检测、粤康码及行程码查验和登记措施，定

时开展场馆设施的全面消毒清洁，为员工和到馆读者提供必要的防护保障，做实、做细各项防疫措施，确保公共服务场所卫生安全。

疫情期间，各公共图书馆充分利用场馆、微信、微博和官网线上线下同步开展科学防控宣传，向读者普及疫苗知识及科学防疫知识，营造起浓厚的防疫氛围，有效提升了广大市民的健康信息素养。江门市图书馆自2020年2月起，每天在网站、微信公众号、手机移动图书馆推出系列线上阅读推广活动并开展疫情防控知识宣传，包括线上图书推介，发布和转发"抗击新冠肺炎疫情"情况、"防疫公益课""名家解经典·全民战疫情"普通家庭预防控制指引等相关视频、音频、图片；顺德图书馆图书借阅厅特设"书香抗疫，悦读助力"图书专柜，推出抗疫、防疫及传染病等健康题材的优秀读物，涵盖医药、卫生、历史、文学、心理等多元知识面，深入浅出地帮助读者积蓄抗击疫情的智慧和力量；广州图书馆于2018年创建的"专家志愿者咨询服务"项目在疫情期间，充分发挥出"志愿服务 + 专家咨询"模式的倍增效应，引入行业专家作为"咨询员"为公众解读疫情防控相关专业知识，提供针对性的咨询和指引，做好公众疫情心理疏导，受众达13.7万人次。2023年1月，该项目获评文化和旅游部2022年文化和旅游志愿服务典型案例。[6]

2. 丰富馆藏，云端借阅，持续优化资源结构和服务模式

疫情防控期间，各地区公共图书馆注意到了用科技手段提升服务效能的重要作用，借助现代技术，整合传统借阅服务、数字图书馆服务、电子阅览服务于一体，持续优化资源结构和服务模式，为读者提供内容丰富、形式多样的阅读资源和服务。

在资源结构优化方面，2021年，清远市图书馆新购"新语听书"有声数字资源，新增电子图书时长5万小时、18万集，完成与博看、超星、爱不释书电子资源供应商续签协议，不断丰富图书馆数字资源品种，进一步扩容馆藏结构，顺应公共图书馆现代化发展趋势，增强对读者的人文关怀和信息服务关怀。广州少年儿童图书馆先后与广州市教育局"广州智慧型成长阅读平台"、中国图书馆学会"读联体"阅读平台成功对接，为全市乃至全国读者开放馆藏数字资源。2022年3月，东莞市发生本土疫情，在全市全面升级疫情防控措施的同时，东莞图书馆即刻成立防控期间强化数字服务的"数字资源工作组"，策划开展"'科学防疫，阅见美好'数字阅读推广专项行动"，自3月15日起，工作组依托东莞图书馆丰富的数字资源，针对学生、家长、一般读者等不同群体，每天通过东莞图书馆数字媒体平台编辑发布图文信息，进行专题数字阅读内容或线上阅读活动推荐，引导市民在线阅读和参与，在进行专题推广的同时，每期推荐一本防疫相关的医学健康指导用书或多媒体资源。截至

2020 年 4 月中旬，工作组共组织发布 30 余篇专题推文，累计向市民提供扫码阅读资源 84 种，涉及 11 个数据库和数字阅读平台。

在服务模式优化方面，2022 年 4 月 23 日，惠州慈云图书馆推出了"云书传阅"新型服务项目，读者可以通过图书馆微信公众号的"云书传阅"功能进行转借操作，在不必到馆的情况下即可直接将书传递给其他借阅者，该服务项目创新了图书借还方式，节省了读者等待图书归还重新上架的时间，还可以让朋友之间相互推荐传阅，以书为媒体、搭建书友圈。盐田区图书馆首创"店小二"式云端借阅服务，40 余位工作人员全部化身为"店小二"，在疫情防控政策允许的前提下，为读者提供接单、分拣、消毒、打包、送书等服务，最大限度满足广大读者居家防疫的阅读需求，用精神食粮与爱心服务助力人文抗疫。"店小二"服务模式的特色在于，不仅仅局限于"新书增量"，而是扩大至全部外借馆藏，由"你看书，我买单"升级为"你看书，我来送"，真正做到把图书馆办到读者家门口。

3. 线上主题作品征集，在全社会大力弘扬伟大抗疫精神

面对突如其来的严重疫情，中国共产党团结带领全国各族人民，经过艰苦努力，付出巨大牺牲，取得抗击疫情斗争重大战略成果，创造了人类同疾病斗争史上又一个英勇壮举。习近平总书记指出，"在这场同严重疫情的殊死较量中，中国人民和中华民族以敢于斗争、敢于胜利的大无畏气概，铸就了生命至上、举国同心、舍生忘死、尊重科学、命运与共的伟大抗疫精神"，强调"我们要在全社会大力弘扬伟大抗疫精神，使之转化为全面建设社会主义现代化国家、实现中华民族伟大复兴的强大力量"[7]。广东省各公共图书馆积极响应党中央号召，疫情期间开展形式多样的战"疫"主题作品征集活动，并将收集作品通过线上线下渠道广泛宣传，透过作品传递的价值理念在全社会大力弘扬伟大抗疫精神。

在美术作品征集上，用画笔勾勒英雄事迹。2020 年 2 月 10 日，广州少年儿童图书馆联合广州市教育研究院开展"不'疫'样的寒假生活——我的'防疫日记'征集活动"，鼓励青少年儿童宅家战疫期间，拿起手中的笔，记录一段珍贵回忆，彼此共勉，活动共收到读者来稿 18,444 篇，经评选分 4 期在微信平台、网站推出作品精彩语句分享，推出网上绘画作品展览和征集作品场馆实物展览，鼓励读者树立信心、科学防疫，赞颂战"疫"英雄，歌颂伟大祖国；2020 年 2 月 6 日至 15 日期间，茂名图书馆"苗圃之家"开展"小手拉大手战'疫'行动——防控疫情绘画作品征集"活动，向全市青少年儿童发出邀约。活动期间，参与者们用画笔创作英雄的故事，用艺术抒发抗疫精神，用优秀的美术作品鼓舞士气，为中国加油。

在朗诵作品征集上，用声音传递广东力量。2020年2月14日至3月31日，广东省立中山图书馆、广东图书馆学会联合推出"用爱发声，共同战'疫'"朗诵作品线上征集活动，活动共有120家公共图书馆参与，吸引了3,600余名读者参加，共征集到作品3,775篇，评选出50名优秀朗读者。这些作品透过声音传播广东力量，表达对所有奋战在抗疫一线的工作人员的敬意以及对感染者的关怀；2020年4月，花都区图书馆联合区作家协会、区朗诵协会组织开展的"新时代文明实践活动之'声动笔援 共抗疫情'原创作品展"活动首期上线，作品以花都真实、感人的抗疫故事为内容，由朗诵协会会员逐篇诵读并录制成音频在微信公众号平台广泛宣传，充分发挥文化志愿者的文艺创作优势，积极传播社会正能量，发挥文艺战"疫"的作用。

在摄影作品展示上，用图片展现抗疫精神风貌。2020年7月29日至8月15日期间，由《中国日报》社、《中国画报》出版社、中国图书馆学会、首都图书馆主办，珠海市图书馆承办的"百名摄影师聚焦COVID-19图片展"在广东省珠海市图书馆线上线下同步展出，分为"生死交锋""八方驰援""全民防控""别样生活""复工复产"等板块。作品全面展示了中国抗击疫情的历史瞬间，生动展现了全国人民万众一心、共克时艰的精神风貌[8]，构筑起了中国人民共同抗疫的时代记忆。2020年8月22日，由广州图书馆主办的"同心战疫——广州全民抗疫"纪实影像展在其负一层广州纪录片研究展示中心正式开展，展览分为"抗疫广州""艺同抗疫""最美逆行""众志成城""春回大地"等五个部分，展品以面向广州市民征集的影像作品为主体，通过普通人记录的抗疫故事，展示广州人坚强乐观的生活态度、抗击疫情的信心以及互帮互助的大爱精神。

4. 发挥图书馆信息中心作用，保存"战疫记忆"

图书馆具有搜集、整理、收藏、保存人类文化遗产的职能，作为人类文明记忆的贮存与传承单位，广东省各公共图书馆主动作为，充分履行"传承文明、服务社会"的使命，发挥图书馆信息中心作用，广泛收集和整理抗疫过程中形成的具有收藏、研究、展示、纪念价值的代表性主题资源，通过向全社会征集抗疫地方文献、建立抗疫专题数据库的方式将珍贵记忆留存起来，时刻服务于读者。

2022年2月22日，深圳图书馆发布《"深圳记疫·人间有爱"——深圳图书馆面向社会各界征集"抗击疫情"文献资料》微信推文，联合社会各界力量在疫情时期开展"深圳记疫"文献征集，征集文献与文艺作品3,000余件。2月23日盐田区图书馆紧随其后，发布《"盐田记疫·爱撒盐田"——文献全民征集，共同保存你我的"盐田记疫"》微信推文，面向盐田区各党政机关、社会团体、学校、企事业单位和个人，广泛收集抗疫防疫相关文献资料，并对这些资料进行收集、整理、保存和开发利用。韶关市图书馆开展战"疫"地方文献收集工作，为搜集到富有各地区特色的文献资料，馆员深入市辖三区共26个乡镇、村委等各防疫抗疫点走访，见证并收集有关抗击疫情的文件、照片、音像等战"疫"地方文献。截至2020年4月24日，共收集韶关战"疫"文献资料相关照片5,503张、文字资料133份、音像视频8个，各地宣传海报170份，形成战"疫"地方文献汇编，并以"4·23世界读书日"为契机，举办韶关战"疫"地方文献展览，以图书馆微信公众号为平台发布网上展览3期，向全市市民展示。抗疫地方文献真实记录了各地区抗击疫情的艰辛历程，既反映地方特色，又体现了时代特色和社会发展的历程，是进行乡土教育和爱国主义教育的绝好教材。[9]

2021年初，由顺德图书馆开发的"顺德新冠肺炎抗疫文献数据库"上线，数据库分为"防控政策""驰援武汉""逆行战士""齐心抗疫""图片展""视频"六大板块，多角度向读者呈现顺德抗击疫情的事迹，通过保存大量珍贵的资料，充实图书馆资源种类，为读者提供防疫抗疫相关的检索和查询服务，截至2022年底，共收录资料1,589条，网页访问量达到2,026,950次。广州图书馆在网站设立"众志成城抗疫情"专题栏目、微信公众号设立"抗疫专栏"，聚合13个抗疫专题数据库、专题信息等为公众提供抗疫专题信息服务，特别推出"战疫不孤'读'"微视频，发布科学抗疫、心理咨询等推文，积极开辟文化战"疫"第二战线，并与中山大学赵燕群教授合作收集整理疫情资料建设"专题库"，及时保存特殊时期历史资料。2020年3月，汕头市图书馆与长春市朝阳区图书馆合作共建2020—2022"战疫情"文学作品专题数据库，截至2021年末，平台内收录了全国众多文学爱好者的投稿作品，在线阅读量10万余次。专题数据库的建立，为广大群众提供了查询疫情相关信息、感受抗疫精神力量的入口，不仅增强了人民对健康体魄的追求，也让抗疫精神得以留存和传承，成为引领新时代社会风尚的强大精神力量。

（二）主动担当，服务社会

1. 助力武汉图书馆界同仁抵抗疫情

在做好全省范围内场馆安全管理的同时，广东省各公共图书馆积极伸出援助之手，支援武汉。广州少年儿童图书馆先后发动馆员制作《武汉加油，广少图支持你!》视频并于2020年2月15日，在收到中国图书馆学会关于支持武汉同行抗疫，捐赠防疫物资的倡议后，第一时间根据对方需求挖掘可供货途径，寻找到2,000双手套、1,200件雨衣货源，并于当天发货给武汉少儿图书馆，成为广东省图书馆界第一个发出捐助防护物资的图书馆。深圳图书馆积极响应《守馆有责 守馆担责 守馆尽责——深圳图书情报学会抗击疫情倡议书》，竭尽所能采购到一批防护物品，定点支援，帮助武汉图书馆界同仁抵抗疫情，并与全国公共图书馆一起制作《共战"疫" 不孤"读"》抖音视频，表达祝福与关切，为武汉加油。此外，深圳图书馆还与《深圳晚报》社联合发布"安心家书"，向为抗疫做出突出贡献的深圳援鄂医护人员和深圳一线医护工作者赠送"安心读书卡"。

2. 集体参与基层联防联控

广东省各公共图书馆涌现出了一批关键时刻站得出、顶得上、靠得住的先进代表，他们深入高风险片区，听从命令，精诚协作，出色完成了卡口值守、人员转运、上门核酸检测等艰巨危险任务，在疫情防控中体现了使命担当。

2020 年，佛山市图书馆党总支部组织在职党员深入基层社区，开展宣传资料派发张贴、值岗测温登记、为隔离户买菜买药等志愿服务，累计服务时长达 381.7 小时。同时，选派 3 名党员参与市文广旅体局突击队，积极投身到广州白云机场和顺德潭村社区等防疫前线，得到市文广旅体局机关党委的高度肯定。2021 年 5 月 21 日，德尔塔毒株引发广州本土疫情后，广州图书馆党委第一时间响应市直机关工委号召，组建由 94 名党员群众组成的抗疫党员突击队，全体党员参与抗疫等志愿活动 514 人次，配合天河区猎德街道开设疫苗临时接种点，累计为群众接种疫苗 20,969 支，被猎德街道疫情防控指导小组办公室授予"猎德街新冠疫苗最美接种点"荣誉称号。2022 年，花都"1012"疫情发生以后，花都区图书馆积极响应上级部门的疫情防控工作部署，于 10 月 13 日至 11 月 27 日期间先后派出 56 名馆员支援抗疫第一线，总支援次数达 400 次以上，总服务时长达 1,300 小时以上。其中，有 30 名馆员自 10 月 13 日起分批进驻花都区及海珠区的疫情高风险区，"出征"总天数累计达 320 天以上。

3. 用书香和阅读丰富群众精神生活

广东省始终坚持统筹推进疫情防控和公共文化服务两手抓，各公共图书馆践行"滋养民族心灵、培育文化自信"理念，以丰富多彩的阅读推广活动帮助广大市民振奋精神，图书馆在疫情期间滋养心灵、启迪民智的价值功能愈加凸显，取得了良好的服务效能。宅在家足不出户的日子正是阅读和学习的好时机，对于广大读者而言，照顾好自己和家人，以书为伴不失为一个很好的选择，在安静的氛围中，用书香和阅读稳定焦虑情绪，丰富精神生活。

在疫情期间，发生了引发全国关注的热点事件——"读者留言东莞图书馆"。2020 年 6 月，读者吴桂春先生因疫情回乡，临别前在东莞图书馆写下一封感人至深的留言，引来了众多重量级媒体的报道和网友刷屏，微博累计阅读总量超过 10 亿次。该事件让社会大众更加深入地了解了公共图书馆以及公共图书馆所提供的人文关怀、社会教育和平等公益的公共文化服务，很好地彰显了图书馆的社会价值[5]，展现出广东省公共图书馆界践行以人民为中心，持续提升服务能力和服务水平的不懈努力。

三、战"疫"经历与广东省公共图书馆事业发展

（一）聚力"转型"：从线下服务到线上线下齐开花，建设以人为中心的图书馆

突发的疫情使得全球图书馆都面临着艰难的选择，包括提供哪些服务以及如何提供。[10]2020 年 4 月，国家图书馆馆长会议组织（CDNL）联合国际图书馆协会与机构联合会（IFLA）对全球 53 个国家的 55 个国家级图书馆开展调查发布的《新冠病毒影响分析报告》结果显示，85% 的图书馆完全闭馆，10% 的图书馆关闭部分开放区域或实行限制性开放，并采取限定入馆人数、加大座位间隔等限制措施，80% 的图书馆应对疫情已开展或计划开展替代性服务活动。[11]疫情对线下场馆的冲击、危机期间不断变化的信息和资源需求促使全球公共图书馆开始重新思考如何以新的方式与读者建立联系。线上活动突破时空限制，对依托于图书馆阵地的线下服务的补充作用明显，成为读者参与公共图书馆活动的主要方式。这种转型之下，公共图书馆活动趋向小型化、专题化，图书馆也经历了新一轮的技术发展、设施系统更新和服务模式创新。疫情虽然给图书馆的物理空间带来了较大的不确定性，但是数字服务的增长、新角色和机会的演变、在线环境的快速发展以及信息环境的快速变化又为图书馆的发展提供了新的机遇。[12]

"后疫情时代"，我们更应该把握机遇，适应高质量发展要求，推动公共图书馆向以人为中心转型。一是要充分发挥公共图书馆信息保障和智库作用，在保障纸质资源稳定的基础上，用新技术、新平台聚合形态丰富的数字资源，增加资源总量，充实馆藏结构，加快建设具有中国特色的公共文化数字资源总库，为经济社会发展提供智力支持；二是要优化公共图书馆环境，综合考虑重大突发事件应对情境下的场馆安全管理、读者服务保障等，为读者打造场馆良好卫生环境、温馨安全的阅读环境，使图书馆真正成为融入群众日常生活的高品质文化空间；三是拓展与深化公共图书馆服务创新，在服务整体升级上发力，持续推动新型服务系统开发、新媒体运营、设施设备升级改造、精品活动

策划、创新项目研发等。在创新基层图书馆运营和服务上发力，依托分散各地的实体空间，广泛凝聚社会资源，建成一批管理先进、特色鲜明、与社区融合共生的主题性阅读场所，为读者提供多样化、针对性、创新型的公共文化服务。

（二）增强"韧性"：用有温度的服务辐射城市社区，夯实社会治理韧性的基础单元

2022 年 1 月，国际图联（IFLA）发布《趋势报告》2021 年更新版，这是疫情发生以来 IFLA 中断更新后的首份《趋势报告》，反映了全球图书馆界对自身发展方向和所处社会环境的宏观判断。《趋势报告》指出图书馆财政经费持续缩减、线上虚拟服务的拓展、物理空间的回归、大数据的应用、终生学习的趋势、信息素养的价值凸显、数字鸿沟的扩大等 20 个发展趋势，其内容既涉及与图书馆自身发展紧密相关的行业性趋势，也涉及有关政治和社会变化给图书馆带来的普遍性影响。"后疫情时代"，公共图书馆更应当把握新趋势，利用大数据等新兴技术带来的机遇，迎接突发事件、数字鸿沟等带来的挑战。[13,14,15]疫情过后相当一段时间内，由于经济社会发展恢复时期民生事业的优先顺序、公共文化服务本身具有的特点以及行政管理体制改革的后续效应三重因素叠加，我国公共文化服务相对于过去十多年的高速度跨越式发展将会步入一个低潮阶段，主要表现为发展的支持力度、保障水平会降低，制约性因素会增多，扩张式发展短期内不再可能。[16]公共图书馆需要做好人、财、物等保障条件紧缩情况下过"紧日子"的准备，确立内涵式发展思路则是公共图书馆增强自身发展"韧性"的重要途径，在提升自身服务能力和服务水平的同时，应当积极对外寻求更多的合作机会。

公共图书馆作为城市公共文化服务体系的重要组成部分，核心使命是保障和实现人们平等自由地利用信息、知识的权利，这既是公共图书馆的核心价值，也体现着公共图书馆的社会价值。疫情期间，公共图书馆大力开展线上阅读推广活动、广泛发布科普宣传，用书香和阅读抚平社会焦虑、丰富群众精神生活、提升全民健康信息素养，充分发挥出其核心价值的作用，用实际行动保卫广大人民群众的生命安全。在"后疫情时代"，公共图书馆更应发挥出其在"韧性"社区、"韧性"城市建设方面的贡献，用有温度的服务辐射城市社区，将资源和服务下沉到基层，通过提供文献信息资源、服务特殊群体、参与基层文化治理、投身社会文明实践等方式，不断夯实社会治理韧性的基础单元，彰显公共图书馆的社会价值。

四、结语

"安而不忘危，存而不忘亡，治而不忘乱"，是国家治理的基本要求。抗击疫情的斗争，充分表明了增强忧患意识是有效应对重大突发公共卫生事件的心理前提，是贯通疫情防控乃至实现"两个一百年"奋斗目标全过程的精神条件。[17]在应对突发事件时，我们更应该基于累积的经验、事物的普遍规律，考虑到各种复杂的影响因素，提前作出科学研判，采取更加主动性的行动去应对各种风险挑战。广东省各公共图书馆在此次战"疫"经历中留下了许多创新性做法，这些好的实践做法更需要与国际视野相结合，进行系统化的理论提升，固化为可供行业参考的经验。"后疫情时代"，公共图书馆应当不断提升自身的应急管理能力，聚力"转型"、增强"韧性"，这是面对突发事件时保障公共图书馆事业健康发展的必然要求，也是更好地保障公民文化权益实现、发挥图书馆核心价值和社会价值的必然要求。

参考文献

［1］国家卫生健康委公告 2022 年第 7 号［EB/OL］．（2022 – 12 – 26）［2023 – 05 – 10］．https：//www.gov.cn/zhengce/zhengceku/2022 – 12/26/content_5733669.htm.

［2］重大调整！新冠病毒感染将由"乙类甲管"调整为"乙类乙管"［EB/OL］．（2022 – 12 – 27）［2023 – 05 – 10］．https：//www.gov.cn/xinwen/2022 – 12/27/content_5733672.htm.

［3］世界卫生组织（WHO）宣布新冠疫情不再构成"国际关注的突发公共卫生事件"［EB/OL］．（2023 – 05 – 05）［2023 – 05 – 10］．http：//world.people.com.cn/n1/2023/0505/c1002 – 32679617.html.

［4］文化和旅游部公共服务司关于印发《公共图书馆、文化馆（站）恢复开放工作指南》的通知［EB/OL］．（2020 – 02 – 25）［2023 – 05 – 10］．http：//www.gov.cn/xinwen/2020 – 02/25/content_5483104.htm.

［5］陈卫东，陈杰，伍舜璎，肖渊.广东省公共图书馆事业发展报告（2020）［J］.图书馆论坛，2021，41（6）：34 – 42.

［6］2022 年文化和旅游志愿服务典型案例发布［EB/OL］．（2023 – 01 – 13）［2023 – 05 – 30］．https：//zwgk.mct.gov.cn/zfxxgkml/zcfg/zcjd/202301/t20230113_938635.html.

［7］ 在全社会大力弘扬伟大抗疫精神［EB/OL］.（2021－10－14）［2023－05－20］. http：//dangshi. people. com. cn/n1/2021/1014/c436975－32253052. html.

［8］《百名摄影师聚焦COVID－19》图片展在珠海市图书馆举行［EB/OL］.（2020－07－29）［2023－05－20］. https：//ent. chinadaily. com. cn/a/202007/29/WS5f213f2ca310a859d09dae9c. html.

［9］ 蒋玲. 多元合作　发挥地方文献在新时期经济建设中的作用［J］. 图书情报工作，2012（S2）：292－294.

［10］ COVID－19 and the Global Library［EB/OL］.［2023－06－23］. Fieldhttps：//www. ifla. org/covid－19－and－the-global－library－field/#closures.

［11］ 国家图书馆研究院. 国家图书馆馆长会议组织、国际图书馆协会与机构联合会联合发布《新冠病毒影响分析报告》［J］. 国家图书馆学刊，2020，29（3）：82.

［12］ 姚淑青，李晓婷. 新冠疫情与图书馆转型的系统性文献综述［J］. 情报探索，2022（12）：126－134.

［13］ IFLA TREND REPORT 2021 UPDATE［EB/OL］.［2023－07－20］. https：//repository. ifla. org/bitstream/123456789/1830/1/IFLA% 20TREND% 20REPORT% 202021% 20UPDATE. pdf.

［14］ 冀威. 后疫情时代图书馆事业的危机与发展——国际图联《2021年趋势报告》解读［J］. 图书与情报，2022（2）：134－140.

［15］ 向君，杨玉娟.《国际图联趋势报告2021年新进展》解读与启示［J］. 图书馆学研究，2022（5）：77－84＋91.

［16］ 李国新. 疫情对公共文化服务发展影响的思考［J］. 图书与情报，2020（2）：43－49＋119.

［17］ 在抗疫中增强民族忧患意识［EB/OL］.（2020－03－17）［2023－05－30］. http：//www. xinhuanet. com/politics/2020－03/17/c＿1125723834. htm2020－03－17.

B. 12

《公共图书馆法》
与广东省公共图书馆事业法治化发展

Public Library Law of the People's Republic of
China and the Legalization Development of
Public Libraries in Guangdong Province

陈　艳　张　靖*

[摘　要] 2023 年是《公共图书馆法》施行的第一个"五年"。在立法保障下，5 年来我国公共图书馆事业法治化建设进一步发展。本研究对广东省《公共图书馆法》的宣传贯彻落实、执法监督检查、配套制度建设等情况进行深入调查，发现广东省通过多种途径、多种形式积极宣传贯彻落实《公共图书馆法》，开展了公共文化领域的执法监督检查，出台了全民阅读立法、地方图书馆立法、政策文件、地方标准等丰富的配套制度，广东地区图书馆事业开启了高质量发展新时代。研究分析了广东省普法、执法、立法过程中的先进做法，总结出三个层面的经验与成效：立法、执法、普法全链条发力；用立法固化创新实践成果；建立起多方位、多层次的配套制度体系。

[关键词]《公共图书馆法》；图书馆事业；图书馆法治化

[**Abstract**] 2023 is the first "five years" on the implementation of the Law of the People's Republic of China on Public Libraries. In the past five years, the legal system construction has been further developed under the legislative guarantee. This study conducts an in-depth investigation on the publicity and implementation, law enforcement supervision and inspection, and supporting system construction of the law in Guangdong Province. It finds that Guangdong Province publicized and implemented the law actively in various ways and forms, carried out law enforcement supervision and inspection in the field of public culture, introduced rich supporting systems such as national reading legislation,

---

* 陈艳，佛山市图书馆业务管理部主任，副研究馆员，研究生，2979245703@ qq. com；张靖，通讯作者，中山大学信息管理学院教授、博士生导师。

local library legislation, policy documents, and local standards. Guangdong library cause has opened a new era of high-quality development. This paper analyzes the advanced practices in the process of law popularization, law enforcement and legislation in Guangdong Province, summarizes the experience and effectiveness in three levels: full chain implementation of legislation, law enforcement and law popularization, solidification the achievements of innovation practice with legislation, establishment of a multi-dimensional and multi-level supporting system.

[**Keywords**] Public Library Law of the People's Republic of China; Librarianship; Library Legalization

2017 年 11 月 4 日，《中华人民共和国公共图书馆法》（以下简称《公共图书馆法》）经第十二届全国人民代表大会常务委员会第三十次会议审议通过，自 2018 年 1 月 1 日起正式施行[1]，成为党的"十九大"之后首部文化立法，也成为我国公共图书馆事业跨入新时代的标志。[2] 2018 年 1 月 10 日，原文化部（现文化和旅游部）办公厅发布《关于学习宣传贯彻〈中华人民共和国公共图书馆法〉的通知》，要求各级文化行政部门加强组织领导、抓好学习培训、开展普法宣传、完善配套制度、推进重点任务落实、加强执法监督检查，切实做好法律的学习宣传和贯彻落实工作。[3] 自此，全国图书馆界围绕《公共图书馆法》开展了丰富多样的普法宣传、扎实有效的贯彻落实、全面的自查自纠工作；政府有关部门开展执法监督检查，进一步压实主体责任；促进了地方立法的出台，不少地方修订或新制定地方性法规和规章制度，集聚了大量地方实践经验和措施举措；我国图书馆配套制度建设取得重要进展，国家标准、行业标准、地方标准、配套政策文件纷纷出台。广东地区图书馆事业开启了立法保障下的高质量发展新时代。2023 年是全面贯彻落实党的"二十大"精神的开局之年，是"十四五"规划承上启下的关键之年，也是《公共图书馆法》施行的第一个五周年，在这个特殊的时间节点上，回望 5 年中广东省宣传贯彻落实《公共图书馆法》的做法、执法监督检查的情况、地方图书馆立法的进程、配套制度的出台等，总结其中的经验与成效，或可为公共图书馆事业法治化发展提供"广东智慧"。

一、广东省学习宣传《公共图书馆法》的情况

（一）政府重视

为积极响应原文化部号召，及时学习宣传贯彻《公共图书馆法》，2018年2月，原广东省文化厅（现广东省文化和旅游厅）发布《关于印发〈广东省文化厅学习贯彻公共图书馆法工作方案〉的通知》，要求各地各单位把学习宣传贯彻公共图书馆法作为一项重要任务，"加强组织领导，精心部署安排，明确工作要求，保障所需经费"。2018年3月，原省文化厅举办"学习贯彻公共图书馆法（公共图书馆馆长）培训班"，邀请了多位国家公共文化服务体系建设专家委员会委员授课，详细解读了《公共图书馆法》的主要条款，阐释了《公共图书馆法》的内涵及公共图书馆的服务性质与定位，服务的要求与规范，来自全省各地市、县（市、区）公共图书馆馆长、副馆长共150余人参加了培训。[4] 广东各地市陆续出台了学习宣传贯彻《公共图书馆法》的工作方案，要求各单位加强对《公共图书馆法》的宣传、学习培训，将其纳入普法工作规划，用好各类传统媒体及新媒体，充分发挥宣传阵地作用做好普法宣传工作，提升《公共图书馆法》的社会知晓率和影响力。

（二）加大普法宣传力度

1.宣传渠道广泛

各地市采用社会媒体宣传、图书馆自媒体宣传、阵地宣传等多种渠道宣传《公共图书馆法》。在社会媒体宣传方面，图书馆主动邀请本地媒体开展宣传报道，以此为契机，让更多市民认识到《公共图书馆法》的重要性，感受到国家对文化事业的重视。如陆丰市图书馆主动邀请电视台进行跟踪报道，通过电视采访的方式向更加广大的受众群体讲解《公共图书馆法》，扩大传播受众面。在图书馆自媒体宣传方面，广泛运用图书馆官网、微信、微博等新媒体发布推送，向社会公众广泛宣传。在阵地宣传方面，借助各级文化阵地，设置宣传专栏，张贴宣传海报，在各个电子显示屏播放宣传图片及宣传标语，在图书馆展览区展陈《公共图书馆法》重点内容，摆放相关图书及宣传手册以方便读者取阅，还利用流动服务车到社区进行宣传、宣讲，形成持续集中、有效覆盖的普法氛围。

2.宣传内容生动

广东省各级文化行政部门、图书馆对《公共图书馆法》的宣传内容非常

丰富。有的宣传整篇法律条文，呈现全文原版原貌；有的采用"一图读懂"的形式，以简洁的文字配以设计，一目了然；有的是提取重点条款，辅以精彩的照片进行展示，图文并茂、生动形象，如佛山市图书馆提取《公共图书馆法》重点内容并配图制成宣传海报，在自动手扶电梯两侧张贴，市民在上下扶梯过程中即可逐一浏览到各个重点条文；有的是活泼有趣的宣传漫画，如中山市原创的《公共图书馆法》漫画版，在微信公众号"文旅中山"上进行连载；有的是宣传视频，如中山市、佛山市南海区等都制作了《公共图书馆法》主题视频进行宣传，让宣传内容更直观。

3. 宣传方式多样

在宣传方式上，灵活多样、动静结合。既采用展览、图书推荐等静态的呈现方式，也把宣传融入各类动态的读者服务活动。2018年3月起，"'凝聚业界共识　引领行业发展'——学习《公共图书馆法》图文展"在全省各级图书馆以线上线下的形式开展宣传。2018年9月至12月，广东图书馆学会、广东省立中山图书馆联合省内各地级市图书馆学会、地级市图书馆开展了主题为"粤图博览——《公共图书馆法》宣传展览"的基层巡回展览活动，向基层图书馆广大读者宣传普法。深圳龙岗区图书馆在龙岗区各街道、社区开展了为期近一年的《公共图书馆法》巡展，并且通过长期展览的形式在一楼展览长廊宣传《公共图书馆法》。很多图书馆在图书馆服务宣传周印制《公共图书馆法》主题的宣传册开展宣传活动，免费派送各类宣传资料；韶关市图书馆开展"风度沙龙"《公共图书馆法》专题沙龙活动；潮州市图书馆开展《公共图书馆法》专题体验活动，组织民众实地参观体验"潮书屋""粤书吧"、24小时自助图书馆，把《公共图书馆法》的理念融入行程中；云浮市云城区图书馆联合区文明办，到多所学校进行《公共图书馆法》宣传活动，组织主题知识灯谜会，让中小学生了解《公共图书馆法》；肇庆市端州图书馆于2018年大年初一，在当地宋代古城墙朝天门举办"同筑中国梦　共度书香年"2018端州区迎春猜谜活动暨《公共图书馆法》宣传活动，吸引了数万名群众参与。

（三）强化普法培训

1. 培训资源丰富

各级文化行政部门、图书馆举办了系列《公共图书馆法》解读和学习培训班、基层辅导培训班，希望通过学习培训，强化广大干部职工的法律意识，由上下共识转为自觉行动。例如，惠东县文化广电新闻出版局举办了《公共文化服务保障法》《公共图书馆法》培训班，全馆工作人员及乡镇文化站负责人参与了培训；江门市五邑图书馆举行了"《公共图书馆法》与数字资源建设"专题讲座，江门市图书馆学会近 100 名会员参加了该学术讲座；广东图书馆学会与茂名市图书馆联合举办了茂名地区图书馆业务培训班，邀请专家为茂名地区图书馆 200 多名从业人员进行了"《公共图书馆法》解读"业务培训；深圳龙岗区图书馆举办了"公共文化服务体系示范区创建下的公共图书馆（室）建设"培训班，邀请专家为龙岗区图书馆、龙岗区各街道相关图书馆从业人员解读《公共图书馆法》和指导公共图书馆建设；云浮市云安区举办了"云安区 2018 年文体协管员培训班"，为乡镇、村两级和综合文化服务中心工作人员开展《公共图书馆法》学习培训工作，使文化站站长及文体协管员 100 余名更为直观深刻地了解了法律内容；肇庆市端州图书馆与黄岗街道文化站联合举办"社区图书馆基础业务知识培训"，对该区域的图书馆从业人员开展《公共图书馆法》的普法宣传。

2. 培训对象多元

各级图书馆采用"班子学习""中层学习""馆员学习"等形式，学习《公共图书馆法》全文，通过条文解读认清各馆当前服务的适用性和问题性，理清今后工作思路。2018 年 5 月，在东莞市图书馆总分馆服务体系建设提升推进会暨 2018 年总分馆馆长例会上，时任馆长李东来结合《公共文化服务保障法》《公共图书馆法》《东莞市公共图书馆管理办法》"三法"的实施及全市图书馆的具体情况，对"三法"进行了解读和比较，进一步对《公共图书馆法》进行了宣传和推广。2020 年 2 月，清远市图书馆组织全馆干部职工进行专题学习，邀请专家对图书馆的建设、运行、服务、法律责任等进行逐条解读，对涉及的免费开放、特殊群体服务等部分进行了着重强调。佛山市图书馆、清远市图书馆都邀请了专业律师为读者解读《公共图书馆法》，律师就该法出台的目的、意义和特色亮点做了深入浅出的阐释，使读者对该部法律有了更多了解。

（四）注重法治理论研究

《公共图书馆法》一经颁布便成为我国公共图书馆领域新的研究对象，广东地区图书情报领域的专家学者、实践人员积极开展研究，形成了丰富的研究成果。研究的领域主要包括《公共图书馆法》的具体文本及条款、地方立法实践的经验与比较分析、配套制度研究等方面。2018 年，程焕文教授在《图书馆杂志》发表《改变 21 世纪中国公共图书馆进程的十大创新》一文，认为《公共图书馆法》的颁布实施是"十大创新"之一，并表示"以 2018 年 1 月 1 日《公共图书馆法》的实施为标志，中国公共图书馆的发展已经进入前所未有的黄金时代"[5]。《图书馆建设》杂志在 2018 年第一期和第二期专门设置了

"《中华人民共和国公共图书馆法》研究"专题，在这组文章中，肖鹏认为《公共图书馆法》是"中国最近20余年来图书馆领域改革的总结性文本"[6]，陈丽纳探讨了法制框架下的总分馆体系建设问题[7]。此外，广州图书馆馆员邓杰明发表系列论文分析了《公共图书馆法》的具体条款。2021年7月，《图书馆论坛》刊登了《以法律的力量推进公共图书馆事业高质量发展——〈佛山市公共图书馆管理办法〉笔谈》专题文章，倪晓建教授、李国新教授、柯平教授、申晓娟院长、程焕文教授和王惠君馆长6位专家从事业发展、权益保障、高质量发展、科学性、时代价值等不同视角解读了《佛山市公共图书馆管理办法》，认为该法为我国公共图书馆地方立法、公共图书馆事业发展积累了经验。2021年12月，张靖教授在《图书馆建设》上组织了《"十四五"时期公共图书馆地方立法的佛山实践》专栏，用7篇文章从佛山地方立法实践的意义、地方立法的比较、地方立法与图书馆总分馆制、地方立法与地方图书事业发展、《佛山办法》的特色与亮点等方面全方位呈现广东地方图书馆立法的过程、经验与智慧。

二、执法监督检查的情况

《关于学习宣传贯彻〈中华人民共和国公共图书馆法〉的通知》明确要求"各省（区、市）要配合文化部督察工作，对本地督导工作作出部署和安排，及时开展自查和对各市县贯彻落实情况的督促检查"，并要求在督察中发现、推广典型经验，及时批评教育、责令改正不符合法律要求的做法。广东省深入督察调研、严格落实整改，有力推进法律产生实效。

（一）深入调研，精准发力

作为省域公共图书馆服务体系的引领者，广东省立中山图书馆在2022年初通过问卷调查并结合实地调研考察等方式，对省内119个县级以上公共图书馆贯彻落实《公共图书馆法》及总分馆建设情况进行了问卷调研，关切法律落实情况与存在的问题，并重点对粤西部分市县公共图书馆等进行了实地考察调研。共有79个县（区）级图书馆对问卷进行了反馈，涵盖分馆983家，服务点2,602个。通过本次调研，广东省立中山图书馆总结了各级公共图书馆贯彻落实《公共图书馆法》的情况，发现在立法保障下，广东省公共图书馆事业各项工作取得了有目共睹的长足进步，县级总分馆制体系建设、"粤书吧"项目、"粤读通"工程等逐步实施，取得较好社会影响。同时，针对调查中发现的问题，提出了进一步加强《公共图书馆法》执法检查、加强对地方政府在图书馆总分馆建设方面的考核力度、建立图书馆总分馆建设长效保障机制等建议，为下一步改进提供了方向。

（二）以评促建，提升效能

广东各级政府努力履行"两法"义务，以评促建、以评促改，通过开展评估工作促进广东公共图书馆事业发展。以第七次全国公共图书馆评估定级工作为契机，找短板、促发展。2022年全省各级公共图书馆迎来了新一次评估定级工作，相关评估标准中将本级人大通过的预算是否足额及时到位、总分馆体系建设、建筑与设施保障、人员保障等指标列入考核，广东省立中山图书馆联合广东图书馆学会及时组织专家开展评估定级工作培训，深入解读评估标准，进一步指导基层公共图书馆对标评估指标，切实完善业务建设，提高服务效能。有的地市启动了第三方评估工作，自查自纠。2019年4月，广州市文化广电旅游局（以下简称"广州市文旅局"）启动了广州市公共图书馆第三方评估工作，重点评估了2018年区级公共图书馆服务体系建设相关内容，全面评估2018年街镇图书馆，并将鼓励社会力量参与建设的分馆参照街镇图书馆评估标准参与评估。在广州市文广旅局全程监督下，中心馆、各区图书馆（分馆）积极参与，第三方评估邀请专家参与，综合采用了资料核查、设施暗访、现场信息核查以及用户问卷调查四种方法，共检验163个图书馆（含11个区级馆、140个街镇分馆和12个社会力量合建分馆），并形成评估报告。本次第三方评估客观展现了区级图书馆履行区域总馆体系建设职责情况、街镇图书馆基本情况、社会力量参与建设的分馆情况，总结发展经验，找出存在的不足，针对性提出对策建议，具有重要意义和作用。2022年，《广州市公共图书馆第三方评估管理办法》经修订后印发。

（三）严格监督执法，履职尽责担当

2018年以来，广东省人民代表大会（以下简称"人大"）、广州市人大重点开展了《中华人民共和国公共文化服务保障法》《广东省公共文化服务促进条例》《广州市公共图书馆条例》的执法检查，对《公共图书馆法》的执法检查则以各地市人大为主。省人大常委会于2019年对《广东省公共文化服务促进条例》（以下简称《广东条例》）实施情况开展了执法检查，对照条文梳理检查清单，聚焦重点内容。6月至8月，检查组通过实地检查、随机抽查、汇报座谈、走访市民等形式广泛调研。同时委托广州、深圳等12市人大常委会对本行政区域内《广东条例》实施情况进行检查，实现执法检查全省覆盖。针对调查中的问题，提出了"提高政治站位，切实保障人民群众基本文化权益""打造文化品牌，传承岭南优秀传统文化""完善用人机制，加强人才队伍建设""加强统筹管理，促进基层公共文化服务提质增效""运用高新技术，推动公共文化服务与时俱进""营造良好环境，鼓励社会力量参与公共文化建设""尽快启动《广东条例》修订工作，健全公共文化法规体系"等七大建议。2019 年 4 月至 9 月，广州市人大常委会对《广州市公共图书馆条例》实施情况开展了一系列执法检查活动，检查发现广州公共图书馆事业在制度创新、设施建设、网络管理、效能提升等方面均取得了历史性突破，各项服务指标均实现了跨越式增长，但同时也存在"部分区、镇（街）公共图书馆发展不平衡、不充分"等问题。针对执法检查中查出的问题和薄弱环节，检查组提出了意见和建议，并对法律条文提出了修改意见。2021 年 7 月至 8 月，广州市人大常委会对广州市贯彻实施《公共文化服务保障法》情况组织开展了一系列执法检查活动，在肯定发展成效的同时，提出了"提高认识，进一步加大《文物保护法》贯彻实施力度""突出重点，建立健全实施《文物保护法》的制度机制""加强指导，切实办好基层公共文化服务的实事""攻克难点，重视对问题的研究和解决"等四个方面的建议。2019 年，佛山市人大常委会执法检查组开展了《公共图书馆法》执法检查工作，通过实地检查、座谈等方式深入了解各区对法律的贯彻落实情况，要求各单位学好法用好法，依法争取资源、政策，加强硬件设施配备，借助大湾区建设的契机打好发展"组合拳"。

三、广东省公共图书馆地方立法情况

（一）前"国法"时期

1.《深圳经济特区公共图书馆条例》（1997 年颁布）

1997 年 7 月 15 日，《深圳经济特区公共图书馆条例（试行）》（以下简称《深圳条例》）经深圳市第二届人民代表大会常务委员会第十六次会议通过，自 1997 年 10 月 1 日起施行[8]，是全国首部由拥有立法权的地方人大颁布的地方性图书馆法规。全文共 38 条，分为总则、公共图书馆的管理、建设、读者服务、文献收藏、工作人员、奖励与惩罚、附则八章。作为较早颁布实施的图书馆法规，《深圳条例》有多个亮点。一是首次提出鼓励社会力量开办向社会公众开放的图书馆，提出建设以深圳市图书馆为中心的城市公共图书馆网，社会力量兴办的图书馆可加入。在此之后多个地方立法中均提出鼓励社会力量建设公益性图书馆。二是首次提出设立图书馆专家委员会。三是明确提出公共图书馆的设置、合并、分立、撤销或者变更馆址、馆名等需要经过登记。四是最先规定公共图书馆应当在国家法定节、假日开放。五是首次提出视需要配备图书馆学及其他相关学科的专业工作人员。六是侧重提升资源共享效能，例如，深圳在立法内容中提出要"逐步建成现代化公共图书馆网络，实现公共图书馆文献信息共享"。

《深圳条例》实施以来，深圳公共图书馆事业取得了显著成绩：图书馆基础设施不断完善、文献保障体系不断健全、科技与服务创新不断涌现、阅读推广不断深入与拓展、公共图书馆统一服务不断提升、全社会图书馆意识和认同不断提高。截至 2022 年底，深圳共有公共图书馆（室）779 个（包含市级公共图书馆 3 个，区级公共图书馆 9 个，街道及以下基层图书馆（室）767 个），与 307 个各类自助图书馆共同形成了覆盖深圳市所有街区的公共图书馆网络体系。深圳市公共图书馆总建筑面积 51.53 万平方米，阅览座席 5.53 万个，文献总藏量 6,053.35 万册（件），持证读者 416.45 万人，持证率 23.58%。2022 年全市各馆进馆人次达 1,502.83 万人次，实体文献外借量达 1,611.32 万册次，还回文献量 1,152 万册次，人均借还文献量 1.56 册次，举办的线上线下各类读者活动 18,198 场。全市公共图书馆年度经费总投入 7.45 亿元，其中，文献购置费 1.20 亿元，人均文献购置费达 6.80 元。

2. 《广州市公共图书馆条例》（2015 年颁布，2020 年修正）

2014 年 10 月 29 日，《广州市公共图书馆条例》（以下简称《广州条例》）经广州市第十四届人民代表大会常务委员会第三十四次会议通过，并于 2015 年 1 月 13 日经广东省第十二届人民代表大会常务委员会第十三次会议批准，自 2015 年 5 月 1 日起施行。[9] 这是继深圳、内蒙古、北京、湖北、四川等地之后，我国出台的第六部地方性图书馆法规[10]，标志着广州开始迈入全面构建覆盖城乡的公共图书馆服务体系、实现和保障民众公共图书馆权利的新时代。[11]《广州条例》共分六章，五十八条，涵盖总则、公共图书馆的设立、管理、服务、法律责任等方面，条款数量多、内容全面，且具有理念先进、理论科学、规定具体等特色。[12] 一是理念领先，明确规定了图书馆服务"普遍、平等、免费、开放和便利"的总原则，保障读者权利。二是保障条件具体化、量化、指标化，提出的"常住人口每一万人至一万五千人配备一名工作人员"的标准，"是我国第一个写入地方性法律规范的公共图书馆从业人员配置量化标准"[13]。明确规定在全市街镇一级建设独立运作的公共图书馆，实现约 8 万人拥有一座公共图书馆的目标；具体地指出"公共图书馆经费包括设施、设备、人员、文献信息资源、图书馆运行与维护等方面的费用"。三是首次提出中心馆与总分馆相结合的建设模式。四是率先提出市级、区级公共图书馆的馆长应当具有相应专业的专业技术职称或一定年限的图书馆工作经验。自 2015 年《广州条例》实施以来，广州市先后出台配套政策制度 15 项，包括《广州市公共图书馆第三方评估管理办法》《广州市"图书馆之城"建设规划 (2015—2020)》《关于全面推进我市公共图书馆总分馆制建设的实施意见》等，逐步形成了符合广州实际、顺应行业发展趋势的法规政策体系和管理机制，为广州市公共图书馆事业的高速度、高质量发展提供了强有力的制度保障。《广州条例》实施后广州市委市政府持续投入推进广州市"图书馆之城"建设，截至 2022 年底，广州市实现通借通还的公共图书馆（分馆）、服务点、自助图书馆共 788 个。其中实现通借通还且面向所有公众免费开放的公共图书馆（分馆）346 个，包括市级图书馆 2 个，区级图书馆 11 个（馆舍 20 座），镇街级分馆 244 个，社区级分馆 80 个；服务点、自助图书馆 97 个，面向特殊群体开放的分馆、服务点、自助图书馆 345 个。全市公共图书馆的馆藏总量为 3,243.39 万册（件），人均藏量为 1.69 册（件），年新增藏量为 194.34 万册（件），年人均入藏文献信息资源量为 0.101 册（件）。[14]

3.《东莞市公共图书馆管理办法》（2016 年颁布）

2016 年 12 月 13 日，《东莞市公共图书馆管理办法》（以下简称《东莞办法》）经十五届东莞市人民政府第 166 次常务会议审议通过，自 2017 年 3 月 1 日起施行。[15] 这是《公共文化服务保障法》颁布后首个出台的地方性图书馆政府规章，也是全国第一部地市级图书馆立法。《东莞办法》因地制宜，具有一定的特色与创新性，如规定"市、镇人民政府（街道办事处、园区管委会）应当设立本级公共图书馆，建立市、镇（街）、村（社区）三级架构的公共图书馆总分馆体系"，并将少年儿童图书馆作为市总馆的专业性分馆，明确提出"全市人均图书藏书量需达 1.6 册以上"的要求，并首次明确提出容灾备份工作的开展及其责任主体。

《东莞办法》实施以来，东莞市公共图书馆事业得到快速发展。据第三方评估报告结果，实施成效体现在以下五个方面：一是促进了东莞市公共图书馆事业的持续健康发展；二是群众公共图书馆权利与基本文化权益得到更好的保障；三是东莞市各级政府履行了发展图书馆的责任；四是东莞地区公共图书馆的影响力日益广泛，吸引力显著提高；五是全民阅读的法治化与专业化更上一层楼。2020 年"读者留言东莞图书馆"事件凸显了公共图书馆在城市中的价值。截至 2022 年底，东莞图书馆已经在全市范围内建立起 1 个总馆、53 个分馆、102 个图书流动车服务站、510 个村（社区）基层服务点、73 个城市阅读驿站、31 家绘本馆，实现全市 33 个镇（街、园区）24 小时自助借阅服务全覆盖的服务体系。[16]

（二）后"国法"时期

《佛山市公共图书馆管理办法》（以下简称《佛山办法》）经2021年2月10日十五届佛山市人民政府第83次常务会议审议通过，自2021年5月1日起施行，是佛山市文化领域第一部行政规章，也是《公共图书馆法》实施后第一部市级层面的地方性公共图书馆立法。[17]它的出台对于佛山地区公共图书馆事业乃至公共文化事业的发展具有重要意义。《佛山办法》总结完善了佛山市首创的独具特色的、以联合图书馆体系为中心的公共图书馆建设发展模式；创设了公共图书馆与其他类型公共文化设施之间的交流与合作机制；对图书馆馆舍、馆藏、人员及服务等提出了适宜于佛山市实际情况、部分略高于国家或行业标准的定量指标；鼓励公共图书馆与旅游景区、酒店和民宿等单位开展合作，探索科学、合理的文化旅游协同发展模式。这些亮点都极富佛山特色和行业价值，对佛山地区图书馆事业的发展起到了极大的促进作用。

《佛山办法》自2021年5月1日起实施以来，在地方公共图书馆事业体系建设、设施保障、标准规范、融合发展和文化传承等方面取得了显著成效，切实保障了佛山人民的文化权益和阅读权益。体系建设方面，截至2022年12月底，联合图书馆体系成员馆发展至447家，包括中心馆1家，区总馆5家，市属分馆1家，区属镇街分馆32家，其他分馆10家，基层服务点398家；发布《佛山市联合图书馆体系"十四五"发展规划》，依托联合图书馆体系，建设在身边、在掌上、在"云"端的现代公共阅读服务体系；第三批广东省公共文化服务体系示范项目邻里图书馆项目成效显著，作为广东省唯一案例入选中共中央宣传部《宣传思想文化工作案例选编（2021）》。设施保障方面，建筑面积1.3万平方米的三水区新图书馆于2021年启用。标准规范方面，先后发布《联合图书馆体系建设管理规范》和《邻里图书馆建设及服务规范》两大地方标准。融合发展方面，成立佛山市公共文化促进会，在政府、文化从业者、文化企事业单位、文化社会组织之间发挥桥梁和纽带作用，共同推动佛山公共文化事业的可持续发展；建设"企业文化家"，推动图书馆、博物馆和文化馆与企业的深度合作。文化传承方面，促成"岭南方言文化博物馆""佛山中医药文化馆"相继建成开放，促进馆藏地方文化特色文献活化，为优秀传统文化、佛山地方文化的创造性转化和创新性发展奠定基础。

四、《公共图书馆法》的配套制度建设

广东省深入贯彻落实《公共图书馆法》，并通过出台地方立法、发布政策

文件、出台地方标准等方式来配套制度，指导全省各级各类公共图书馆开展工作，支撑《公共图书馆法》落地落实。

（一）全民阅读立法

1.《广东省全民阅读促进条例》（2019 年颁布）

为了进一步完善全民阅读的体制机制，推动全民阅读工作常态化、规范化，在广东开展全民阅读的基本模式和先进经验制度化、法规化，将全民阅读立法提上日程。2019 年 3 月 28 日，《广东省全民阅读促进条例》（以下简称《广东阅读条例》）由广东省第十三届人民代表大会常务委员会第十一次会议通过，自 2019 年 6 月 1 日起施行。[18]这是全民阅读在广东首次立法，填补了广东全民阅读领域的立法空白。《广东阅读条例》共 6 章 42 条，内容包括目的原则、全民阅读服务、重点群体阅读促进、保障措施及法律责任五大方面，涵盖了全民阅读各项基本内容。《广东阅读条例》规定了各级政府、相关部门、各类机构、社会组织在推进全民阅读活动中的职权和责任；明确了不同读者群体的阅读权利；对在实践中行之有效的工作经验给予肯定和强化，形成"广东特色"，如目前已有的全民阅读成员单位协调机制、"书香岭南"重点阅读活动、举办"南国书香节"等，进一步将相关经验做法固定下来，强化宏观指导和统筹协调[19]；条文中提出的建立全民阅读服务评价制度、保障重点群体阅读、引导各界力量共同参与、扶持鼓励实体书店、加强数字化阅读、建立阅读资源共享共用制度等[20]，为促进全民阅读深入开展提供了法律保障。

2.《深圳经济特区全民阅读促进条例》（2015 年颁布，2019 年修正）

2015 年 12 月 24 日，《深圳经济特区全民阅读促进条例》（以下简称《深圳阅读条例》）经深圳市第六届人民代表大会常务委员会第四次会议通过，自 2016 年 4 月 1 日起施行（后于 2019 年 4 月 24 日修正）。[21]这是国内阅读推广领域第一部条例形式的城市法规，标志着深圳全民阅读工作从城市文化自觉正式迈入法治化治理的新时代。[22]《深圳阅读条例》共 5 章 28 条，内容包括工作职责、阅读推广、阅读保障、附则多个部分，明确和规范了政府在全民阅读推广中的作用和行为，从战略高度肯定了全民阅读对城市未来发展的意义，标志着深圳全民阅读建设正式进入依法促进、有法可依的法治化新阶段。《深圳阅读条例》着重强调保障市民文化享有的权利、保障市民文化参与的权利、保障市民文化创造及创造成果被保护的权利，[23]致力实现市民的阅读权利，切实保障市民的文化权利。《深圳阅读条例》具有浓郁的深圳特色：成立了全民读书指导委员会，明确了各部门责任；将深圳市传统阅读活动"深圳读书月"法定化，并将每年的"4·23 世界读书日"同时确定为"深圳未成年人读书日"[24]；对阅读基础设施建设提出了更加明确的要求；对读书活动进行研究、规划和部署，成立了深圳市阅读与研究推广中心，为未来阅读政策的制定、阅读活动的举办提供了科学有效的依据。[25]

（二）政策文件

为贯彻落实中央《关于加快构建现代公共文化服务体系的意见》，中共广东省委办公厅、广东省人民政府办公厅于2019年发布《关于加快构建现代公共文化服务体系的实施意见》，提出要建设具有广东风格、全国领先的现代公共文化服务体系。[26]2020年，中共广东省委宣传部、广东省文化和旅游厅印发《广东省加快推进文化和旅游融合发展三年行动计划（2020—2022）》与《广东省关于进一步提升革命老区和原中央苏区公共文化服务水平三年行动计划（2020—2022）》。2021年，广东省文化和旅游厅印发《广东省文化和旅游发展"十四五"规划》，通过系列政策文件，推动全省公共文化服务体系建设取得重大进展。

各地市的配套政策非常丰富。以广州市为例，2018年以来，广州制定、实施图书馆配套政策7项。2018年7月，制定实施《关于全面推进我市公共图书馆总分馆制建设的实施意见》，进一步明确总分馆制建设的目标任务、工作重点和保障机制。[27]2019年3月，广州市文广旅局出台部门文件《广州市公共图书馆与社会力量合建分馆工作指引》[28]。2019年4月，广州市文广旅局启动广州市公共图书馆第三方评估工作，2022年，《广州市公共图书馆第三方评估管理办法》经修订后印发。2021年，广州图书馆汇编出版《广州市"图书馆之城"建设制度汇编（2015—2020）》，集中呈现广州"图书馆之城"制度建设成果。2022年3月，《广州市文化广电旅游局 广州市发展和改革委员会 广州市财政局关于推进现代公共文化服务高质量发展的实施意见》印发，该意见从构建优质设施网络、健全供给机制、丰富产品供给、数字化建设、社会化发展五方面明确了推进广州市现代公共文化服务高质量发展的重点工作内容。2022年7月，广州市文广旅局印发《广州市"图书馆之城"建设五年行动计划（2022—2026）》，提出六大主要任务，旨在形成国内一流、国际领先的城市公共图书馆服务体系。[29]2022年9月，广州市文广旅局和广州市教育局联合印发《广州市关于推进公共图书馆与中小学图书馆（室）"馆校合作"实施方案（2022—2024）》，进一步促进公共图书馆与中小学图书馆的交流合作，推动公共文化服务与基础教育高质量发展。2022年12月，广州市文广旅游局、广州市发展和改革委员会、广州市财政局联合印发《广州市公共文化设施社会化运营指导意见（试行）》，明确公共文化设施社会化运营的基本规范、服务内容、委托程序、激励措施及程序、保障措施,进一步鼓励和引导社会力量参与广州市公共文化服务建设。[30]至此,广州市公共图书馆事业制度体系更加健全,为图书馆事业的高质量发展提供了强有力的制度保障。

深圳的配套政策也比较完善,先后印发了全市基本公共文化服务实施标准、区级文化馆图书馆总分馆制建设实施方案及验收标准、公共图书馆提升工程指导意见等文件,各区也相应制定了实施办法,形成了上下衔接、分工明确、保障有力的配套制度体系。2018年5月,深圳市宝安区文体旅游局发布《关于印发〈深圳市宝安区公共图书馆管理办法〉的通知》,对全区总分馆管理体系、规划建设、人员、经费、文献资源、读者服务等进行了更明确的规范。[31]

(三)地方标准

广东省各地市在积极推动《公共图书馆法》贯彻落实的同时,出台了一批新的图书馆标准规范,有力促进了公共图书馆建设与服务的规范化、标准化。

2020年,广州市市场监督管理局和广州市文化广播电视旅游局批准发布出台地方标准《公共图书馆服务质量规范》(DB4401/T 95—2020)、《公共图书馆通借通还技术规范》(DB4401/T 96—2020),进一步规范服务和通借通还工作,提高服务效能。

2020年,由深圳图书馆和深圳市标准技术研究院起草的《公共图书馆统一服务业务统计数据规范》(DB4403/T 78—2020)发布实施,该标准减少了公共图书馆的统计分歧、提高了统计数据的互操作性、界定了馆际资源利用及数据分享机制等,[32]有效推动了深圳市公共图书馆统计工作标准化建设。2021年,由深圳盐田区图书馆提出,深圳市文化广播电视旅游体育局归口的地方标准《公共图书馆智慧技术应用与服务要求》(DB4403/T 169—2021)发布,规定了公共图书馆智慧技术应用与服务总体架构及公共图书馆智慧感知应用、智慧流通应用、智慧互联应用和智慧管理应用等主要应用的要求与分级;同时还发布了地方标准《无人值守智慧书房设计及服务规范》(DB4403/T 170—2021),规定了无人值守智慧书房的选址要求、建筑要求、空间设计要求、设备及系统配置要求、服务内容、服务资源、服务管理以及服务评价。这些标准与此前出台的其他公共图书馆标准相互衔接,是打造文化领域"深圳标准"的重要组成部分。

2021年,佛山市发布了首个佛山市公共文化服务领域的地方标准——《联合图书馆体系建设管理规范》(DB4406/T 9—2021),提出了联合图书馆体系的建设原则、目标、架构，明确了各方功能与职责，提出了具体建设要求。2022 年，发布《邻里图书馆建设及服务规范》（DB4406/T 19—2022），规定了邻里图书馆建设与服务总则、建设要求、服务提供、服务管理、宣传推广、考评与改进等主要内容。

2019 年 10 月 14 日，惠州慈云图书馆组织起草并推动实施的《公共图书馆服务规范》正式发布，首次以惠州市地方标准的形式贯彻落实《公共图书馆法》，为惠州市公共图书馆管理和服务的科学化、系统化、程序化和标准化奠定了基础。

这些丰富的地方标准，是广东地区对《公共图书馆法》的进一步细化和落实，是配套制度体系的重要组成部分，与地方立法、政策文件共同构成了强力的公共图书馆服务保障网络。

五、公共图书馆事业法治化发展的广东经验

（一）立法、执法、普法全链条发力，让《公共图书馆法》发挥实效

广东扎实推进全面依法治省，为高质量发展提供法治保障，在文化领域构建起了"立法—执法—普法"的全链条法治保障体系，全面贯彻落实"谁执法谁普法"的普法责任制，做到"立法有声、执法有位、普法有为"。一是地方图书馆立法走在全国前列，以高质量立法推动高质量发展。二是全方位开展法律政策宣传解读，持续加强《公共图书馆法》普法工作，通过讲座、展览、培训等多种方式进行宣传普及，宣传方式多样、宣传内容生动，及时回应群众关切和做好政策解读，促进《公共图书馆法》深入人心。三是《公共图书馆法》司法实践水平稳步提升，成为公共图书馆维护自身及读者权益的重要依据。

（二）实践先行，用立法固化创新实践成果

良法是善治的前提。广东省地方立法已经走过 40 多个年头，先行探索、勇于创新，发挥立法"试验田"作用。广东历来重视文化领域立法，创下了多个全国"第一"，如 1997 年出台的《深圳经济特区公共图书馆条例（试行）》，是全国首部由拥有立法权的地方人大颁布的有关公共图书馆的地方性法规；2011 年出台的《广东省公共文化服务促进条例》，是全国第一部关于公共文化服务体系建设的综合性地方法规，提供了加强公共文化服务体系建设立

法的一种整体思路，这在国内是比较重要的创新[33]；2015年出台的《广州市公共图书馆条例》，被全国人民代表大会常务委员会《公共图书馆法（草案）》起草工作列为重要参考资料；[34]2016年出台的《东莞市公共图书馆管理办法》是全国第一部地市级图书馆立法；2019年出台的《广东省全民阅读促进条例》，是全民阅读在广东首次立法；2021年出台的《佛山市公共图书馆管理办法》是《公共图书馆法》实施后第一部市级层面的地方性公共图书馆立法。广东立法的丰富成果，是对过去广东地区"走在全国前列"的公共图书馆事业阶段性成果的展示，要面向未来，为新时代全省公共图书馆事业长期向好发展保驾护航。

（三）建立起多方位、多层次的配套制度体系

《公共图书馆法》确立了公共图书馆的基本原则和目标方向，后续需要具体的配套制度予以细化和落实，才能得以真正发挥应有效力。《公共图书馆法》实施以来，广东省持续推进地方图书馆立法和配套法规制度制定工作。一是全民阅读立法与图书馆立法两套体系相互独立又相互关联，共同织密了维护公民阅读权益的网络。二是广州、深圳、东莞、佛山通过修正、出台地方图书馆立法，着力解决上位法贯彻落实中的具体问题，因地制宜解决各地图书馆事业发展中的个性化问题。三是出台各类型政策文件，在《公共图书馆法》和地方图书馆立法的框架内进一步明确目标、细分责任、分配任务，让立法精神进一步落实到行动目标中。四是制定地方标准，在读者服务、业务统计、智慧应用、体系建设等方面对业务进行规范化、标准化，建立起立法、政策、标准"三位一体"的制度体系，合力开创了广东法治建设新局面。

参考文献

[1] 全国人民代表大会常务委员会.中华人民共和国公共图书馆法［EB/OL］.［2023－07－02］.http：//www.npc.gov.cn/zgrdw/npc/xinwen/2017－11/04/content_2031427.htm.

[2] 李国新.《中华人民共和国公共图书馆法》的历史贡献［J］.中国图书馆学报，2017，43（6）：4－15.

[3] 文化部办公厅关于学习宣传贯彻《中华人民共和国公共图书馆法》的通知［EB/OL］.［2023－05－22］.https：//zwgk.mct.gov.cn/zfxxgkml/gg-fw/202012/t20201205_916601.html.

［4］省文化厅举办学习贯彻公共图书馆法（公共图书馆馆长）培训班［EB/OL］.［2023 - 05 - 24］. https：//whly. gd. gov. cn/gkmlpt/content/2/2400/post_2400234. html#2628.

［5］程焕文，彭嗣禹，高雅，刘佳亲. 改变 21 世纪中国公共图书馆进程的? 十大创新［J］. 图书馆杂志，2018，37（11）：26 - 34.

［6］肖鹏. 从"美国图书馆模式"到"中国图书馆路径"的初步成型——以《中华人民共和国公共图书馆法》为分水岭的回顾与展望［J］. 图书馆建设，2018，（2）：23 - 28.

［7］陈丽纳.《中华人民共和国公共图书馆法》法制框架下的总分馆体系建设研究［J］. 图书馆建设，2018（2）：29 - 34.

［8］深圳经济特区公共图书馆条例［J］. 深圳市人民政府公报，2020（18）：19 - 23

［9］广州市公共图书馆条例［EB/OL］.［2023 - 07 - 02］. http：//www. gd. gov. cn/zwgk/wjk/zcfgk/content/post_2531782. html.

［10］陈深贵，陈丽纳，罗小红，方家忠. 街镇公共图书馆建设路径研究——兼评《广州市公共图书馆条例》相关规定［J］. 图书馆论坛，2015，35（3）：9 - 15 +8.

［11］程焕文. 全面履行政府的图书馆责任　充分保障市民的图书馆权利［J］. 图书馆论坛，2015，35（8）：6 - 8 +5.

［12］潘燕桃，方家忠. 专题按语［J］. 图书馆论坛，2015，35（8）：1.

［13］李国新. 我国地方性公共图书馆立法的新进展［J］. 图书馆论坛，2015，35（8）：1 - 5.

［14］孙珺. 全市公共图书馆注册读者逾 500 万人　去年新增注册读者 80 万［N］. 广州日报，2023 - 04 - 23（A3）.

［15］东莞市公共图书馆管理办法［J］. 东莞市人民政府公报，2017（1）：1 - 7.

［16］李洪宝. 东莞图书馆发布 2022 年度阅读报告［N］. 羊城晚报，2023 - 04 - 19（DA09）.

［17］张靖，陈艳，杨乃一. 地方立法促进公共图书馆事业高质量发展的佛山智慧［J］. 图书馆建设，2021（6）：35 - 40.

［18］广东省人民代表大会常务委员会. 广东省全民阅读促进条例［EB/OL］.［2023 - 07 - 02］. http：//www. rd. gd. cn/zyfb/ggtz/content/post_164382. html.

［19］广东首次为促进全民阅读立法［EB/OL］.［2023 - 06 - 07］. https：//

www. clcn. net. cn/news/default/detail？id＝2186.

［20］《广东省全民阅读促进条例》解读［EB/OL］.［2023－06－07］. ht-
tp：//www. qingcheng. gov. cn/qyqcwgdltj/gkmlpt/content/1/1462/post_
1462560. html#3211.

［21］深圳经济特区全民阅读促进条例［N］.深圳特区报，2016－01－03
（A04）.

［22］高小军.全民阅读立法助力深圳创新发展［EB/OL］.［2023－06－07］.
http：//www. chinawriter. com. cn/news/2016/2016－04－01/268963. html.

［23］王京生.全民阅读与城市文明典范建设［N］.中华读书报，2022－07－06
（8）.

［24］魏晓薇，徐平.“深圳读书月”法定化［N］.中国新闻出版广电报，
2015－12－28（002）.

［25］全民阅读立法步入“快车道”［N］.中国新闻出版广电报，2017－04－
13（008）.

［26］关于加快构建现代公共文化服务体系的实施意见［EB/OL］.［2023－07－
02］. http：//www. gd. gov. cn/zwgk/wjk/zcfgk/content/post_2524022. html.

［27］关于全面推进我市公共图书馆总分馆制建设的实施意见［EB/OL］.
［2023－07－02］. https：//www. gz. gov. cn/zfjgzy/gzswhgdlyjyswhgdxwcbj/
zdlyxxgk/ggwh/content/mpost_2992029. html.

［28］广州市公共图书馆与社会力量合建分馆工作指引［EB/OL］.［2023－07－
02］. https：//www. gzlib. org. cn/policiesRegulations/169768. jhtml.

［29］广州市“图书馆之城”建设五年行动计划（2022－2026）［EB/OL］.
［2023－07－02］. https：//www. gzlib. org. cn/policiesRegulations/201308.
jhtml.

［30］广州市文化广电旅游局　广州市发展和改革委员会　广州市财政局关于
印发广州市公共文化设施社会化运营指导意见（试行）的通知［EB/
OL］.［2023－07－02］. http：//wglj. gz. gov. cn/gkmlpt/content/8/8754/
post_8754212. html#16235.

［31］宝安公共图书馆开启一体化运营［N］.宝安日报，2019－01－17
（A16）.

［32］陆康，刘慧，杜京容，任贝贝.数据治理——我国智慧图书馆高质量发
展新机遇［J］.图书馆，2022（10）：30－34.

［33］《广东省公共文化服务促进条例》解读［EB/OL］.［2023－06－23］. https：//whly. gd. gov. cn/open_newwjjd/content/post_2797670. html.

［34］金武刚. 《中华人民共和国公共图书馆法》配套制度建设现状与突破——基于地方立法需求视角［J］. 中国图书馆学报，2023，49（2）：57 – 70.

B. 13

广东省公共图书馆"十四五"规划的编制情况与发展趋势研究

A Study of the Preparation of the "14th Five-Year Plan" of Public Libraries in Guangdong Province

陆思晓　朱含雨　肖　鹏*

[摘　要] "十四五"时期，广东省各级公共图书馆积极响应国家与广东省的文化事业发展战略部署，积极推进战略规划的编制与实施。文章以 64 份广东省内公共图书馆"十四五"规划作为研究对象，在对战略规划进行框架分析，并对其行动计划部分进行内容分析的基础上，梳理出广东省公共图书馆"十四五"时期的战略发展趋势与方向，具体包括：完善总分馆制建设，促进城乡一体化发展；加强特色文献收集，构建特色文献馆藏体系；推动阅读推广，深化全民阅读发展；鼓励社会力量参与，推动服务融合发展；加强文化交流融合，搭建文化交流平台；发挥科技赋能作用，加强技术基础性支撑；加强人才队伍建设，提高服务专业化水平。基于图书馆对战略规划落实的重视，文章还提出了以项目为抓手，强调中期检查，加强监督评估，加强馆校合作对战略规划实施的思考。通过对战略趋势与方向的总结以及战略规划落实的思考，为广东省公共图书馆战略落实和改革创新提供新的思路。

[关键词] "十四五"；战略规划；公共图书馆；广东省

[**Abstract**] During the 14th Five-Year Plan period, public libraries in Guangdong Province actively responded to the strategic deployment of cultural undertakings developed by the country and Guangdong Province，and actively promoted the formulation and implementation of strategic planning. The article

---

* 陆思晓，中山大学 2022 级图书馆学硕士研究生，lusx6@ mail2. sysu. edu. cn；朱含雨，中山大学 2021 级图书情报硕士研究生；肖鹏，中山大学信息管理学院副教授、硕士生导师。

takes 64 "14th Five-Year Plan" plans of public libraries in Guangdong province as the research object, and analyzes the framework of it and the content of its action plan. On this basis, the strategic development trends of Guangdong Public Libraries during the "14th Five-Year Plan" period are sorted out, including: improving the construction of the central and branch library system to promote the integrated development of urban and rural areas, strengthening the construction of characteristic collection to build characteristic collection system, promoting the development of reading promotion to deepen the development of nationwide reading, encouraging the participation of social forces to promote service integration and development, strengthening cultural exchanges, strengthening technological empowerment to strengthen technology Basic support, developing the construction of talent team to improve the professional level of service. Besides, based on the library's emphasis on the implementation of strategic planning, the article puts forward the thinking of taking the project as the starting point, emphasizing the mid-term inspection, strengthening supervision and evaluation, and strengthening cooperation between universities and libraries. Through the summary of the strategic trends and the thinking of the implementation of the strategic planning, it provides new ideas for the implementation of the strategy and innovation of public libraries in Guangdong Province.

[**Keywords**] 14th Five-Year Plan; Strategic Planning; Public Library; Guangdong Province

一、广东省公共图书馆战略规划编制传统

图书馆战略规划不仅仅是一份行动指南,更是在科学分析内外部环境的基础上,制定机构使命、发展方向、战略目标和行动方案的整体过程。[1]近年来,随着图书馆面临的发展环境的不断改变,图书馆自身的转型创新需求日益提高,战略规划的编制工作得到相关部门与业界的高度重视。

广东作为改革开放的先行地区,对公共图书馆发展的战略研究起步于20世纪80年代。[2]进入新千年之后,各级公共图书馆开始探索编制战略规划文本,例如,东莞图书馆早在2002年便开始了对战略规划的探索,制定出《东莞市图书馆新馆建设与发展规划纲要(2002—2010)》,立足于东莞地区图书馆事业的发展,描绘了东莞图书馆未来的发展蓝图,将战略规划的思想落实到

实践层面。[3]直至"十三五"时期，战略规划的编制已经成为广东省公共图书馆的一项基本工作。据调查，截至2017年底，广东省多数县级及以上公共图书馆制定了本馆的"十三五"规划，比例达到90%以上[4]。综合来看，广东省公共图书馆战略规划编制实践起步较早，最早在2002年便有公共图书馆编制了比较完善的战略规划，从彼时起就形成了具有连续性的战略规划编制传统。

"十四五"时期，广东省各级公共图书馆也积极响应国家与广东省的文化事业发展战略部署，积极推进战略规划的编制与实施。通过不断提升战略意识，结合自身实际科学编制"十四五"战略规划，把握新的发展机遇，推动服务高质量发展。为了向"十四五"时期广东省公共图书馆事业的持续繁荣发展提供科学思路，本文以广东省各级公共图书馆、图书馆体系的"十四五"战略规划为研究对象，梳理广东省公共图书馆"十四五"战略规划的编制情况。在对所收集到的文本展开分析的基础上，梳理"十四五"时期广东省公共图书馆的发展趋势，以期在"十四五"新发展阶段，为广东省公共图书馆战略落实和改革创新提供新的思路。

二、整体统计情况

本文共收集了64份广东省内公共图书馆"十四五"战略规划文本，其中包括2份独立建制的少年儿童图书馆规划文本，以及3份图书馆体系规划文本。公共图书馆规划文本的地区分布情况如表13-1所示，其中珠三角核心区①共收集到文本40份，沿海经济带②共收集到文本7份，北部生态发展区③共收集到文本17份。

表13-1　广东省公共图书馆"十四五"战略规划地区编制情况

单位：份

地区	珠三角核心区	沿海经济带	北部生态发展区	总计
"十四五"规划文本数量	40	7	17	64

不同层级公共图书馆"十四五"战略规划编制情况如表13-2所示（未

---

① 珠三角核心区包括广州市、深圳市、佛山市、东莞市、中山市、珠海市、肇庆市、惠州市、江门市。

② 沿海经济带包括汕头市、揭阳市、潮州市、汕尾市、阳江市、湛江市、茂名市。

③ 北部生态发展区包括韶关市、梅州市、清远市、河源市、云浮市。

包含图书馆体系战略规划），其中省级图书馆文本1份，副省级图书馆文本3份，地市级图书馆"十四五"文本18份，县级图书馆文本39份。

表13-2 广东省不同层级公共图书馆"十四五"战略规划编制情况

单位：份

层级	省级	副省级	地市级	县级	总计
"十四五"规划文本数量	1	3	18	39	61

广东省公共图书馆"十四五"战略规划出台年度情况如表13-3所示。有11份规划发布于2020年，26份规划发布于2021年，9份规划发布于2022年，1份规划发布于2023年。

表13-3 广东省公共图书馆"十四五"战略规划出台年度情况

单位：份

发布年度	2020	2021	2022	2023	未写明	总计
"十四五"规划义本数量	11	26	9	1	17	64

（一）战略规划的框架分析

一般来讲，公共图书馆战略规划的基本框架包括使命、愿景、目标、任务、行动措施、实施保障、评估体系等板块，而由于各个机构不同的需求和特质，可能还会设置其他具有特色的板块。基于对广东省公共图书馆过往的战略规划文本的前期调查，本文主要从"十三五"实施情况总结、主要目标、行动计划、指标量化、保障措施、具体项目及其他7个方面对公共图书馆战略规划进行分析。

广东省不同地区公共图书馆"十四五"战略规划体例构成情况如表13-4所示。

表13-4 广东省不同地区公共图书馆"十四五"战略规划体例构成情况

地区	规划数量	"十三五"总结	主要目标	行动计划/主要任务	指标量化	保障措施	具体项目	其他
珠三角核心区	37	18 (48.6%)	30 (81.1%)	37 (100%)	17 (45.9%)	20 (54.1%)	23 (62.2%)	12 (32.4%)
沿海经济带	7	3 (42.9%)	4 (57.1%)	7 (100%)	0 (0%)	0 (0%)	4 (57.1%)	0 (0%)

续表13-4

地区	规划数量	"十三五"总结	主要目标	行动计划/主要任务	指标量化	保障措施	具体项目	其他
北部生态发展区	17	10 (58.8%)	16 (94.1%)	17 (100%)	6 (35.3%)	6 (35.3%)	12 (70.6%)	3 (17.6%)
总计	61	31 (50.8%)	50 (81.9%)	61 (100%)	23 (37.7%)	26 (42.6%)	39 (63.9%)	15 (24.6%)

广东省不同层级公共图书馆"十四五"战略规划体例构成情况如表13-5所示。

表13-5 广东省不同层级公共图书馆"十四五"战略规划体例构成情况

层级	规划数量	"十三五"总结	主要目标	行动计划/主要任务	指标量化	保障措施	具体项目	其他
省级	1	1 (100%)	1 (100%)	1 (100%)	0 (0%)	1 (100%)	1 (100%)	0 (0%)
副省级	3	2 (66.7%)	2 (66.7%)	3 (100%)	2 (66.7%)	2 (66.7%)	3 (100%)	2 (66.7%)
地市级	18	10 (55.6%)	15 (83.3%)	18 (100%)	4 (22.2%)	7 (38.9%)	15 (83.3%)	5 (27.8%)
县级	39	18 (46.2%)	32 (82.1%)	39 (100%)	17 (43.6%)	16 (41.0%)	20 (51.3%)	8 (20.5%)
总计	61	31 (50.8%)	50 (81.9%)	61 (100%)	23 (37.7%)	26 (42.6%)	39 (63.9%)	15 (24.6%)

广东省内图书馆体系"十四五"战略规划体例构成情况如表13-6所示。

表13-6 广东省图书馆体系"十四五"战略规划体例构成情况

规划数量	"十三五"总结	主要目标	行动计划/主要任务	指标量化	保障措施	具体项目	其他
3	2 (66.7%)	3 (100%)	3 (100%)	3 (100%)	3 (100%)	3 (100%)	3 (100%)

　　整体而言，主要目标、行动计划/主要任务是"十四五"战略规划的核心部分，在明确重要指导思想、图书馆自身的愿景使命、发展原则的基础上，多数公共图书馆结合自身的建设情况设立了"十四五"时期发展的主要目标，并制定相关的行动计划与主要任务，确定主要目标的实施重点和实施步骤。部分公共图书馆还对其主要任务进行了指标量化或设置具体建设项目，使任务进一步细分化、具体化。此外，还有的图书馆制定了保障措施，以期为"十四五"规划的落地提供保证。

（二）行动计划的内容分析

　　一般来讲，战略规划的内容应主要从图书馆业务的角度，将涉及的未来发展问题进行全面阐释，服务、资源、管理等均为规划的重要组成部分；战略目标是使命和服务功能的具体化，战略目标体系要素包括馆藏资源、合作、数字资源、技术、读者服务等多个方面[5]。参考此研究思路和框架，并结合对广东省公共图书馆过往的战略规划文本的前期调查，本文主要从资源、服务、管理、合作、体系建设、技术应用及其他7个方面对公共图书馆战略规划中的行动计划的内容进行分析。

　　广东省不同地区公共图书馆"十四五"规划行动计划内容情况如表13-7所示。

表13-7　广东省不同地区公共图书馆"十四五"战略规划行动计划内容情况

地区	规划数量	资源	服务	管理	合作	体系建设	技术应用	其他
珠三角核心区	37	37 (100%)	36 (97.3%)	37 (100%)	34 (91.9%)	36 (97.3%)	30 (81.1%)	17 (45.9%)
沿海经济带	7	7 (100%)	7 (100%)	7 (100%)	6 (85.7%)	7 (100%)	4 (57.1%)	4 (57.1%)
北部生态发展区	17	17 (100%)	17 (100%)	14 (82.4%)	11 (64.7%)	14 (82.4%)	11 (64.7%)	3 (17.6%)
总计	61	61 (100%)	60 (98.4%)	58 (95.1%)	51 (83.6%)	57 (93.4%)	45 (73.8%)	24 (39.3%)

　　广东省不同层级公共图书馆"十四五"规划行动计划内容情况如表13-8所示。

表13-8 广东省不同层级公共图书馆"十四五"战略规划行动计划内容情况

层级	规划数量	资源	服务	管理	合作	体系建设	技术应用	其他
省级	1	1（100%）	1（100%）	1（100%）	1（100%）	1（100%）	1（100%）	1（100%）
副省级	3	3（100%）	3（100%）	3（100%）	3（100%）	3（100%）	3（100%）	2（66.7%）
地市级	18	18（100%）	18（100%）	18（100%）	17（94.4%）	17（94.4%）	14（77.8%）	11（61.1%）
县级	39	39（100%）	38（97.4%）	36（92.3%）	30（76.9%）	36（92.3%）	27（69.2%）	10（25.6%）
总计	61	61（100%）	60（98.4%）	58（95.1%）	51（83.6%）	57（93.4%）	45（73.8%）	24（39.3%）

广东省内图书馆体系"十四五"规划行动计划内容情况如表13-9所示。

表13-9 广东省图书馆体系"十四五"战略规划行动计划内容情况

规划数量	资源	服务	管理	合作	技术应用	其他
3	3（100%）	3（100%）	3（100%）	3（100%）	3（100%）	3（100%）

整体而言，广东省公共图书馆"十四五"规划行动计划内容关注依次为资源、服务、管理、体系建设、合作、技术应用。

资源建设方面，各规划中都有所涉及，其主要关注于以下两个主题：①文献资源建设。各馆十分重视提升自身文献资源的保障能力，注重完善馆藏发展政策，优化馆藏文献资源结构，加强纸质资源与数字资源的建设，推动馆藏建设智慧化、立体化发展等，其中，有73%的公共图书馆特别重视特色馆藏建设。②空间资源建设。以旧馆改造和新馆建设为主，强调图书馆空间布局的优化和功能的设计。此外，还有43%的公共图书馆特别提出加强红色学习空间、创客空间等主题空间的建设。

服务建设方面，主要关注于以下两个主题：①阅读推广发展。推动阅读推广发展是图书馆关注的重点，98%的图书馆规划中都有所涉及。具体包括开展形式多样的阅读推广活动、发展公众阅读、培育全民阅读品牌、构建阅读服务体系等内容。②除阅读服务外，还有75%的省级及副省级馆、72%的地市级馆、66%的县级馆明确提出了促进包括免费开放服务、延长开放时间等基本服务，以及专题信息服务、决策咨询服务、夜间服务等多样化服务发展。

管理建设方面，主要关注以下两个主题：①法人治理结构性改革。省级、副省级和地市级馆较为重视深化法人治理结构改革，进一步完善图书馆理事会、信息公开等制度，还有26%的县级馆也对相关内容有所提及。②人才队伍建设。有89%的公共图书馆将促进人才队伍建设作为重点任务之一，内容主要关注于加强人才的引进，优化人才结构以及强化馆员培训等。

体系建设方面，加强总分馆建设，提高公共文化服务覆盖率是关键。省级、副省级、地市级馆主要关注于宏观层面的体系制度完善，广州市、深圳市、佛山市制定了全市图书馆体系建设的"十四五"规划，从整体层面对全市公共图书馆在完善基础设施网络、建立文献资源保障体系、深化阅读推广全城联动、推动服务标准化、加强人才队伍建设、促进融合发展、深化粤港澳联动机制、提升智能化数字化水平等方面的发展任务进行了部署。对于县级图书馆，具体总分馆制建设是其关注的重点，有92%的县级图书馆将其列为重要行动。强调发挥图书馆总馆统筹指导作用，加强分馆建设，完善城乡一体化公共图书馆服务体系，创新基层图书馆运营模式，提高基层图书馆服务能力和服务效能等。

合作建设方面，主要关注于以下两个主题：①加强与社会力量合作。82%的图书馆提出鼓励社会力量参与公共图书馆事业建设中，推动与学校、书店、景区等合作，促进资源共建共享。其中，60%的图书馆特别提出了促进文旅融合，建设新型公共文化空间的目标。②加强行业内的学术交流。相关措施主要集中在积极参与行业学术会议、促进人才交流等方面。还有36%的珠三角核心区公共图书馆特别提出推动粤港澳大湾区公共图书馆开展交流与合作。

技术应用方面，相关措施主要包括完善文献自动分拣、RFID、自主借阅设备和自助办证设备等基础建设，引进智能化设备；健全新技术引领应用机制，推进云计算、物联网、区块链、AR、AI等新技术的应用；加强数字平台的建设与完善。其中，有37%的图书馆特别重视搭建数字资源共建共享平台，通过依靠省"粤读通"等项目，促进各级公共图书馆数字资源互联互通。

三、战略趋势与方向

图书馆战略规划是对图书馆发展的中长期谋划，是图书馆根据外部环境的变化和自身发展趋势制定的未来一定时期内的发展目标。[6]通过对所收集到的广东省公共图书馆"十四五"规划内容进行分析，在一定程度上可以梳理出

"十四五"期间广东省公共图书馆事业发展的战略趋势与方向。

（一）完善总分馆制建设，促进城乡一体化发展

公共文化服务体系是政府提供普惠性公共文化服务的保障机制和实现途径，是公共文化服务体系的重要组成部分，进一步健全和完善图书馆总分馆制建设是公共图书馆服务体系建设的核心。推进图书馆总分馆制建设对于完善城乡公共文化服务协同发展机制，促进城乡一体化发展具有重要意义。

通过对广东省公共图书馆"十四五"规划的分析，笔者发现，总分馆制建设的重点主要聚焦于以下三个维度：①完善总分馆管理制度。通过不断完善顶层设计，以制度建设优化作为图书馆总分馆体系发展的内驱动力，推动总分馆体系建设的标准化、规范化。如佛山市图书馆为了推进体系高质量发展，提出"优化体系运行和管理机制，提升整体协作能力"的实现路径；《广州市"图书馆之城"建设五年行动计划（2022—2016）》则提出"提升完善市区两级公共文化服务实施标准（服务目录）""推进城乡图书馆服务标准一体化"的建设任务。②加强分馆或基层服务点建设，扩大总分馆体系覆盖面。依托乡镇综合文化站、村级综合性文化服务中心和社会性机构等加强分馆或基层服务点建设，形成覆盖城乡、比较完备的公共图书馆设施网络建设。佛山市南海区图书馆规划中也提出"加强与各镇（街道）、各村居的沟通协调，全面、高效地落实读书驿站村居全覆盖"的重要任务。③加强总分馆体系联动，提高基层图书馆服务效能。强化地区总分馆成员馆间的资源共建共享、图书通借通还、文化活动联动。总馆加强对各分馆的业务指导，促进基层图书馆专业服务水平的提升。

广东省立中山图书馆作为省级馆，强调了其"十四五"时期着力构建省域公共图书馆服务体系，构建"联盟—总分馆"的省域服务模式的重要任务，继续加强全省公共图书馆建设的协作协调。广州市、深圳市、佛山市发布了专门的体系建设规划，统筹协调全市体系建设，协助各区图书馆开展图书馆分馆和服务点的建设工作，弥补体系服务网络薄弱环节。如《深圳市"图书馆之城"建设规划（2021—2025）》中就明确了"加强对基层图书馆的统筹、指导和服务，积极开展相关业务培训"，"实施基层图书馆环境与品质提升工程"的任务，推动资源、服务下沉基层。为进一步提高基层图书馆建设，广州市从化区图书馆还实施"强优扶弱"计划，加强区域总馆的"扶弱"职责，为资源匮乏、服务效益较低地区域分馆提供资源支持和业务指导，对表现优秀、效益突出或进步较大地区域分馆给予奖励。

（二）加强特色文献收集，构建特色文献馆藏体系

馆藏文献资源是公共图书馆服务的基础，加强馆藏文献信息资源的保障能力是公共图书馆建设发展的重要目标。其中，古籍、民国文献、广东地方文献等特色文献是优秀传统文化的重要载体，是馆藏建设的重要内容。加强对特色文献的收集和系统性保护，构建特色文献馆藏体系，对于彰显地区文化特色，促进区域性优秀传统文化的传承与弘扬具有积极意义。

通过对广东省公共图书馆"十四五"规划的分析，笔者发现，特色文献馆藏建设的重点主要聚焦于以下三个维度：①特色文献的收集整理。推进对古籍、民国文献、地方文献等特色文献普查，编制专题文献目录。如梅州市剑英图书馆所提出的"建立和完善广义地方文献资源建设保障制度与常态化收集机制，构建体系完整、特色鲜明的馆藏体系，重点拓展地方文献资源建设，为客家文化研究提供文献资源基础"。②馆藏特色文献数字化建设。加快推进特色文献资源的数字化转型，加强特色馆藏文献资源数据库建设。③开展特色文献资源服务。以特色文献资源为基础，推进地方人文研究服务，促进传承优秀传统文化。

广东省立中山图书馆作为广东省文献信息资源收藏中心和协调中心，"十四五"期间将围绕"广东总书库"职能，在强化馆藏特色方面，持续推进对古籍、民国文献、广东地方文献、孙中山文献和港澳台文献资源的系统性保护、创造性开发与创新性利用。各级图书馆也在不断加强对当地特色文献的收集和建设。文献收集方面，佛山市南海区图书馆提出构建总分馆体系地方文献征集联络渠道，建立全面、分级的地方文献保存体系；数字化建设方面，河源市图书馆提出强化地方文献数据库建设，统筹全市地方文献数字化，建立全市地方文献数据库联合开发中心；资源服务方面，广州市南沙区图书馆明确了强化对南沙地方历史文化的研究性服务，开展馆藏专题性学术资源的整理、开发和利用，形成知识图谱、专题书目等成果的任务。

（三）推动阅读推广工作，深化全民阅读发展

公共图书馆以其独有的丰富馆藏资源、公益性和专业性的服务，在倡导和推动全民阅读的过程中发挥着重要作用，是促进全民阅读的中坚力量。推动全民阅读、建设书香社会、全面提升国民文化素质和人文素养成为公共图书馆的重要任务，其主要以推动阅读推广工作，进一步促进全民阅读的深化。

笔者通过对广东省公共图书馆"十四五"规划的分析，发现阅读推广工作的重点主要集中于以下三个维度：①注重分层分众阅读。如佛山市图书馆提

出的"分层分众，多维构建'全人生'阅读体系"，为婴幼儿、青少年、中青年、老年等不同年龄层读者设计有针对性的阅读推广项目。同时，拓展针对重点群体的阅读推广服务，充分保障包括视障人士、产业工人等在内的不同群体的阅读权益，形成覆盖全民、结构合理、层次丰富、主题多样的系列主题阅读活动。②加强阅读品牌建设。如汕头市图书馆所强调的"广泛、持续、深入开展全民阅读系列活动，提升传统服务品牌，打造新型服务品牌"，在强化原有品牌活动项目的基础上，为成熟的重点阅读推广品牌注入创新元素，打造新型阅读品牌。并通过新媒体平台，促进图书馆品牌营销。③建设区域性阅读联盟，构建阅读联动机制。以图书馆总分馆制为依托，在总馆的统筹下，开展图书馆体系联动活动。如肇庆市鼎湖区图书馆提出的"加强总分馆的联动，以总馆为牵头，分馆配合，结合地方特点开展阅读推广活动，把阅读推广深入基层，深入农村"。

在全民阅读持续深化发展的背景下，各市县级馆愈加注重打造本馆特色阅读品牌，如茂名市图书馆将继续推进"好心茂名　益路书香"品牌活动，保障视障群体的阅读权利；云浮市新兴县图书馆则致力于打造"榕华书香""禅意书声"全民阅读活动品牌，吸引在校青少年学生及低幼儿童参与阅读活动。分众阅读方面，广州市少年儿童图书馆不断强化针对0—17岁未成年人分龄分层活动策划；惠州慈云图书馆为老年人开设了"桑榆小课堂"、为视障人士开展"阅·光同行"系列活动、为市民打造了粤夜"阅"精彩夜间阅读平台。阅读联动方面，广州市、深圳市"图书馆之城"规划中都明确提出加强阅读推广的"全城联动"，佛山市联合图书馆体系规划中也提出了促进体系联动，打造"佛山全民阅读月"特色文化品牌的重点任务。江门市图书馆则通过区域联动、跨行业协作、社会参与，形成覆盖面广、群众参与度高的"邑起阅读大联盟"。

（四）鼓励社会力量参与，推动服务融合发展

在坚持政府主导的前提下，吸纳社会力量投入公共文化领域，发挥其在公共文化服务建设中的独特作用已经成公共图书馆建设发展的趋势之一。[7] 积极鼓励和引导社会各界力量参与到公共图书馆事业中，对于拓展公共图书馆体系、补充体系力量具有重要作用。

基于对广东省公共图书馆"十四五"规划的分析，笔者发现社会力量参与建设重点集中于以下两个维度：①新型公共文化空间建设。如深圳图书馆所提出的"与社会力量合作共建新型城市阅读空间、公共文化空间，坚持公益惠民原则，体现公共文化内涵"，图书馆通过加强与书店、景区景点、学校、

社区等的空间共建，以社会化合作的方式建立一批具有公共性、创意性、融合性等特点的新型公共文化空间。②融合发展，推动图书馆与其他业态的相融共生。开拓"图书馆＋""＋图书馆"理念，加强图书馆与党政机关、企事业单位等社会各界的合作，鼓励社会力量参与支持或合作开展与图书馆功能和服务相关的交流活动，实现优势互补、共建共生，如加强与学校教育系统合作，促进公共文化服务与教育融合发展等。

"粤书吧"是政府主导模式下"图书馆＋新型阅读空间"的典型代表，推进"粤书吧"建设是近年来广东省公共图书馆促进社会力量参与，推动文旅融合发展的重要措施。在持续推动"粤书吧"建设的同时，各市县级公共图书馆还通过社会化合作方式建立了一批独具特色的公共阅读空间，如中山纪念图书馆的"香山书房"、潮州市图书馆的"潮书屋"、深圳市南山区的"南山书房"等。馆校融合方面，广州市从化区图书馆将继续推动以公共图书馆为主的公共文化场馆主动融入乡村教育，与中小学校图书馆建立长期合作，打造城乡一体阅读品牌"馆校合作"项目，"构建文教联动阅读体系，提升城乡青少年精神素养"；佛山市禅城区图书馆也将推动建成"馆校联盟"体系，并出台相关规范，实现"八个统一"。

（五）加强文化交流融合，搭建文化交流平台

图书馆基于其丰富的文化收藏，在文化的交流、文化的碰撞、文化的认同、文化的探索中实现文化的创新。[8]公共图书馆在朝着"公众交流空间场所"转变的趋势下，更应该承担起文化交流与文化推动的角色。[9]

基于对广东省公共图书馆"十四五"规划的分析，笔者发现，文化交流融合的重点主要聚焦于以下两个维度：①深化文化与旅游的跨领域交流融合。立足地域文化特色，结合旅游景点的宣传活动，探索包括"研学旅行""红色旅游"等在内的图书馆文化旅游模式。如肇庆市图书馆提出了"把图书馆与生态建设、乡村振兴、红色旅游等有机结合，探索文旅深度融合一体发展的新思路，创新服务内容和手段，把图书馆的公共文化服务和旅游文化传播相结合，通过文化提升旅游的品质，通过旅游使文化得以更加广泛地传播"的发展策略。②加强粤港澳大湾区跨地区文化交流与合作。珠三角核心区公共图书馆位于粤港澳大湾区内，是开展大湾区文化合作的重要机构。推进粤港澳大湾区图书馆联盟建设，加强大湾区文献资源的整合，促进文化交流活动的开展是其促进大湾区文化交流的重要方式。如东莞图书馆推动"大湾区资源整合与共建共享"的策略；惠州市惠阳区图书馆还提出"借力粤港澳大湾区公共图书馆联盟合作交流机制，广泛吸纳社会力量参与合作，建立健全阅读推广联动

等机制，增强阅读推广活动的辐射范围和影响力"。

文化和旅游融合发展为图书馆创新发展提供了新机遇，不同公共图书馆注重加强文旅融合品牌的打造，如清远市图书馆的"读游清远"活动；惠州慈云图书馆的"书式阅读营"，借助暑期时间，面向未成年人开展地域文化走读研学。而"面向'一带一路'战略背景下的粤港澳大湾区文商旅融合发展趋势"，广州少年儿童图书馆提出了发挥图书馆文化宣传阵地作用，探索文旅融合的社会合作模式，加强与"粤港澳青少年交流活动基地"的交流和合作的发展策略。佛山市图书馆则明确了以粤港澳大湾区、珠江三角洲等区域内旅游文化资源为纽带，与区域内多个城市联合开展阅读接力、展览及讲座巡演等活动的重要措施。

（六）发挥科技赋能作用，加强技术基础性支撑

在图书馆事业发展的进程中，信息技术是促进图书馆业务和服务水平不断提升的重要驱动力。在新一轮科技革命和产业变革深入发展的背景下，技术应用是新环境下图书馆无法回避的核心议题。[10]

在对广东省公共图书馆"十四五"规划展开分析的基础上，笔者发现技术应用的重点聚焦于以下三个维度：①智慧管理建设。优化系统数据分析功能和分层次服务机制，深化对图书馆业务、用户行为和活动数据的分析。基于数据优化图书馆管理，科学设计智慧化业务管理流程。②智慧服务建设。搭建数字资源共享平台，实现数字资源的整合与利用。提升微信公众号、小程序等移动端服务能力，整合移动服务、数字阅读、线上活动，构建"线上＋线下"融合服务模式。③智慧空间建设。探索图书馆建筑空间、设施设备的智慧化改造，加快新型基础设施建设，完善各类设施设备的功能，推动智能书车、智能书架等多场景新技术应用。打造线上智慧空间，实现线下实体空间与线上虚拟空间相连，打造智慧应用场景。

"十三五"期间广东省立中山图书馆启动了"粤读通"工程，"十四五"期间将全面实施推进该工程建设，联合省内各级图书馆，为读者实现"一次办证、全省通用"。广东省立中山图书馆上线"广东省粤读通数字资源服务平台"，在全省各级公共图书馆用户信息实现互联、互通、互认的基础上，深入对接读者需求，提高数字资源利用率，提升用户体验。深圳图书馆还将全面升级统一技术平台 ULAS，构建标准统一、数据共享、监管有效、全面覆盖、泛在互联的"图书馆之城"云平台。深圳市盐田区图书馆则重点提升其"智慧图书馆服务平台"全域网络安全和保障能力，采取"1＋N"软件体系架构进行系统的平滑迁移、优化与升级，在全区各分馆、社区馆推行安全、稳定的统

一服务平台,并利用智慧服务平台的优势,促进服务的智慧升级。

(七)加强人才队伍建设,提高服务专业化水平

目前,广东图书馆事业已经基本建立起一支专业化、有担当、符合发展需要的,且具备较高的职业认同,重视自身专业化发展的青年馆员人才队伍,但仍然存在着不同编制工作差异、科研环境与支撑条件有待加强、区域发展不均衡等问题。[11]图书馆员是贯穿于公共图书馆整个服务流程的服务主体,是影响服务效能的关键因素。进一步为馆员的成长和发展创造更好的条件,提高馆员专业能力,对于图书馆未来的良性发展具有重要意义。

在分析广东省公共图书馆"十四五"规划的基础上,笔者发现人才队伍建设的重点主要聚焦于以下三个维度:①完善人才发展机制。制定人才发展规划,重视馆员发展问题;完善岗位管理和人员聘用制度,在事业编制基础上探索多元用人模式,并改善非事业编馆员的发展环境与发展条件;优化人才激励机制,制定科学的岗位考核与评价标准,对做出卓越贡献和创新成果的馆员进行表彰与奖励,激发馆员内驱动力。②优化人才培养,鼓励馆员持续学习、不断成长。制定培训计划,探索精准培训和分层施教模式,进一步完善继续教育培育体系,并将专业理念、职业精神融入继续教育当中。如深圳图书馆提出了"构建涵盖业务培训、馆员交流、科研支持等内容完善的馆员培养体系"的行动计划。③鼓励馆员参与学术交流,提升学术能力。联合图书馆学会,组织开展系列学术活动和业务指导,提升馆员的研究能力。东莞图书馆还提出"深化科研管理,推进专业化发展"的发展策略。

为调动馆员积极性,鼓励员工参与图书馆业务建设与业务研究活动,东莞图书馆探索并引入了项目制管理,图书馆员可以通过个人申报、馆内立项的形式开展业务建设和业务研究。项目制管理面向全馆员工,特别鼓励青年馆员参与,让青年馆员担任更多重点任务和项目的负责人,培养领导才能,激发工作热情。除关注本馆自身的人才队伍建设外,珠海市金湾区图书馆还探索建立区域性专业人员队伍培训制度,并指导各镇分馆通过引导辅助人员职称申报、建立专业人才成长计划及职业规划等方式建设专业化的人才队伍。

四、推动战略规划有效落地的思考

通过对广东省公共图书馆"十四五"规划的收集与分析,笔者发现广东省公共图书馆对战略规划制定较为重视,注重根据未来定位和本馆特色以战略规划的方式筹划未来的发展图景,具备一定的战略规划意识。规划中还根据各

馆的实际情况以及未来发展目标，制定了包括组织保障、经费保障、制度保障、思想保障等在内的相关保障措施，通过保障措施的制定为规划的落实提供保证。

但战略制定的有效性并不能表示战略的有效实施，也不会必然促进公共图书馆的高效运行。外部环境的变化及战略方案局部或整体与内部条件不符等各种不确定因素的存在，使得公共图书馆的战略实施面临诸多问题。[12] 为保障战略目标的实现，使公共图书馆能够在既定的战略轨道上顺利运行，强化公共图书馆战略规划的落地，公共图书馆应以项目制为抓手，注重过程性调整，加强监督评估，加强"馆校合作"，提高战略规划的专业性和科学性。

（一）以项目为抓手，明确建设内容与责任

重点项目的确立可以帮助公共图书馆明确优先和重点发展的事项，通过具体的项目将抽象的发展目标和任务进行分解。佛山市南海区图书馆就在其"十四五"规划中将前文所提及的"读书驿站村居全覆盖"设定为总分馆服务体系建设的重点项目，提出了"对尚未建设图书驿站的146个村居进行驿站选址和建设"的项目内容，并明确了"2023年完成全覆盖"的项目目标。同时，通过现代化项目管理的方式，全程跟踪、监控规划项目的进度和质量，保证规划的专业性、科学性，确保规划的稳步推进。例如，佛山市图书馆就重视强化内部管理机制，以"项目立馆"为抓手，其"十四五"规划中也强调要优化项目管理措施，以精品项目带动组织管理创新发展。

（二）强调中期检查，注重过程性调整

战略规划的成功有赖于规划执行的持续性，而持续性的执行并不意味着一成不变，相反是一个动态的管理过程。[13] 随着规划的实施和图书馆环境的不断变化，原先设定好的目标和路径可能无法满足实际情况的需要，需要图书馆对原来的细分目标和任务进行调整，保障战略规划的适用性和可操作性。同时，公共图书馆作为公共文化机构，其战略规划对图书馆自身管理设计、充分考虑并协调各利益相关者的诉求具有重要意义，与负责任创新理论存在呼应。"负责任创新"是一种强调社会参与和可持续发展的创新理论，其核心要旨是，在倡导某项创新实践或决策时，要考虑创新所波及的不同利益相关者，根据现有的基础去估量其可能带来的效益和成果（包括负面效果），构建出与创新适配的机制和制度体系，从而推动创新向满足社会需求和伦理道德的方向演变。[14] 在战略规划实施过程中，将环境监测贯穿于编制的整个过程，把握外部文化、政策环境，秉持公众参与的负责任创新理念，关注公众需求的变化，及

时反馈公众诉求，发现实施过程中的困难并寻求解决方案，让规划的编制与时俱进。肇庆市德庆县图书馆就在其"十四五"规划中明确了反馈与评价机制，强调建立规划实施过程的反馈受理机制，结合图书馆的发展情况、事实数据和自我评价等材料，及时了解和把握规划实施状况，掌握读者对图书馆提供服务的满意度。同时提出在规划实施中期进行中期检查，根据实施情况和现实需要，适时对规划进行合理调整。深圳市龙华区图书馆也强调对实施情况进行中期评估，通过建立调整机制，在坚持总体发展战略不变的前提下，对任务和目标做适当的充实和微调。

（三）加强监督评估，完善评估结果应用

战略规划的落实离不开科学的控制和评价体系，公共图书馆需要重视战略规划评估和监督体系的建设，实现对规划执行和完成程度的监督和评估。定期对实施情况进行监督和评价，全面了解规划整体实施情况，发现实施过程中的问题。梅州市剑英图书馆就明确指出要加强对《梅州市剑英图书馆"十四五"规划（2021~2025）》实施情况进行跟踪分析，特别是对重要指标的监测，规划任务的完成进度需在图书馆年度报告中发布，加强对规划实施的监督检查，通过评估和考核确保顺利完成所制定的各项目标任务。监督评估工作的目的不仅仅是得出数据和结果，更重要的是通过数据和结果发现工作推进过程中存在的问题，并及时反馈给实施者，以便及时调整和动态应用。因此，将结果及时反馈应用到规划实施工作中是监督评估的关键，评估应贯穿于战略规划落实的全过程，评估数据的全面、全程共享有助于图书馆战略规划目标的全面实现。[15]

（四）加强馆校合作，跟进规划修改与评估

以馆校合作方式开展规划编制工作，是实现战略规划专业性与可操作性相结合的重要途径。图书馆委托学校专家团队，集合专业研究团队与图书馆实践工作人员，成立联合式的战略制定小组，以丰厚的理论研究成果和科学规范的制定流程为基础，切实联系图书馆实际，以理论结合实践逐步推进，发挥"馆"与"校"的整合优势，目的性更强、效率更高。广东省立中山图书馆、东莞图书馆都与南开大学柯平教授团队合作，深圳"图书馆之城"与武汉大学黄如花教授团队合作，深圳图书馆以及广州"图书馆之城"与中山大学信息管理学院张靖教授团队合作，共同完成规划编制工作。

以馆校合作的方式编制战略规划，对于提高战略规划的科学性、专业性和实操性，从而为战略规划的具体落实打下坚实基础具有重要意义。而为了切实

保障战略规划的有效落实，在战略规划的实施过程中，也需要馆校双方跟进规划实施情况并进行相应的修改与调整。广州图书馆在过往的战略规划编制中就曾与中山大学团队进行合作，在规划实施过程中，广州图书馆持续委托中山大学进行了 3 次城市公共图书馆服务与读者阅读行为调查。[16]中山大学团队参与编制的广州市"图书馆之城"建设五年行动计划中，也明确指出健全"图书馆之城"考核评估动态调整机制，定期开展第三方评估的要求。以学校专家团队参与为重要形式的第三方评估对于图书馆战略规划在落实过程中的动态调整具有积极意义。此外，战略规划的实施成效评估分析也需要馆校双方的共同合作。深圳图书馆与中山大学张靖教授团队合作开展"十四五"战略规划编制工作之初，首先就对深圳图书馆"十三五"战略规划实施情况进行了评估，并基于"十三五"评估数据与国内外重要图书馆发展情况进行对标分析，为"十四五"发展图景的描绘奠定基础。东莞图书馆与南开大学柯平教授团队合作编制了"十三五"战略规划，而在继续合作开展"十四五"战略规划编制前，柯平教授团队对其"十三五"战略规划的实施情况进行了评估分析，总结了所获的成就与存在的问题。馆校合作贯穿于图书馆战略规划的编制、实施、评估的全过程，一方面有利于开展图书馆循证实践，保证实施过程中规划的专业性、科学性；另一方面，有利于战略规划的连续性发展。

附录1

本文所收集的广东省公共图书馆"十四五"战略规划文本清单

序号	公共图书馆名称	战略规划名称
1	广东省立中山图书馆	《广东省立中山图书馆"十四五"战略发展规划（2021—2025）》
2	广州图书馆	《广州图书馆 2021—2025 年发展规划》
3	广州市少年儿童图书馆	《广州少年儿童图书馆"十四五"发展规划》
4	广州市从化区图书馆	《从化区图书馆发展"十四五"规划（2021—2025）》（征求意见稿）
5	广州市番禺区图书馆	《番禺区图书馆"十四五"规划（2021—2025）》
6	广州市花都区图书馆	《花都区图书馆"十四五"发展规划》
7	广州市荔湾区图书馆	《广州市荔湾区图书馆"十四五"规划》
8	广州市南沙区图书馆	《南沙区图书馆"十四五"发展规划》
9	深圳图书馆	《2021—2025 年深圳图书馆发展规划》
10	深圳市盐田区图书馆	《盐田区公共图书馆"十四五"发展规划》

续表

序号	公共图书馆名称	战略规划名称
11	深圳市龙岗区图书馆	《龙岗区图书馆"十三五"工作总结和"十四五"发展规划》
12	深圳市龙华区图书馆	《龙华区图书馆"十四五"发展规划》
13	深圳市南山区图书馆	《南山图书馆2021—2023三年行动计划》
14	佛山市图书馆	《智慧·融合·跨越：佛山市图书馆2021—2025年发展规划》
15	佛山市禅城区图书馆	《佛山市禅城区图书馆"十四五"任务目标》
16	佛山市高明区图书馆	《高明区图书馆"十四五"规划调研材料》
17	佛山市南海区图书馆	《佛山市南海区公共图书馆事业"十四五"发展规划》
18	佛山市顺德区图书馆	《顺德图书馆五年发展规划纲要（2021—2025）》
19	东莞图书馆	《东莞图书馆"十四五"策略规划》
20	惠州慈云图书馆	《惠州慈云图书馆"十四五"（2021—2025）发展规划》
21	惠州惠阳区图书馆	《惠州市惠阳区图书馆"十四五"发展规划》
22	惠州惠东县图书馆	《惠东县图书馆"十三五"工作总结及"十四五"、2021年工作计划》
23	惠州博罗县图书馆	《博罗县图书馆"十四五"规划》
24	惠州龙门县图书馆	《龙门县图书馆"十四五"发展规划》
25	江门市图书馆	《江门市图书馆"十四五"规划》
26	珠海市斗门区图书馆	《珠海市斗门区图书馆"十四五"发展规划》
27	珠海市金湾区图书馆	《广东省珠海市金湾区公共图书馆事业"十四五"发展建设规划》
28	中山纪念图书馆	《中山纪念图书馆"十四五"规划》
29	肇庆市图书馆	《肇庆市图书馆"十四五"发展规划》
30	肇庆市德庆县图书馆	《德庆县图书馆"十四五"发展规划》
31	肇庆市鼎湖区图书馆	《鼎湖区图书馆"十四五"发展规划》
32	肇庆市端州图书馆	《肇庆市端州图书馆"十四五"工作规划》
33	肇庆市封开县图书馆	《封开县图书馆"十四五"实施方案》
34	肇庆市高要区图书馆	《肇庆市高要区图书馆第十四个五年发展规划（2021—2025）》

续表

序号	公共图书馆名称	战略规划名称
35	肇庆市广宁县图书馆	《广宁县图书馆"十四五"发展规划》
36	肇庆市怀集县图书馆	《怀集县图书馆"十四五"发展规划》
37	肇庆市四会市图书馆	《四会市图书馆"十四五"发展规划》
38	汕头市图书馆	《汕头市图书馆"十四五"发展规划（2021—2025）》
39	揭阳市图书馆	《揭阳市图书馆"十四五"发展规划》
40	潮州市图书馆	《潮州市图书馆第十四个五年建设规划》
41	茂名市图书馆	《茂名市图书馆"十四五"发展规划（2021—2025）》
42	阳江市图书馆	《阳江市图书馆"十四五"规划》
43	湛江市图书馆	《湛江市图书馆"十三五"规划执行情况及"十四五"发展规划》
44	湛江市少年儿童图书馆	《湛江市少年儿童图书馆"十四五"发展规划》
45	韶关市图书馆	《韶关市图书馆"十四五"规划》
46	梅州市剑英图书馆	《梅州市剑英图书馆"十四五"规划（2021—2025）》
47	梅州市大埔县图书馆	《大埔县图书馆"十四五"发展规划)》
48	梅州市蕉岭县图书馆	《蕉岭县图书馆"十四五"发展规划实施方案》
49	梅州市梅县区松口图书馆	《梅州市梅县区松口图书馆"十四五"发展规划》
50	梅州市梅县区图书馆	《梅县区图书馆"十四五"规划)》
51	梅州市平远县图书馆	《平远县图书馆"十四五"发展规划》
52	梅州市五华县图书馆	《五华县图书馆"十四五"规划》
53	清远市图书馆	《清远市图书馆"十四五"规划》
54	河源市图书馆	《河源市公共图书馆"十四五"发展规划》
55	河源市东源县图书馆	《东源县图书馆"十三五"发展规划或实施方案执行情况、"十四五"发展规划或实施方案制定情况》
56	云浮市图书馆	《云浮市图书馆"十四五"规划》
57	云浮市罗定县图书馆	《罗定县图书馆"十四五"发展规划》
58	云浮市新兴县图书馆	《新兴县图书馆"十四五"发展规划》
59	云浮市郁南县图书馆	《郁南县图书馆"十四五"发展规划》
60	云浮市云安区图书馆	《云安区图书馆"十四五"发展规划》
61	云浮市云城区图书馆	《云城区图书馆"十四五"发展规划情况》

附录2　本文所收集的广东省图书馆体系"十四五"战略规划文本清单

序号	城市	战略规划名称
1	广州市	《广州市"图书馆之城"建设五年行动计划（2022—2026）》
2	深圳市	《深圳市"图书馆之城"建设规划（2021—2025）》
3	佛山市	《佛山市联合图书馆体系"十四五"发展规划》

参考文献

[1] 严贝妮，李晓旭.我国省级公共图书馆"十四五"战略规划探赜［J］.图书馆建设，2022（2）：70-79.

[2] 柯平.图书馆战略规划的历史与现状［R/OL］.［2023-03-26］. https://www.pishu.com.cn/skwx_ps/initDatabaseDetail？siteId=14&contentId=5501732&contentType=literature.

[3] 图书情报工作杂志社.国民阅读推广与图书馆［M］.北京：海洋出版社，2011：74.

[4] 张靖，李思雨，杨乃一，等.广东省公共图书馆事业发展报告（2013—2017）［J］.图书馆论坛，2018，38（10）：1-16.

[5] 柯平，赵益民，陈昊琳.图书馆战略规划研究［M］.北京：社会科学文献出版社，2014：153.

[6] 黄佳玲.我国公共图书馆战略规划调查分析及启示［J］.图书馆工作与研究，2018，272（10）：47-52.

[7] 彭秋平，唐琼.社会力量参与广州"图书馆之城"建设：模式、问题与经验［J］.图书馆论坛，2019，39（5）：79-87.

[8] 章春野.论图书馆的文化使命［J］.图书馆工作与研究，2010，169（3）：9-13.

[9] 柯平，卢晓彤，胡曼曼.图书馆在国际文化交流中的作用与地位［J］.图书情报知识，2021，199（1）：45-52.

[10] 肖鹏，赵庆香，方晨.从"赋能"到"技术赋能"：面向新发展阶段的图书馆（学）核心概念体系［J］.图书馆建设，2021，308（2）：43-49.

[11] 肖鹏，吴桐树.广东图书馆青年发展报告（2022）［J］.图书馆论坛，2023，43（1）：5-8.

[12] 柯平，赵益民，陈昊琳.图书馆战略规划研究［M］.北京：社会科学文

献出版社，2014：108.

［13］潘拥军.公共图书馆规划管理实践研究 ［J］.图书馆论坛，2011，31
（3）：32－34＋21.

［14］梅亮，陈劲，李福嘉.负责任创新：内涵辨析与启示 ［J］.自然辩证法研
究，2017，33（2）：49－53.

［15］黄佳玲.我国公共图书馆战略规划调查分析及启示 ［J］.图书馆工作与研
究，2018，272（10）：47－52.

［16］张靖，谭丽琼.公共图书馆发展之馆校合作——以广州图书馆与中山大
学合作为例 ［J］.图书馆论坛，2016，36（12）：76－80.

B. 14

社会力量参与广东省公共图书馆事业发展报告

Report on the Social Forces' Participation in the Development of Public Libraries in Guangdong Province

周　远　谭丽琼　吕　果　王冰冰　陈丽纳　陈深贵*

[摘　要] 广东省大力推动社会力量参与公共图书馆事业建设，陆续出台相关政策，加强制度保障。各地社会力量参与实践成果丰硕，主要参与方式有法人治理、共建阅读空间、参与运营管理、活动合作、志愿服务、捐赠。社会力量参与广东省公共图书馆事业的成效体现在①带动可持续发展。②充分激发队伍活力。③有效培育服务品牌。④提升公共图书馆服务效能和服务均等化。社会力量参与广东省公共图书馆事业的重要经验体现在①加强制度引领。②广泛参与公共图书馆业务。③多元参与主体协同共建。但也存在一些不足。未来有待继续完善制度设计，营造社会力量参与的良好法治环境；加快完善社会力量参与机制，不断拓宽社会力量参与渠道和途径；持续提升社会力量专业化水平，促进优质社会主体的培育和成长；积极支持区域协同发展，推动解决社会力量参与不均衡问题。

[关键词] 社会力量；广东省公共图书馆事业；制度保障；参与方式；建设成效

[Abstract] Guangdong Province vigorously promotes the social forces participating in public library cause, and has successively introduced relevant policies to strengthen institutional protection. The participation of social forces in various regions has yielded fruitful results in practice. The main ways of participation include corporate governance, collaborative construction of reading space,

---

* 周远，广州图书馆，馆员，硕士研究生，zhouyuan6@foxmail.com；谭丽琼，广州图书馆，馆员，硕士研究生；吕果，广州图书馆，硕士研究生；王冰冰，中山大学信息管理学院在读硕士研究生；陈丽纳，广州图书馆中心图书馆办公室副主任，副研究馆员，硕士研究生；陈深贵，广州图书馆副馆长，研究馆员，硕士研究生。

participation in operational management, activity cooperation, volunteer services, and donations. The effectiveness of social forces participating in public library cause in Guangdong Province is reflected in: 1) promoting sustainable development; 2) fully stimulating the vitality of the team; 3) effectively cultivated service brands; 4) improved the service efficiency of public libraries and service equalization. The important lessons of social forces participating in public library cause in Guangdong Province is reflected in: 1) strengthen institutional guidance; 2) social forces widely participate in public library operations; 3) collaborative construction of multiple participating entities. However, there are also some shortcomings. In the future, it is necessary to improve institutional design, and create a good legal environment for social forces participating; Accelerate the improvement of the participation mechanism of social forces, and continuously expand the channels and methods for social forces participating; Continuously improving the level of specialization of social forces and promoting the cultivation and growth of high-quality social entities; Actively support regional coordinated development and promote the resolution of the issue of uneven participation of social forces.

[**Keywords**] Social forces; Public Library Cause in Guangdong Province; Institutional guarantees; Participation methods; Construction effectiveness

近年来，党和政府不断推动社会力量参与公共图书馆事业建设。《中华人民共和国公共图书馆法》[1]从法律层面鼓励社会力量参与公共图书馆事业。文化和旅游部《"十四五"公共文化服务体系建设规划》[2]提出的"十四五"末的目标之一是"公共文化服务供给方式更加多元"，"政府、市场、社会共同参与公共文化服务体系建设的格局更加健全"。在广东省委、省政府的高度重视及广东省文化和旅游厅的大力支持下，社会力量参与广东省公共图书馆事业的广度、深度不断提升，社会力量参与高度活跃，呈现常态化、多元化、多业态发展。各地大胆创新，打破行业界限，整合社会资源，大力构建开放多元的公共文化服务供给体系，共同推进广东省公共图书馆事业高质量发展。

一、社会力量参与公共图书馆事业建设的制度保障

社会力量是指除政府机关和下属文化事业单位以外的个人和组织，包括个

人、企业和非营利组织。[3]推动社会力量参与公共文化服务,是健全公共文化服务体系、进一步落实深化文化事业领域改革和提高我国文化软实力的重要途径和举措。

改革开放以来,广东省高度重视文化建设,特别是通过实施建设文化大省战略,为推动全省经济社会发展提供了强有力的文化动力。然而,广东省仍然面临文化发展水平总体上落后于全省经济社会发展步伐、公共文化服务供给与人民群众日益增长的精神文化需求不相适应等问题。2010年起,广东省开始推动由"文化大省"向"文化强省"的跨越发展,并将社会力量作为文化强省建设的重要组成力量,纳入《广东省建设文化强省规划纲要(2011—2020)》[4,5]。2011年9月,广东省十一届人民代表大会常务委员会通过了《广东省公共文化服务促进条例》(以下简称《条例》)。作为全国第一部关于公共文化服务体系建设的地方性法规,《条例》对公共文化服务的内涵和外延作出界定,为社会力量参与公共文化服务提供了法律保障,同时明确了县级以上人民政府文化主管部门支持和指导社会力量参与公共文化服务的主体责任。[6,7]此后,广东省各地区结合国家政策法规和广东实际,陆续出台完善社会力量参与公共图书馆事业相关政策及制度。

(一) 制度统计情况

本报告共收集了230份广东省内社会力量参与公共图书馆事业建设相关的政策和制度文本①。其中,文本效力级别数量分布情况如表14-1所示,省级地方性法规规章、规范性文件5份,市级地方性法规规章、规范性文件13份,区县级政策制度文件22份,图书馆内部制度文件190份;地区制定情况如表14-2所示,珠三角核心区②共收集到147份,沿海经济带地区③共收集到39份,北部生态发展区④共收集到39份;文本主题数量分布情况如表14-3所示,志愿服务相关文本81份,法人治理相关文本52份,合建分馆相关文本17份,政府购买相关本文21份,慈善捐赠相关文本16份,社会监督相关文本8份,总分馆制建设相关文本24份,其他文本11份,内容涉及社会力量参与的激励制度、内部控制与专项经费管理、项目工作操作指引及管理细则等。

---

① 数据来源:广东省各地区公共图书馆报送的制度文件。
② 珠三角核心区包括广州、深圳、佛山、东莞、中山、珠海、肇庆、惠州、江门。
③ 沿海经济带东翼包括汕头、汕尾、潮州、揭阳,西翼包括阳江、湛江、茂名。
④ 北部生态发展区包括韶关、梅州、清远、河源、云浮。

表14 -1 政策、制度效力级别数量分布情况

单位：份

效力级别	省级	市级	区县级	图书馆内部	总计
文本数量	5	13	22	190	230

表14 -2 各地区政策、制度制定情况

单位：份

地区	珠三角核心区	沿海经济带	北部生态发展区	总计
文本数量	147	39	39	225

表14 -3 政策、制度主题数量分布情况

单位：份

文本主题	志愿服务	法人治理	合建分馆	政府购买	慈善捐赠	社会监督	总分馆制建设	其他	总计
文本数量	81	52	17	21	16	8	24	11	230

（二）制度内容概述

政策及制度是实现共同体集体行动的方案和保障。由相关文本的效力级别、地区分布和主题分布可以看出，在政府部门的重视和政策支持下，近年来，社会力量参与广东省公共图书馆事业建设的现象在全省各地区普遍存在，参与方式灵活多样，已成为公共图书馆建设的重要力量补给。在政府的制度保障下，政府与社会力量合作模式的可持续发展基础不断夯实。

系列政策制度的颁布实施，一方面压实了政府主体责任，如多项政策中明确由政府承担公共图书馆建设的主体责任，社会力量可以通过兴建、捐建、与政府部门合作等方式成为图书馆服务的生产者和参与者，为公共图书馆发展引入新生力量。各级公共图书馆在引入社会力量的同时也纷纷制定一系列管理制度和规则，提高了公共文化服务机构的履责能力。另一方面调动了社会力量参与的积极性，激发了社会活力。如在文化志愿服务方面，各地区建立起社会力量参与的表彰激励与回馈制度，对推动和加强文化设施建设、志愿服务建设等方面成绩显著的个人和单位给予奖励，撬动社会资本积极参与并推动公共图书馆事业全面发展；在法人治理结构改革方面，理事会制度的建立和完善，将图

书馆发展置于更广阔的社会生态之中，使图书馆广泛获得社会资源和发展建议。此外，社会力量的广泛参与在一定程度上弥补了公众多样化需求下政府公共文化产品供给的不足，在提高机构工作效率和改进服务质量方面贡献突出，彰显公共文化服务的社会效益。但同时，相关政策、制度的制定也存在各地区发力参差不齐、实操性指引型文件较少、激励和保障措施有待加强等问题。在社会力量参与广东省公共图书馆事业的发展过程中，相关部门仍需织密政策制度保障网络。

二、社会力量参与公共图书馆事业建设的主要方式与典型案例

得益于政府政策制度的积极鼓励，广东各地大力推动社会力量参与公共图书馆事业，有效整合社会资源，完善基本文化设施建设，创新服务运行模式，进一步推动公共文化服务高质量发展。2018—2022 年，广东省公共图书馆与社会力量合作力度不断加大，因地制宜探索形成了一批新经验新做法，取得了良好的社会效果。截至 2022 年底，广东省社会合作项目共有 2,255 个，合作方式多样。总体而言，社会力量参与广东省公共图书馆事业建设的主要方式有法人治理、参与运营管理、共建阅读空间、活动合作、志愿服务、捐赠等。

（一）法人治理

公共图书馆法人治理结构是由利益相关者组成理事会，对图书馆各项工作实施决策，下设管理机构，负责相关工作的日常管理，以权责分明、协调运转、相互制衡为前提，构建长效管理机制，最终实现图书馆稳步、有序发展的治理目标。[8]公共图书馆法人治理结构的建立健全，可以吸收有关方面代表、专业人士和社会公众参与管理公共图书馆[9]，有利于推进国家治理体系和治理能力现代化。

广东省公共图书馆法人治理结构改革起步较早。2010 年底，深圳市文化体育旅游局举行深圳图书馆理事会揭牌仪式，开启广东省公共图书馆法人治理结构改革序幕[10]，起到探路作用。深圳图书馆理事会是深圳图书馆的议事和决策机构，负责确认图书馆的发展战略和发展规划，行使图书馆重大事项事权和决策权，对图书馆工作起到积极推动作用。2017 年 9 月，国家出台《关于深入推进公共文化机构法人治理结构改革的实施方案》，广东省级公共图书馆、地市级公共图书馆、区县级公共图书馆先后建立法人治理结构。[11]

广东省各公共图书馆理事会成员来源多元，主要包括政府部门、图书馆、

学界、社会公众等。深圳图书馆最新一届理事由政府部门代表、社会人士、行政执行人等组成，其中社会理事来自文艺、教育、法律、图书情报等领域。广州图书馆理事会成员由政府部门代表、本馆代表、社会方代表组成，其中社会方代表包括图书馆界专家、文化艺术界代表、地方历史代表、企业界代表、读者代表。深圳市龙华区图书馆理事会成员除涵盖政府部门、图书情报界、社会科学界等以外，还有劳务工群体，他们共同为图书馆的事业规划、经费安排、制度完善、体系和资源建设、业务考核等献策出力。

（二）参与运营管理

社会力量参与运营管理，是指公共图书馆日常业务的运营、管理和维护部分或全部外包给社会力量完成，由图书馆确定外包业务的种类、数量和质量，并通过社会招标等形式确定承包商。社会力量参与公共图书馆的运营管理，是提高公共图书馆服务效率的有效方式。

随着我国将公共文化服务向市场与社会逐步开放，广东多地公共图书馆已在运营管理的不同层面引入社会力量。一是引入社会力量参与图书馆业务工作，如新书编目、上架排架、借阅流通等传统业务；网站开发与维护、数据库建设与更新等信息系统服务；馆内的环境卫生保持、安全保卫、秩序维护和设备管理等物业管理业务。[12]河源市图书馆、清远市图书馆还通过政府购买引入社会力量举办培训、讲座、比赛等读者活动。二是引入社会力量参与区级图书馆运营。如广州市南沙区图书馆在仅有3个事业编制的情况下，通过政府购买公共文化服务的方式，引进优质社会人才，实施社会化运营管理模式，以保障流通采编、阅读推广、服务体系、参考咨询、技术保障等图书馆核心业务发展，同时从薪酬体系建设入手，建设具有南图特色的"积分制薪酬体系"，让外包服务员工获得较稳定的成长空间。深圳龙华图书馆于2021年12月建成开馆，建设起步较晚，图书馆专业人才较少，亦采取图书馆整体业务外包的方式运营管理图书馆。三是在分馆中引入社会力量进行委托运营服务。深圳龙岗区图书馆通过"购买服务 委托运营"的方式，委托社会力量运营龙岗区图书馆39家分馆，并由总馆负责监督管理，通过卓越绩效考核机制进行评估，形成公共图书馆总分馆垂直管理"龙岗模式"。

（三）共建阅读空间

社会力量参与共建阅读空间，一般由社会力量承担场地、基础设施设备、日常运行管理等，由公共图书馆提供馆藏文献信息资源、人员培训、技术支持等。参与共建阅读空间的主体多元，涵盖企业园区、创意园区、书店、咖啡店、地铁公司、房地产商、酒店、民宿、旅游景区、公园、商场、学校以及其他企事业单位、机关团体等。截至2022年底，广东省公共图书馆与社会力量共建阅读空间达2,309个，成为公共图书馆服务体系的重要组成部分。

广东省公共图书馆与社会力量合作共建的阅读空间形式多样，主要有以下两种类型。一类是融合图书阅读、艺术展览、文化沙龙、轻食餐饮等服务的新型阅读空间，其特点是"小而美""优而精"[13]。此类共建阅读空间在选址、建设上具有更高的灵活性，旨在为公众提供更加高效、便捷的服务。目前，此类共建阅读空间已形成多个品牌并具有良好成效，如省域品牌广东省"粤书吧"，市域品牌东莞城市阅读驿站、广州"花城市民文化空间"、韶关"风度书房"、中山"香山书房"、肇庆"砚都书房"、珠海"格创书房"、潮州"潮书屋"，县（区）域品牌佛山南海"读书驿站"、深圳盐田"智慧书房"、河源源城"槎城书吧"等。其中，"粤书吧"是2020年广东省文化和旅游厅牵头打造的新型公共文化空间建设品牌，该吧引入社会力量参与，以公共阅读服务、全民艺术普及为主要功能，兼顾活动、展示、休闲等多元服务功能。[14]截至2022年底，全省共建设"粤书吧"391个。东莞图书馆建设的城市阅读驿站是通过对口碑较好、环境优雅、服务优良的场所空间（如咖啡店、茶饮店、展览馆、商场和楼盘小区等）或村（社区）图书室进行升级改造和设备投放，以及建设独立的专属阅览空间等多种形式，灵活引进阅读沙龙、讲座、培训、读书会和"一卡通"图书自助借还等各种文化服务。[15]韶关"风度书房"是配合本土"九龄风度"文化品牌建设的智慧图书馆项目。2022年，"风度书房"增加图书、文创售卖功能，引进轻饮食以及开展系列文艺交流和推广活动，打造成市民和游客学习、参观、休闲的城市公共文化空间。[16]佛山南海"读书驿站"以可组装的玻璃房形式搭建在人流密集区域，配备智慧设备开展24小时自助服务[11]，深入到村居、小区、校园、景区等城乡各个角落。深圳盐田区依托"1+5+10+N"公共图书馆智慧总分馆制服务体系，在海滨栈道及周边布点10个智慧书房为总馆直属分馆，建成无人值守的自助图书馆。[11]

另一类是具有借阅、咨询、阅读推广和公共文化活动空间等图书馆专业服务功能、设施设备齐全、功能分区多样的社会力量参与建设分馆。这类分馆相较其他类型的共建阅读空间而言服务空间更大，对馆藏量、工作人员数量、开放时间亦有明确的要求，旨在引入社会力量共建阅读空间的同时确保公共图书馆服务的专业性，使之尽可能提供与总馆无差别的服务。广州图书馆与社会力量合作建设分馆建设标准对标镇街分馆，建设面积均不低于500平方米，并要求藏书量不低于2万册（件），未成年人图书需占全部馆藏的20%以上，配备2名工作人员，每周开放时间不少于46小时，其中周末开放时间不少于8小时。如广州图书馆与广州市儿童公园合作建设的儿童青少年主题分馆，建筑面积约 700 平方米，由亲子绘本区、中小学借阅区、多功能室等组成，环境宽敞明亮、舒适活泼，馆藏涵盖亲子绘本、综合休闲等类型图书 4 万册并定期更新，配备歌德电子书借阅机，为读者提供数字阅读服务。广州市黄埔区图书馆华新园分馆由区图书馆与企业园区合作共建，分馆建筑面积约 600 平方米，分为阅览区、商务接待区、活动区、少儿阅览区，涵盖成人图书和少儿图书，并设有知识产权专题图书区，是华新园客户进行商务洽谈、路演的微型场所，也是园区公共休闲场所。

（四）活动合作

社会力量与公共图书馆合作开展活动，已经成为丰富公共图书馆服务供给的重要手段。广东省各地公共图书馆与多领域的社会机构深度合作，利用社会各方力量进行跨界融合。广州图书馆与社会力量合作大力拓展特色交流活动品牌，合作范围涵盖展览、讲座报告会、读者培训等，并与广州新华出版发行集团共建"广州公益阅读"，实行项目制管理，每年面向广州市各类阅读组织征集"广州公益阅读创投项目"，联合社会力量举办多场阅读推广活动。由佛山市图书馆倡议组建的佛山阅读联盟，有阅读合作伙伴超 30 个，超过 2,000 名市民以个人身份直接参与联盟服务和活动的策划与组织。佛山顺德图书馆与社会力量合作举办创意阅读节，联合顺德区博物馆、顺德清晖园博物馆等单位在中秋、国庆双节之际举办图博奇妙夜。江门市邑起阅读大联盟由江门市文化广播电视旅游体育局牵头主办、江门市图书馆承办，由五邑地区各单位、社会团体、公益组织及个人自发参与，实现资源共享、协同合作，是江门市首个跨界阅读推广组织。除与各类社会机构合作举办活动外，公共图书馆亦与学校合作开展活动，进一步推进文教融合。广州市从化区、黄埔区图书馆与区内中小学图书馆实现通借通还，为中小学生提供与全市公共图书馆服务体系统一的借阅平台。深圳图书馆在部分中学设立"青少年阅读基地"专属阅读空间，或设置"青少年阅读基地"阅读书目专架，为学校输送图书和服务。佛山市图书馆与多所中小学校共建馆外阅读推广基地，开展以"立体绘本""蜂蜂故事会""玩具陪伴阅读""科普达人""移动智能图书馆"等品牌项目为载体的馆外阅读推广基地活动。佛山市顺德图书馆与区内幼儿园、小学、中学、职校等各种类型的教育机构合作开展阅读推广活动，提供菜单式服务，学校可根据需求选择。潮州市图书馆与 3 所学校签订长期资源合作协议，为学校提供上门办证、图书车上门、电子资源选送等服务。

（五）志愿服务

社会力量参与志愿服务主要包括一般性的志愿服务和专业性的志愿服务。一般性志愿服务的工作内容多为简单的读者引导、图书借阅、维持秩序以及回答常见咨询问题等。[17]专业性志愿服务是由有专业学科背景和学识的社会人员到馆为读者提供免费公益服务。截至2022年底，广东省公共图书馆志愿者服务队伍共有280个，注册志愿者共有204,856人。

广州图书馆"专家志愿者咨询服务"，以专业咨询服务为核心，以读者专业背景为依托，以专家的公益服务需求为抓手，发挥"志愿服务＋专家咨询"模式的倍增效应，聚焦法治中国、健康中国建设精心策划主题，被文化和旅游部评为2022年文化和旅游志愿服务典型案例。[18]广州少年儿童图书馆联合志愿服务队策划开展知识讲座、名家朗诵分享会、手工体验、礼仪教育、迎春挥毫、摄影展览等。广州南沙区图书馆推出"市民馆员"志愿服务项目，志愿者来自各行各业的翘楚，深度参与图书馆读者服务、运营监督、馆藏建设、业务宣传推广等工作。珠海市图书馆形成以本馆文化志愿服务队为总队，以各企业、学生团体、社会组织为支队的服务模式开展文化志愿服务工作。梅州市剑英图书馆重视与梅州市书虫文化志愿者团队等社会机构的合作，先后培育形成多个传播范围广、服务效果佳的阅读品牌活动，通过发挥各行业人士和团队熟悉少儿阅读推广和客家文化传承等的专业优势，改善经济欠发达地区图书馆专才不足的现状。

志愿服务不仅成为公共图书馆总馆服务的有力补充，亦成为分馆、服务点日常管理的有力支持。佛山高明区图书馆社区智能图书馆招募文化志愿者"荷"馆长，以轮番值班上岗、科学引导智能阅读、考核服务时长等方式，探索实现运营管理智能文化家的长效机制。清远市图书馆调动社会力量参与分馆的运营，发起"轮值掌柜"计划，让更多有时间、有兴趣参与书房志愿服务的人，做起"轮值掌柜"。

（六）捐赠

随着广东经济社会不断发展和公民慈善意识不断增强，社会力量的捐赠已成为公共图书馆建设中除政府拨款之外的重要投入来源，具体形式包括捐助资金、文献、馆舍、设备等。部分公共图书馆的特色文献是通过捐赠获得的。如深圳图书馆影音馆在筹建过程中，得到多位学者、艺术家的文献捐赠，包括个人著述、专业书籍、影音创作作品、手稿资料等。阳江市图书馆通过社会力量的捐赠得到了族谱等地方文献。珠海市金湾区图书馆、肇庆市端州图书馆征集地方文献主要以社会合作的形式,与文化学者、市社会科学联合会等单位保持密切合作。

部分公共图书馆已形成固定的捐赠机制。为有效整合捐书资源,深圳图书馆与市关爱办、深圳报业集团合作成立深圳捐赠换书中心,共同搭建全民阅读资源公共服务平台,面向全体市民免费提供捐赠及换书服务,并组织与捐赠、换书、阅读相关的公益性读者活动[19],除在深圳图书馆设立中心外,还在全市多个地点设立分中心,将捐赠换书服务推进到社区。广州南沙区图书馆联合广州市南沙区志愿者协会、广州市南沙团青汇青少年发展促进会、广东省绿芽乡村妇女发展基金会开展南沙公益共享书屋项目,以南沙公益时间银行为平台支撑,与区内中小学共同开展捐书志愿活动,捐赠所得图书主要用于南沙区乡村图书馆、馆校合作建设。潮州市图书馆与社会团体或个人合作,接受图书捐赠,根据捐赠建立特色书柜,在接受赠书方面形成一套长效机制,广受海内外潮籍读者好评。

三、社会力量参与公共图书馆事业建设的建设成效与重要经验

(一) 建设成效

社会力量的参与为广东省公共图书馆事业注入了新的活力,助推公共图书馆服务推广,提升服务效能,逐渐形成公共图书馆建设与服务的良性循环。尤其在珠三角的广州、深圳、佛山、东莞等地,其社会力量参与模式、建设成效等各具特色,在全省乃至全国具有示范效用。

1.带动可持续发展

社会力量参与广东省公共图书馆事业发展,为图书馆事业投入更多的资金支持,推进图书馆事业的可持续发展。以广州图书馆为例,通过积极与博物馆、文化馆、儿童活动中心、剧院等公共文化服务机构以及政府部门、其他企事业单位的深度合作,形成优势互补、融合发展,经过对合作伙伴人力、物力、财力等投入折算成经费投入进行了统计分析,除受疫情影响较为严重的2021—2022 年,社会力量投入图书馆经费占图书馆年度总经费的7%～11%。社会力量的投入为图书馆可持续发展提供了动力和支持。

2.激发队伍活力

当前广东省公共图书馆社会合作项目的合作伙伴涉及本土文化、多元文化、都市文化、未成年人服务、特殊群体服务、学术研究等领域。不同领域和

行业的社会力量参与，一方面为公共图书馆服务注入了新鲜血液，推进公共图书馆服务的专业化、多元化发展；另一方面，图书馆服务的专业化、多元化也有利于促使图书馆员自身综合素质的提升，激发队伍活力。同时，由于各行业专业人员的参与，公共图书馆建设的队伍逐步扩充，形成发展合力。以佛山市图书馆倡议组织的佛山阅读联盟为例，近 5 年间合作伙伴超 30 个，包含政府机构、公共文化单位、学校、研究机构、企业、媒体、社会团体、非注册的民间组织、志愿者团队等，还有超过 2,000 名市民以个人身份直接参与联盟服务和活动的策划与组织。

3. 培育服务品牌

社会合作项目的开展有利于集合社会优势资源开展图书馆活动，推进广东省公共图书馆服务品牌的建设和推广，打造精品项目，形成品牌效应，吸引更多的公众参与图书馆建设、参加图书馆服务。近年来广东省相关社会合作服务品牌包括省域的"粤书吧"、佛山市图书馆的"晓读夜宿"民宿图书馆项目和邻里图书馆项目、广州市南沙区图书馆的阿贝智能书房、惠州慈云图书馆的"一空间 特色 品牌"等图书馆服务体系品牌；深圳图书馆的"深圳学人·南书房夜话"、广州图书馆的"小樱桃"阅读树系列活动、广州少年儿童图书馆的"阅读起步走——婴幼儿早期阅读计划"、顺德图书馆的"图书馆奇妙夜"、深圳市龙岗区图书馆的"龙图＋"、深圳市南山区图书馆的"南山博士论坛"、佛山市高明区图书馆的"高明区全城灯谜会"、广州市增城区图书馆的"甘泉书院"、梅州市剑英图书馆的"走进国学，重温经典"、清远市图书馆的"清图讲堂"、汕头市图书馆的"甜橙树"、珠海市图书馆的"我在图书馆"系列品牌等，品牌数量逐年增多，服务效能显著。其中，佛山市图书馆的邻里图书馆项目以邻里关系为纽带输送阅读资源，获得 2020 年 IFLA 国际营销奖一等奖；深圳图书馆的"深圳学人·南书房夜话"以深圳本土学人为主体，构建学者与大众的互动交流平台，备受媒体关注，成为重要的文化品牌之一。

4. 提升服务效能

社会力量参与广东省公共图书馆事业的形式越来越丰富，通过激发队伍活力、培育服务品牌，推进打造书香社会，扩大了图书馆的知名度和影响力，提升了公共图书馆的服务效能，助力推进服务均等化，有效推动了广东图书馆事业的发展。

社会力量参与广东省公共图书馆事业的各类项目对图书馆活动参与、读者借阅活动等服务效能均有不同程度的提升作用。以广州少年儿童图书馆为例，2018—2022 年间社会力量参与的阅读推广活动共计 7,213 场，参与人次达

1022.6 万人次，服务效能显著。又如由顺德区委宣传部（区文化体育局）指导，顺德图书馆创办的"创意阅读节"，从 2017 至今已吸引超过 2 万名市民参加，活动照片直播浏览量达到 40,112 次，传统文化晚会直播浏览量达到 111,842 次，并获得广东图书馆学会 2019 年阅读推广案例大赛三等奖。各类共建阅读空间，以公共阅读服务、特色专题服务等为主要功能，结合活动、展示、休闲、借阅等功能，吸引了更多用户参与图书馆服务，对图书馆进馆读者、文献借阅、活动参与等服务效能指标有着不同程度的促进提升作用。

在服务人群方面，社会力量参与涉及面向老年人、未成年人、残疾人、异地务工人员、农村留守妇女儿童等特殊群体的公共图书馆服务，助力提升公共图书馆均等化服务水平。如肇庆市图书馆的"砚都书房"开进老干部活动中心、康复幼儿园等机构；南雄市图书馆与社会力量合作建立关爱留守儿童图书室；又如省立中山图书馆的无障碍电影项目召集逾百名文化助残志愿者，为视障人士提供形式多样的口述影像服务，示范引领建设助盲志愿者队伍，联合各地残联深入基层，让省内更多视障人士平等享受公共文化服务。

（二）重要经验

广东省积极推进社会力量参与公共文化服务建设，自 2011 年 9 月《广东省公共文化服务促进条例》明确提出鼓励社会力量参与公共文化建设[20]至今，经过十余年的发展，社会力量参与公共文化服务较为普遍，服务领域内容逐渐深入。在图书馆领域，社会力量参与广东省公共图书馆事业的参与机制日趋成熟、参与范围也更加广泛。

1.加强制度引领，逐步完善参与机制

随着系列政策和规章制度的颁布实施以及社会力量参与公共文化服务实践的开展，近年来广东省政府主导、社会力量广泛参与公共文化服务体系建设的机制日趋成熟。在公共图书馆领域，通过制度性设计，引导、组织、扶持社会力量自觉参与公共图书馆建设，探索搭建社会力量参与公共图书馆建设平台，逐步建立符合地方实际的社会力量参与机制，社会力量合作趋向常态化。

为推进社会力量深度参与公共图书馆服务体系建设，明确社会合作项目的参与和组织机制，广东各地结合实际制定了系列可行的社会力量参与公共图书馆事业相关指引。如广州市于 2017 年发布的《广州市公共图书馆第三方评估管理办法》明确提出了第三方机构参与公共图书馆评估的资质要求和评估程序；2019 年发布的《广州市公共图书馆与社会力量合建分馆工作指引》，涉及建设标准、建设流程、保障机制等具体化、可操作性的准入机制和组织管理要求。中山市于 2020 年印发《中山市文化旅游志愿者管理制度》，对志愿者队

伍的组建、管理、招募程序以及志愿者的培训制度、权利义务、退出机制、激励机制等进行了规范；2022年印发的《中山市"香山书房"建设标准（试行)》，明确了"香山书房"的选址条件、场馆标准、建设方式、建设类型、环境营造、设备配置、服务提供等各项建设要求。各级公共图书馆也结合自身发展实际，制定了相关保障制度，明确包括法人治理、购买服务、合建分馆、文化志愿服务、社会捐赠和社会监督在内的各类型社会合作的参与机制和管理规范。惠州慈云图书馆以阅读为中心，积极探索与社会力量合作机制，通过空间再造和"图书馆＋"的多元业态跨界融合模式，在全市范围内建成了一批新型阅读空间，从顶层设计、系统规划、融合机制、建设标准等方面建立并逐步完善社会力量参与机制；广州市黄埔区图书馆探索建立"政府资源补给＋企业自主运营＋社会力量参与"的"黄埔模式"，畅通社会力量参与图书馆建设运营渠道。

2. 广泛参与公共图书馆业务

当前广东省公共图书馆社会化发展项目涉及图书馆业务管理、全民阅读活动、"非遗"传承和文创产品开发、服务体系建设、文献信息建设、古籍保护与宣传、智慧图书馆建设、第三方评估等方面。社会力量参与涉及公共图书馆事业建设的方方面面，呈现多元化、可持续发展特点，已逐步从早年单纯的政府购买服务，走向公共图书馆与社会资本的深度合作。

社会力量参与图书馆业务管理方面，理事会制度在珠三角地区公共图书馆陆续建立，并逐渐向粤东、粤西、粤北发展，同时进一步向区县级延伸。佛山等地还在探索普通公民个人参与图书馆运营管理的可行路径。公共图书馆服务外包的内容也更加广泛，购买服务人员参与公共图书馆业务的各个环节，优化工作流程，提升公共图书馆服务能力。社会力量参与广东省公共图书馆全民阅读活动形式包括讲座、沙龙、课程、展览、阅读分享会、文化比赛、体验活动、AR互动、艺术设计活动、口述电影、阅读成长计划等，并开始引入活动小视频制作、平台直播等，借助新媒体力量对全民阅读活动进行宣传推广；参与公共图书馆服务体系建设则不仅有合建分馆和服务阵地、阅读推广基地等主要方式，还包括书库管理和通借通还物流服务等其他方式和渠道；参与文献信息建设主要通过社会捐赠、读者决策采购、合作共建数字资源等方式实现。社会力量合作还体现在中华优秀传统文化传承和文化产品开发、古籍保护等方面，使得公共图书馆在传承中华优秀传统文化和独具魅力的岭南地方文化方面的呈现方式更为立体。智慧图书馆建设也频见社会力量的参与。此外，随着部分地区开始引入第三方评估机制，社会力量参与公共图书馆建设从管理监督和服务参与跨入评价领域，参与程度进一步深入。

3.多元参与主体协同共建

当前参与广东省公共图书馆事业发展的社会力量不仅有公民个人和购买服务承接商，还包括社会团体和行业组织、非政府组织、领事馆、媒体和其他企业等。从社会力量的领域来看则有本土文化领域、多元文化领域、都市文化领域、未成年人服务领域、特殊群体服务领域、学术研究领域、公益阅读领域、健康卫生领域等。

群众个人的参与主要通过个人捐赠、志愿者活动等形式实现，随着理事会制度的建立，佛山等地开展"市民馆长"以及如"邻里图书馆"等公众参与图书馆管理与服务体系建设项目，群众个人参与公共图书馆事业建设更为深入。社会团体和行业组织、非政府组织等的参与有利于引入各领域专业人员、专业机构参与公共图书馆服务，以其公益性、专业性和灵活性，有效弥补政府和市场在提供公共文化方面的不足，在公共图书馆事业乃至公共文化服务领域发挥着独特作用。领事馆参与的公共图书馆项目如广州图书馆的"环球之旅"等，有利于图书馆多元文化服务的开展，推进中外文化交流。企业已成为广东省公共图书馆事业发展的重要参与主体，其参与方式多样，除承接购买服务外，还包括合建分馆和服务点、建设资助和项目赞助、合作开展活动等；企业的参与一方面有利于企业品牌宣传与形象提升，另一方面也推进了公共文化服务的纵深发展，形成多方共赢。

四、存在问题与发展方向

引入社会力量参与广东省公共文化服务建设和运营，能够丰富服务供给主体，促进公共文化服务效能提升。经过近年的实践，社会力量参与已成为广东省公共文化服务的重要组成部分。"十四五"时期，国家对公共文化服务提质增效提出了更高要求，但当下社会力量参与广东省公共图书馆事业仍面临不少挑战。因此，未来广东还需进一步优化完善相关举措，以更好地推动全省公共图书馆事业高质量发展。

（一）存在问题

1.社会力量参与缺乏实操性指引型文件，尚待细化深入

目前，广东各地有关社会力量参与公共图书馆事业的指引和政策，大多在公共文化服务体系建设和公共图书馆服务体系建设的一个小节中体现，以指导性文件为主，或以某个单一社会力量合作项目为主，比较分散，缺乏具体实操性的综合性指引型文件。同时对社会力量参与公共图书馆建设的准入机制、激

励机制、考评机制、退出机制等缺乏统一、明确、细化的规范要求，相关政策及制度设计还有待进一步完善。

2.社会力量参与程度较浅，参与公共文化服务范围受限

现阶段社会力量参与广东公共图书馆事业建设方式呈多元化发展趋势，但除了珠三角区域，全省大部分地区仍然以社会力量资助赞助、开展志愿服务、提供场地设施等浅层次参与为主，而较为深入的管理决策型参与、资本和项目深度合作等模式较为少见。同时，由于广东关于社会力量参与公共文化服务内容不够明晰，且各类文化活动范围往往受到主管部门出台政策的限制，致使社会力量参与公共文化服务范围边界的难以扩展。

3.社会力量专业化水平不高，参与数量和质量有待提升

当前，政府购买服务的市场竞争不充分，参与竞争的社会力量往往局限于少数几家公司，导致服务承接主体数量和服务质量参差不齐，特别是公共图书馆运营管理方面，缺乏具有资质、专业能力强以及管理科学规范的公共文化服务供应商。总体而言，社会力量参与广东省公共图书馆事业的数量和质量仍有待提升，承接主体在具体服务过程中的专业性、持续性仍需加强。

4.各地社会力量参与不平衡，亟需进一步缩小区域差距

各地发展阶段不同、成熟度不一、实践探索程度有差距是现今社会力量参与广东公共图书事业发展的显著特征。受各地经济发展水平、社会力量发展程度、对公共文化服务建设重要性和价值认识不同等因素影响，公共图书馆事业社会力量参与度呈现从粤东、粤西、粤北至珠三角地区递进发展。例如新型阅读空间数量、文旅融合项目数量、注册志愿者人数，珠三角地区均遥遥领先于粤东、粤西、粤北。截至2022年底，珠三角地区社会合作项目达到1,764个，粤东、粤西、粤北合计仅有491个，不到珠三角地区的三分之一。

（二）发展方向

1.继续完善政策和制度设计，营造社会力量参与的良好发展环境

未来，社会力量参与广东省公共图书馆事业应立足地方实践经验，因地制宜完善和补充法规条例和实施细则，并积极探索和设计相应的配套政策制度。首先，要优化社会力量的准入机制，对于合作对象的引入要设立可量化、可执行的筛选标准，从社会力量的市场信誉、行业资质、专业素质、业务经验、人员配置、外包费用等方面进行综合考量，并构建一个多元化、多层次的准入渠道。其次，要不断改善长效合作机制，让社会力量在参与公共文化服务中与图书馆互惠互赢，从而吸引更多社会力量投入公共图书馆服务体系建设，同时政府相关部门还应通过制定长远的发展规划和策略，为社会力量参与的可持续发展提供保障。再次，要落实兑现激励机制，现阶段的税收减免、财政补贴等优惠政策仍大多停留在政策宣传解读层面，今后仍需广东省各级政府进一步制定详细标准和具体的操作流程，把政策激励转化为推动社会力量参与公共文化服务的强大动力。最后，需逐步健全绩效评估机制，一是要综合运用多种政策工具，构建科学合理、符合实际、可操作性强的评估标准体系；二是引进第三方评估机构，利用其独立性、专业性和客观性的特点，对社会力量的服务过程、服务结果进行监督和考核，以确保社会力量参与的合规性，提高社会力量参与广东公共图书馆事业的管理效率和服务质量。

2. 加快探索社会力量参与机制，不断拓宽社会力量参与渠道和途径

随着第七次全国县级以上公共图书馆评估标准将"社会力量参与"作为保障条件的一级指标的确立，未来应充分调动社会力量和人民群众参与广东公共图书馆建设的积极性，加快探索出一套成熟的社会力量参与机制，为全国提供新的可复制可放大的广东经验和广东模式。此外，还应继续拓宽和创新社会力量参与广东公共图书馆事业的渠道和途径，以进一步提升社会力量参与的灵活性和多元化。例如，大力推动广东各级公共图书馆组建理事会，吸纳社会力量参与管理，创新中国特色的公共图书馆法人治理模式；建立和完善公共图书馆与企业、学校等机构的合作模式，通过多方共建的模式建设、运营和管理图书馆；支持成立图书馆发展基金会，广泛吸纳企业、社团、个人等社会力量的捐赠，扩大图书馆公益性项目的资助范围；制定公共文化服务社会化项目清单，明确社会力量可参与的范围、方向及路径，鼓励和引导社会力量参与重大公益性文化活动、兴办公益性文化实体、参与重大文化惠民工程、参与公共文化产品创作生产、参与公益性文化产品和服务提供、参与公共文化服务平台建设等，为企业、学校、非营利文化组织等社会主体参与广东公共图书馆事业提供行动指南。

3. 持续提升社会力量专业化水平，促进优质社会主体的培育和成长

图书馆管理、运营和服务是一项专业工作，专业标准是保障社会力量参与公共图书馆事业的重要手段，只有坚持专业路径、倡导专业思维、重视专业人才、尊重专业知识，才能推动公共文化服务社会化的健康发展。[21]未来，一方面要更加注重社会力量参与的专业化和精细化，以专业化发展推动广东省公共文化服务社会化的创新发展与高质量发展。既要在社会发展和变革中秉持专业立场，应对和解决现实问题，又要与时俱进、与社会同步推动图书馆服务，从而获得更多的读者认可、政府与社会支持，发挥更大社会作用。[22]另一方面还应继续加大引导扶持力度，促进优质社会主体的培育与成长。一是扩大政府购买公共文化服务范围，鼓励更多社会力量成为公共文化服务供给主体，如根据中共中央办公厅、文化和旅游部办公厅最新印发的《关于推动实体书店参与公共文化服务的通知》[23]，广东应大力支持实体书店参与政府购买公共文化服务项目，并重点扶持一批在全民阅读领域具有示范引领作用的品牌实体书店做优做强；二是针对社会力量参与的特点和实际需求，定期开展人员培训、业务指导和文化政策解读等，同时也可直接吸纳其他文艺个体、技能型志愿者等来参与公共图书馆的运营管理。据此，将社会力量孵化和培育为优质的公共文化服务供给主体。

4. 积极支持区域协同发展，推动解决社会力量参与的不均衡问题

鉴于社会力量参与公共文化服务建设存在珠江三角洲、粤东、粤北、粤西的地区不平衡、质量不均等现状，未来还需以资源分配、合作联动、项目培训、宣传推广、示范引领等为抓手，多方联动，多措并举，进一步缩短广东各地社会力量参与公共图书馆事业的差距。其一，应合理分配资源，确保各地社会力量能够获得公平的机会参与图书馆建设和运营。在政策扶持、财政补贴和资源分配上，应重点考虑粤东、粤北及粤西地区的需求并相应倾斜。其二，强化地区合作，大力推动珠三角区域与其他地区社会力量之间的交流，同时建立合作伙伴关系，通过合作共享资源、经验和技术，全面提升社会力量参与广东公共图书馆事业的整体水平。其三，加强培训与支持，通过组织培训活动、提供专业指导和技术支持等，帮助各地社会力量更好地参与图书馆建设和运营。其四，重视对非珠三角地区公共图书馆事业的宣传与推广，进一步提高社会力量对这些地区图书馆事业的认知和了解，以吸引更多社会力量关注和资金投入。其五，要建立公共文化示范项目，即通过选择具有典范意义的社会力量参与图书馆建设项目，探索和创新其参与方式和运营模式，总结经验教训，并为广东其他地区社会力量效仿提供示范案例。

参考文献

［1］全国人民代表大会. 中华人民共和国公共图书馆法［EB/OL］.（2017 – 11 – 04）［2023 – 05 – 19］. http：//www. npc. gov. cn/npc/c30834/201711/86402870d45a4b2388 e6b5a86a187bb8. shtml.

［2］中华人民共和国文化和旅游部. 文化和旅游部关于印发《"十四五"公共文化服务体系建设规划》的通知［EB/OL］.（2021 – 06 – 10）［2023 – 06 – 05］. https：//zwgk. mct. gov. cn/zfxxgkml/ggfw/ 202106/t20210623_925879. html.

［3］邓银花. 社会力量参与图书馆建设的缘由、模式和激励［J］. 图书馆杂志，2014，33（2）：14 – 19.

［4］广东省情网. 改革开放大事记［EB/OL］.（2020 - 06 - 15）［2023 - 05 - 19］. http：//dfz. gd. gov. cn/index/ztlm/szfzg/sqzss/ggkfdsj/content/post_3016763. html.

［5］中共广东省委 广东省人民政府关于印发《广东省建设文化强省规划纲要（2011—2020）》的通知［EB/OL］.（2019 - 06 - 26）［2023 - 05 - 19］. https：//www. gd. gov. cn/zwgk/wjk/zcfgk/content/post_2523270. html.

［6］国家法律法规数据库. 广东省公共文化服务促进条例［EB/OL］.（2011 - 09 - 29）［2023 - 05 - 19］. https：//flk. npc. gov. cn/detailz. html? NDAyOGFjYzmzmTI3Nzc5MzAxNjEyNzYzzjJmMTMzZmE.

［7］黄晓丽. 广东省社会力量参与公共文化服务的现状、问题与前瞻［J］. 中国文化馆，2022（1）：104 - 109.

［8］胡中卫. 法人治理结构视域下公共图书馆治理模式研究［J］. 图书馆学刊，2018，40（12）：15 - 18.

［9］高凡，欧阳娟. 我国公共图书馆法人治理结构改革的问题与对策［J］. 图书情报工作，2021，65（22）：14 - 23.

［10］徐玉兰，伍德嫦，陈嘉敏. 广东公共图书馆法人治理结构改革调查［J］. 图书馆论坛，2020，40（8）：138 - 145.

［11］中华人民共和国中央人民政府. 中宣部文化部等 7 部门联合印发《关于深入推进公共文化机构法人治理结构改革的实施方案》［EB/OL］. ［2023 - 05 - 18］. http：//www. gov. cn/xinwen/2017 - 09/09/content_5223816. htm.

［12］马祥涛，王威. 关于"社会力量参与公共图书馆建设"的思考［J］. 新世纪图书馆，2016（3）：73 - 77.

［13］彭秋平，唐琼. 全域齐驱并进：广东"省—市—县（区）域"新型阅读空间建设实践［J/OL］. 图书馆论坛：1 - 9［2023 - 05 - 23］. http：//kns. cnki. net/kcms/detail/44. 1306. G2. 20230210. 1714. 002. html.

［14］潇湘晨报. 走进"粤书吧"读书休闲好去处——广东建成 2000 多家"粤书吧"类新型阅读空间［EB/OL］. ［2023 - 05 - 20］. https：//baijiahao. baidu. com/s? id =1713689796311278368&wfr = spider&for = pc.

［15］东莞图书馆. 城市阅读驿站简介［EB/OL］. ［2023 - 05 - 20］. https：//www. dglib. cn/dglib/csydjj/201902/6992bf97ca6d4ab5b901231c9deb5a82. shtml.

［16］韶关市人民政府. 风度书房：有风度有温度的文化空间［EB/OL］. ［2023 - 05 - 20］. https：//www. sg. gov. cn/2021xzfb/lvsg/csts/ggwf/content/post_2405943. html.

［17］任竞，王祝康.公共图书馆新常态与可持续发展——吸引社会力量参与公共图书馆建设的思考［J］.图书馆理论与实践，2016（4）：58 – 62.

［18］广东省文化和旅游厅.广东省4个项目入选2022年全国文化和旅游志愿服务典型案例［EB/OL］.（2023 – 01 – 31）［2023 – 06 – 06］. https：//whly. gd. gov. cn/gkmlpt/content/4/4088/post_ 4088067. html#2628.

［19］深圳图书馆.深圳捐赠换书中心［EB/OL］.［2023 – 05 – 25］. https：//www. szlib. org. cn/page/donatechange. html.

［20］广东省公共文化服务促进条例［EB/OL］.（2020 – 03 – 31）［2023 – 05 – 21］. https：//www. gd. gov. cn/zwgk/wjk/zcfgk/content/post_2523270. html.

［21］张靖，廖嘉琦.社会力量参与公共文化服务高质量发展的中国智慧——国家文化遗产与文化发展学术研讨会（2022）综述［J］.图书情报知识，2022，39（5）：12 – 19 + 30.

［22］推动图书馆专业化发展倡议书［N］.图书馆报，2021 – 5 – 7（1）.

［23］中央宣传部办公厅　文化和旅游部办公厅关于推动实体书店参与公共文化服务的通知［EB/OL］.（2023 – 03 – 08）［2023 – 05 – 22］. https：//zwgk. mct. gov. cn/zfxxgkml/ggfw/202304/t20230427_943435. html.

B. 15

科技赋能广东省公共图书馆事业发展

On the Development of Public Libraries in Guangdong Province Enabled by Science and Technology

黄百川　黄佩芳*

[摘　要] 文化和科技融合是文化高质量发展的重要引擎，2018—2022 年广东省公共图书馆以现代科学技术为助力，探索公共图书馆事业高质量发展路径。报告采用调查法、案例分析法，从数字化平台建设、数字资源建设、智慧应用等方面梳理广东省公共图书馆数字化、网络化、智能化发展状况。数字技术的应用助推公共图书馆线上服务发展，自主研发小程序、APP，开通微信公众号、微博、抖音、B 站、微信视频号等第三方新媒体平台，逐步构建起公共图书馆新媒体服务与营销矩阵。以数字资源建设丰富公共图书馆数字供给。广东省公共图书馆积极探索智慧应用，创新读者服务模式、升级改造传统业务、构建智慧阅读空间，选取 14 个科技赋能公共图书馆的典型案例进行分析。提出以技术创新探索智慧图书馆建设路径、以需求导向助推科技与业务融合发展、以理念创新构建人文智慧阅读新模式的发展思考。

[关键词] 数字化；技术创新；智慧图书馆；公共图书馆；广东省

[**Abstract**] Cultural and technological integration is an important engine for high-quality cultural development，during 2018 – 2022 public library in Guangdong Province take modern technology as the main force，explore a path for high-quality development. The paper adopts survey and case analysis methods to sort out the development status of digitalization，networking and intelligence of public libraries in Guangdong Province from aspects such as digital platform construction，digital resource construction，and intelligent application. The ap-

---

* 黄百川，佛山市图书馆馆长，研究馆员，2495505129@ qq. com；黄佩芳，佛山市图书馆副主任，副研究馆员。

plication of digital technology promotes the development of online services of public libraries. Public libraries has gradually built a new media service and marketing matrix through independent research of mini program and APP, operating WeChat official account, microblog, Tiktok, Bicibici, WeChat Channels and other third new media platforms. The construction of digital resources enriches digital supply of public libraries. Public libraries in Guangdong Province actively explores intelligent applications, innovates readers' service models, upgrades traditional businesses, and constructs smart reading spaces. The paper analyzes 14 typical cases of technology empowering public libraries to propose the development proposals of exploring smart library construction through technology innovation, promoting the integration of technology and business development through demand orientation, and constructing a new mode of humanistic and intelligent reading through concept innovation.

[**Keywords**] Digitization; Technology Innovation; Smart library; Public Libraries; Guangdong Province

文化数字化是建设文化强国的重要抓手，也是文化创新发展的重要驱动力。5G、大数据、云计算、VR（虚拟现实）、AR（增强现实）、人工智能、区块链、元宇宙等新技术迭出，为公共文化服务、公共图书馆创新发展提供持续动能。党的"二十大"报告提出"实施国家文化数字化战略"，"智慧图书馆体系建设"被写进国家《关于推进实施国家文化数字化战略的意见》《"十四五"文化发展规划》《"十四五"公共文化服务体系建设规划》《关于推动公共文化服务高质量发展的意见》等重要文件。广东省也出台了《广东省关于推动公共文化服务高质量发展的实施意见》《广东省公共数字文化建设三年计划（2021—2023）》等政策，部署智慧图书馆建设。

推动公共图书馆数字化、网络化、智能化建设成为广东省公共图书馆事业高质量发展的重要内容。近年来，各图书馆积极探索应用新技术，促进公共图书馆管理提档服务升级，科技力量赋能图书馆新业态发展，以"文化 + 科技"为双轮驱动更好服务读者。

本报告从数字化平台建设、数字资源建设、智慧应用等方面介绍2018—2022年广东省公共图书馆数字化、网络化、智能化发展情况，选取公共图书馆技术创新应用典型案例进行分析，反映科技赋能广东省公共图书馆事业发展的情况，探讨文化数字化战略背景下广东省公共图书馆事业的发展路径。

一、整体情况

（一）数字化建设让读者畅享"云阅读"

1. 数字平台升级"云"服务

2020 年疫情暴发，助推公共图书馆线上服务的快速发展和直录播技术、云存储技术、多点分发技术等数字技术的应用，既加速了公共图书馆优质资源汇聚共享，又提升了公共图书馆数字服务能力。广东省公共图书馆通过打造数字化服务平台使图书馆服务生态更加移动化、集成化、智慧化。

微信小程序作为一种轻量化的软件应用，具有无需下载、服务路径短、延展性强、成本低、开发周期短等优点，成为近年来公共图书馆开发数字化平台的首选。广东省公共图书馆根据读者需求和本馆业务发展需要开发了各具特色的小程序，主要应用方向有：①数字阅读，如东莞图书馆"莞 e 读"、珠海市图书馆"悦读·珠海"；②办证服务，如广东省立中山图书馆"粤读通"、广州市少年儿童图书馆"在线读者证"等；③借阅服务，如广东省立中山图书馆"易书借阅""手机借书"、佛山市图书馆"知书达'里'"；④活动预约，如南海区图书馆"桂花姐姐伴你读"；⑤图书共享，如佛山市图书馆"易本书"；⑥导航服务，如南沙区图书馆"导航小助手"；⑦业务管理，如佛山市图书馆"邻里图书馆"；⑧综合服务，如广东省立中山图书馆"图省事"、广州图书馆"广图+"等。

表 15-1　部分公共图书馆小程序开发应用情况（2018—2022 年）

地区	公共图书馆小程序名称
广州市	广东省立中山图书馆"粤读通""易书借阅""手机借书""图省事"小程序；广州图书馆"广图+"；黄埔区图书馆"线上分馆""黄埔阅选"；南沙区图书馆"导航小助手"；广州市少年儿童图书馆"在线读者证"
深圳市	深圳图书馆"数字阅读馆""方志里的深圳"；宝安区图书馆"在线阅读平台"；南山区图书馆"南山书房"；光明新区图书馆"数字阅读平台"；深圳市少年儿童图书馆"数字资源共享阅读服务平台"
东莞市	东莞图书馆"莞 e 读"
佛山市	佛山市图书馆"易本书""邻里图书馆""知书达'里'"；禅城区图书馆"书香禅城"；南海区图书馆"桂花姐姐伴你读"；顺德图书馆"电子阅读"；高明区图书馆"白鹿赏书"
珠海市	珠海市图书馆"悦读·珠海"；斗门区图书馆"斗图+"

借助新技术，新媒体平台发展迅猛，成为公共图书馆线上服务的新阵地。广东省公共图书馆通过微信公众号、微博、抖音、B站、微信视频号、小红书、喜马拉雅FM等第三方新媒体平台，逐步构建起公共图书馆新媒体服务与营销矩阵。微信公众号是广东省公共图书馆提供线上服务的重要平台，截至2022年底，全省县级以上公共图书馆只有两家未开通微信公众号，开通率为98.67%，所有公共图书馆微信公众号关注人数合计1,066.58万人，年信息推送量达4.68万条，年信息浏览量达3,265.29万次。除了发布信息动态、宣传推广外，广东省公共图书馆还通过信息技术搭建图书馆微信服务大厅，为读者提供综合性服务，包括书目查询、图书续借、违约金支付、在线咨询、活动报名、线上办证、图书转借、数字资源等个性化服务。

表15-2　广东省公共图书馆微信公众号关注人数排名前十名单（2022年）

图书馆名称	微信公众号关注人数（人次）	微信公众号年信息推送量（条）	微信公众号年推送信息浏览量（人次）
广州图书馆	2,006,120	424	1,822,600
深圳图书馆	1,378,385	812	2,930,501
佛山市图书馆	398,648	935	1,253,573
东莞图书馆	348,460	382	810,104
深圳市宝安区图书馆	341,020	334	934,195
中山纪念图书馆	324,530	672	507,374
广州少年儿童图书馆	322,661	319	819,500
广东省立中山图书馆	306,248	1,036	664,000
广州市天河区图书馆	246,363	75	93,160
深圳市南山区图书馆	224,517	235	458,917

抖音是目前日活跃用户最多的短视频平台，也是公共图书馆进行短视频宣传和推广的新平台。截至2022年底，广东省县级以上公共图书馆抖音平台账号开通率为18.67%，另有其他第三方平台账号开通率为30.67%。除了短视频服务外，活动直播成为公共图书馆新媒体服务重要的内容。各地公共图书馆积极推进与"粤省事"、城市智慧平台以及支付宝等平台对接，提升城市公共文化服务水平。

2.数字资源丰富"云"供给

数字资源是公共图书馆数字化服务的基础性资源。广东省公共图书馆高度重视数字资源的建设，为读者提供更多样化的选择。2022 年，广东省公共图书馆对外服务数字资源总量 18,147.065 TB，年数字资源下载总次数 175,677 万次，分别较 2018 年增长 246.64%、139.78%。

表 15-3　广东省公共图书馆对外服务数字资源建设及利用情况（2018—2022 年）

年份	对外服务数字资源总量（TB）	年数字资源下载总次数（万次）
2018	5,235.13	11,728.8
2019	5,709.7	17,929.6
2020	6,316.5	22,772.8
2021	5,461.1	30,978.5
2022	18,147.065	175,677

为推进全国智慧图书馆体系建设项目，2021 年、2022 年中央下达一批支持地方公共文化服务体系建设补助资金，主要用于支持开展基础数字资源建设和支撑平台建设、开展知识资源细颗粒度建设和标签标引。2021 年、2022 年广东省公共图书馆共有 13 个基础数字资源建设项目、14 个知识资源细颗粒度建设和标签标引项目参与全国智慧图书馆体系建设工作。文化和旅游部公布了 2021 年度全国智慧图书馆体系建设项目验收结果，广东参加项目验收结果定档优秀，综合排名位列全国第一。[1]

表 15-4　广东省公共图书馆参加全国智慧图书馆体系基础数字资源建设项目（2021、2022 年）

序号	项目名称	承建单位	完成数字资源建设成果
1	地方报纸数字化及篇名识别 5,000 版	惠州慈云图书馆	5,000 版
2	地方报纸数字化及篇名识别 13,333 版	湛江市少年儿童图书馆	13,333 版
3	地方报纸数字化及篇名识别 6,333 版	河源市图书馆	6,333 版
4	地方报纸数字化及篇名识别 19,100 版	中山纪念图书馆	19,100 版
5	地方图书数字化	中山纪念图书馆	20,000 页
6	"潮州七日红"微视频	潮州市图书馆	5 集
7	"茂芝会议"微视频	潮州市图书馆	5 集
8	丝路之上系列（粤）——海丝路上的南粤古驿道（二期）	广东省立中山图书馆	3 集
9	"了不起的佛山文化—美食篇"微视频（二期）	佛山市图书馆	16 集

续表 15 - 4

序号	项目名称	承建单位	完成数字资源建设成果
10	私密大营救在惠州 VR	惠州慈云图书馆	1 个
11	手绘文旅·汕尾	汕尾市图书馆	1 个
12	地方报纸数字化及篇名识别	湛江市少年儿童图书馆	26,666 版
13	地方图书数字化	清远市图书馆	30,000 页
14	潮州歌册微视频	潮州市图书馆	8 集

表 15 -5   广东省公共图书馆参加全国智慧图书馆体系知识资源细颗粒度
建设和标签标引项目（2021、2022 年）

承建单位	完成数据建设情况（万条）	
	2021 年	2022 年
广东省立中山图书馆	15	15
广州图书馆	11.5	4.4
深圳图书馆	10.5	10
佛山市图书馆	2	4.4
中山纪念图书馆	1	—
惠州慈云图书馆	1	—
肇庆市图书馆	—	2.8
江门市图书馆	—	2.8
韶关市图书馆	—	2.8
河源市图书馆	—	2.8

（二）智慧应用为管理与服务"增效能"

1. 业务流程新业态

广东省公共图书馆将智慧应用融入图书馆图书采编、分拣、盘点、仓储等业务环节以及图书馆内部管理中，从而提高效率，降低成本，促进智能化、精细化管理。智慧管理主要体现在以下五个方面：①智能采编，广东省立中山图书馆运用图书采分编智能作业系统"采编图灵"，重组采分编工作流程。广州花都区新图书馆也有类似应用。②智能分拣，一是运用 RFID 射频识别技术等技术实现图书自动分拣，如广州花都区图书馆、深圳市龙华区图书馆；二是运用 AGV 机器人打造 AGV 图书自动分拣及搬运系统，如深圳市宝安区图书馆、佛山市顺德图书馆、汕头市图书馆、广州市番禺区图书馆。③智能盘点，广州市花都区图书馆、白云区图书馆、海珠区图书馆引入智能图书盘点机器人提高图书盘点效率和定位准确率；广州市荔湾区图书馆引入智慧书架视觉盘点系统，实现图书馆藏盘点、图书精准查找、导航、顺架、远程借阅等功能。④智能仓储：一是设立智能书架，实现图书实时盘点、在架还书、错架显示、图书精准定位等功能，如珠海市金湾区图书馆、潮州市图书馆；二是建设智能立体书库，运用智能仓储、堆垛机、穿梭车、AGV 机器人等技术与设备，打造图书储存调配中心和文献资源保障基地，如深圳大学城图书馆、深圳市南山区图书馆、佛山市图书馆、深圳图书馆北馆。⑤智慧管理，梅州市梅县区图书馆、茂名市图书馆、广州市从化区图书馆、广州市黄埔区图书馆等应用图书馆总分馆运行监控管理系统，对各分馆实现远程监控、故障诊断及数据实时统计；广州图书馆基于人工智能技术建设智慧媒资管理平台对数字媒体资源进行统一管理、精细化揭示；深圳图书馆推出 EasyLod II，升级挖掘技术，全面优化、大幅增加数据挖掘模型，构建面向全城和市、区图书馆的全套数据分析功能；深圳大学城图书馆建设数据决策平台，将数据仓库的业务数据服务可视化，辅助发展决策；多个图书馆引入 5G 技术提升网络效率，设置大数据服务平台实时展示各项业务数据。

2. 服务体验更智能

在科学技术的创新发展与应用场景的深度融合下，智能化融入广东省公共图书馆服务的方方面面，为读者提供更高效、便捷、智能的服务体验。①智能办证，广州图书馆、佛山市图书馆等推出线上刷脸办证服务；广东省立中山图书馆开发"粤读通"，读者可线上"一键式"注册成为任何一家合作图书馆的读者。②智能借阅，线下珠海金湾区图书馆、河源市图书馆、广州市增城区图书馆、广州市花都区图书馆等应用人脸识别借书机、掌静脉借书机；广东省立中山图书馆研发并应用"智能借阅·小书僮"，让读者体验超市购物式的新型借阅方式；广州市白云区图书馆设立"无感借阅"通道。线上，多家图书馆推出图书预借服务，线上借书、快递到家。如广东省立中山图书馆"易书·借阅共享"、佛山市图书馆"知书达'里'"、深圳市南山区图书馆"南图 E借"、深圳市罗湖区图书馆"罗湖悦借"等。③智能咨询，江门市图书馆、云浮云城区图书馆、梅州市梅县区图书馆、河源市源城区图书馆等多个图书馆引入 AI 服务机器人为读者提供现场咨询和导航服务；广东省立中山图书馆、佛山市图书馆运用人工智能技术上线智能客服系统。④智能导航，珠海市图书馆上线 VR 全景导航，广州市南沙区图书馆应用地磁导航，肇庆市鼎湖区图书馆利用数字孪生技术打造物理虚拟空间智慧平台服务，支持线上漫游参观、3D鸟瞰多楼层布局、真人讲解等服务。⑤智能服务，大部分图书馆设置了智能服务设备，如瀑布流电子图书借阅屏、AI光影阅读屏、VR阅读体验舱、听书森林、朗读亭、听立方、3D私人影院、虚拟数字人智慧屏等数字互动体验设备。广州少年儿童图书馆自主研发智能玩具柜，实现玩具科学分类管理和精准服务；河源市图书馆在多个学校投入共享图书自助借阅机；广东省立中山图书馆上线《华商报》报纸数字化展示平台；深圳图书馆打造"方志里的深圳"小程序；东莞图书馆推出"阅读设计在中国"VR线上展览。

二、典型案例

（一）创新读者服务模式

现代信息技术驱动广东省公共图书馆不断创新，通过这些创新服务让用户获得更加便捷、个性化、智能化的阅读、学习和研究体验。

案例 1

广东省立中山图书馆"粤读通"平台

2021年4月23日，广东省立中山图书馆牵头建设的"粤读通"平台上线，依托广东数字政府的"粤省事"平台、广东省身份统一认证平台，联合省内各级图书馆逐步实现区域内读者用户信息互联、互通、互认，为读者提供在全省范围内享受公共图书馆"一证通"的便利，推动省内图书馆服务一体化建设。[2]在此基础上，广东省立中山图书馆2022年再推出"广东省粤读通数字资源服务平台"，汇聚全省22家公共图书馆的数字资源，包括电子图书、电子期刊、音视频资源等，有效促进馆际间公共文化资源和服务的共享。作为省文化和旅游厅面向公众推出的首个针对个人应用服务的电子证照，截至2022年底，全省共有41.8万用户开通和申领"粤读通"数字证卡，极大促进了全省各级公共图书馆注册读者的增加。

案例 2

佛山市图书馆"易本书"家藏图书共享平台

为了盘活市民家中的藏书资源，实现全社会家庭藏书的共享与流通，2021

年 4 月 24 日，佛山市图书馆推出"易本书"家藏图书共享平台。在技术应用上，"易本书"平台凭借区块链技术的分布式记账、共识机制、智能合约等优势，保障家藏图书安全可信地进入社会文化资源领域，解决服务主体与对象之间的约束机制、信用安全等问题。[3] 在线上，"易本书"依托小程序，实现家藏图书自由流通；在线下，通过换书市集等为市民提供交换图书、分享阅读快乐的阵地与活动。在"易本书"平台上，市民可上传闲置的图书，也可借阅别人上传的藏书。上传的图书可以选择可借阅、可漂流、可赠送等多种流通模式，也可以仅作展示和智能化管理。截至 2022 年 12 月底，市民上传家藏书 5 万册，平台使用量 18.90 万人次，图书流通订单 1.68 万单。

广州市白云区图书馆"无感借阅"通道

2021 年 9 月 27 日，广州市白云区图书馆新馆开馆，该馆是全国首家应用基于高频解决方案无感借阅通道的图书馆，结合 RFID、感应侦测、生物识别、数据算法等技术，实现智能辨识读者和图书信息。读者在白云区图书馆公众号录入人脸信息后，通过无感借阅通道时，便可实现人脸识别、书本"芯片"感应，系统自动借还书。完成一个借书流程仅需 15 秒时间，进馆亦是相同操作，实现出馆即借、入馆即还，借阅零停留。[4] 白云区图书馆"无感借还"场景服务为读者提供了便捷、高效和智慧的图书流通服务。

案例 4

广东省立中山图书馆"智能小书僮客服系统"

为了给读者提供及时、便捷的全方位智能咨询服务，广东省立中山图书馆"智能小书僮客服系统"于 2022 年 4 月上线。该系统采用语义网、自然语言处理、知识图谱等技术，快速准确解决读者的常见咨询问题，记录和追踪读者咨询内容，提供客服数据分析作为决策依据，还能为读者提供全天 24 小时在线智能问答服务，提升图书馆咨询服务效率和准确率。该系统收集整理了 500 多个常见读者咨询问题，建成近 3,000 条常见问题场景知识库，从多角度、多层面满足读者的多样化需求。[5] 2022 年，"智能小书僮客服系统"共接待读者咨询 19,022 次，平均每天解决 80 多个咨询问题，其中有效回复 16,246 次，有效回复率达 85.41%，服务效率显著提升。

广州市南沙区图书馆"地磁导航"

2020 年 12 月 1 日，南沙区图书馆新馆开馆。该馆是国内首家将地磁定位技术与图书馆资源导航服务深度融合的图书馆，该项创新为业界首创。南沙新图书馆充分运用目前世界上最先进的定位技术之一——地磁导航技术，实现了馆内的资源和服务全覆盖。读者可以通过"导航"小程序，实现在馆内的自助导航，导航定位误差在 1 米之内。读者可以自助查找馆内的不同区域或查询图书，特别是在找书时，通过导航带到你所查询图书的所在架位前，真正解决"找书难"这样的行业难题。[6]

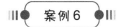

广州市少年儿童图书馆"智能玩具柜"

2019 年，广州少年儿童图书馆研制智能玩具柜并使其融入物联网技术，从而开发出的整套玩具管理系统，这些玩具既可以独立管理柜体，又可以与图书馆业务管理系统无缝对接，包含玩具查询、自助借还、库存管理、数据分析等功能，使玩具像图书一样被科学分类管理，让使用者可根据玩具的材质、适宜年龄、玩法等特性查找玩具，解决了很多家长来到玩具馆不知道如何为孩子选择玩具、怎样陪伴儿童玩耍玩具的难题，极大地提高了用户体验感；建立了玩具分类编目规则，根据玩具的材质、适宜年龄、玩法等特性为馆藏玩具建立了一套逻辑清晰、行之有效的玩具分类、信息揭示规则，替代了以往对玩具简单编号，手工登记借还的落后管理方式，提高管理者的工作效率；通过对玩具借阅数据的分析，可了解各年龄段读者的爱好与需求，图书馆能精准地采购玩具、开拓适合 0—6 岁的婴幼儿阅读活动。

（二）升级改造传统业务

广东省公共图书馆运用物联网、人工智能等技术，不断优化业务工作流程，以减少重复劳动，提高工作效率，提升服务质量。

广东省立中山图书馆"采编图灵"系统

2021 年，广东省立中山图书馆上线了图书采分编智能作业系统——"采编图灵"，结合物联网、人工智能、工业机器人等技术，重组采分编工作流程，实现传统人工作业向自动化智能化操作的转型升级。"采编图灵"系统采用全数字化技术，通过核心控制系统，全面实现对所有自动控制器、工业机器人、图像捕捉、信息采集等设备的统一调度与协作，可实时追踪、监控及反馈全系统任意图书的信息及位置状态、当前作业工序、系统各模组运行情况和控制器的数据交互情况。其中"采编图灵"系统的"图书自动交接、连续翻页及实时图像处理模组"还开创了全球图书馆行业的先河，在业界第一次实现了批量图书连续信息采集识别的全自动无人化，实现图书任意内页的图像信息实时采集、标定、识别及计算，为数字图书馆提供基础数据支撑[7]。

佛山市顺德图书馆"拣小帮"系统

2021年，顺德图书馆"拣小帮"系统，即AGV智能图书分拣、消毒、搬运一体化系统投入使用。"拣小帮"系统采用AGV机器人、RFID无线射频、大数据分析等先进技术，结合最新的紫外线加臭氧消毒灭菌方式，建立智能化作业流程，包含分拣机器人、二维码导航搬运机器人、自然导航搬运机器人、智能充电工作站、中央调度系统、智能紫外线消毒系统等软硬件，实现从自助还书、智能分拣、分类整理、自动消毒、立体搬运、分区送达六个核心流程环节的全智能化作业。使图书自助还回即可自动分拣、智能消毒和跨楼层搬运至书架旁，理论上图书从还回、消毒并上架最快只需5分钟。"拣小帮"系统提高了图书轮转效率，较传统人工分拣上架效率提高了12倍，缩短了图书与书架的距离，减少了人工处理环节，有效节省了人力成本。

佛山市图书馆智能立体书库

2022年，凭借物联网、人工智能等智慧技术优势，佛山市图书馆通过购买服务，引进了智能技术企业参与并承担馆外智能立体书库建设及图书资源网借服务。佛山市图书馆智能立体书库占地面积1,400多平方米，采用高位货架和定制书箱的存储方式实现图书高密度存储，规划10,000个库位，可容纳藏书60万册。智能立体书库构建了各种人工智能技术与智能AGV机器人、码垛机器人等设备协同作业，实现了馆藏文献从入库消毒到覆膜、上架、下架、定位、挑选、打包、贴快递单的全流程智能化管理与运转。该书库全流程自动化的技术使用属国内同行业首创。同时，智能立体书库实现与智慧化网借平台、数字图书馆管理系统、高效率物流体系无缝对接，为读者提供便捷、精准、智慧的网借服务。

案例 10

广州图书馆"智慧媒资管理平台"

广州图书馆智慧媒资管理平台是基于人工智能技术的多功能综合性媒资管理系统。该平台对数字媒体资源进行统一管理，包括各类数字内容上载或归档、内容汇聚、智能编目、智能管理、存储管理、集群转码、智能检索、版权管理、历史资料管理等多个功能模块，并通过智能计算技术实现对媒资内容的精细化揭示，全面拓宽广州图书馆资源管理的应用层面和应用深度。该系统通过人脸识别、语音识别、深度学习、神经网络、文本识别、知识图谱、语义网络分析等智能计算技术，对媒体资源内容进行精细化揭示，实现资源的知识化、专题化服务，充分发掘图书馆媒体资源的文化意义与社会价值。

（三）构建智慧阅读空间

广东省公共图书馆通过以现代信息技术为依托，打通线上线下沉浸式互动体验壁垒，将传统公共阅读空间转变为复合多元功能、融入科技元素、传递人文气息的智慧文化空间。

案例 11

深圳市盐田区图书馆"智慧书房"

2020 年起，盐田区图书馆因地制宜在旅游景区、滨海栈道、沙滩河岸、公园绿地、商业中心、社区小区等区域陆续建设 10 家智慧书房，居民平均步行 1.5 公里，就能遇见 1 个集科技、创意、文化、颜值于一体的复合型文化空间，并深度融合了文旅服务。盐田区图书馆积极应用物联网、移动互联网、大数据分析、AI 交互、人脸识别等技术，自主研发"两中心一平台"（即图书物流运转中心、图书馆服务数据资源中心、图书馆总分馆垂直一体化管理平台），建成"盐田区智慧图书馆服务平台"，创新推出无人值守、智慧感知、个性化导读、远程教育服务、垂直统一管理等功能，全面实现辖区图书馆智慧化服务和管理[8]。每间智慧书房人脸识别进馆、体温自动检测、扫码注册、虚拟办证、智慧感知、自助式操作、个性化导读等智慧服务触手可及。近年来，

10 家智慧书房已接待读者超 83 万人次。

广州市南沙区图书馆

南沙区图书馆新馆占地面积约 1.1 万平方米，总建筑面积约 2.5 万平方米。该馆推出五大创新技术应用成果：刷脸办证借书系统实现了不必携带任何证件、仅通过人脸识别就可以享受图书借阅服务；机器人自助分拣系统通过对智能自动导引运输小车的科学调度，实现了读者自助还书、图书分类投递、分拣不间断无人作业；资源导航系统运用地磁导航技术，实现了馆内的资源和服务全覆盖，读者可自主导航精准直达书籍位置，解决了"找书难"行业难题；AR 眼镜个性化服务通过对读者进行人脸识别后，即可显示该读者的主要业务数据以及预约信息；石墨烯电子纸材料应用于书架的架标，拥有随时改写、无需充电、透光率高等特点，既环保又方便高效。南沙区图书馆通过创新技术应用探索人、空间、资源三者的交互融合，实现了人工智能技术与业务流程的融合、优化。[9]

案例 13

广州市番禺区图书馆新馆

番禺区图书馆新馆 2019 年启动建设，2022 年施工，2023 年 1 月部分试运行。新馆总建筑面积约 4.5 万平方米，新馆设计藏书量 160 万册，拥有阅览座位 1,500 个，全馆配置 1,054 组智能书架，可实现图书盘点自动化，找书精准导航、一次性借还书操作等功能。引进智能立体还书分拣及机器人巡架系统，集成读者自助还书、光电控制自动分拣、机器人智能运输等图书智能图书排队传送馆应用为一体，图书分拣效率可达 8,000 册/小时，实现图书馆的自动化、数字化、信息化，与以往依靠人工还书相比，极大提升了图书馆的现代化管理和服务水平。新馆采用的自助化设备，可协助图书馆实现智能值守，全天"不打烊"[10]。此外，图书馆量身订造了一套楼宇智控系统，把消防、监控、公共广播、环境监测等独立子系统高效整合，为管理、统计和监测提供有力的数据支持。

案例 14

深圳图书馆北馆

2019 年，深圳图书馆北馆建设项目启动，预计 2023 年建成。该馆总建筑面积 7.2 万平方米，设计藏书量 800 万册，部署面向全场景的第五代"图书馆之城"中心管理系统（ULAS－V），建设协同工作的智能立体书库和全自动分拣系统，拥有垂直轨道调阅系统和电子播种墙系统，承担深圳市调剂书库和文献调配中心功能。智能立体书库可高效响应全城预借、自助图书馆配送等业务；60 个目的地的大型自动分拣系统则面向所有图书馆及其重要馆藏地点实施分拣作业；不少于 6 个站点的文献调阅系统会用智能小车将读者需要的文献送达各个楼层；可处理 90 个订单的播种墙系统满足"快递到家"服务的常规并单需求。深圳图书馆北馆将打造成集文献收藏、全民阅读、社会教育、思想交流、文化传承与创意创造于一体的大型综合性、智慧型图书馆。

三、发展思考

（一）以技术创新探索智慧图书馆建设路径

智慧图书馆作为一项高度智能化数字化重点项目，离不开各种新兴技术的推动与支持。[11]在国家倡导发展智慧图书馆的大背景下，广东省公共图书馆积极运用大数据、云计算、物联网、区块链以及人工智能等新技术促进图书馆智慧化转型，从智慧资源、智慧服务、智慧管理、智慧空间等多维度探索智慧图书馆建设路径。智慧图书馆是未来新型图书馆的发展模式，广东省公共图书馆应进一步探索新技术在图书馆中的应用路径，按照《关于推进实施国家文化数字化战略的意见》的要求，推动广东省智慧图书馆体系建设融入"物理分布、逻辑关联、快速链接、高效搜索、全面共享、重点集成"的国家文化大数据体系中。在科技驱动的同时，也要打破信息技术的局限性和同质性，以技术为媒，打造具有本土、本馆特色的人文智慧图书馆。

（二）以需求为导向推动科技与业务融合发展

"以人为本"是图书馆重要的理念，也是科技发展的基本理念。科技发展是为了用科技服务于人类，技术在图书馆的应用是为了给人带来更便捷、更高效的图书馆体验。未来，广东省公共图书馆要继续坚持"以人为本"的理念，基于"人"的需求推动科技与业务融合发展，以读者需求为导向，探索数字孪生、增强现实、虚拟现实进入办证、借阅、咨询、导航、阅读等图书馆服务场景中，带给读者更多便捷和人性化的服务体验。以馆员需求为导向，将智慧应用融入采编、分拣、盘点、仓储、整架等各业务环节，以大数据辅助决策，节约人力资源，提高工作效率。坚持建设以人为中心的图书馆为目标，以解决问题、满足期望或需求为导向，围绕"资源""人""空间"三大要素，借助科技力量构建图书馆的智慧能力，在需求发现中推动持续创新，实现图书馆资源管理方式的"智慧"、图书馆物理实体的"智慧"、图书馆服务内容的"智慧"、实现图书馆业务流程的"智慧"。

（三）以人文精神培养智慧馆员和智慧读者

智慧图书馆集成了物的智能和人的智慧，资源、技术、服务、馆员和读者是智慧图书馆建设的五大要素。[12] 广东省公共图书馆在不断探索资源、空间、服务和管理智慧化的同时，不可忽视智慧馆员和智慧读者的培育。智慧馆员既是智慧管理和智慧服务的创造者、执行者，也是智慧形态的建设者。[13] 在智慧图书馆建设背景下，图书馆员应加强学习和更新专业知识，逐步掌握信息分析、数据挖掘、技术应用、网络安全和持续学习能力，承担起智慧阅读推广和培养智慧读者的重要职责，构建线上线下一体化、在线在场相结合的人文智慧阅读模式，对读者已知需求和未知需求具有敏锐的洞察力和智慧的服务提供能力，培养读者数字素养，推动读者的认知水平向智慧化发展，让读者自身成为服务的创造者，实现智慧图书馆的社会教育功能。

参考文献

［1］广东省立中山图书馆.广东在全国智慧图书馆体系建设项目验收工作中排名第一［EB/OL］.［2023－04－20］.https：//www.zslib.com.cn/TempletPage_Detail_list/List_NewsReport_6.html.

［2］羊城晚报."粤读通"今天上线［EB/OL］.［2023－04－27］.http：//ep.ycwb.com/epaper/ycwb/html/2021－04/23/content_112_380194.htm.

［3］文旅中国.激活家庭藏书流通，"易本书"家藏图书共享平台上线［EB/OL］.［2023－04－27］.https：//baijiahao.baidu.com/s?id=1697808548919446334&wfr=spider&for=pc.

［4］广州日报.广州白云区图书馆新馆今日开馆［EB/OL］.［2023－04－27］.https：//baijiahao.baidu.com/s?id=1712039251572384929&wfr=spider&for=pc.

［5］广东省立中山图书馆.省图"智能小书僮"上线，为读者提供全方位贴心咨询服务［EB/OL］.［2023－04－27］. https：//www. zslib. com. cn/TempletPage/Detail. aspx？ dbid＝2&id＝3832.

［6］南沙区人民政府.南沙区新图书馆基本情况［EB/OL］.［2023－05－03］. http：//www. gzns. gov. cn/gkmlpt/content/6/6952/post_6952405. html#9049.

［7］广东省文化和旅游厅.省立中山图书馆"采编图灵"（一期）第二代系统上线［EB/OL］.［2023－05－03］. https：//whly. gd. cn/gkmlpt/content/3/3915/mpost_3915194. html#2628.

［8］深圳新闻网.国家级！盐田区智慧书房入选"基层公共文化服务高质量发展典型案例"［EB/OL］.［2023－05－08］. https：//baijiahao. baidu. com/s？ id＝1757862494540316097&wfr＝spider&for＝pc.

［9］杨焱，屈义华.人工智能赋能专业服务：广州市南沙区图书馆新探索［J］.图书馆论坛，2020（12）：137－142.

［10］广东新闻.智能书架机器人分拣："智慧图书馆"落地广州番禺［EB/OL］.［2023－05－08］. https：//sdxw. iqilu. com/w/article/YS0yMS0xNDAwODQ0Mw. html.

［11］吴建中.从数字图书馆到智慧图书馆：机遇、挑战和创新［J］.图书馆杂志，2021，40（12）：4－11.

［12］陈进，郭晶，徐璟，等.智慧图书馆的架构规划［J］.数字图书馆论坛，2018（6）：2－7.

［13］王家玲.基于智慧要素视角的智慧图书馆构建［J］.图书馆工作与研究，2017（7）：41－44，49.

B. 16

广东省镇街图书馆建设模式研究

A Study of the Construction Model of Township/Sub-district Public Library in Guangdong Province

陈润好　陈　杰*

［摘　要］镇街图书馆作为图书馆总分馆服务体系中的关键一环，是图书馆服务和资源落地落实的关键抓手。文章以第七次全国县级以上公共图书馆评估定级工作为契机，通过内容分析法剖析政策文本中的镇街图书馆相关条款，系统回顾和整理以广州、佛山、东莞和中山4市为代表的广东镇街图书馆的制度支撑和发展现状，挖掘镇街图书馆发展的广东经验。研究发现，当前广东镇街图书馆建设已初步形成地方特色：以"一街一策"为方针的广州镇街图书馆探索出多元力量融合的建设路径；背靠佛山市联合图书馆体系的佛山镇街图书馆建设极具体系化、规范化和制度化；贯彻"书香镇街"建设目标的东莞镇街图书馆打造高质量的示范样板；共享型纵横结构下的中山镇街图书馆正成为"书香中山"建设的核心力量。

［关键词］图书馆评估定级；公共图书馆服务体系；图书馆总分馆制；镇街图书馆

［**Abstract**］As a key link in the service system of the main and branch libraries, the township/sub-district public library undertakes the task of implementing library services and resources. Based on the seventh national public library assessment and rating, this article review and organize the current institutional support and development status of Guangdong town and street libraries. The construction of Guangdong township/sub-district public library is in full swing: Guangzhou township/sub-district public library, guided by the princi-

* 陈润好，广东省立中山图书馆学术研究部（《图书馆论坛》编辑部），博士；陈杰，广东省立中山图书馆辅导部副主任，副研究馆员，硕士，chenj@zslib.com.cn。

ple of "one street, one policy", has explored the construction path of integrating multiple social forces; the construction of Foshan township/sub-district public library, which is backed by the Foshan union library system, is highly systematic, standardized, and institutionalized; Dongguan township/sub-district public library aims to build a township/sub-district of avid readers; Zhongshan township/sub-district public library under a shared vertical and horizontal structure is becoming the core force in the construction of "Scholarly Zhongshan".

[**Keywords**] Library Assessment and Rating; Public Library Service System; Central-Branch Library System; Township/sub-District Public Library

2022 年，文化和旅游部发布《关于开展第七次全国县级以上公共图书馆评估定级工作的通知》（以下简称《通知》），全国公共图书馆迎来了"大考"之年。根据《通知》要求，本次评估评级对象为"全国县级以上公共图书馆"[1]。作为改革开放的排头兵、先行地、实验区，为扎实推进文化强省的高质量发展、促进公共图书馆服务体系一体化、城乡服务均等化发展，广东主动扩大评估范围，除 147 个县级以上公共图书馆参加第七次全国县级以上公共图书馆评估定级之外，还将 26 个服务人口超过 30 万的镇街公共图书馆纳入评估，以加强规范管理，提升服务水平，促进镇街图书馆健康有序发展，进一步完善和扩大图书馆总分馆服务体系。

文章以第七次全国县级以上公共图书馆评估定级工作为契机，系统回顾和整理当前广东镇街图书馆的制度支撑和发展现状，以期凝练和挖掘广东省镇街图书馆创新亮点和典型案例，为公共文化服务高质量发展贡献广东镇街图书馆的经验和模式。

一、镇街图书馆的实践回顾和研究进展

当下讨论镇街图书馆，实则是对基层图书馆建设关注的延伸，而我国基层图书馆的建设历史可以追溯到半个多世纪之前。在 1951 年 4 月批准的《一九五〇年全国文化艺术工作会议报告与一九五一年计划要点》中，原文化部就提出"在有条件的村镇设立图书室，发展农村图书馆网"[2]。20 世纪末，我国江苏[3]、浙江[4]、广西[5]等地都曾出现过乡镇图书馆大规模的建设热潮。然而，早期我国公共图书馆的话语体系所指"公共图书馆"通常指代县级以上图书馆，因此这些乡镇图书馆并未被纳入公共图书馆范畴之中，资源保障的缺乏和专业化力量的缺失导致这批基层图书馆难以维系，大多"昙花一现"[6]。直到 21 世纪初期，以县级公共图书馆为代表的基层图书馆的发展仍面临不少挑战，关于县级公共图书馆"生存状态忧思录"的呼声不时响起。[7]与此同时，伴随图书馆服务的联合与合作，镇街图书馆充当基层馆服务终端的角色开始进入公共图书馆服务网络搭建视野，成为"分馆"雏形。[8]伴随着《关于进一步加强基层文化建设的意见》《关于进一步加强农村文化建设的意见》等相关政策文件的发布，基层文化设施建设在实现"县县有图书馆"的前提下，逐渐将关注重点转移到街道和社区层面，关注包括街道/乡镇图书馆、社区/乡村图书室、农家书屋等的建设。[9]直至"十二五"时期，包括镇街图书馆在内的基层图书馆正式实现了专业化改造并确立了"公共图书馆"的身份定位，纳入地方公共图书馆服务体系，并成为公共文化服务体系的关键一环。

随着公共文化服务体系的不断织密，学界和业界对镇街图书馆的关注度都在进一步提升，当前已有不少关于镇街图书馆的个案研究，如以东莞市厚街镇图书馆[10]、上海市浦东镇街图书馆[11]、广州镇街图书馆[12]等为研究对象的。其中尤以东莞市镇街图书馆的相关研究最为集中，这也与东莞"市辖镇"的行政管理体制有着直接关联，其中涉及镇街图书馆读者服务能力提升[13]、服务均等化[14]、镇街图书馆综合评价指标体系构建[15]等具体议题。在实践和研究层面之外，立法决策对镇街图书馆建设的支持更是加足马力，其中的一个里程碑事件便是 2015 年《广州市公共图书馆条例》（以下简称《条例》）的颁布实施。《条例》突破了广州市原有体制中"一级政府建一级公共图书馆"的桎梏，首次在我国地方立法中将镇街馆的建设主体从街道办/镇政府上提至区政府，在保障资源和政策投入的基础上，明确了镇街图书馆在总分馆体系中的角色定位和建设思路。[16]

可以看到无论是在实践还是研究层面，镇街图书馆都取得了长足进展，但当前关于这一议题的研究都是单点式、单案例式的，尚未有对镇街图书馆在地区层面的宏观审视和经验总结。为进一步了解镇街图书馆的发展现状，结合广东省第七次全国县级以上公共图书馆评估定级工作中关于镇街图书馆的参评情况，文章以广州、东莞、佛山和中山 4 个地市相关政策文件及镇街图书馆典型案例入手，凝练镇街图书馆发展的广东模式和广东经验。

二、镇街图书馆发展的政策支撑

为明确广东对镇街图书馆的功能定位和发展设想，文章采用内容分析法，选取广州、东莞、佛山和中山等地市发布的图书馆相关政策文件，并参考第七次全国县级以上公共图书馆评估定级相关标准，从相关政策中抽取与镇街图书馆相关的政策条款进行归纳整理和文本分析。因篇幅有限，文章仅呈现部分政策及其关键要点，如表16-1所示。

表16-1　镇街图书馆相关政策（部分）

政策名称	政策文本	政策要点
《广州市公共图书馆条例》	公共图书馆每千人建筑面积应当符合下列要求：（二）区域总馆和镇、街道分馆合计达到37.5平方米以上	保障条件——建筑面积
	公共图书馆年人均入藏纸质信息资源应当达到下列要求：（二）区域总馆和镇、街道分馆合计不少于0.14册（件）	保障条件——人均文献馆藏量
	……	……
	镇、街道分馆每周的开放时间不少于40小时	服务效能——周开馆时间
《广州市"图书馆之城"建设五年行动计划（2022—2026)》	区人民政府应当为镇（街）和村（社区）提供专门的经费扶持	保障条件——经费保障
	……	……
	加强对区域总馆馆长，市、区和镇街图书馆新进管理人员和专业技术人员专业知识与技能的培育	保障条件——人员培训与激励
……	……	……
《佛山市公共图书馆管理办法》	市人民政府应当建立完善以市图书馆为中心馆，区图书馆为区总馆，镇（街道）图书馆为分馆，村图书馆、社区图书馆以及其他类型的基层图书馆或者图书室为基层服务点的联合图书馆体系	业务能力——镇街分馆
	……	……
	镇街分馆的少年儿童服务区域面积不得低于全馆服务区域面积的20%	保障条件——设施及功能适用性

续表 16 - 1

政策名称	政策文本	政策要点
《东莞市公共图书馆管理办法》	市、镇人民政府（街道办事处、园区管委会）应当推动公共图书馆建立和运行法人治理机制，建立和完善理事会等法人治理机构	业务能力——社会力量
	……	……
	镇（街）公共图书馆的馆长应当具有相应专业中级以上专业技术职称或者具有三年以上图书馆工作经验	保障条件——领导班子
《中山市推进公共文化服务高质量发展的指导意见》	推进市、镇两级图书馆、文化馆（站）、美术馆、博物馆等公共文化服务数字化建设，提升公共文化设施信息化、智能化、网络化水平	业务能力——数字化建设
	……	……
	出台市、镇（街）两级公共文化机构队伍建设高质量发展方案	保障条件——政策与规划

通过对上述相关政策文本的内容分析，文章共提炼了 197 条政策文本，总结了 4 个一级指标和 46 个二级指标要点。具体来看，当前广州、东莞、佛山和中山等地市发布政策与镇街图书馆相关内容涉及均服务效能、业务能力和保障条件等 3 个方面。

（1）服务效能。围绕服务效能，当前政策文本主要是对镇街图书馆提出免费开放要求，同时对周开馆时间也提出了明确规定，如不少于 40 小时、42 小时、48 小时等。与此同时，近年来对镇街图书馆的建设实现了从无到有、从有转精的理念转变，相关政策对镇街图书馆打造特色活动品牌、提供转型升级的新型阅读空间和专业咨询决策等服务内容提出了更多的期待，同时要求镇街图书馆提质增效，既要做好大众服务，又要做好专业服务。

（2）业务能力。从当前政策来看，围绕镇街图书馆建设的话语背景主要是总分馆体系建设，强调打造以市馆为中心馆，县（区）馆为总馆，镇街馆作为分馆的图书馆三级服务网络，且逐渐向以村（社区）为服务点的四级服务体系网络迈进。其中，镇街图书馆承担着多元的工作职责：其一，作为分馆，接入总分馆服务网络，加入全市通借通还服务体系，接受总馆业务指导，对接统一的采购、编目和物流配送等；其二，作为服务触角，向大众提供包括免费开放、图书借阅、阅读推广等基本读者服务，履行公共图书馆职能；其三，作为指导引领，带动村（社区）服务点的提升改造，进一步推动公共文化资源和服务下沉到基层。与此同时，对社会力量参与和数字化建设两方面的关注热度也不断上升，这也与近年来国家鼓励社会力量积极参与公共文化服务体系建设、推进公共数字文化服务等需求转向息息相关。

（3）保障条件。在所提取的政策文本中，有102条涉及保障条件相关内容，其中以政府责任、经费保障、设施及功能适用性、建筑面积、工作人员数量、人均文献馆藏量等指标提及次数最多，以政策文件的形式将政府建设镇街图书馆的主体责任进一步明确，强调政府要保障对镇街图书馆在经费、人员、馆舍等方面的支持和保障力度。

得益于当前地方政策对镇街图书馆提供的制度支撑、经费保障、发展走向指引等前提条件，广州、东莞、佛山和中山等地市镇街图书馆建设先行先试，探索出各具特色的地区镇街图书馆建设的高质量发展路径。

三、广东省镇街图书馆发展概况和创新亮点

（一）第七次评估中的广东省镇街图书馆

考虑到广东省珠江三角洲地区部分乡镇街道人口密集，部分独立设置的图书馆馆舍条件和办馆水平已达到县级图书馆标准，早在第六次全国县级以上公共图书馆评估定级时，镇街图书馆就被纳入评估对象。在第七次全国县级以上公共图书馆评估定级工作中，广东省共有来自佛山、东莞和中山的26个镇街图书馆参评，其中13个镇街馆首次参与评估定级。第七次全国县级以上公共图书馆评估定级中，参评镇街图书馆的建议评定等级分别为：18个一级馆、4个二级馆、4个三级馆（见表16-2）。

表16-2　广东省镇街图书馆第七次全国县级以上公共图书馆评估定级情况

地市	图书馆	第六次评估级别	第七次评估建议级别
佛山	大沥镇图书馆	一级	一级
	佛山市顺德区大良街道图书馆	一级	一级
	佛山市顺德区北滘图书馆	一级	一级
	桂城图书馆	二级	二级
	容桂图书馆	二级	二级

续表 16 – 2

地市	图书馆	第六次评估级别	第七次评估建议级别
东莞	松山湖图书馆	未参评	一级
	石龙镇图书馆	一级	一级
	东莞市塘厦图书馆	一级	一级
	虎门图书馆	一级	一级
	东莞图书馆茶山分馆	未参评	一级
	东莞市大岭山图书馆	未参评	一级
	东莞市麻涌图书馆	一级	一级
	东莞市长安镇图书馆	一级	一级
	大朗图书馆	未参评	二级
	东莞市莞城图书馆	一级	一级
	东莞市常平图书馆	一级	一级
	东莞图书馆厚街分馆	未参评	一级
	东莞图书馆万江分馆	未参评	一级
	东莞市寮步镇文化服务中心	未参评	三级
	东莞市南城图书馆	未参评	三级
	东莞市图书馆东城分馆	二级	二级
	东莞图书馆清溪分馆	未参评	三级
	东莞图书馆凤岗分馆	未参评	三级
中山	中山市小榄图书馆	未参评	一级
	中山火炬高技术产业开发区图书馆	未参评	一级
	中山纪念图书馆坦洲分馆	未参评	一级

结合第七次全国县级以上公共图书馆评估定级相关工作报告和实际情况，可以看到本次针对镇街图书馆的评估还体现出以下新亮点。

一是参评数量更多。相较第六次全国县级以上公共图书馆评估定级，参加第七次全国县级以上公共图书馆评估定级的镇街图书馆数量增加近一倍，参评馆达 26 个，有一半的镇街图书馆此前并未参与过图书馆评估定级工作，这也是它们首次迎来"大考"。一方面，参评数量体现出近 5 年内广东省镇街图书馆"遍地开花"的高速发展；另一方面，参评工作也是对镇街图书馆发展质量的全面检验。

二是涉及地区更广。参加第七次全国县级以上公共图书馆评估定级的镇街图书馆来自佛山、东莞、中山 3 个地市，其中中山市首次推动镇街图书馆参与评估，参评的 3 个镇街图书馆都在 2017 年加入了中山市公共图书馆总分馆服务体系，首次参评也是对过去 5 年内图书馆事业发展的积极反馈。与此同时，东莞市新参评镇街图书馆过半,覆盖镇街范围更广,呈现出"星火燎原"的景象。

三是评估标准更细。考虑到镇街图书馆在行政级别、场馆体量、服务人群等方面均与县级公共图书馆有所不同,广东省在参照《县级公共图书馆等级必备条件和评估标准》的基础之上,贴合参评镇街图书馆的实际情况,对专题咨询、阅读推广品牌、文献保护、法律保障等17个指标提出修订建议,将评估工作落到实效。如"创新项目、新型阅读空间、智慧应用场景"等指标,考虑到目前仍未有明确的智慧图书馆建设规范和指引,对镇街图书馆配置"朗读亭""智慧墙""瀑布流屏"等智慧场景应宽松鼓励。

四是评估目的更强。在鼓励参评、放宽部分指标的同时,广东省坚持以"以评促建、以评促管、以评促效能提升"为目的,严格以评估推动图书馆发现问题、解决困难、提升服务,确保评估定级"能上能下",敦促图书馆切实关注到发展痛点,积极寻求破解方案。

(二)一街一策:广州市镇街图书馆建设方针

《关于全面推进我市公共图书馆总分馆制建设的实施意见》(以下简称《实施意见》)明确指出镇街图书馆建设是实现广州"图书馆之城"建设目标和打造覆盖城乡公共图书馆服务体系的关键,并指明了镇街图书馆"一街一策"的建设方针。[17]2021年,广州市176个镇街首次实现图书馆100%覆盖率,每个镇街均能向读者提供通借通还服务以及免费开放的公共图书馆服务。[18]2022年,广州市镇街级分馆①覆盖率达83.55%,越秀、黄埔、从化、南沙和花都等区镇街级分馆建筑面积达标率均为100%[19],实现了《实施意见》提出的镇街级分馆全覆盖建设目标。

近5年来,广州市镇街级图书馆建设取得了长足进步,较2018年同比增长101.65%,镇街级图书馆建设数量翻了一倍。在广州市11个区中,黄埔区以同比增长350%领跑全市,成为广州"图书馆之城"建设的中坚力量。

表16-3 广州市镇街级图书馆建设情况(2018—2022年)(单位:个)①

行政区划	镇街数	镇街级分馆数				
		2018	2019	2020	2021	2022
越秀区	18	17	18	18	19	21
荔湾区	22	5	12	20	19	20
海珠区	18	9	18	20	26	24

① 广州市镇街级分馆包括镇街分馆和建筑面积不小于500平方米的社会力量合建分馆。数据来源:2018—2022年历年《广州市"图书馆之城"建设年度报告》。

续表 16 - 3

行政区划	镇街数	镇街级分馆数				
		2018	2019	2020	2021	2022
白云区	24	16	28	31	31	31
天河区	21	23	32	33	33	35
黄埔区	17	10	26	38	41	45
番禺区	16	12	20	18	20	21
花都区	10	9	10	12	12	12
增城区	13	7	10	13	15	17
从化区	8	4	5	9	8	8
南沙区	9	9	9	9	9	10
合计	176	121	188	221	233	244

当前，黄埔区图书馆服务效能主要指标连续 6 年位列广州市各区级图书馆榜首[20]，1 个总馆，2 个直属分馆，20 个街镇、社区分馆，24 个与社会力量合建分馆，144 个社区（村）综合服务中心，105 个校园服务点，28 个与社会力量合建服务点，115 个智慧公交站亭，100 余个职工书屋，500 多处阅读新空间[21]，这些数字无不闪现着黄埔区"图书馆之城"优异的建设成效。"十三五"期间，黄埔区财政共投 732.46 万元用于图书馆、文化馆社会分馆建设，并以数倍杠杆撬动了 5,115.42 万元社会资金投入到公共文化设施的建设和提升中，探索出"政府主导资源补给 + 企业园区自主运营 + 社会市场参与"[22]的黄埔模式。在《实施意见》"一街一策"建设方针的指导下，黄埔区图书馆细化摸索出"一馆一策"模式，黄埔区图书馆与企业园区合作建设镇街图书馆可见下表。

表 16 - 4　黄埔区图书馆与企业（园区）合作建设镇街图书馆介绍列表①

分馆名称	所在园区	合作方	主要服务对象	面积 （平方米）	纸本馆藏 （册）
华新园分馆	华南新材料创新园	广州华南新材料创新园有限公司	新材料专业园区企业、员工	600	12,764

① 数据来源：广州市黄埔区图书馆提供数据；"当图书馆遇上产业园区——社会力量参与公共文化高质量发展的黄埔故事"专题海报展 [EB/OL]. [2023 - 05 - 20]. http://0amsom. epub360. cn/v2/manage/book/ovbbhb/? from = singlemessage.

续表 16 - 4

分馆名称	所在园区	合作方	主要服务对象	面积（平方米）	纸本馆藏（册）
缘创咖啡分馆	广州黄埔区科学城创新大厦	广州金凯长清信息科技有限公司	科学城创新大厦的高科技企业、员工以及参与众筹的社会力量	1,000	12,274
白云山中一药业分馆	黄埔区云埔工业区	广州白云山中一药业有限公司	企业员工、周边居民	660	10,459
励弘文创旗舰园分馆	励弘文创旗舰园	广州励弘文创创业服务有限公司	文创旗舰园的文创企业、员工和周边居民	1,000	12,805
创新基地分馆	广州科技创新基地	广州永龙建设投资有限公司	园区电子信息、生物医药、新材料企业及企业员工	650	11,974
BIO 分馆	广州国际生物岛园区	广州开发区人才工作集团有限公司	广州国际生物岛企业员工、周边居民	500	6,029
鱼珠智谷分馆	鱼珠智谷园区	广州泓桥科技园管理有限公司	鱼珠智谷园区内中小企业的员工、周边居民	600	9,649
莱迪分馆	广州莱迪创新科技园	广州莱迪光电股份有限公司	高新科技产业园员工、周边居民	810	15,632
瑜源分馆	广州市黄埔区科学城	广州瑜源文化传播有限公司	爱好戏剧的儿童	600	13,705
纳金科技分馆	纳金科技产业园	广州纳金科技有限公司	园区内企业、周边居民	500	0

续表 16－4

分馆名称	所在园区	合作方	主要服务对象	面积（平方米）	纸本馆藏（册）
玉树创新园分馆	玉树创新园	广州市高润集团投资有限责任公司	园区内部企业、周边居民	1,020	16,327
人才小镇分馆	宝盛·印象黄埔产业园	尚来（广州）文化科技有限公司	创业者及其家庭、社区居民（尤其是青少年和儿童）	1,700	19,847
易翔科技园分馆	广州科学城易翔科技园	易翔通信设备（广州）有限公司	易翔科技园企业员工、周边居民	1,000	12,464
益善分馆	广州国际生物岛园区	益善生物技术股份有限公司	生物岛生物医药企业科研人员、周边居民	1,500	12,231
莲塘分馆	广州市黄埔区知识城九佛莲塘古村	知识城（广州）投资集团城市更新投资发展有限公司	企业职工、周边居民	500	6,379
沐枫分馆	广州市黄埔区保盈大道	沐枫（广州）国际文化产业有限公司	钢琴业务顾客、音乐爱好者、周边居民	700	13,560
归谷分馆	广州归谷科技园	广州归谷科技园有限公司	归谷园区内LAB、NEM企业人才、海归	500	13,926
中新智慧园分馆	广州市黄埔区知识城中新智慧园	中新智慧园（广州市启晟产业园区运营管理有限公司）	双创公司员工	500	15,000

续表16－4

分馆名称	所在园区	合作方	主要服务对象	面积 （平方米）	纸本馆藏 （册）
广纳院分馆	广东粤港澳大湾区国家纳米科技创新研究院本部产业园区	广州纳米产业投资有限公司	广纳院员工	1,040	9,655
九佛街知详祥分馆	广州中新知识城	广州市黄埔区人民政府九佛街道办事处、广州市恒祥投资有限公司	公寓住户、周边居民	500	15,248
润慧科技园服务点	广州润慧科技园	广州润创置业有限公司（广州润慧科技园）	周边居民	538	12,382

从上表可以看到，这些分馆多建立在企业或相关园区内，面积多在500—1,000平方米，馆藏量1.5万册左右，由合作企业冠名，围绕园区特色打造专业化、针对性的镇街分馆，让图书馆服务的神经末梢在经济发展最强区"多点开花"，大力推动了广州市"图书馆之城"建设步伐。政府提供一定的启动资金，黄埔区图书馆提供专业服务指导，企业负责场地维护和运营，这一模式打造的"黄埔书房"谱写了社会力量参与公共文化事业建设的新篇章，开创了基层公共图书馆设施建设的新模式，为政府、市场和社会三者的关系处理提供"黄埔样本"，也为社会参与公共文化事业的高质量发展提供示范引领[23]。

（三）联合体系：佛山市镇街图书馆建设网络

2021年，作为《公共图书馆法》颁布实施后第一部出台的市级层面地方性公共图书馆立法，《佛山市公共图书馆管理办法》将"以市图书馆为中心馆，区图书馆为区总馆，镇（街道）图书馆为分馆，村图书馆、社区图书馆以及其他类型的基层图书馆或者图书室为基层服务点"[24]的联合图书馆体系建设方式以法律形式确定下来，标志着联合图书馆体系建设从制度化、规范化走向法治化。截至2023年1月，联合图书馆体系中区属镇街分馆达32家[25]，成为佛山市联合图书馆四级公共图书馆服务网络中的关键组成。

服务体系的标准化建设，为佛山市联合图书馆建设保驾护航，也为镇街图书馆发展提供规范化指引。早在 2013 年，佛山市联合图书馆就编制了《佛山市联合图书馆规则汇编》，内容涉及流通管理、技术管理等相关规则，并细化到图书物流管理规范、编码使用规则、办证和借阅规则等具体操作上，保证镇街图书馆及下辖服务点有章可依，在制度层面首先实现联合图书馆体系的统一服务。2018 年，《佛山市联合图书馆标准体系》发布，以应对体系成员不断壮大的发展趋势，保障包括镇街图书馆在内的各成员馆在体系建设、成员馆加入、文献和设备管理、数字化与服务管理等方面应达到的目标。[26] 2021 年，《联合图书馆体系建设管理规范》（以下简称《规范》）面世，这不仅是佛山首个公共文化服务领域的地方标准，更是我国首个公共图书馆服务体系的地方标准。[27]《规范》明确了镇街分馆的职责、建设要求以及文献、人力、资源等方面的建设要求，以标准化建设推动联合图书馆体系的稳步发展，打造了公共图书馆服务体系高质量发展的佛山样板。

联合图书馆体系的搭建，提高了镇街图书馆管理运营的效率，扩大了镇街分馆阅读推广活动的受众面和影响力。如南海区图书馆，其作为区域总馆下设了总分馆管理中心、总分馆配书中心和总分馆编目中心等职能部门，负责全区镇街分馆的业务指导协调、数据资料统计、日常维护管理、图书采编配送等工作[28]，解决了镇街分馆人手不足、专业力量薄弱的"后顾之忧"。在图书资源配送之余，阅读推广活动的联动开展更是不在话下，在区域总馆和镇街分馆的联合举办下，"有为讲坛""桂花树下"等阅读品牌持续举办多年，并分别被评为"2017 终身学习品牌项目""佛山市终身学习品牌项目"[29]，影响力和知名度持续提升。

总馆和镇街分馆的强势联动，既扩大了总分馆体系的"朋友圈"，也促进了镇街分馆从业人员的专业能力提升。佛山市南海区图书馆大力推动总分馆体系建设，各镇街分馆通过向区域总馆南海区图书馆申请读书驿站项目建设、配合开展"邻里图书馆"成员招募等，不断扩大服务体系覆盖面。[30] 2018 年，南海区图书馆总分馆试点创建通过广东省第二批总分馆试点建设验收，并成为示范推广。[31] 此外，镇街分馆积极响应区域总馆组织的专门性总分馆业务培训，仅 2021 年南海区总分馆就为各成员馆提供了包括摄影采风、电子政务网络安全、读书驿站运营管理、总分馆文案写作等议题的十余批次专业性培训。

（四）书香镇街：东莞市镇街图书馆建设目标

东莞市行政区划包含 4 个街道、28 个镇，合计 32 个镇街。[32] 目前，东莞市已建成 33 个镇街（园区）图书馆①，由总馆、镇街（园区）分馆、图书流动车服务站、村（社区）基层服务点、城市阅读驿站、绘本馆、绘本服务点等组成的三级网络、多种形态的东莞图书馆服务体系日趋完善。2021 年，东莞市委宣传部、东莞市文明办、东莞市文广旅体局、东莞市教育局联合印发《2021 年"书香东莞"提升行动暨东莞第十七届读书节工作方案》，方案明确"实施书香镇街（园区）行动"为"书香东莞"提升行动五大任务之一，成为"书香东莞"最重要、最核心的组成部分。[33] 东莞镇街图书馆建设取得如此建设成效，可归纳以下几方面原因。

（1）以政策制度保驾护航体系建设。东莞市总分馆体系建设的重要助力是政府在政策文件层面的制定和完善，进而以政策确保经费、人员的投入，以此保证图书馆事业的持续发展。在宏观指导层面，早在近 20 年前，东莞市就发布了《东莞地区图书馆总分馆制实施方案》《东莞市建设图书馆之城实施方案》等政策文件，对东莞图书馆之城建设进行宏观筹划和全局部署。2016 年，全国首个非省会地级市图书馆立法《东莞市公共图书馆管理办法》正式颁布施行，明确镇街分馆的建设要求和具体职责。在中观落实层面，伴随着"书香东莞"提升行动的实行，"书香镇街"成东莞图书馆服务体系深化和提升的重要抓手，东莞市在国家基本标准保障到位的基础上，制定了更多适用于镇（街）级的标准或目录，以进一步推动镇街图书提档升级，实现资源下沉落实。在微观执行层面，东莞图书馆作为中心馆，高度重视制度章程的制定和维护，先后出台了包括《东莞图书馆章程》《东莞图书馆规范管理工作手册》等工作规范，后者经国家图书馆正式出版为《图书馆规范管理工作手册》，深受业界同行欢迎。

（2）以总馆统筹全面带动分馆建设。在业务统筹层面，依托于图书馆总分馆制，中心馆对于分馆的带动作用体现明显。东莞图书馆按照"市管镇，镇管驿站"原则进行统一管理，总馆负责业务统筹，镇街（园区）分馆负责驿站日常管理和监督，合作方负责协助运营、常规管理和维护，总分馆之间采用同一平台实现通借通还，各基层图书馆都能共享总馆的数字资源、开展馆际互借与文献传递工作、参与图书馆协作。在体系搭建方面，依托现有镇街图书馆建设，不断创新发展，由东莞图书馆构建全国首个绘本专题图书馆服务体系是全国首创依托总分馆模式建立的特色文献馆服务。在人才培训层面，东莞图书馆从 2018 年起启动"分馆点餐、总馆配餐——订制服务"的总分馆人员队伍培训模式，总馆统筹、组织培训讲师团按照培训安排分片分批到各镇街

---

① 包含在东莞松山湖高新技术产业开发区设立的松山湖分馆。

（园区）开展现场培训，加强基层图书馆业务辅导，补齐基层图书馆员专业短板。2018—2022 年共开展基层业务辅导与培训 633 场，培训人次达 51,853人次①。

（3）以服务创新深耕厚植品牌建设。东莞各镇街图书馆推动"各美其美·一镇（园区）一品牌"书香阅读空间和阅读品牌评选，着眼于服务创新，致力培育和打造本镇街的阅读品牌，增强影响力。如大朗镇图书馆打造的"朗读会""智朗团""朗味书屋""朗读亲子馆""朗读天使""朗小诗爱阅屋""朗小诗"等"朗"字系列阅读推广品牌活动。2018 年，"朗"字系列阅读品牌活动获评中国图书馆学会 2017 年阅读推广优秀项目；2021 年《"朗读亲子馆"亲子阅读推广案例》还获中国图书馆学会学术论文和业务案例征集活动一等奖。[34]此外，茶山分馆打造的全国首家镇级茶文化图书馆、大岭山分馆的"岭"品牌阅读推广活动、松山湖分馆的"科技＋人文"定位发展方向等都在逐渐形成各自的品牌影响力。

（4）以绩效评估全面推动提质增效。伴随着书香镇街建设的不断深化推进，图书馆服务的高质量发展成为事业建设的重中之重，东莞市强调引入第三方绩效评估，以高质量发展要求为引导，及时总结服务实践，推动服务效能提升。《2021 年"书香东莞"提升行动暨东莞第十七届读书节工作方案》提出，公共阅读服务和产品的高质量供给、群众阅读权益的保障和完善、文化获得感和幸福感的不断增强是下一步工作的关键所在[35]，并从阅读设施、阅读资源、阅读服务与活动、书香成效和保障条件等方面拟定了《书香镇街（园区）测评指标》，将第三方考评作为图书馆事业发展道路上的助推器和加速器，以考核挖问题，以测评促发展。

（五）纵横共享：中山市镇街图书馆建设路径

中山市下辖 15 个镇、8 个街道、1 个国家级开发区和 1 个经济协作区。[36]近年来，中山市以建设第四批国家公共文化服务体系示范区（以下简称"示范区"）为核心，从文化强市、文化强镇和基层综合性文化服务中心三方面立体式推进公共文化服务体系"树杆""枝叶""根系"的建设。[37]当前，中山市初步建成共享型纵横结构图书馆总分馆服务体系[38]（见图 16-1），纵向体系以中山纪念图书馆为总馆，26 个镇街图书馆为分馆，270 个村社区图书室[39]和街区自助图书馆为服务点，统筹三级政府资源；横向体系则以中山纪念图书馆为总馆，共享阅读空间和图书馆之友服务点，联合多

---

① 资料来源：内部材料《东莞市图书馆总分馆体系建设情况汇报》。

元社会力量。

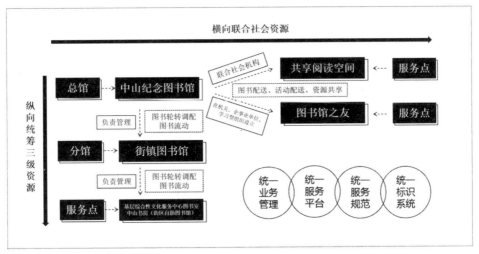

图 16-1 中山市共享型纵横结构图书馆总分馆服务体系①

为更好建设"书香中山",近年来中山市镇街图书馆从以下几个方面着眼,持续发力。

一是强化市镇村三级联动,推动优质服务资源持续辐射和流向基层。在中山市共享型纵横结构图书馆总分馆服务体系中,镇街图书馆作为三级体系的中坚力量,向上接受总馆的统一业务统筹管理,向下指导村社区图书室等服务点规范运营各项工作,是总分馆服务体系中承上启下的关键一环。中山市镇街图书馆通过加强"向上"要资源,"向下"享服务,一方面积极联合中山纪念图书馆实现图书资源的共享以及阅读推广活动联动举办,加强图书馆宣传和服务的覆盖面和影响力,通过场地联用、品牌联创、活动联办、平台联建等方式共享总馆组织和配送的活动②;另一方面加强对村社区图书室和街区自助图书馆的业务指导和活动资源共享,提升服务点的业务规范和正常运营。

二是以"香山书房"建设为抓手,助推总分馆服务体系蓬勃发展。作为《推进美丽中山建设三年行动计划》的重要内容之一,"香山书房"已然成为中山市打造的新型公共文化空间最新 IP。各镇街图书馆深入挖掘本土历史文化元素,打造特色鲜明的"香山书房",形成了一批各具特色的"最中山"阅读场景。2022 年,中山纪念图书馆石岐街道分馆格子空间香山书房、西区分馆荔景苑香山书房成功入选广东省最美新型公共文化空间案例[40],在全省再

---

① 根据《中山纪念图书馆第七次评估定级汇报材料》相关材料绘制。
② 资料来源:中山纪念图书馆第七次评估定级汇报材料。

次打响"香山书房"的招牌。

三是结合镇街文化资源特色，打造图书馆服务专属品牌。尽管作为分馆可以共享总馆图书和活动资源，但不少镇街图书馆仍立足地方特色和读者需求，努力打造本馆专属品牌和优势服务。如中山纪念图书馆坦洲分馆深耕"非遗"文化品牌，围绕国家级非物质文化遗产"中山咸水歌"开展地方文献资源收集和活化传承。

四、小结

总的来说，尽管当前还尚未有面向镇街图书馆的专门政策出台，但镇街图书馆的发展俨然有"星火燎原"之势，广州、佛山、东莞和中山等地市所推动的镇街图书馆建设均探索出各具特色发展方式：以"一街一策"为方针的广州镇街图书馆探索出多元力量融合的建设路径；背靠佛山市联合图书馆体系的佛山镇街图书馆建设极具体系化、规范化和制度化；贯彻"书乡镇街"建设目标的东莞镇街图书馆打造高质量的示范样板；共享型纵横结构下的中山镇街图书馆正成为"书香中山"建设的核心力量。归根结底，镇街图书馆的持续发展是我国图书馆总分馆服务体系不断壮大和完善的体现，其作为面向公众提供图书馆服务的前沿阵地，已然将图书馆服务的"最后一公里"转变为"最后一米"，既实现了公共文化服务的"零距离"、构筑了公共图书馆服务的"桥头堡"，更将图书馆服务体系网络进一步织细织密，让原本集中的服务资源盘活流动，使服务均等化不再是停留于政策层面的文字，而是深植于群众精神文化生活的生动实践。相信未来广东镇街图书馆的建设会为我国公共文化服务体系高质量发展提供更多可复制和推广的广东经验、广东样板和广东模式。

参考文献

[1] 中华人民共和国文化和旅游部. 文化和旅游部办公厅关于开展第七次全国县级以上公共图书馆评估定级工作的通知 [EB/OL]. (2022 - 05 - 26) [2023 - 05 - 08]. https://zwgk.mct.gov.cn/zfxxgkml/ggfw/202206/t20220602_933319.html.

[2] 中华人民共和国文化部办公厅. 文化工作文件资料汇编（一）（1949—1959）[M]. 北京：中华人民共和国文化部办公室，1982：11.

[3] 王邢华. 从苏南乡镇图书馆的崛起看中国农村图书馆事业的发展道路 [J]. 中国图书馆学报，1994（4）：36 - 41 + 65.

［4］沈红梅.嘉兴地区农村图书馆建设的历史教训及思考［J］.图书馆杂志，
2008（9）：34－35＋5.

［5］徐英明.实施"知识工程"，推动农村图书馆事业发展［J］.中国图书馆学
报，1998（2）：91－94.

［6］于良芝.我国基层图书馆的专业化改造——从全覆盖到可持续的战略转向
［J］.图书馆建设，2011（10）：7－11.

［7］郜向荣，郭卫宁，徐军华，等.基层图书馆生存状态忧思录——5省10县
图书馆调查纪实谈［J］.图书馆，2005（1）：18－24.

［8］金武刚，李国新.中国公共图书馆总分馆制建设：起源、现状与未来趋势
［J］.图书馆杂志，2014，33（5）：4－15.

［9］于良芝，邱冠华，许晓霞.走进普遍均等服务时代：近年来我国公共图书
馆服务体系构建研究［J］.中国图书馆学报，2008（3）：31－40.

［10］李保东.论镇街图书馆公共文化服务体系的构建——以东莞市厚街镇为
例［J］.图书馆，2011（1）：105－106＋112.

［11］冯娜.加强街镇图书馆服务能力的实践与思考——以上海浦东街镇图书
馆为例［J］.图书馆杂志，2017，36（9）：60－63.

［12］陈深贵.建设独立运作的街镇公共图书馆的必要性和可行性——以广州
为例［J］.图书馆论坛，2015，35（3）：16－20＋63.

［13］李保东.探讨镇街图书馆读者服务能力的提升——以东莞市厚街镇图书
馆为例［J］.图书馆论坛，2010，30（5）：42－45.

［14］李保东.镇街公共图书馆服务均等化路径研究——以东莞市镇街公共图
书馆为例［J］.图书馆理论与实践，2017（4）：61－65＋93.

［15］施志唐.基于综合评价指标体系的书香社会建设思路与实践——以"书
香东莞"建设为例［J］.图书馆研究与工作，2023（3）：20－25.

［16］肖鹏，唐琼，陈深贵，等.广州区域总分馆制实施路径探索：以基层管
理者为中心的研究［J］.中国图书馆学报，2016，42（3）：103－115.

［17］广州市人民政府.关于全面推进我市公共图书馆总分馆制建设的实施意
见［EB/OL］.（2018－11－13）［2023－05－10］. https：//www. gz. gov.
cn/zfjgzy/gzswhgdlyjyswhgdxwcbj/zdlyxxgk/ggwh/content/mpost＿2992029.
html.

［18］方家忠.广州市"图书馆之城"建设年度报告2021［M］.广州：广州出
版社，2022：28.

［19］广州图书馆.广州市"图书馆之城"建设年度报告2022［M］.广州：广
州出版社，2023：29.

［20］黄埔区公共图书馆. 黄埔区图书馆 2021 年年度报告［EB/OL］.（2022 -
06 - 06）［2023 - 05 - 11］. https：//www. gzhplib. cn/surveydetail. html？
Id = 212.

［21］广州市人民政府. 黄埔区发布广州首个"图书馆之城"品牌［EB/OL］.
（2022 - 08 - 04）［2023 - 05 - 11］. https：//www. gz. gov. cn/xw/zwlb/
gqdt/hpq/content/mpost_8520003. html.

［22］广州市黄埔区人民政府. 广州市黄埔区人民政府办公室关于印发黄埔区
文化和旅游发展"十四五"专项规划的通知［EB/OL］.（2021 - 09 -
30）［2023 - 05 - 14］. http：//www. hp. gov. cn/gzjg/qzfgwhgzbm/qzfbgs/
xxgk/content/post_7819499. html.

［23］程焕文教授为国家文化遗产与文化发展研讨会（2022）开幕式致辞
［EB/OL］.（2022 - 08 - 27）［2023 - 05 - 20］. https：//mp. weixin. qq.
com/s/——ID_8tEcPHrL9SyZadGbg.

［24］佛山市人民政府. 佛山市公共图书馆管理办法［EB/OL］.（2021 - 02 -
18）［2023 - 05 - 25］. http：//www. foshan. gov. cn/zwgk/zfgb/srmzfwj/
content/post_4756230. html.

［25］佛山市联合图书馆. 佛山市联合图书馆服务概况［EB/OL］.［2023 - 05 -
11］. https：//www. fslib. com. cn/site - fsunionlib/node/2175.

［26］佛山市联合图书馆. 标准体系——佛山市联合图书馆标准体系编制说明
［EB/OL］.［2023 - 05 - 25］. https：//www. fslib. com. cn/site - fsunion-
lib/node/2187.

［27］佛山市联合图书馆. 佛山首个公共图书馆服务体系地方标准颁布！［EB/
OL］.（2021 - 12 - 31）［2023 - 05 - 25］. https：//www. fslib. com. cn/
site - fsunionlib/info/11509.

［28］《南海图书馆年鉴》编辑部. 南海图书馆年鉴 2022［M］. 广州：广东人
民出版社，2022：76 - 77.

［29］《南海图书馆年鉴》编辑部. 南海图书馆年鉴 2022［M］. 广州：广东人
民出版社，2022：83 - 84.

［30］《南海图书馆年鉴》编辑部. 南海图书馆年鉴 2022［M］. 广州：广东人
民出版社，2022：90 - 91.

［31］《南海图书馆年鉴》编辑部. 南海图书馆年鉴 2022［M］. 广州：广东人
民出版社，2022：152.

［32］东莞市人民政府. 行政区划［EB/OL］.（2023 - 03 - 03）［2023 - 05 -
10］. http：//www. dg. gov. cn/zjdz/dzgk/xzqh/content/post_2824924. html.

［33］东莞市人民政府办公室. 5 大任务已定！2021 年"书香东莞"提升行动工作方案出炉［EB/OL］.（2021 - 08 - 23）［2023 - 05 - 11］. http：//www. dg. gov. cn/gkmlpt/content/3/3592/post_3592575. html#703.

［34］记录小康工程·广东数据库."朗"字成名片　擦亮文化品牌［EB/OL］.（2021 - 06 - 25）　［2023 - 05 - 13］. https：//gdxk. southcn. com/dg/dlzk/xwbd/content/post_705964. html.

［35］"书香东莞"提升行动进行时！东莞第十七届读书节启动［EB/OL］.［2023 - 06 - 22］. https：//whly. gd. gov. cn/gkmlpt/content/3/3495/mpost_3495572. html#2628.

［36］中山市人民政府. 行政区划［EB/OL］.（2023 - 02 - 24）［2023 - 05 - 20］. http：//www. zs. gov. cn/zjzs/zsgk/content/post_1669002. html.

［37］记录小康工程·广东数据库. 中山深化文化体制机制改革　立体式推进现代公共文化服务体系建设［EB/OL］.（2021 - 06 - 03）［2023 - 05 - 20］. https：//gdxk. southcn. com/zs/ktbg/content/post_360426. html.

［38］中山市人民政府办公室关于印发中山市国家公共文化服务体系示范区创新发展规划（2022—2025）的通知［EB/OL］.［2023 - 06 - 22］. http：//www. zs. gov. cn/zwgk/gzdt/tzgg/content/post_2211418. html.

［39］中山纪念图书馆. 中山市公共图书馆总分馆服务体系介绍［EB/OL］.［2023 - 05 - 20］. https：//www. zslib. cn/ejzwy. jsp？urltype = tree. TreeTempUrl&wbtreeid - 1093.

［40］广东省文化和旅游厅. 20 个空间入选 2022 年广东省最美新型公共文化空间案例［EB/OL］.（2022 - 11 - 24）［2023 - 05 - 20］. https：//whly. gd. gov. cn/service_newggwhzx/content/post_4051864. html.

B. 17

中国特色社会主义先行示范区的
"图书馆之城"事业创新发展

The "City of Libraries" in the Pilot Demonstration Area of
Socialism with Chinese Characteristics

张 岩*

[摘 要] 中国特色社会主义先行示范区是新时代党中央赋予深圳新的使命和任务。自2019年发布以来，深圳"图书馆之城"致力于"滋养民族心灵、培育文化自信"，坚守"传承文明、服务社会"初心，在精神理念上对标国家大局和深圳城市定位，协助政府开展顶层设计，制定地方法律、发展规划及标准规范，通过政协提案推动行业创新发展。市区各馆勠力同心，开拓进取，在中心馆引领下共同践行"全城一个图书馆"的理念，形成了以统一服务为代表的重大建设成果。自主研制"图书馆之城"核心管理系统ULAS，开展智慧图书馆探索与实践，持续推进科技赋能行业创新。打造了以南书房、讲读厅、悠·图书馆、灯塔图书馆、南山书房等为代表的各具特色、深受读者欢迎的新型文化空间和以"南书房家庭经典阅读书目""南书房夜话""共读半小时""阅在深秋"等为标杆的阅读品牌系列，提升了服务品质，涵养了城市文化土壤。引入社会力量，创办深圳捐赠换书中心，联合学校建设青少年阅读基地，开展文化志愿服务，构建"图书馆之城"生态圈。这些举措有力推动了"图书馆之城"事业不断创新发展，收获了良好的"城"就。

[关键词] "图书馆之城"；顶层设计；统一服务；新型文化空间；智慧图书馆；阅读推广；社会合作

[Abstract] The pilot demonstration area of socialism with Chinese characteristics is a new mission and goal entrusted to Shenzhen in the New Era. Since 2019, the builders of Shenzhen's "The City of Libraries" commit to "Nourishing

---

* 张岩，女，研究馆员，博士，深圳图书馆党委书记，馆长。

National Spirits, Cultivating Cultural Confidence", adhere to the original aspi-
ration of "Inheriting civilization, Serving society", aim at the national overall
situation and Shenzhen strategic positioning in spirit, assist the government to
develop the top-level design, formulate local laws, development plans, and
standard specifications, and promote industry innovation and development
through CPPCC proposals. All public libraries of Shenzhen carry out the same
concept of "One city One library" under the guidance of the central library,
and form the significant construction achievements represented by Unified Serv-
ice. Shenzhen library develops the core management system ULAS, conducts the
exploration and practice of smart library, and continuously promotes the scientif-
ic and technological innovation. The libraries of Shenzhen have constructed some
new cultural spaces with unique features which are popular with readers, such
as South Space, Lecture and Reading Hall, You Library, Lighthouse Library,
Nanshan Space, etc. and have created many reading brand activity, such as
"South Space Family Classic Reading Bibliography" "South Space Ye Hua"
"Reading Half an hour together" "Reading in November", etc. These spaces
and activities improve the service quality and cultivate the soil of urban culture.
The libraries of Shenzhen import social resources, establish Shenzhen Donation
and Book Exchange Center, found Youth Reading Base with schools, promote
cultural volunteer services , build the ecosystem of "Libraries of City". The a-
bove measures have effectively promoted the continuous innovation and develop-
ment of the "Libraries of City", and have gained good achievements.

[**Keywords**] The City of Libraries; Top-level Design; Unified Service;
New Cultural Space; Smart Library; Reading Promotion; Social Cooperation

2019 年 8 月，中共中央、国务院在《关于支持深圳建设中国特色社会主义先行示范区的意见》中提出深圳"要朝着建设中国特色社会主义先行示范区的方向前行，努力创建社会主义现代化强国的城市范例"，到本世纪中叶成为具有"竞争力、创新力、影响力卓著的全球标杆城市"。深圳"图书馆之城"致力于与"中国特色社会主义先行示范区""社会主义现代化强国城市范例"同心同向同行，充分发挥公共图书馆在"滋养民族心灵、培育文化自信"上的示范与引领作用，从精神理念上对标"城市文明典范""民生幸福标杆"，加强顶层设计，践行高质量发展要求，大力开拓创新，推动深圳"图书馆之城"事业高质量发展，打造"普惠均等、优质均衡"公共文化服务范例。

一、精神理念引领"图书馆之城"事业高质量发展

精神理念是人们经过长期的理性思考及实践所形成的思想观念、精神向往、理想追求和哲学信仰的抽象概括。习近平总书记曾深刻指出,"一个民族需要有民族精神,一个城市同样需要有城市精神。城市精神彰显着一个城市的特色风貌。要结合自己的历史传承、区域文化、时代要求,打造自己的城市精神,对外树立形象,对内凝聚人心。"[1]作为城市公共图书馆体系引领者,"图书馆之城"秉承与时俱进的城市精神和一脉相承的文化发展理念,引领公共图书馆事业高质量发展。

(一) 与时俱进的"深圳精神"

深圳经济特区是一座快速崛起的移民城市,是改革开放后党和人民一手缔造的崭新城市。改革开放以来,深圳曾经有过三次"深圳精神"大讨论。1987年深圳以"拓荒牛精神"为基础将"深圳精神"概括为"开拓、创新、献身",1990年提炼出以"开拓、创新、团结、奉献"为核心的"深圳精神",2020年提炼概括出"敢闯敢试、开放包容、务实尚法、追求卓越"十六字的"新时代深圳精神"。

"深圳精神"的迭代更新,精神内涵不断丰富,城市文化日趋成熟,意味着深圳城市定位与时代使命不断提升,"新时代深圳精神"为深圳社会主义先行示范区建设提供了坚强的思想保证和强大的精神动力,为"图书馆之城"的深圳实践指引了方向。

(二) 一脉相承的文化发展理念

城市精神是城市发展的灵魂。秉承与时俱进的"深圳精神",深圳文化发展理念坚定而持久。从20世纪80年代的"八大文化设施"到城市文化新地标——"新时代十大文化设施",从基层文化设施匮乏到星罗棋布、遍布社区的"千馆之城",从"文化立市"到"文化强市",从"深圳读书月"到"图书馆之城",从名家荟萃的"市民文化大讲堂"到粤港澳区域联动的"共读半小时""阅在深秋",从文化自觉到文化自强、文化自信,充分体现了深圳在文化发展理念上的一脉相承与高贵坚持。

"图书馆之城"建设亦是如此。20年始终如一在锻造一座"城",从建"馆"到建"城",从总分馆制到垂直总分馆制,从纸本到数字,从通借代还、通借通还到统一服务,从自助图书馆到自助图书馆网,从"微图书馆之城"

到智慧"图书馆之城"。"图书馆之城"在与城市精神、城市文化理念脉动中前行，构建"以市民精神文化需求为导向的现代公共文化服务体系"[2]，为区域文化中心城市和现代文明之城贡献力量。

（三）办馆理念的传承与创新

"图书馆之城"是一座全城图书馆业务高度融合的"千馆之城"，全市各馆以"全城一个图书馆"为共识，努力促进"图书馆之城"一体化发展。深圳图书馆作为中心馆与龙头馆，通过"一个平台、两层架构"全面引领"图书馆之城"的创新发展，其"服务立馆、科技强馆、文化新馆"的办馆理念深刻影响"图书馆之城"创新与发展方向。

服务是立馆之本。深圳图书馆首倡"开放、平等、免费"理念，首开国内公共文化场所全面免费的先河。在深圳图书馆的引领下，"以读者为中心"的服务理念已成为"图书馆之城"的核心价值观，各馆亦把读者服务作为宗旨或要务来抓。

科技是强馆之基。深圳图书馆建馆伊始就自带科技基因，研发出一系列业界耳熟能详的科技应用或产品，并在全国范围内得到广泛应用，极大地提升了全市各馆信息化、智能化水平。在深圳图书馆强大科技力量支撑下，"图书馆之城"体系化得以迅速发展，且形成了技术创新的全城生态。[3]

文化是新馆之魂。"传承文明、服务社会"是公共图书馆的使命与价值所在。深圳图书馆在国内首推"文化新馆"办馆理念，旨在"苟日新、日日新、又日新"（《礼记·大学》），以文化传播、文化创造，从源头活水的文化中汲取智慧，不断返本开新，推陈出新。围绕"文化新馆"理念，深圳图书馆系统规划、倾力改造了南书房等14个新型文化空间；率先设立专门的阅读推广部，精心打造了12个主题系列、近50个活动品牌；统筹全市图书馆阅读推广活动，2022年疫情之下全市活动突破1.8万场次、1,931.7万人次，活动效能提升显著。

二、顶层设计保障"图书馆之城"事业可持续发展

"图书馆之城"事业可持续发展离不开顶层设计者前瞻的视野远见、全盘的统筹规划与扎实的保障措施，是在现状的准确把握、政策的走向判断、行业的清晰了解、未来的发展趋势等多维因素权衡下的一种思考。作为中国特色社会主义先行示范区，顶层设计更需要引领者的理念而非跟随者的心态，创新示范者的心境而非循因守旧的思维。在深圳"图书馆之城"顶层设计中，政府

坚定保障、龙头馆开拓创新、行业团结协力,大力推动机制创新,全面保障事业协调、创新发展。

(一) 政策法规体系支撑力度增强

政策法规是"图书馆之城"事业高质量发展不可或缺的组成部分。2018年《公共图书馆法》正式施行,标志着我国公共图书馆事业正式迈入法制保障时代。深圳市各馆积极贯彻《公共图书馆法》,充分利用"法治城市示范"战略定位,开展《深圳经济特区公共图书馆条例》修订与《深圳经济特区全民阅读促进条例》宣贯落实工作。

深圳是国内首个为公共图书馆立法的城市。1997 年深圳市人民代表大会常务委员会颁布《深圳经济特区公共图书馆条例》,成为全国公共图书馆事业发展的重要标志事件之一。随着《公共图书馆法》的出台,深圳开始全面修订《深圳经济特区公共图书馆条例》,创新新增"图书馆之城""中心馆 + 总分馆""全城一个图书馆"等相关表述,并于 2021 年形成《深圳经济特区公共图书馆条例(修订征求意见稿)》。

深圳也是首个为全民阅读立法的城市。《深圳经济特区全民阅读促进条例》(以下简称《条例》)规范政府在全民阅读推广中应承担的责任和应发挥的作用。《条例》实施 6 年多来,"图书馆之城"打造了诸多各具特色、深受读者喜爱的新型文化空间和以"南书房家庭经典阅读书目""南书房夜话""共读半小时""阅在深秋"等为标杆的阅读品牌系列,构建持久有力的阅读保障体系,创下诸多全国第一,获得多项荣誉。

(二) 发展规划持续引领体系建设

发展规划是立足现实需要、着眼未来建设发展的大事要事,要具有全局思维和前瞻视野。"图书馆之城"建设自启动以来先后发布了 5 项建设规划,它们不断引领"图书馆之城"事业持续深入推进,为传播优秀文化、服务城市创新、营造书香社会做出更大贡献。

纵观历年来建设规划,内容持续聚焦于基础设施与网点建设、文献资源建设、统一技术平台建设等领域,体现了规划本身"一以贯之、一脉相承"并"与时俱进、持续深化"的特征。以文献资源建设为例,5 项规划均提出了具体的建设目标,从早期的单项指标到《深圳市民生净福利指标体系》《落实深圳市民生净福利指标体系公共图书馆人均藏书指标工作方案》,再到外借文献更新率、数字资源采购比例、专题特色资源建设、年新增纸质文献藏量,内容持续深入、细化、具体。总分馆制建设亦是如此。

表17-1　深圳"图书馆之城"建设规划（2003—2022年）

建设规划名称	文献资源建设目标	总分馆制建设进程
《深圳市建设"图书馆之城"（2003—2005）三年实施方案》	全市常住人口人均拥有藏书2册（件）	特区内的区、街道图书馆实行总分馆制
《深圳市建设"图书馆之城"（2006—2010）五年规划》	到2010年全市公共图书馆图书总藏量达到1,800万册（含电子文献）	全面实行以区馆为总馆街道馆、社区馆为主的总分馆制建设模式
《深圳市建设"图书馆之城"（2011—2015）规划》	2015年全市公共图书馆图书总藏量应达到2,530万册，人均公共图书馆图书藏量不低于2.3册	完善以区馆为总馆的总分馆管理体制，探索推进市、区总分馆的建设
《深圳市"图书馆之城"建设规划（2016—2020)》	2020年全市人均公共图书馆图书藏量不低于2.4册	全面推行总分馆制
《深圳市"图书馆之城"建设规划（2021—2025)》	2025年人均公共图书馆藏书量（含电子图书）2.8册	全面推进区级总分馆制垂直管理建设

除此之外，建设规划还创新性地提出"图书馆之城"云平台、"微图书馆之城"、特色主题分馆建设、智慧"图书馆之城"等契合了时代主题，为未来发展提供方向性指引。

（三）以标准规范体系促质量提升

近年来，"图书馆之城"各馆高度重视标准化建设，积极牵头或参与制定标准16个，其中国家标准3个，行业标准5个，地方标准7个，团体标准1个，内容涵盖RFID技术、业务建设、文献采编、数据统计等诸多领域，在"图书馆之城"建设中发挥着行业规范与治理等重要作用，达到了"以标准促规范，以标准促质量，以标准促提升"的目的。

表17-2　深圳"图书馆之城"标准规范（2003—2022年）

序号	标准名称	标准号	分类
1	《信息与文献图书馆射频识别（EFID）第1部分：数据元素及实施通用指南》	GB/T 35660.1—2017	国家标准

续表 17－2

序号	标准名称	标准号	分类
2	《信息与文献图书馆射频识别（RFID）第2部分：基于 ISO/IEC15962 规则的 RFID 数据元素》	GB/T 35660.2—2017	国家标准
3	《信息与文献图书馆射频识别（RFID）第3部分：分区存储 EFID 标签中基于 ISO/IEC15962 规则的数据元素编码》	GB/T 35660.3—2021	国家标准
4	《公共图书馆业务规范第3部分：县级公共图书馆》	WH/T 87.3—2019	行业标准
5	《社区图书馆服务规范》	WH/T 73—2016	行业标准
6	《图书馆射频识别数据模型第1部分：数据元素设置及应用规则》	WH/T 43—2012	行业标准
7	《图书馆射频识别数据模型第2部分：基于 ISO/IEC15962 的数据元素编码方案》	WH/T 44—2012	行业标准
8	《社区图书馆服务规范》（修订）	已立项，研究中	行业标准
9	《公共图书馆统一服务技术平台应用规范》	SZDB/Z168—2016	地方标准
10	《公共图书馆 RFID 技术应用业务规范》	SZDB/Z169—2016	地方标准
11	《公共图书馆统一服务书目质量控制规范》	SZDB/Z275—2017	地方标准
12	《公共图书馆统一服务业务统计数据规范》	DB4403/T 78—2020	地方标准
13	《公共图书馆智慧技术应用与服务要求》	DB4403/T 169—2021	地方标准
14	《无人值守智慧书房设计及服务规范》	DB4403/T 170—2021	地方标准
15	《公共图书馆统一服务报刊联合采编数据规范》	已立项，研究中	地方标准
16	《24 小时自助图书馆通用服务要求》	T/SZS4030—2020	团体标准

　　规范化体系建设是"图书馆之城"创新发展的另一着力点。2015 年深圳市文体旅游局印发《深圳市公共图书馆统一服务业务规范》，内含网点建设与管理等 5 个工作规范，2021 年新增统一认证等 4 个技术规范。2023 年进一步深化标准与规范建设，拟公开出版图书《"图书馆之城"标准规范与技术应用

要则》，该书将是 "图书馆之城" 标准规范体系的集大成者。

（四）以政协提案推动机制创新

近年来深圳图书馆持续关注基层图书馆事业发展，张岩馆长连续 3 年通过市政协提案《关于创新基层图书馆管理机制，打通公共文化服务 "最后一公里" 的提案》《关于实施 "深圳市公共图书馆提升工程" 的提案》等，建议创新基层图书馆运行机制，实施人财物一体化管理的区级垂直总分馆制，打通公共文化服务 "最后一公里"，使 "图书馆之城" 建设成果不断向基层渗透，为全国公共文化服务体系和社区文化建设探索经验。

市政协提案自提出后得到多方响应。深圳市文体旅游局随即下发推进县级图书馆总分馆制建设实施方案，并纳入《深圳市 "图书馆之城" 建设规划（2021—2025）》。各区包括宝安、龙岗、罗湖、盐田、南山、坪山等相继出台建设方案或实施方案，加快推进本区公共图书馆总分馆体系建设。至 2022 年各区纳入垂直管理的基层图书馆已达 146 家，总量占全市基层图书馆的 19.39%。

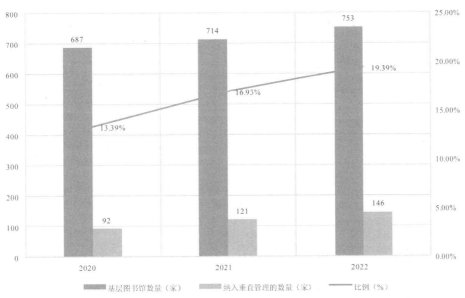

图 17-1　垂直总分馆制推进情况（2020—2022 年）

三、"全城一个图书馆"共识
促进"图书馆之城"走向统一

"全城一个图书馆"是市、区各馆多年来凝聚的共识,也是追求的愿景。它是在理念、机制、科技、管理等一系列集成创新后的具体表现形式,是中国特色社会主义先行示范区在公共文化体系建设上的深圳模式与深圳示范。围绕着这个共识,深圳图书馆搭建统一技术平台,构建"市级中心馆 + 区级总分馆"的超大城市总分馆制架构,推行统一服务,实现公共服务普惠均等。

(一)市区共建"全城一个图书馆"

"图书馆之城"创新体制机制,通过"政府主导、政策保障、市级合作、市区联合",突破现行行政管理体制壁垒,建立并不断完善城市公共图书馆体系建设和管理机制,构建起具有深圳特色超大城市总分馆体系,形成了市—区两级架构及市、区两级总分馆体系,建立了馆长联席会议制度,保障了"图书馆之城"可持续发展,为全国构建全覆盖的公共图书馆服务体系提供了深圳经验。

(二)中心馆引领区域事业发展

深圳图书馆通过先进理念、制度设计、发展规划、标准规范、平台搭建等,多领域、全方位引领"图书馆之城"事业高质量发展。"开放、平等、免费"理念深入人心,成为各馆根本之"道";"文化新馆"理念促进全民阅读事业大繁荣、大发展,提升了市民阅读品质;协助开展顶层设计,制定法律保障事业可持续发展与市民文化权益,制定发展规划前瞻性描绘发展蓝图;制定行业标准规范,保障全市各馆在同一规则下运作;搭建全市图书馆核心统一服务云平台,各馆均在同一平台上、同一服务规则下为市民提供无差别、均等化的统一服务;同时又不乏支持各馆开展特色化创新,如支持福田、南山、龙岗等各馆加入全市预借服务体系,各馆可根据本馆预借服务规则提供有针对性的预借服务。

(三)统一服务促进均等普惠

《深圳市建设"图书馆之城"(2003—2005)三年实施方案》提出"进一步完善服务体系",后逐渐发展成为"通借代还""通借通还"等业务并在全市各馆得到全面应用,深受读者欢迎。但自动化系统差异、服务规则混乱、数据不规范等因素制约其进一步发展，于是市、区各馆形成共识，提出搭建"图书馆之城"统一服务技术平台，启动"统一服务"，即统一服务规则、统一业务标识、统一读者证、统一文献揭示、统一RFID应用，由此也开启了从"建馆"到"建城"新征程。

经过十余载市、区各馆勠力同心、合作共建，统一服务成绩斐然。至2022年底，全市661家、84.85%的公共图书馆加入统一服务，其中区馆于2012年、街道馆于2021年实现统一服务全覆盖，提前完成《深圳市"图书馆之城"建设规划（2021—2025）》目标值；社区图书馆覆盖率84.76%，社区图书馆加入统一服务比率80.45%。它们在基层的数量、覆盖比例及统一服务加入比例，对于公共服务在基层的覆盖具有重要作用。

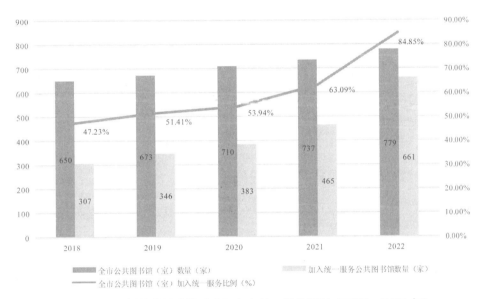

图17-2 深圳公共图书馆（室）加入统一服务情况（2018—2022年）

统一服务能在全市范围内迅速推行，因其服务便利而备受市民青睐。统一服务的读者只要拥有一张"图书馆之城"读者证，即可在加入统一服务的任一公共图书馆享用相同规则的图书馆服务。据统计，"图书馆之城"96.34%的读者是通过统一服务成员馆完成注册、91%和90.6%的文献分别是通过统一服务成员馆完成外借和还回，且异地还回文献比例由2018年的14.69%提升至2022年的20.17%，意味着市民对于统一服务的接受程度在显著提升。

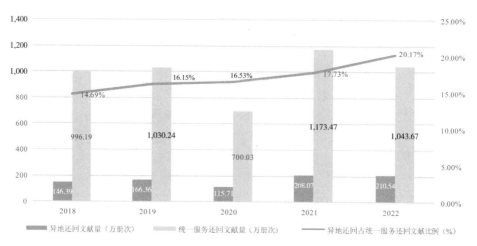

图 17-3　异地还回文献情况（2018—2022 年）

如今统一服务已成为"广东省特色文化品牌"，是"图书馆之城"建设的重要内容与标识，是中国特色社会主义先行示范区"图书馆之城"建设的重大成果，是文明典范城市的文化表达，对于城市公共文化如何走进基层、走向市民身边、实现普惠查均等具有较强的示范价值。

（四）自助图书馆是统一服务先锋

深圳图书馆首创的城市街区 24 小时自助图书馆，可为市民提供查询、借还、续借、预借及电子图书阅览等服务，被誉为"第三代图书馆"，自推出以来广受人们关注，并在全国乃至全球范围内得到广泛应用。

作为一体化全自助式设备型产品，具有快速部署、普惠均等、无人值守、全天候服务及连点成网等诸多优势，且没有分馆专业人员配置门槛，对于快速推进统一服务具有重要的作用。现全市各区均衡部署 307 台自助图书馆，它们建设主体和设备类型各不相同，深圳图书馆坚持"市建共管为主体、支持区建区管加入网络"原则，鼓励各区探索承担本辖区自助服务网络建设及日常运营投入，共同营造自助图书馆多元发展生态。

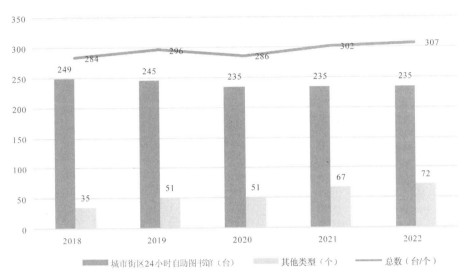

图17-4 "图书馆之城"自助图书馆数量（2018—2022年）

自助图书馆作为统一服务重要组成部分，已成为全城文献预借服务的主要渠道。2022年自助图书馆全年文献外借量（含续借）104.99万册，占全市统一服务平台外借量的7.16%；还回文献176.6万册，占全市统一服务平台还回量的16.92%。这些数据表明，自助图书馆已成为深圳"图书馆之城"总分馆体系的重要分支和显著特色。

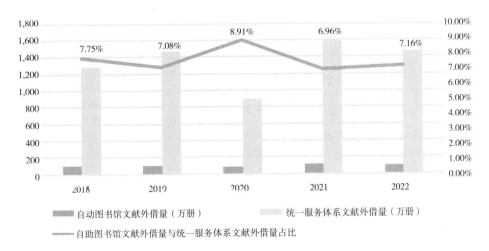

图17-5 自助图书馆与统一服务体系文献外借量占比

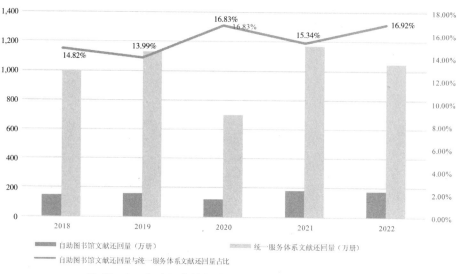

图 17-6　自助图书馆与统一服务体系文献还回量占比

（五）统一服务的纵深与拓展

"图书馆之城"持续推进统一服务向纵深发展，并不断拓展统一服务。

升级读者服务规则，满足读者阅读需求。在深圳图书馆推动下，"图书馆之城"统一服务先后推出"增量增时"和"倍增计划"，提高读者可外借册数、外借时间和外借权限，同时改变续借期限的起始时间计算方式。据统计，"倍增计划"实施以后，当年（即 2021 年）新增统一服务的注册读者同比增长 54.51%，文献外借量同比增长 79.63%，双双创历史记录。

推行一人一证，创新读者注册方式。针对多馆办证、一人多证等乱象，市区各馆开展读者数据清理工作，保证一人一证，为后续推进身份证登陆、电子读者证等多元化读者认证机制奠定了基础；完善实名认证机制，上线"虚拟读者证"，构建读者信用体系免押金的"鹏城励读证"，接入"粤读通"，实现广东省"9+1"城市跨市注册。

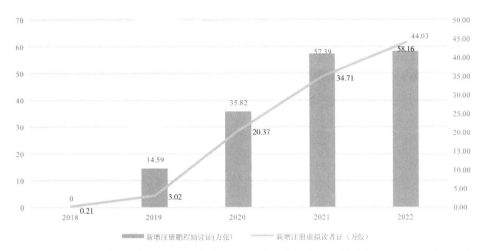

图17-7 "图书馆之城"统一服务新增注册鹏城励读证和虚拟读者证（2018—2022年）

开展书目质量控制，提升统一服务质量。针对全市书目数据库重复、冗余等影响读者体验问题，深圳图书馆搭建全市联合采编平台，开展书目质量控制工作，研究编制图书与报刊两个市级标准，举办深圳"图书馆之城"编目培训班。现"图书馆之城"中央书目库已基本实现"同一种书刊有且仅有一条书目记录"的目标，各区馆新编书目数据在联合采编平台利用率2022年达到78.03%。

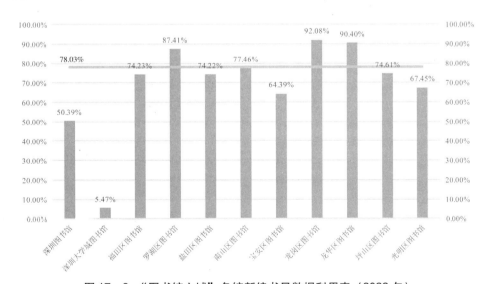

图17-8 "图书馆之城"各馆新编书目数据利用率（2022年）

统一服务不断拓展到图书预借、新书选借、图书转借以及活动管理等领域。图书预借是参与各馆建立预借书库，读者提交预借请求后配送至网点或到家，一般时效在48小时以内，现已成为图书馆外借服务的重要方式。新书选借是指各馆引入读者力量参与图书采购，并为其快速外借服务。至2022年市、区共8家馆提供新书选借服务，选借人次从2018年33,411人次攀升至2022年49,567人次。活动管理系统则统一活动属性，实现活动全流程化管理，目前已接入"i深圳"政务平台，实现全市公共图书馆活动报名"一键预约"和活动数据"一网统管"。

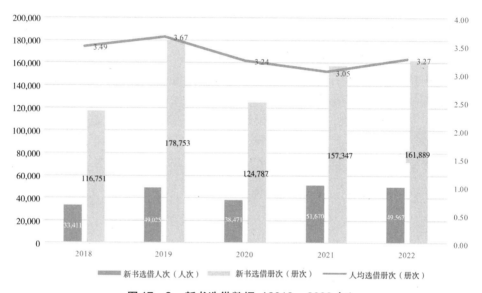

图17-9　新书选借数据（2018—2022年）

四、科技赋能推动"图书馆之城"不断创新与超越

自主研制核心管理平台与持续推进科技赋能、行业创新，是深圳"图书馆之城"建设的一大特色。深圳图书馆依托"数字图书馆体系结构研究与应用开发"和"公共图书馆现代科技应用研究"两大国家级科研项目，自主研发并不断升级拓展"图书馆之城"中心管理系统，打造集全分布式架构、资源集成化部署、可横向扩展与统一调度于一体的新型网络数据中心，全面推动"图书馆之城"一体化、智能化与智慧化。

（一）统一技术平台重构与升级

统一技术平台是"图书馆之城"的技术核心，是全市1,086家（个）图书馆、2,500余名工作人员的业务工作平台，也是市民查询资料、办理读者证、借还图书及参与图书馆建设的重要平台。它源于20世纪80年代的ILAS，按数字图书馆体系的数据结构升级为dILAS，并于2006年深圳图书馆新馆开放时全面应用。随着总分馆制和统一服务不断推进，深圳图书馆推出"图书馆之城"中心管理系统ULAS。

随着新业务在图书馆行业的不断推进，ULAS功能也在不断深化与拓展：开通"虚拟读者证"，接入"粤读通"工程，读者通过移动设备完成线上办证；搭建全城预借服务平台，保障全市预借服务的一致性，基于该平台衍生出"快递到家""新书选借"等创新业务；构建联合采编平台，推动中文图书联合采编智慧化转型。据统计，目前ULAS子系统多达90余个，可为全市不同规模、不同层级的公共图书馆提供核心业务，各馆也可通过ULAS开放接口打造自身特色系统，各服务商可通过认证全面参与"图书馆之城"建设，基本实现中心馆、成员馆、各厂家间的共融共生。

（二）网络数据中心协同创新

深圳图书馆是"图书馆之城"网络数据中心，承担着全市网络体系构建、算力与数据安全保障等责任。中心内防火墙、交换机等核心网络设备均采用双机、双链路配置，建立互为备份、互为分流和负载均衡的运行机制。为保障全市各馆各项业务正常开展，共接入11条链路4,962 Mbps带宽。此外，为满足馆外自助图书馆服务机业务需求，引入了1,105 Mbps（每台5 Mbps）带宽的MPLS - VPN线路。

中心前瞻性规划算力，引进有2套小型机集群作为全城业务系统核心设备，一套为"图书馆之城"业务核心数据库提供算力；另一套为深圳图书馆主网站及相关服务提供算力。此外中心还部署了多台服务器。随着北馆开放运营，中心拟引入基于虚拟化架构的超融合平台作为"图书馆之城"的算力基础。

存储采用主流"SAN + NAS"相结合的存储架构，还实现数据库级的本地和异地备份，同步时差达到秒级，全面保障数据安全。

（三）智慧图书馆应用场景广泛

深圳"图书馆之城"较早开启了图书馆智能化、智慧化建设进程。作为国内首家全面应用 RFID 技术的公共图书馆，深圳图书馆开启了国内智能图书馆建设的序幕。以 RFID 物联网关键技术为基础，深圳图书馆持续开发了 RFID 文献智能管理系统、RFID 智能书车、城市街区自助图书馆等诸多耳熟能详的设备和系统，并通过牵头或参与国家、行业标准的制定，打造技术应用生态，为 RFID 技术在全市乃至全国的应用推广发挥了先行示范作用。

随着人工智能技术应用，"图书馆之城"大力开展智慧场馆建设和智慧空间打造，智慧系统研发、大型智能设备引进实施。智能书架实现架位图书监控、清点、图书查询定位、阅读记录统计、错架统计等功能；大型智能立体书库采用智能化技术实现文献高效存取。盐田区图书馆智慧书房引入智慧管理系统，应用物联网、AI 交互、大数据分析等技术，实现了全区场馆运营情况实时联通、一体融通，并成功入选"全国基层公共文化服务高质量发展典型案例"。

市区各馆积极融入智慧城市体系建设，通过对接政务平台拓展图书馆服务，包括对接"i 深圳"APP、"粤省事"小程序等发布图书馆主要业务数据，通过"一键预约"政务平台在全市推广读者活动预约等项目，通过接入电子社保卡关联读者证拓宽服务范围。

五、新型文化空间提升"图书馆之城"服务品质

为提升市民的文化获得感与幸福感，市区各馆打造了一批具有鲜明特色和人文品质的新型文化空间，广泛分布于商业中心、产业园区、公园、街区、民宿等人流密集区域，融合经典阅读、分众阅读、名家讲座、读者沙龙、智慧空间、轻食餐饮等各类服务于一体，以书房或书屋、图书馆或分馆、空间民宿等各类形式存在。它们主要以推动、引导、服务全民阅读为重要任务，设计上坚持以"人为中心的图书馆"发展理念，以图书为媒，围绕开放性、现代性、便利性、特色性等原则，打造"小、精、美"的新型公共文化空间。

（一）定制面向分众读者的阅读空间

针对读者群众的分众现象和不同受众群体的多样化需求，图书馆服务迈向分众化、精细化，市区各馆推行分众阅读，积极创办"分众阅读空间"。市、区各馆结合不同群体的生理特点、心理差异营造阅读环境，并集合群体的兴趣爱好、认知能力、知识水平开展阅读推广活动，打造"资源 + 设备 + 服务"三位一体的定制化读者主题服务空间。深圳图书馆的视障阅览室、七巧板绘本阅览区、创客空间，宝安区图书馆的婴幼儿馆，盐田区图书馆的邂逅图书馆

等，均是针对特定分众人群定制化开展新型阅读空间营造的典型代表。

（二）打造经典阅读与学术文化建设空间

喧嚣的现代文明演进需要文化守望与深耕，倡导经典阅读，弘扬优秀传统文化是返本开新的文化建设[4]，可以提升市民人文素养和城市文化品质。深圳图书馆把经典阅读与学术文化建设结合起来，在全国率先创意打造了经典阅读新型文化空间——"南书房"，该空间集经典阅读、学术活动与展示功能于一体，为市民在城市中心提供一张安静的"心灵书桌"。依托"南书房"经典阅读空间，深圳图书馆已连续 10 年发布"南书房"家庭经典阅读书目，举办"深圳学人·南书房夜话""人文讲坛"等学术沙龙讲座。坪山区图书馆也开辟了"星光书屋"等经典阅读空间。

（三）融合特色资源与知识服务空间

深圳图书馆结合经济发展需要和地缘优势，率先在国内创设时装馆、法律馆等专题馆中馆，走在国内公共图书馆专题服务的前列。随着"以人为中心"的图书馆理念发展，专题馆开始向特色主题馆转型升级。深圳图书馆 2013 年打造的深圳学派专区是一个深圳地方学术资源展示与交流的空间，重在搜集、保存、推介和展示深圳学人的学术成果，助力学术文化建设。全市各馆也非常重视特色主题图书馆建设，计划从 2021 年底 46 家新增到 2025 年 62 家，实现不同人群和行业的覆盖。

（四）探索智慧服务体验新空间

在物联网和人工智能等新兴科技驱动下，"图书馆之城"各馆依托深圳地区物联网技术先发优势，开展了形式多样的智慧化服务探索。深圳图书馆打造了多个智慧化应用场景，即将开放的深圳图书馆北馆融合楼宇智能化与仓储智能化，构建数据中台和数据交互平台，通过一体化协同的理念充分发挥平台优势，体现智慧技术应用的自主性和先行示范。盐田区图书馆依托"盐田区智慧图书馆服务平台"，推出集刷脸进馆、自助办证、通借通还等智慧图书馆功能于一体的 10 间智慧书房。

（五）建设文旅融合地方特色空间

"以文塑旅、以旅彰文，推进文化和旅游深度融合发展。"党的"二十大"报告明确指出了文化与旅游二者关系。市区各馆基于文旅融合的理念，通过"图书馆＋景区""图书馆＋公园""图书馆＋民宿"等形式，结合地方特色，打造了一批深受市民欢迎的文旅融合阅读新空间。深圳图书馆求贤阁分馆是"图书馆之城"首家建在公园里的图书馆，分馆开设于深圳人才公园内，成为公园一景；大鹏新区依托优美的生态环境，打造了一批精品民宿阅读空间，如崂叭图书馆民宿、素锦别院民宿、影香民宿等，颇受游客喜欢。

六、阅读推广涵养"图书馆之城"文化土壤

无论是《公共图书馆宣言》，或是《公共图书馆法》，都重视公共图书馆阅读推广的使命。阅读推广作为全民阅读的重要举措，公共图书馆作为全民阅读的主阵地，深圳率先将全民阅读上升至城市文化战略，成为全国首个为全民阅读立法的城市，推动了温州、宁波、烟台等国内其他城市开展阅读促进立法相关工作，发挥了引领示范作用。"图书馆之城"各馆通过主题引领、阅读品牌打造、区域协同联动、阅读推广形式创新等贯穿全民全域全景全媒，发挥阅读对城市文化发展的辐射力、影响力和推动力。

（一）聚焦主题深入推进全民阅读

市区各馆围绕文化自信自强，以社会主义核心价值观为引领，深入推进全民阅读。聚焦年度主题开展丰富活动，研制推广主题书单，实现以文化人、以文化物、以文化城，大力塑造城市人文精神。

聚焦年度主题，传递时代力量。深圳图书馆结合年度主线和重大时间节点，策划"读红色文献 讲深圳故事——庆祝中国共产党成立 100 周年主题展""从文献看深圳——深圳经济特区建立四十周年地方文献展"等系列活动，从形式、主题、内容等对读者进行阅读引导。

研制推广主题书单，涵育阅读风尚。市区各馆通过发布主题书单、新书推荐、图书评选等多样化的形式，向各阶层、各年龄段的读者开展阅读活动，有效引导全民阅读。深圳图书馆启动"南书房家庭经典阅读书目"推荐推广十年计划，推动经典文化回归；坪山图书馆推出"坪山自然博物图书奖"，评选自然博物类好书。

（二）分众阅读打造阅读推广品牌

市区各馆以"分众"为切入点，针对阅读个性化特点及阅读推广活动群体性特征建立分级管理体系，定制不同的阅读服务。

未成年人阅读"阅见未来"。未成年人是国家的未来和民族的希望。深圳图书馆联合各区馆打造"少儿智慧银行"项目，引导少年儿童养成良好的阅

读习惯，2021年该项目入选中国图书馆学会"2020年阅读推广示范项目"。南山区图书馆推出"阶梯计划"、光明区图书馆推出"星阅光明"系列少儿阅读计划。

银发阅读老有所乐。市区各馆为老年人打造便捷舒适阅读环境，构建多维活动体系，保障老年读者文化权利。深圳图书馆推出"银发阅读计划"；罗湖区图书馆打造"绎说养生"活动品牌，让中老年读者获取正确的养生保健知识。

特殊群体阅读点亮希望。市区各馆开展多元化特殊群体服务让社会更多的人关注关爱特殊群体。南山区图书馆围绕视障、自闭症儿童等特殊读者，推出"阳光计划"阅读推广系列，其中"星星点灯"自闭儿童读书会项目因打造可复制的样本而入选中国图书馆学会"2018年阅读推广优秀项目"。

数字阅读打造阅读新生态。市区各馆坚持内容为王，创新服务模式，推动互联网与阅读融合。深圳图书馆基于微信小程序整合30余万种优质资源，打造"数字阅读馆"，一站式访问与阅读全文。南山区图书馆推出"南图领声者"，由专业老师带领市民线上深度阅读。

（三）区域联动共同营造书香社会

市区各馆持续推进全民阅读领域的交流和合作，联动行业和社会各界力量，汇聚不同领域优质资源，策划组织开展全民全域联动活动，发挥深圳"全球全民阅读典范城市"标杆作用，推动书香社会建设。

"共读半小时"活动于2016年由深圳市图书馆界发起并逐步扩展到粤港澳地区图书馆联合举办。2022年"共读半小时"活动线上线下多平台联动，粤港澳地区34个城市、207家图书馆或单位、1,053个共读点、累计约400万人次共同参与线上线下共读活动，各类媒体报道近200篇次，区域联动效应更加凸显。

"阅在深秋"公共读书活动是"图书馆之城"以多馆联动、面向市民集中开展的大型户外阅读嘉年华。自2017年以来，已连续成功举办六届。2021年全市13家图书馆从"阅读＋智慧科技""全民阅读新阵地"等角度解构"面向未来的图书馆"，让市民了解各馆特色资源、主题活动与技术创新，感受阅读的乐趣。活动现场参与市民达3万余人次，图片直播观看人次近16万。

此外，"思维之星"深圳大学生思辨大赛、广东省"图书馆杯"英语口语大赛、"深圳·澳门文化交融互鉴"系列活动、"深圳·敦煌城际交流"活动、"一带一路"图书馆联盟等诸多跨界、跨区域阅读推广活动，拓展了文化视野，让图书馆优质资源更多惠及大众。

（四） 阅读推广新模式与新探索

市区各馆在传播渠道、活动形式与内容上不断探索和创新，持续提升阅读推广活动的覆盖面及其影响力。

渠道与形式创新。借助网站、微博、微信等新媒体平台优势，创新阅读推广活动形式，以线上直播、AR 虚拟现实、创意阅读等实现优质活动内容的供给与传播。2020 年粤鄂澳"共读半小时"活动首创 AR 线上共读总会场，邀请文化名人与社会各界人士代表作为领读人一起云共读。

开展研学活动。深入挖掘整理地方文化旅游资源，依托地方特色资源项目，不断探索与创新"研学旅行＋阅读推广"的实现路径与模式。深圳图书馆推出"深圳记忆"文化之旅走读活动，带领读者走进凤凰古村、沙井古村落群等地，成为具有地方文化特色的阅读活动品牌。

科技赋能助力全民阅读推广。深圳图书馆牵头开发研制"读吧！深圳"读者活动管理平台，实现全市图书馆全量文化活动预告信息和预约等相关数据的实时采集与共享；发布阅读账单《我的阅读时光》，第一时间分析并掌握青少年的阅读现状、阅读兴趣和阅读能力。

七、社会合作拓展"图书馆之城"各馆朋友圈

市区各馆开展广泛社会合作，吸纳具有相同价值观和信念目标的社会力量，在文献资源建设、阅读推广活动、新型空间建设、服务网点建设、图书馆宣传推广等领域开展 600 余个社会合作项目，共同打造优质公共文化服务。其中深圳图书馆与近 200 家机构或个人建立合作关系，开展 372 个社会合作项目，社会合作折合资金金额约 5,026.33 万元。

（一） 联合创建深圳捐赠换书中心

深圳图书馆与深圳关爱办、深圳报业集团联合创建的深圳捐赠换书中心，秉持"公益、共享、关爱"的理念，接受市民读者捐赠、交换图书，并组织与捐赠、换书、阅读相关的公益活动。该中心自带社会化合作基因，在分中心、服务站、换书驿站等体系建设上探索多样化的社会合作机制和建设模式。近年来更借力新媒体短视频以及直播平台，创设"落果直播间"换书直播品牌，通过直播的方式线上与广大的读者分享好书。

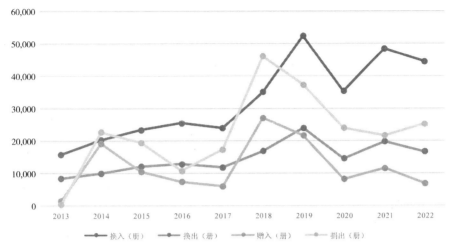

图 17-10　深圳捐赠换书中心数据（2013—2022 年）

经过 10 年的发展，至 2022 年底，已建成 1 个中心、6 个分中心、10 个服务站、3 个换书驿站，形成了由中心、分中心、服务站（换书驿站）构成的二级服务网络。截至 2022 年底，中心接待读者 8.6 万人次，交换图书 47.4 万余册，对外捐赠图书 161 次、22.5 万册，援建"公益书屋"达 119 个，网络规模和社会影响力持续扩大。

（二）创新馆校合作机制

馆校合作是图书馆服务青少年的重要途径，为"书香校园"建设提供新生力量。市区各馆于 2014 年开启馆校融合发展之路，至 2022 年底，超过 62 万册图书及丰富的数字资源进入校园，与 17 所学校合作共建图书馆，在 35 所学校布设自助图书馆服务机，通过共建阅读基地、实施阅读计划等方式为 164 所学校提供文献和专业化阅读推广资源。

深圳各市区馆馆校合作可分为合作分馆建设、集体外借、送资源进学校、布设自助图书馆等模式。2018 年深圳图书馆创新馆校合作机制，启动"青少年阅读基地"项目，打造"馆校联盟"品牌，为师生办理"图书馆之城"读者证、指导建设经典阅读空间、配置"南书房家庭经典阅读书目"及其他精选图书、开展阅读文化活动等，积极探索青少年阅读推广新模式。至 2023 年 6 月已与 5 所高中、1 所职业学校和 6 所小学合作建设了 12 个"青少年阅读基地"，充分发挥公共图书馆作为青少年"第二课堂"的积极作用。

（三）合作建设社会分馆

分馆建设是社会合作的重要领域，是政府主导公共文化服务体系建设的有益补充，丰富了城市图书馆服务体系。[5]市区各馆积极引入社会力量，合作对象包括党政机关、事业单位、企业、公园、学校等。

与党政机关、事业单位合作，助力学习型政府、学习型社会建设。深圳图书馆与海丰县小漠镇人民政府合作建设深汕特别合作区首家"图书馆之城"统一服务网点小漠分馆；与企业合作，满足园区员工文化需求。深圳图书馆与创维集团、富士康科技集团、深圳新百丽鞋业（深圳）有限公司分别打造创维分馆、富士康分馆和新百丽分馆；盐田区图书馆联合大梅沙水上运动中心共建首个智慧书房听海图书馆。与公园合作，打造城市文化生活新空间。深圳图书馆携手华润（深圳）有限公司、深圳人才公园建立求贤阁分馆。

（四）推动文化志愿服务

文化志愿服务是社会机构或个人参与公共图书馆建设与服务的重要方式。深圳是全国志愿服务发源地之一，也是我国内地第一个法人义工组织、第一批国际志愿者、第一部义工法规诞生地。各馆积极开展文化志愿服务，如福田区图书馆"一间书房"项目采用以公益文化志愿者领读、市民读者自愿报名参加的形式，为读者提供了一种读书分享与交流的途径。据统计，至2022年底，市、区各馆共建立23个文化志愿者服务队伍，注册志愿者人数达45,124人。

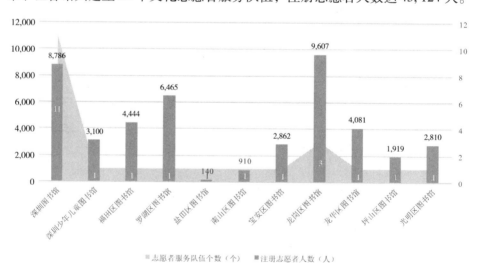

图17-11 "图书馆之城"各馆志愿者服务数据（2022年底）

作为 "图书馆之城" 的中心馆与龙头馆，深圳图书馆积极推动文化志愿者参加图书馆管理与服务，建立了 "深圳图书馆文化志愿服务站" "阅读推广" "公益法律服务团队" 等 11 个专业化志愿服务团体。据统计，2018—2022 年，参与服务志愿者 34,878 人次，提供志愿服务 6,163 场，服务总时长 92,359.9 小时，受益总人次达 5,413,698 人次，获各级表彰奖励达 13 项。

八、数说 "城" 就

（一） "千馆之城" 全域覆盖

2018 年 "图书馆之城" 各类型图书馆数量共计 946 个，2022 年增长至 1,086 个 ［其中公共图书馆（室）779 个，自助图书馆 307 个］，5 年共增加 140 个，实现每 1.84 平方公里、每 1.63 万人拥有 1 家（个）图书馆，实现了区域和类别的全面覆盖。

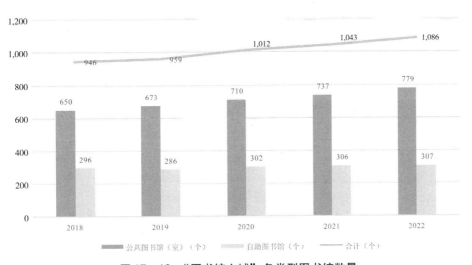

图 17-12 "图书馆之城" 各类型图书馆数量

（二） 文献总藏量增长 40.91%

2018—2022 年，"图书馆之城" 文献总藏量由 4,295.8 万册/件增长至 6,053.35 万册/件，5 年间共增加 1,757.50 万册/件，增长 40.91%。其中 2022 年纸质文献总量 2,866.98 万册，比 2018 年增长 15.81%；电子文献总量 3,127.68 件，比 2018 年增长 77.77%；视听资料总量 58.69 万件，基本维持原状。

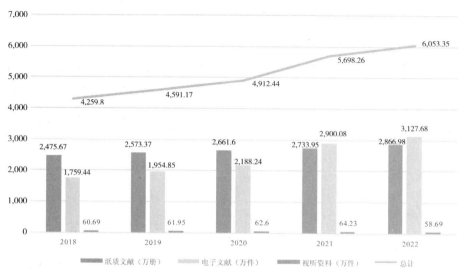

图 17-13 "图书馆之城"文献总藏量

（三）全市读者持证率突破23%，5年增长56.05%

"图书馆之城"累计注册读者稳步增长，从2018年的267万人增长至2022年的416.65万人，增加149.65万人，增长56.05%，持证率达到23.59%。

5年来由于全市统一服务读者注册体系不断完善，线下线上注册平台不断拓展，统一服务累积注册读者量占"图书馆之城"累积注册读者比例从2018年的80.85%提升至2022年的96.29%，统一服务效能持续显现。

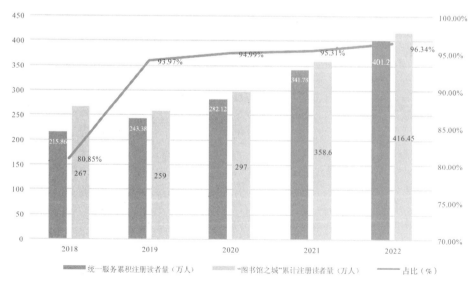

图 17-14 "图书馆之城"累计注册读者量

（四）文献外借量突破疫前水平

2018 年"图书馆之城"文献外借量 1,369.7 万册次，2020 年因疫情影响文献外借量下滑至 894.71 万册次，2021 年推出"倍增计划"、家庭证项目等，2022 年再次扩大鹏城励读证借阅权限。经过各馆不断创新及文献外借相关政策的不断调整，至 2022 年文献外借量达 1,611.32 万册次，全市人均外借量约 1 册次/人。

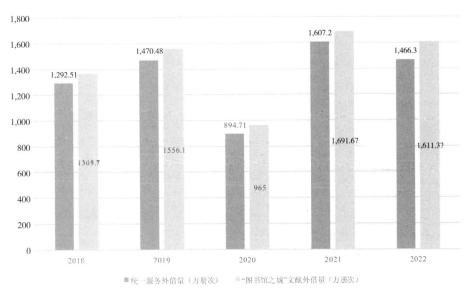

图 17-15 "图书馆之城"文献外借量

（五）活动人次增长 2.86 倍

2018—2022 年，全市公共图书馆读者活动场次由 14,334 场增加至 18,200 场，增长 26.97%；读者活动参与人次由 501 万人次增长至 1,931.71 万人次，增长 2.86 倍。由于疫情影响，全市各馆线下读者活动数量出现一定程度下滑，但线上活动资源供给力度和宣传力度加大，活动参与人次于 2021 年突破千万大关后，2022 年再次同比增长 62.5%，接近 2,000 万大关。活动效能中单场活动参与人次从 2018 年 350 人次增长至 2022 年 1,061 人次，增长 2.03 倍。

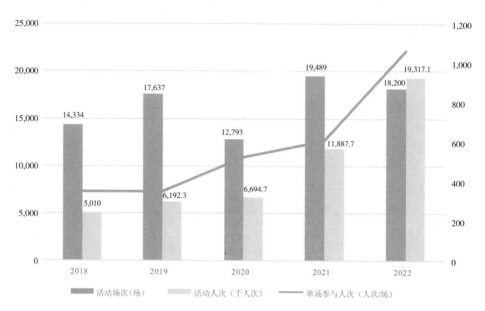

图 17–16 "图书馆之城"读者活动场次、人次

纵观"图书馆之城"建设近年来取得的"城"就，不断提高站位意识，积极践行国家战略和城市定位，结合专业特征做好战略规划与顶层设计，承担起了城市中心馆的引领职责，凝聚了行业共识，推动了事业创新发展，是中国特色社会主义先行示范区"图书馆之城"建设的重要经验。

参考文献

［1］ 新华网. 中央城市工作会议在北京举行［EB/OL］.（2015 - 12 - 22）［2023 - 06 - 10］. https：//www. chinacourt. org/article/detail/2015/12/id/1773307. shtml.

［2］ 深圳特区报. 深圳加快建设区域文化中心城市和彰显国家文化软实力的现代文明之城实施方案即将出台　现代文明之城展宏图［EB/OL］.（2020 - 07 - 24）［2023 - 06 - 10］. http：//www. szss. gov. cn/sstbhzq/ssw/jrss/jryw/content/post_7920506. html.

［3］ 张岩. 创新引领发展："图书馆之城"20 年述略［J］. 公共图书馆，2023（1）：4 - 10.

［4］ 张岩. 从经典阅读到返本开新的文化建设——以深圳图书馆"南书房"经

典阅读空间为例 [J].图书馆论坛, 2016, 36（1）: 61 – 66.

[5] 张岩, 王洋.从探索实践到先行示范——"图书馆之城"的深圳模式 [J].图书馆论坛, 2021, 41（1）: 64 – 70.

IV. 18

广东省公共图书馆事业发展大事记*

2018 年

1月25日，广东图书馆学会未成年人图书馆服务专业委员会成立大会在深圳少年儿童图书馆召开。

1月29日，佛山市图书馆召开2017年度工作总结表彰暨建馆60周年传承大会。

3月14—16日，原广东省文化厅主办的"学习贯彻公共图书馆法（公共图书馆馆长）培训班"在广东省立中山图书馆举行。

3月21日，东莞图书馆与广东省科技图书馆签署全面战略合作框架协议。

3月30日，"2018广州读书月"启动仪式暨书香羊城十大好书发布活动在广州图书馆举行。

4月2—4日，由广东图书馆学会未成年人图书馆服务专业委员会主办的首届广东省少儿阅读推广人培训班在深圳少年儿童图书馆成功举办。

4月10—12日，中国盲文图书馆联合广东省立中山图书馆和广东省盲人协会，在广东省立中山图书馆举办广东省盲人数字阅读推广与信息化应用培训班。

4—6月，广东省立中山图书馆分别在梅州、清远、江门举办三期广东省公共数字文化培训班。

4月22日，在第23个"世界读书日"到来之际，由中共广东省委宣传部等全省全民阅读成员单位联合举办的2018年"书香岭南"全民阅读活动在广东省立中山图书馆拉开帷幕，副省长黄宁生出席。

4月22日，广州图书馆举办"阅读新时代——第三届广州读书月发布会"。

4月23日，由中共深圳市委宣传部、深圳市文体旅游局主办的"2018年

---

* 整理者：何杰锋，副研究馆员，本科，1109511533@qq.com。

'图书馆之城'4·23 世界读书日系列活动"启动仪式在深圳图书馆举行。

4 月 23 日，第三届"共读半小时"全城阅读活动在深圳开启。广东图书馆学会"4·23"世界读书日启动"百馆荐书、全城共读"全省阅读活动。

5 月 7 日—6 月 8 日，由国家古籍保护中心主办的"第八期全国古籍修复技术与工作管理研修班"在广东省立中山图书馆举行。

5 月 18 日，广东省第八届盲人诗歌散文朗诵大赛决赛暨第四届盲人散文创作大赛颁奖典礼在广东省立中山图书馆举办。

5 月 27 日，第八届图书馆杯广东全民英语口语大赛总决赛在广东省立中山图书馆举行。

6 月 1 日，由中国图书馆学会公共图书馆分会城市图书馆工作委员会、广州市图书馆学会与广州图书馆联合承办的 2018 年中国图书馆年会"城市图书馆年报制度"学术分会场在河北廊坊国际会议展览中心举行。

6 月 1 日，潮州市图书馆举行新馆开馆仪式。

6 月 22 日，由广东图书馆学会、广东省高等学校图书情报工作指导委员会联合举办的"新时代图书馆服务创新·智慧图书馆论坛"在广州市珠岛宾馆举行。

6 月 24 日，"风雅颂——第四届广东省朗诵大赛"总决赛颁奖典礼在广东省立中山图书馆举行。

8 月，在广东省科学技术情报学会举行的 2018 年度优秀科技情报成果、优秀科技情报工作者评选活动中，广东省立中山图书馆项目"《图书馆参考咨询服务规范》行业标准""基于 NFC 的图书馆移动服务创新研究与实践"分别荣获 2018 年度优秀科技情报成果一等奖、三等奖。

8 月 9 日，由中共广东省委宣传部、原广东省文化厅、中国图书馆学会主办的"公共图书馆在全民阅读中的领读与创新"峰会在广东省立中山图书馆举行。

8 月 21—24 日，由广东图书馆学会与广东省立中山图书馆主办的广东省"图书馆总分馆试点单位交流研讨班"学员分别开赴广州市黄埔区图书馆、佛山市图书馆、佛山市南海区图书馆、云浮市新兴县图书馆、四会市图书馆进行总分馆建设参观研讨。

8 月 24—31 日，第 84 届国际图联大会（IFLA）在马来西亚吉隆坡举行，广东省中心图书馆委员会组织广东省代表团一行五人参会。

9 月 3 日，由佛山市文化广电新闻出版局提出，佛山市图书馆联合佛山市质量和标准研究院共同编制的《佛山市联合图书馆标准体系》正式发布实施。

9 月 4—7 日，广东省立中山图书馆与广东图书馆学会、佛山市图书馆学会在佛山市南海区联合举办 2018 年广东公共图书馆业务培训班。

9 月 20 日，广东省县级文化馆、图书馆总分馆制建设工作会议在中山召开。

10 月 20 日，全国首届"图书馆杯主题海报创意设计大赛"现场总评在东莞图书馆举行。

10 月 24—25 日，由广州、佛山、肇庆、清远、云浮、韶关六地图书馆学会及图书馆共同主办的 2018"广佛肇清云韶六市图书馆学会联合年会"在佛山市图书馆举行。

11 月 3 日，第十九届深圳读书月"图书馆之城"系列活动在深圳图书馆正式启动。

11 月 4—10 日，由文化和旅游部公共服务司主办的全国基层文化队伍示范性培训——第九期全国县级图书馆馆长培训班在广东肇庆举办。

11 月 18 日，广东省第七届英语电影配音大赛总决赛在广东省立中山图书馆圆满落幕。

12 月 5—7 日，以"新时代　新使命　新发展"为主题的广东图书馆学会2018 年学术年会暨第一届全国灰色文献年会在东莞图书馆召开。

2019 年

1 月 15—18 日，新时代公共图书馆服务与建设创新研讨会在广州图书馆召开。

3 月 19 日，佛山成功创建国家公共文化服务体系示范区。

3 月 28 日，广东首次为"全民阅读"立法，《广东省全民阅读促进条例》于 6 月 1 日施行。

3 月 30 日，沐浴书香　茁壮成长——2019 年"国际儿童图书日"暨"广州读书月"少儿阅读嘉年华活动拉开序幕。

4 月 20 日，广东举办"世界读书日"主题活动。

4 月 21—23 日，佛山市图书馆与广州图书馆开启"公共图书馆广佛通"合作项目。

4 月 23 日，《深圳"图书馆之城"2018 年度事业发展报告》发布。

5 月 6—24 日，广东省第一期古籍修复技术培训提高班在广东省立中山图书馆举办。

5 月 8—9 日，2019 年第一期广东公共图书馆业务培训班（粤东地区）在潮州举办。

5月16日，在北京举行的第六次全国自强模范暨助残先进表彰大会上，广东省立中山图书馆获"全国助残先进集体"荣誉称号，受到习近平总书记亲切接见。

5月17日，广东省第九届盲人诗歌散文朗诵大赛决赛暨第五届盲人散文创作大赛颁奖典礼在广东省立中山图书馆举办。

5月25日，图书馆服务宣传周"馆长接待日"活动中，广东省立中山图书馆推出"全国图书馆参考咨询联盟"文献服务平台的微信公众号和手机移动门户网站。

5月29日，"粤港澳大湾区背景下的图书馆协作与发展"学术讲座在广州图书馆举行。

5月29日，广州图书馆、广州市图书馆学会联合香港歌德学院图书馆邀请德国哈姆市立公共图书馆馆长延斯·博尔（Jens Boyer）先生在广州图书馆举办"从书之屋变成人之屋——德国哈姆市立图书馆作为第三空间"学术报告会。

6月3—6日，2019年第二期广东公共图书馆业务培训班（粤西北地区）在深圳市光明区公共文化艺术发展中心举办。

6月12—13日，广东省立中山图书馆提交的"75万盲人心中的诗与远方——广东省盲人诗歌散文朗诵大赛网易直播服务案例"以最高分荣获"第二届图书馆最佳新媒体创新服务案例"奖。

7月18—19日，国际图联当选主席克里斯汀·麦肯齐女士应邀来穗访问讲学。

7月，深圳市宝安区图书馆启用智能机器人分拣系统。

8月19日，第二届"公共图书馆在全民阅读中的领读与创新"峰会暨2019东莞第十五届读书节启动仪式在东莞举行。

8月24—30日，广东省中心图书馆委员会组团参加第85届国际图联大会。

9月4日，"公共图书馆总分馆制建设与创新"学术讲座在广州图书馆举行。

9月22日，"穗宝杯"第二届全国听障朗诵大赛决赛在广东省立中山图书馆举办。

9月23日，东莞图书馆举办90周年馆庆系列活动。

9月28日，广东省"颂时代华章 献礼新中国70华诞"朗诵大赛总决赛在广东省立中山图书馆举办。

9月，全省公共图书馆认真学习贯彻习近平总书记给国家图书馆老专家回信精神。

国庆前夕，广东省立中山图书馆 7 位老同志荣获由中共中央、国务院、中央军委颁发的"庆祝中华人民共和国成立 70 周年"纪念章。

10 月 14 日，和平县图书馆新馆建成开放。

10 月 22 日，南雄市图书馆新馆建成开放。

11 月 3 日，第二十届深圳读书月"图书馆之城"系列活动启动，第三届"阅在深秋"公共读书活动拉开大幕。

11 月 5 日，粤港澳大湾区公共图书馆联盟成立。

11 月 10 日，广东省第八届英语电影配音大赛全省总决赛在广东省立中山图书馆举行。

11 月 10—12 日，"新时代智慧图书馆及总分馆建设"研讨会在佛山市图书馆举办。

11 月 10—16 日，由国家古籍保护中心主办，广东省古籍保护中心承办的第三期《中华古籍总目·分省卷》编纂研修班在广东省立中山图书馆举行。

11 月 12 日，中山纪念图书馆试运行。

11 月 12—14 日，由广东省文化和旅游厅主办的 2019 广东公共文化研讨会在广州举行。

11 月 13 日，广州市越秀区少年儿童图书馆正式开馆。

11 月 25—26 日，广东图书馆学会第十三次会员代表大会在深圳市盐田区政府盐田会堂召开。

12 月 4—5 日，全国图书馆参考咨询联盟业务培训班在潮州市图书馆举办。

12 月 7 日，广东图书馆青年学术研讨会在中山大学举行。

12 月 9 日，2019 年深圳图书情报学会年会暨第二届深圳"图书馆之城"发展论坛在深圳北理莫斯科大学会堂举办。

12 月 17—19 日，2019 年"广东省图书馆县级总分馆制建设实地考察研讨会"在南海举办。

12 月 20 日，2019 广佛肇清云韶六市图书馆学会联合年会在云浮举办。

12 月 23 日，深圳市"新时代十大文化设施"首批项目开工仪式暨深圳湾文化广场项目奠基活动举行，深圳第二图书馆等市重大文体项目正式开工建设。

2020 年

4 月 1 日，由中国古籍保护协会、珠海市利高斯发展有限公司和广东省立中山图书馆联合起草的《图书馆古籍虫霉防治指南》（WH/T 88—2020）正式实施。

4月2日，广州市图书馆学会未成年人服务专业委员会、广州少年儿童图书馆，线上举办"'沐浴书香　茁壮成长'——2020年'4·2国际儿童图书日'暨'广州读书月'少儿阅读嘉年华活动启动仪式"。

4月23日，广东省立中山图书馆、广东图书馆学会发布《2019年广东省公共图书馆事业发展报告》。

4月23日，广东、湖北、澳门三地共同开展"2020年粤鄂澳'共读半小时'——我愿"活动。

4月，广东省立中山图书馆编辑整理的大型地方历史文献丛书《华南抗战时期史料汇编》（第一辑，五十册）由广东教育出版社出版。

5月15日，广东省第十届盲人诗歌散文朗诵大赛决赛暨第六届盲人散文创作大赛在广东省立中山图书馆举行。

6月，广东省立中山图书馆与广东省档案馆合作编辑的《黄埔军校史料汇编》第五辑共五十二册由广东教育出版社正式出版。

7月9日，由广东省立中山图书馆、广东图书馆学会、东莞图书馆等联合举办的"滋养心灵　彰显价值——'读者留言东莞图书馆'一席谈"报告会在广东省立中山图书馆召开。

7月13—15日，由广东图书馆学会未成年人图书馆服务专业委员会主办的第三期广东省少儿阅读推广人培训班成功举办。

7月15日，"广东省立中山图书馆'十四五'规划启动暨战略研讨会"以线下线上相结合的方式召开。

8月11日，由广东省文化和旅游厅、广东省自然资源厅和韶关市委宣传部共同建立的"广东省立中山图书馆抗战遗址"纪念碑在韶关市武江区揭幕。

9月2日，由粤港澳大湾区9+2城市公共图书馆联合开展的"品读湾区"9+2城市悦读之旅活动在中山纪念图书馆启动。

9月3日，由广东省文化和旅游厅等单位联合韶关等地共同举办"'铭记烽火历史、传承红色基因'——走进华南教育历史研学基地"系列活动在多地联动举办。由广东省立中山图书馆和广东省博物馆联合策划打造的定友图书馆作为"华南教育历史研学基地"的重要节点，同步建成面向公众开放。

9月15—18日，广东省立中山图书馆与广东图书馆学会、肇庆市图书馆学会在肇庆市联合举办"图书馆'十四五'规划专题研讨会暨2020年广东公共图书馆业务培训班"。

10月13日，由广东省残联主办，广东省盲人协会与广东省立中山图书馆等联合承办的第 37 届国际盲人节庆祝活动暨第三届盲人声乐器乐大赛决赛，在广东省立中山图书馆举行。

10 月 17 日，"2020 年广东省英语电影配音大赛电影配音分享会"在江门市图书馆举行。

11 月 12 日，"公共文化建设现场"——2020 广东公共文化研讨会在广东省立中山图书馆举行。

11 月 13 日，广东省立中山图书馆举办广东省公共图书馆决策信息开发与服务联盟启动仪式暨广东省公共图书馆信息开发与服务培训班。

11 月 17—19 日，中国图书馆学会公共图书馆分会、广州图书馆、广州市图书馆学会、广东图书馆学会等机构联合在广州图书馆举办公共图书馆"十四五"规划学术研讨会。

11 月 20 日，智慧图书馆建设和"十四五"发展规划编制专题座谈会在广东省立中山图书馆召开。

11 月 20 日，中央文明委发布关于表彰第六届全国文明城市、文明村镇、文明单位和第二届全国文明家庭、文明校园及新一届全国未成年人思想道德建设工作先进的决定。广东省立中山图书馆荣获第六届"全国文明单位"称号。

11 月 22—24 日，由共青团中央、中央文明办、文化和旅游部等 7 部委共同主办的第五届中国青年志愿服务项目大赛全赛终评在广东省东莞市举行。广东省立中山图书馆"我的声音、你的眼睛——口述影像志愿者培训"项目荣获第五届中国青年志愿服务项目大赛银奖。

11 月 29 日，2020 年广东省第九届英语电影配音大赛全省总决赛在广东省立中山图书馆举行。

12 月 1 日，2020 年广东省市公共图书馆馆长联席会议在中山召开。

12 月 1—3 日，以"讲好图书馆广东故事 引领新时代创新发展"为主题的 2020 年广东图书馆学会——广东省高校图工委联合学术年会在中山召开。

12 月，国家图书馆全国图书馆联合编目中心表彰 2019—2020 年度全国联编工作的优秀集体和个人，广东省立中山图书馆获得"优秀分中心""优秀数据监督机构""优秀数据上传机构"奖项，采编部副主任肖燕获得"优秀数据质量监控员"奖项。

2021 年

2 月 10 日，广东省佛山市政府印发《佛山市公共图书馆管理办法》，2021 年 5 月 1 日起正式实施。

3月18日，中国图书馆学会2021年秘书长联席会议暨《中国图书馆年鉴》编纂工作会议在深圳市盐田区图书馆召开。

3月，广东省立中山图书馆主编的系列图书《广东流动图书馆16年（上、下）》由广东人民出版社正式出版。

3—10月，广州图书馆与佛山市图书馆携手举办第三届"广佛同城共读"活动。

4月13日，广东省立中山图书馆牵头召开2021年广东省公共图书馆联盟第一次馆长联席会议。

4月14日，韶关市人民政府举办"探寻历史的足迹——粤北华南教育历史研学实践成果征集大赛"。广东省立中山图书馆副馆长倪俊明团队的作品"圕"文化荣获文化创意类金奖，短视频"烽火中的广东省立图书馆"荣获视觉影像类银奖，调查报告《烽火中的广东省立图书馆》荣获社会调查类铜奖。

4月18日，广州图书馆举行第六届广州读书月发布会暨嘉年华活动。

4月18日，"奋斗百年路 启航新征程"2021年"永远跟党走"市全民阅读系列活动暨世界读书日系列活动启动仪式在佛山市图书馆举行。

4月23日，中山纪念图书馆举行"第十九届中山读书月活动暨'品读湾区'9＋2城市悦读之旅（2021）启动仪式"与"献礼建党百年 共绘美好未来"读书月启动仪式暨"百年·百人·百米画卷"活动。

4月23日，广州、深圳、东莞、澳门四城共同开展第六届粤港澳"共读半小时"活动。

4月23日，广东省立中山图书馆举办"4·23世界读书日"系列活动启动仪式，正式上线"粤读通"服务，《2020年广东公共图书馆事业发展报告》同时发布。

4月23日，"图书馆之城"4·23世界读书日系列活动启动仪式在深圳图书馆举行。当天中心书城举行第6个深圳未成年人读书日系列活动启动仪式。

5月14日，由广东省文化和旅游厅、广东省残疾人联合会主办"党的光辉照我心"——广东省第十一届盲人诗歌散文朗诵大赛决赛暨第七届盲人散文创作大赛在广东省立中山图书馆举行。

5月18—21日，由中国图书馆学会主办，广东省立中山图书馆和广东图书馆学会承办中国图书馆学会第八届青年学术论坛在广东省立中山图书馆举行。

5月26—27日，由广东省古籍保护中心和深圳图书馆联合举办的"深圳图书馆古籍数字平台"上线发布会暨古籍文献保护专题讲座在深圳图书馆举行。

5月28日，广东省立中山图书馆联合茂名市图书馆举办广东省公共图书馆参考咨询服务技能培训班（第一期）。

5月，广东省立中山图书馆图书采分编智能作业系统——"采编图灵"正式投产使用，实现传统人工作业向自动化智能化操作的转型升级。

6月8—26日，按照广州市越秀区疫情防控要求，广东省立中山图书馆闭馆。6月27日，按最大接待能力的50%实行限流，适度有序地恢复开放服务。

6月，广东省立中山图书馆主导研发的智能联合新书采选平台上线测试。

7月21日，深圳推进"图书馆之城"建设作为公共文化服务领域唯一项目入选国家发改委公布的《深圳经济特区创新举措和经验做法清单》并向全国推广。

7月28日，广东省古籍保护中心与中国索引学会在广东省立中山图书馆举办"古籍与地方文献索引智能编纂探讨"专题讲座。

8月—12月，由广东省立中山图书馆、广东图书馆学会联合组织开展的"2021年粤图讲坛暨广东省立中山图书馆'知了学堂'"在广东省立中山图书馆举办。

8月17—19日，广东省立中山图书馆副馆长吴昊、李毅萍等8人参加第86届国际图联（IFLA）世界图书馆和信息大会。佛山市图书馆馆长黄百川作为获奖代表受邀在国际图联大会分会场中进行"邻里图书馆"获奖项目的展示发言。

8月18日，东莞文献系列成果发布会在东莞图书馆举行，同时，"深耕·厚积·传播——东莞图书馆知识生产成果展"同时开幕。

9月12日，由中国残联指导和支持，广东省立中山图书馆与中国聋人协会联合主办的"畅听王卡杯"第三届全国听障朗诵大赛决赛以线上方式举行。

9月15日，由广州市越秀区图书馆牵头制定的全国首个适用于公共图书馆总分馆智慧服务云平台服务和管理的团体标准《公共图书馆总分馆智慧服务云平台服务规范》正式发布。

9月27日，广州市白云区图书馆新馆建成开放。

9月，广东省立中山图书馆主持整理的大型地方历史文献丛书《中国近代城市史料丛刊·广州卷》第一辑共五十册由广东人民出版社正式出版。

10月13日，广州市未成年人图书馆服务工作会议暨广州市图书馆学会未委会工作会议在广州少年儿童图书馆召开。

10月14—15日，由广东省文化和旅游厅主办、广东省立中山图书馆与广东图书馆学会联合承办的2021年广东公共图书馆馆长培训班在广州市南沙区图书馆举办。

10 月 20—21 日，由广州市图书馆学会未成年人服务专业委员会、广州少年儿童图书馆组织的"2021 年广州市未成年人图书馆服务体系业务培训"在广州少年儿童图书馆举办。

11 月 1 日，第二十二届深圳读书月正式启动。

11 月 3—4 日，广州图书馆及广州市图书馆学会在广州图书馆成功举办"公共图书馆历史使命与时代使命"学术研讨会。

11 月 5 日，中国图书馆学会公共图书馆分会主办，广州图书馆、广州市白云区图书馆承办的"第三届城市图书馆学术论坛"在白云区举办。

11 月 18 日，广东省立中山图书馆馆长王惠君荣获人力资源和社会保障部、文化和旅游部授予的"全国文化和旅游系统先进工作者"称号。

11 月 23 日，全国图书馆联合编目中心表彰 2020—2021 年度全国联编工作的优秀集体和个人，广东省立中山图书馆获得"年度优秀分中心"及"年度优秀数据上传机构"奖项，广东省立中山图书馆采编部副主任肖燕被评为"优秀数据质量监控员"。

11 月 26 日，广东图书馆学会原官网升级为广东图书馆学会智慧服务平台，并正式上线。

11 月 27 日，公共图书馆儿童阅读推广会在中山纪念图书馆正式开幕。

11 月 28 日，"风雅颂——第六届广东省朗诵大赛"总决赛颁奖典礼在潮州市文化馆举行。

11 月 30 日，《广东省立中山图书馆"十四五"战略发展规划（2021—2025）》发布。

12 月 5 日，广州少年儿童图书馆举行"传承红色基因　共享智慧阅读"——第 42 届"羊城之夏"青少年暑期系列活动总结会。

12 月 7—9 日，由广东省文化和旅游厅主办，潮州市文化广电旅游体育局承办，广东省立中山图书馆和广东省文化馆等单位协办"公共文化建设现场——2021 广东公共文化研讨会"在潮州召开。

12 月 16 日，广东省立中山图书馆"粤读通"案例在第六届广东省电子政务与新型智慧城市发展大会上获评"2021 年广东省政务服务创新案例"，并被编入《2021 广东省政务服务创新案例集》向全省宣传推广。

12 月 21 日，粤港澳大湾区公共图书馆联盟首轮主持单位广州图书馆联合长期主持单位广东省立中山图书馆等机构在广州图书馆举办粤港澳大湾区公共图书馆联盟工作会议。

12 月 28 日，《佛山市联合图书馆体系"十四五"发展规划》正式发布。

12 月 28 日，佛山首个公共文化服务领域的地方标准——《联合图书馆体系建设管理规范》正式发布。

2022 年

1月19日，广东图书馆学会未成年人服务委员会在广州少年儿童图书馆召开2022年工作视频会议。

1月21日，2022年广州市未成年人图书馆服务工作会议暨广州市图书馆学会未委会工作会议在广州少年儿童图书馆召开。

3月，广东省立中山图书馆"采编图灵"系统（一期）迭代系统及设备成功上线。

3月，广东省立中山图书馆研发的智慧借书方法及应用系统"感应借书"获得国家发明专利授权，为读者提供"无感"借书体验。

3月，中共茂名市委宣传部和广东省立中山图书馆共同编纂的《茂名历史文献丛书》由广东人民出版社正式出版。

4月2日，"沐浴书香　茁壮成长"——2022年"4·2国际儿童图书日"暨"广州读书月"未成年人阅读嘉年华系列活动启动仪式在广州少年儿童图书馆举行。

4月11—25日，按照广州市越秀区疫情防控指挥部通知要求，广东省立中山图书馆闭馆。

4月23日，广东省立中山图书馆以"阅读新时代　奋进新征程"为主题，举办2022年"4·23世界读书日"系列活动。上线"粤读通"2.0版本，发布试运行"易书·图书借阅共享"服务平台，《2021年广东公共图书馆事业发展报告》同时发布。

4月23日，"书香传承　笃信前行——第七届广州读书月发布会"在广州图书馆举行。广州图书馆发布首部自制纪录片《风正帆悬——口述广图40年》。

4月23日，第27个"世界读书日"暨第7个深圳未成年人读书日深圳图书馆主会场活动在深圳图书馆举行。

4月，中共韶关市委宣传部和广东省立中山图书馆共同编纂的《韶关历史文献丛书》由广东人民出版社出版。

4月，由广东省立中山图书馆和东莞图书馆联合编撰的《灵动·悦读——阅读推广创意设计作品荟萃》正式出版。

5月13日，"阅读点亮人生　携手共踏征程"——广东省第十二届盲人诗歌散文朗诵大赛决赛暨第八届盲人散文创作大赛在广东省立中山图书馆举行。

6月19日，第十一届"图书馆杯"广东英语口语大赛全省总决赛在广东省立中山图书馆举行。

6月30日，云浮市新兴县图书馆新馆正式开馆。

8月—12月，由广东省立中山图书馆、广东图书馆学会联合主办的"2022年粤图讲坛暨广东省立中山图书馆'知了学堂'"在广东省立中山图书馆举办。期间，9—11月，2022年粤图讲坛暨"青年学堂"开讲。

8月10日，中国图书馆学会第十四届全民阅读论坛在东莞图书馆举办。

8月11日，2022年广东省公共图书馆联盟工作会议在广东省立中山图书馆以线上线下结合的方式召开。

8月15—17日，广州市黄埔区文化广电旅游局、广州文化遗产与文化发展研究基地、中山大学信息管理学院、中山大学国家文化遗产与文化发展研究院在黄埔官洲生命科学会议中心联合举办"国家文化遗产与文化发展学术研讨会·2022"。

8月22—26日，全省县级以上公共图书馆评估定级线上审核工作会议在广东省立中山图书馆举办。

8月，广州市文化广电旅游局正式印发《广州市"图书馆之城"建设五年行动计划（2022—2026）》，提出全面建成"图书馆之城""智慧图书馆之城"和"阅读之城"。

9月，在中国残疾人联合会指导下，由中国聋人协会、广东省立中山图书馆、广东省聋人协会共同举办的"阅读点亮人生、携手共踏征程"第四届全国听力残疾人读书征文大赛评选结果揭晓。

10月13日，广东省文化和旅游厅批复同意2022年广东省图书馆科研课题立项评审结果，共40项课题获批立项。

10月25日—12月5日，按照广州市越秀区疫情防控指挥部通知要求，广东省立中山图书馆闭馆。

10月，"璧府鸿光　文华茂实"广东省立中山图书馆建馆110周年系列活动启动。

11月13日，由中共中山市委宣传部指导，中山市文化广电旅游局、粤港澳大湾区公共图书馆联盟主办的2022年"品读湾区"9＋2城市悦读之旅活动正式启动，在中山纪念图书馆举行的首场活动有15.3万人次通过直播平台线上观看。

11月23日，由佛山市图书馆牵头起草的佛山市地方标准《邻里图书馆建设及服务规范》（DB4406/T 19—2022）经佛山市市场监督管理局批准，正式发布实施。

12月1日，佛山市图书馆依托馆外智能立体书库实现"知书达'里'"预借服务全面升级为智慧化网借服务。

12月，广东省立中山图书馆编纂的《粤港澳大湾区国家珍贵古籍名录图录》由国家图书馆出版社出版。

12月，由广东省立中山图书馆和广东省档案馆共同整理编辑的《广州市市政公报》由国家图书馆出版社正式影印出版。

IV. 19

广东省第七次全国县级以上
公共图书馆评估定级情况*

一级图书馆（93 个）

广东省立中山图书馆

广州图书馆

广州少年儿童图书馆

广州市越秀区图书馆

广州市海珠区图书馆

广州市荔湾区图书馆

广州市天河区图书馆

广州市白云区图书馆

广州市黄埔区图书馆

广州市花都区图书馆

广州市番禺区图书馆

广州市南沙区图书馆

广州市从化区图书馆

广州市增城区图书馆

深圳图书馆

深圳少年儿童图书馆

深圳市福田区图书馆

深圳市罗湖区图书馆

深圳市盐田区图书馆

深圳市南山区图书馆

深圳市宝安区图书馆

深圳市龙岗区图书馆

---

* 文化和旅游部 2023 年 11 月 1 日公示名单。

深圳市龙华区图书馆

深圳市坪山区图书馆

深圳市光明区图书馆

珠海市图书馆

珠海市金湾区图书馆

珠海市斗门区图书馆

汕头市图书馆

汕头市龙湖区图书馆

汕头市澄海区图书馆

佛山市图书馆

佛山市禅城区图书馆

佛山市南海区图书馆

佛山市顺德图书馆

佛山市高明区图书馆

佛山市三水区图书馆

韶关市武江区图书馆

韶关市曲江区图书馆

南雄市图书馆

河源市图书馆

河源市源城区图书馆

东源县图书馆

紫金县图书馆

和平县图书馆

梅州市剑英图书馆

梅州市梅江区图书馆

梅州市梅县区图书馆

兴宁市图书馆

平远县图书馆

蕉岭县图书馆

大埔县图书馆

五华县图书馆

惠州市图书馆

惠州市惠阳区图书馆

惠东县图书馆

博罗县图书馆

龙门县图书馆

东莞图书馆

中山纪念图书馆

江门市图书馆

江门市蓬江区图书馆（陈垣图书馆）

江门市新会区景堂图书馆

台山市图书馆

开平市图书馆

鹤山市图书馆

恩平市图书馆

阳春市图书馆

湛江市少年儿童图书馆

雷州市图书馆

茂名市图书馆

茂名市茂南区图书馆

信宜市图书馆

高州市图书馆

化州市图书馆

肇庆市图书馆

肇庆市端州图书馆

肇庆市鼎湖区图书馆

肇庆市高要区图书馆

四会市图书馆

广宁县图书馆

怀集县图书馆

封开县图书馆

德庆县图书馆

清远市图书馆

清远市清城区图书馆

英德市图书馆

连州市图书馆

潮州市图书馆

潮州市潮安区图书馆

揭阳市榕城区图书馆

罗定市图书馆

新兴县图书馆

二级图书馆（36 个）

汕头市金平区图书馆

汕头市濠江区图书馆

汕头市潮阳区图书馆

汕头市潮南区图书馆

韶关市浈江区图书馆

乐昌市图书馆

仁化县图书馆

翁源县图书馆

新丰县图书馆

乳源瑶族自治县图书馆

连平县图书馆

丰顺县图书馆

陆丰市图书馆

海丰县图书馆

江门市江海区图书馆

阳江市图书馆

阳江市阳东区图书馆

阳西县图书馆

湛江市霞山区图书馆

廉江市图书馆

吴川市图书馆

茂名市电白区图书馆

清远市清新区图书馆

佛冈县图书馆

连山壮族瑶族自治县图书馆

连南瑶族自治县图书馆

阳山县图书馆

饶平县图书馆

揭阳市图书馆

普宁市图书馆

揭西县图书馆

惠来县图书馆

云浮市图书馆

云浮市云城区图书馆

云浮市云安区图书馆

郁南县图书馆

三级图书馆（12个）

南澳县图书馆

韶关市图书馆

始兴县图书馆

龙川县图书馆

梅州市梅县区松口图书馆

惠州市惠城区图书馆

汕尾市图书馆

湛江市图书馆

湛江市麻章区图书馆

遂溪县图书馆

潮州市湘桥区图书馆

揭阳市揭东区图书馆

IV. 20

广东省公共图书馆所获奖项一览（2018—2022）*

基层公共文化服务高质量发展典型案例

中央宣传部办公厅　文化和旅游部办公厅　国家发展改革委办公厅

2023 年 2 月

广州市从化区（构建文教联动阅读体系　提升城乡青少年精神素养）

深圳市盐田区（高品质智慧书房服务体系：以"人·书·馆·城"四位一体涵养山海人文栖居地）

2022 年文化和旅游志愿服务典型案例

文化和旅游部办公厅　中央文明办秘书局

2023 年 1 月

广州图书馆"专家志愿者咨询服务"

2021—2022 年度公共机构能源资源节约示范案例

国务院管机关事务管理局

2022 年 12 月

广州图书馆（大型公共机构合同能源管理示范案例）

＊ 整理者：肖渊，任职于广东省立中山图书馆辅导部，图书情报硕士，xiaoyuan@ zs-lib. com. cn。

第九届全国服务农民、服务基层文化建设先进集体

中央宣传部办公厅　文化和旅游部办公厅　国家广播电视总局办公厅

2021 年 12 月

广州市黄埔区图书馆　蕉岭县图书馆

全国文化和旅游系统先进集体

全国文化和旅游系统先进集体、先进工作者和劳动模范评选表彰
工作领导小组办公室

2021 年 11 月

广州图书馆

2021 年度国家文化和旅游科技创新工程项目储备库出库名单

文化和旅游部

2021 年 8 月

深圳市宝安区图书馆（宝安区图书馆智慧服务与智慧管理项目）

第四批国家公共文化服务体系示范区

文化和旅游部　财政部

2021 年 8 月

中山市

第四批国家公共文化服务体系示范项目

文化和旅游部　财政部

2021 年 8 月

深圳市盐田区智慧图书馆服务平台建设项目

2020 年全国"敬老文明号"

国家卫生健康委　全国老龄办

2020 年 12 月

深圳图书馆

2019—2020 年节约型公共机构示范单位

国管局　国家发展改革委　财政部

2020 年 12 月

广州图书馆　　　佛山市图书馆

第八届全国服务农民、服务基层文化建设先进集体

中央宣传部办公厅　文化和旅游部办公厅　国家广播电视总局办公厅

2020 年 11 月

新兴县图书馆

第五届中国青年志愿服务项目大赛

共青团中央　中央文明办　民政部　水利部　文化和旅游部

国家卫生健康委　中国残疾人联合会

2020 年 11 月

广东省立中山图书馆 银奖（"我的声音、你的眼睛"口述影像志愿者培训项目）

第六届全国文明单位

中央精神文明建设指导委员会

2020 年 11 月

广东省立中山图书馆

全国助残先进集体
国务院残疾人工作委员会
2019 年 5 月

广东省立中山图书馆

2017—2018 年公共机构能效领跑者
国务院管机关事务管理局　国家发展改革委　财政部
2018 年 5 月

广东省立中山图书馆

第七届全国服务农民、服务基层文化建设先进集体
中共中央宣传部　文化部　国家新闻出版广电总局
2018 年 1 月

深圳市宝安区图书馆

2022 年度广东省公共文化服务优秀案例名单
广东省文化和旅游厅
2023 年 4 月

广东省立中山图书馆（文旅融合背景下"粤书吧"实践案例——2022 "行走粤读"阅读挑战赛）

广东省立中山图书馆（阅读点亮人生——广东省盲人诗歌散文朗诵大赛项目）

广州图书馆（广州新年诗会）

深圳图书馆（聚焦岭南文化　共建人文湾区——"从文献看湾区"系列特色主题展）

佛山市图书馆（数字技术赋能全民阅读——"易本书"家藏图书共享服务）

中山纪念图书馆（星悦童行·普特儿童融合阅读行动计划）

茂名市图书馆（好心茂名　益路书香）

2022 年度广东省公共文化服务优秀短视频名单

广东省文化和旅游厅

2023 年 4 月

广东省立中山图书馆（印象中图·窗）

广州图书馆（40 年 40 人——视障读者阿冲："我在广图的任何一个角落都自在"）

深圳图书馆［"布克家族（Book Family）"闪亮登场］

清远市图书馆（"粤书吧"集彩）

2022 年广东省最美新型公共文化空间案例

广东省文化和旅游厅

2022 年 11 月

广东省立中山图书馆柏园粤书吧

广州市海珠区图书馆侨建分馆（御溪书斋）

深圳市罗湖区悠·图书馆（东晓街道/IBC 珠宝图书馆）

深圳市盐田区图书馆海书房——灯塔图书馆

珠海市斗门区旧街粤书吧（善雅书房·时趣馆）

汕头市龙湖区妈屿粤书吧（妈屿蓝合胜书店）

佛山市顺德区渔人码头顺图书房

佛山市南海区读书驿站（西樵·观心小镇站、粤书吧）

河源市源城区河源市图书馆保利生态城分馆

梅州市大埔县禾肚里稻田民宿粤书吧

惠州市惠东县一滴水图书馆

中山市石岐格子空间香山书房

中山市西区荔景苑民俗·曲艺文化馆/荔景苑香山书房

江门市新会区崖门京梅村公共文化空间（蔡李佛文化中心、粤书吧）

清远市英德市连江口野渡谷民宿粤书吧

广东省文化和旅游工作先进集体

广东省文化和旅游工作先进集体、先进个人评选表彰工作领导小组办公室

2022 年 8 月

深圳图书馆　　河源市图书馆　　江门市图书馆　　茂名市图书馆
肇庆市图书馆

2021 年度广东省公共文化服务优秀案例
广东省文化和旅游厅
2021 年 10 月

广东省立中山图书馆（"粤读通"数字服务项目建设）

广东省立中山图书馆（掌上阅读会）

广州图书馆、佛山市图书馆［广佛同城首家共建图书馆南海天河城分馆
（阅读家）］

深圳图书馆（"深圳图书馆全媒体服务平台"建设——打造市民身边的云
上图书馆）

佛山市图书馆（佛山市图书馆＊佛山市青少年文化宫双体系战略合作）

2021 年度"粤书吧"建设最佳实践案例名单
广东省文化和旅游厅
2021 年 10 月

广州市越秀区图书馆（千年古都商业街区"粤书吧"系列）

佛山市图书馆（民国书舍"粤书吧"）

梅州市梅江区图书馆（创意金山文化园"粤书吧"）

河源市图书馆（万绿湖"粤书吧"）

江门市蓬江区图书馆（墟顶人家一屋"粤书吧"）

茂名市图书馆（好心精神"粤书吧"建设系列）

肇庆市图书馆（中游国际房车露营基地"粤书吧"）

清远市图书馆（连樟村城乡融合"粤书吧"）

云浮市图书馆（交通站点"粤书吧"系列）

2018—2020 年度广东省文明单位
中共广东省委　广东省人民政府
2020 年 12 月

河源市图书馆　　潮州市图书馆

广东省 2020 年度文化和旅游公共服务体系建设优秀案例

广东省文化和旅游厅

2020 年 10 月

广东省立中山图书馆（文旅融合背景下"粤书吧"建设的实践与思考）

广东省立中山图书馆（广东省文化 E 站建设）

广州图书馆（"纪实影像的力量"——广州图书馆首创纪录片公共文化服务）

广州少年儿童图书馆（规范　创新　效能——广州市"图书馆之城"未成年人服务核心体系建设）

广州市从化图书馆（悦读美丽乡村行——从化区图书馆馆校合作推动乡村阅读）

佛山市图书馆（"图书馆＋民宿"：文旅融合背景下公共图书馆服务体系创新的佛山实践）

第四届广东省基层文化工作先进单位

广东省基层文化工作先进单位、先进工作者评选表彰工作领导小组

2020 年 5 月

广州市从化区图书馆	深圳市宝安区图书馆	佛山市南海区图书馆
紫金县图书馆	兴宁市图书馆	惠州市惠阳区图书馆
江门市蓬江区图书馆	遂溪县图书馆	揭阳市榕城区图书馆
普宁市图书馆	新兴县图书馆	

广东省 2019 年度公共文化服务体系建设优秀案例

广东省文化和旅游厅

2019 年 7 月

广州少年儿童图书馆（沐浴书香　苗壮成长——2019 年"国际儿童图书日"暨"广州读书月"少儿阅读嘉年华活动）

深圳市宝安区图书馆（宝安区公共图书馆总分馆垂直管理模式）

佛山市图书馆（"阅读·温暖"——佛山视障读者关爱行动）

佛山市图书馆（"筑梦佛山"文化艺术公益阅读夏令营）

河源市图书馆（"微家书·家风故事"系列活动）
东莞图书馆（东莞图书馆绘本馆体系建设）
江门市五邑图书馆（面向中小微企业的五邑数字参考咨询联盟服务）
清远市图书馆—默分馆（城央书房——用一座岛涵养一座城）

第五批广东省学雷锋活动示范点

中共广东省委宣传部

2019 年 3 月

肇庆市图书馆

2020 年国际图书馆协会联合会国际营销奖

国际图书馆协会联合会

2020 年 7 月

佛山市图书馆（邻里图书馆）

2018 年国际图书馆协会联合会绿色图书馆奖

国际图书馆协会联合会

2018 年 7 月

佛山市图书馆

作者简介

（按照蓝皮书章节作者顺序排序）

王惠君：研究馆员，广东省立中山图书馆馆长、广东图书馆学会理事长、中国图书馆学会常务理事。主要研究公共文化政策、公共文化服务体系化建设、文化志愿者服务、图书馆管理等。合作出版专著《贫困地区公共文化服务创新发展——安康样板研究》《文化馆总分馆制研究》《图书馆管理理论与实践》等6部，学术论文20余篇。

张　靖：历史学博士，中山大学逸仙学者岗位教授、博士生导师，中山大学学术委员会人文社科学术分委员会委员、社会科学部学术委员会委员、教学指导委员会委员，中山大学信息管理学院学术委员会主任，中山大学国家文化遗产与文化发展研究院（文化和旅游部文化和旅游研究基地）学科方向带头人。国家社科基金重大项目首席专家，国家级一流本科课程主讲教师，中山大学教学名师。研究方向包括公共文化与文化治理、古籍与文献遗产保护、公共文化活动及其体验。兼任教育部高校教指委委员，国家标准化管理委员会SAC/TC389委员，国际图联FAIFE咨询委员会委员、中小学图书馆专业组常务委员会委员，中国图书馆学会学术研究委员会副主任，文化馆发展研究院学术委员会委员，广东图书馆学会副理事长兼学术研究委员会主任。加拿大研究基金访问学者，美国国际访问者领导项目访问学者，美国岭南基金访问学者。

廖嘉琦：中山大学信息管理学院博士研究生，研究方向为公共文化服务，发表论文多篇，参与多项国家级、省部级项目。

尚　洁：中山大学信息管理学院博士研究生，研究方向为公共文化服务，主持省部级项目2项，发表论文多篇，参与多项国家级、省部级项目。

陈卫东：研究馆员，广东省立中山图书馆辅导部主任、广东图书馆学会秘书长，研究方向为公共图书馆体系化建设、图书馆标准与规范、图书馆服务与管理、阅读推广活动策划组织、行业学会工作等。主要参与广东省公共图书馆评估定级工作、主持原文化部创新奖项目"广东流动图书馆"项目建设 16 年，主要参与广东省数字政府重要项目"粤读通"工程、广东省政府十大民生实事"粤书吧"项目；作为执行主编出版《广东流动图书馆 16 年》、编写出版《灵动 悦读——阅读推广设计作品荟萃》；策划并组织编写出版《广东省公共图书馆事业发展蓝皮书（2013—2017 年)》；策划编撰发布《广东省公共图书馆事业发展报告》；担任《广东图书馆园地》主编。主要参与国家标准《乡镇（街道）综合文化站图书室规范管理与服务》制定工作；主持或参与其他部级、省市级课题十余项，发表论文近 20 篇。

史江蓉：管理学硕士，图书资料系列副研究馆员，广东省立中山图书馆（广东省古籍保护中心）学术研究部（《图书馆论坛》编辑部）副主任、广东图书馆学会学术委员会委员。

陈　杰：硕士，副研究馆员，广东省立中山图书馆辅导部副主任。长期从事公共图书馆体系化建设、新型阅读空间建设、基层辅导与培训等工作。

陈润好：图书馆学博士，任职于广东省立中山图书馆。研究领域为图书馆学、公共文化服务，在相关领域发表论文 10 余篇，主持和参与国家社科基金项目、省社科基金项目等多项。

肖　渊：图书情报硕士，任职于广东省立中山图书馆辅导部，主要研究方向为公共文化服务。

张丹侨：图书情报硕士，任职于广东省立中山图书馆业务办公室，主要研究方向为公共文化服务。

李保东：公共管理硕士，研究馆员。广州市引进高层次人才评审委员会专家、广州市专业技术二级评审委员会专家。历任东莞图书馆厚街分馆馆长，现任广州图书馆中心图书馆办公室项目主管，兼任广东图书馆学会理事，广州市图书馆学会监事，广州图书馆学术委员会委员。研究方向为图书馆公共服务体系建设、全民阅读推广、绩效评估。主持国家社科基金项目 1 项，省部级及市（厅）级科研项目 15 项，6 项成果获一等奖，发表论文 30 余篇，其中核心期刊 16 篇，参编论著多部。获文化和旅游部（原文化部）奖励 1 项，中国图书馆学会奖励1项，省部级奖励4项。参与文化和旅游部（原文化部）调研1项。获中共广东省委宣传部授予"广东省基层宣传文化能人"荣誉称号。

冯　玲：毕业于武汉大学图书馆学系，研究馆员，现任东莞图书馆副馆长。主要参与国家社科基金课题2项、省部各类科研课题或项目10余项，在公共图书馆管理、区域公共图书馆服务体系建设、阅读推广、科研管理等方面有较丰富的成果与实践经验。

郭学敏：图书馆学博士，东莞图书馆馆员，美国北卡罗来纳大学教堂山分校访问学者。研究方向为数字人文、阅读推广、公共图书馆标准规范建设等。主持和主要参与多个省部级、市厅级科研项目，发表多篇图书情报核心期刊论文。

倪俊明：广东省立中山图书馆原副馆长、广东省古籍保护中心原副主任，研究馆员、广东省文史馆特约研究员。长期从事古籍地方文献的整理研究，主持和参与主持编纂《广州大典》《清代稿钞本》《中国古籍珍本丛刊·广东省立中山图书馆卷》《海外广东珍本文献丛刊》《中山文献》《东莞历史文献丛书》《近代华侨报刊大系》《华南抗战时期史料汇编》《中国近代城市史料汇编·广州卷》等20多部大型古籍地方文献丛书，出版、发表（含合作）岭南古籍文献、地方历史等论著80多部、篇。曾获广东省社科优秀成果二等奖、三等奖，全国优秀古籍图书一等奖、二等奖，文化部"全国古籍保护工作先进个人"，中宣部"文化名家暨'四个一批'人才"。

陈晓玉：任职于广东省立中山图书馆、广东省古籍保护中心，馆员。长期从事古籍整理保护工作，发表古籍保护相关论文多篇，参与《清代稿钞本》《广州大典》等多种大型古籍丛书的编纂。

陈心雨：中山大学信息管理学院博士研究生，主要研究方向为公共文化服务，参与10余项国家级、省部级、市级项目。

唐　琼：管理学博士，中山大学信息管理学院教授、副院长，博士生导师，美国伊利诺伊大学香槟分校访问学者。兼任国际图书馆协会与机构联合会（IFLA）信息素养专业委员会常务委员，中国图书馆学会图书馆学教育委员会副主任委员、公共图书馆分会城市图书馆专业组副主任委员、学术委员会目录学专业组副主任委员，广东图书馆学会理事等。主要研究方向为公共文化治理、数字资源评价、信息政策，出版专著 4 部，在专业学术期刊、国际会议等发表相关学术论文 50 余篇。主持国家社科基金项目、教育部人文社科规划基金项目等多个国家级、省部级项目。曾获全国优秀博士论文提名奖、中国图书馆学会"青年管理之星"称号。

伍宇凡：中山大学信息管理学院硕士研究生，研究方向为现代公共图书馆服务体系、图书馆评估、信息素养。参与省部级项目 1 项，录用会议论文 2 篇、IFLA Newsletter 1 篇。

彭秋平：管理学硕士，助理馆员，任职于中山大学图书馆。研究方向为公共文化空间建设、馆藏资源数字化建设与开发等，发表期刊及会议论文逾 10 篇，参与国家级、省部级等课题近 10 项，参与撰写的《广东省新型阅读空间发展报告》获评"全国文化和旅游系统 2020 年度优秀调研报告"。

王冰冰：中山大学信息管理学院硕士研究生，主要研究方向为公共文化服务，参与多项国家级、省部级项目。

陈　艳：副研究馆员，硕士研究生学历，佛山市图书馆业务管理部主任，中国图书馆学会阅读推广委员会图书馆讲坛与培训专业组委员，广东图书馆学会青年人才委员会委员，佛山市公共文化服务项目评审专家库成员。主持课题 5 个，参与国家社科基金项目 2 个，参编著作 5 部，发表论文 10 余篇。

陆思晓：中山大学信息管理学院硕士研究生，研究方向为公共文化服务，发表论文《国际专业报告视域下的公共图书馆发展态势》《公共图书馆古籍保护公众宣传现状调研》，曾参与《2021—2025 年深圳图书馆发展规划》《广州市"图书馆之城"建设五年行动计划（2022—2026）》编制项目工作。

朱含雨：中山大学信息管理学院硕士研究生，研究方向为公共文化服务、图书馆战略规划，在《农业图书情报学报》发表专业论文 1 篇，参与撰写完成《中部地区公共图书馆发展策略研究报告》。

肖　鹏：中山大学信息管理学院副教授、硕士生导师。中国图书馆学会阅读推广与评价专业组主任委员，广东图书馆学会青年人才委员会主任委员、国际图书馆协会与机构联合会（IFLA）标准咨询委员会委员。研究领域为图书馆学、公共文化服务、数字人文，在相关领域发表论文90余篇，主持国家社科基金项目、教育部项目、文旅部项目及其他各类课题20余项。

周　远：馆员，现就职于广州图书馆中心图书馆办公室。主要研究方向为公共图书馆服务体系建设。

谭丽琼：馆员，现就职于广州图书馆采编中心。主要研究方向为历史文献整理。

吕　果：馆员，现任职于广州图书馆信息咨询部。主要研究方向为地方文献数字化建设。

陈丽纳：副研究馆员，广州图书馆中心图书馆办公室副主任。2016年获中国图书馆学会"第四届青年人才奖"。

陈深贵：研究馆员，现任广州图书馆副馆长。兼任广州市图书馆学会理事长，全国图书馆标准化技术委员会委员。2019年获中国图书馆学会青年人才奖，2023年入选广州市青年文化英才。全程参与广州市"图书馆之城"建设，先后发表论文近20篇，参编多部专著。

黄百川：研究馆员，中国图书馆学会理事、阅读推广委员会图书馆讲坛与培训专业组主任委员，广东图书馆学会常务理事，佛山市图书馆学会理事长，佛山市图书馆馆长，中山大学信息管理学院图书情报硕士行业导师。

黄佩芳：副研究馆员，佛山市图书馆文献信息研究部主任。

张　岩：历史学博士，研究馆员。深圳图书馆党委书记、馆长。中国图书馆学会常务理事、阅读推广委员会副主任。广东省第十三届人大代表，深圳市第六届政协委员。国务院政府特殊津贴专家，深圳市高层次人才，深圳市全民阅读优秀推广人。主持省部级、市级研究课题多项，发表论文40余篇，出版《包世臣经世思想研究》《深圳图书馆志（1986—2016）》《深圳模式——深圳"图书馆之城"探索与创新》等图书20余部。

后 记

党的十八大以来，以习近平同志为核心的党中央高度重视文化建设，做出了一系列重大决策部署，文化建设成就显著。在这一推动社会主义文化大发展大繁荣、增强国家文化软实力、进一步推进公共文化服务体系建设的重要战略机遇期，作为公共文化服务体系重要组成部分的公共图书馆的建设也在加速推进。广东省紧密团结在以习近平同志为核心的党中央周围，坚定文化自信，推动社会主义文化繁荣兴盛，持续推进广东省公共文化服务体系建设，大力发展广东省公共图书馆事业。与发达国家近年来公共图书馆发展疲弱相反，广东乃至中国的公共图书馆事业呈现出蓬勃发展之势，这充分体现了文化自信以及中国公共图书馆事业建设的道路自信和制度自信，是讲好中国故事的重要蓝本。

2017年，在第六次全国县级以上公共图书馆评估定级工作的基础之上，广东图书馆学会、广东省立中山图书馆和中山大学国家文化遗产与文化发展研究院联合发布《广东公共图书馆事业发展报告（2013—2017）》，创新地采用以数据为主、案例为辅的呈现方式，从省域的大视角和六年的长视角，大开大阖地讲述社会主义文化大发展大繁荣背景下的公共图书馆中国故事，在学界和业界取得了良好的反响。2023年，三家单位再次携手，以广东省第七次全国县级以上公共图书馆评估定级数据和广东图书馆学会业务数据为基础，编撰《广东省公共图书馆事业发展蓝皮书（2018—2022）》，展现新的一个五年里广东省公共图书馆事业的蓬勃态势。2018至2022这五年，是《中华人民共和国公共图书馆法》施行的第一个五年。在这五年里，我们见证了小康社会的全面建成，取得了疫情防控重大决定性胜利。在这不平凡的五年里，广东公共图书馆事业也有许多值得浓墨重彩地描绘和讲述的精彩故事。

从2023年4月正式启动，8月定稿交出版社，11月正式出版，整个编撰团队密切配合、高效推进相关工作。王惠君和张靖负责全书的策划、统稿和审校工作，整个项目的工作小组由张靖统筹，陈卫东负责各方协调沟通和数据收集，王冰冰担任项目助理，肖渊和廖嘉琦共同负责数据整理。全书由总报告、区域篇、专题篇和附录四部分组成，共计20篇报告，具体分工如下：张靖、廖嘉琦、尚洁、陈卫东负责总报告；史江蓉、陈杰、陈润好、肖渊、张丹侨负责区域篇；李保东、冯玲、郭学敏、倪俊明、陈晓玉、张靖、陈心雨、唐琼、伍宇凡、彭秋平、王冰冰、陈艳、陆思晓、朱含雨、肖鹏、周远、谭丽琼、吕果、陈丽纳、陈深贵、黄百川、黄佩芳、陈润好、陈杰、张岩分别负责专题篇中各个专题报告的撰写；何杰锋、肖渊负责附录。

程焕文、王惠君、方家忠、张岩四位专家为《广东省2018—2022年公共图书馆事业发展十大关键词》提供了推荐意见。各地级以上市公共图书馆大力协助编撰工作，根据团队的特定资料需求，统筹各地区公共图书馆提供了包括全民阅读、乡村振兴、防疫战疫、古籍保护、文旅融合等13个主题方向的相关政策文件、总结报道等资料。中山大学出版社葛洪老师为本书的出版做了大量的校对编辑工作。在此一并表示感谢！

由于时间仓促，本书难免有所纰漏，不当之处还请读者批评指正。

张　靖

2023 年 9 月 6 日